O PODER DO
PEOPLECHAIN

GLAUTER JANNUZZI

O PODER DO PEOPLECHAIN

Como comunidades podem tornar empresas
e profissionais mais valiosos

ALTA BOOKS
EDITORA
Rio de Janeiro, 2020

O Poder do Peoplechain

Copyright © 2020 da Starlin Alta Editora e Consultoria Eireli. ISBN: 978-85-508-1503-9

Todos os direitos estão reservados e protegidos por Lei. Nenhuma parte deste livro, sem autorização prévia por escrito da editora, poderá ser reproduzida ou transmitida. A violação dos Direitos Autorais é crime estabelecido na Lei nº 9.610/98 e com punição de acordo com o artigo 184 do Código Penal.

A editora não se responsabiliza pelo conteúdo da obra, formulada exclusivamente pelo(s) autor(es).

Marcas Registradas: Todos os termos mencionados e reconhecidos como Marca Registrada e/ou Comercial são de responsabilidade de seus proprietários. A editora informa não estar associada a nenhum produto e/ou fornecedor apresentado no livro.

Impresso no Brasil — 1ª Edição, 2020 — Edição revisada conforme o Acordo Ortográfico da Língua Portuguesa de 2009.

Produção Editorial	**Produtor Editorial**	**Marketing Editorial**	**Editor de Aquisição**
Editora Alta Books	Illysabelle Trajano	Lívia Carvalho	José Rugeri
	Juliana de Oliveira	marketing@altabooks.com.br	j.rugeri@altabooks.com.br
Gerência Editorial	Thiê Alves		
Anderson Vieira		**Coordenação de Eventos**	
	Assistente Editorial	Viviane Paiva	
Gerência Comercial	Rodrigo Ramos	eventos@altabooks.com.br	
Daniele Fonseca			

Equipe Editorial		**Equipe Design**
Ian Verçosa	Raquel Porto	Larissa Lima
Luana Goulart	Thales Silva	Marcelli Ferreira
Maria de Lourdes Borges		Paulo Gomes

Revisão Gramatical	**Diagramação**	**Capa**
Antonio Rudolf	Catia Soderi	Bruno Brum
Ana Carolina Oliveira		

Publique seu livro com a Alta Books. Para mais informações envie um e-mail para **autoria@altabooks.com.br**

Obra disponível para venda corporativa e/ou personalizada. Para mais informações, fale com **projetos@altabooks.com.br**

Erratas e arquivos de apoio: No site da editora relatamos, com a devida correção, qualquer erro encontrado em nossos livros, bem como disponibilizamos arquivos de apoio se aplicáveis à obra em questão.

Acesse o site **www.altabooks.com.br** e procure pelo título do livro desejado para ter acesso às erratas, aos arquivos de apoio e/ou a outros conteúdos aplicáveis à obra.

Suporte Técnico: A obra é comercializada na forma em que está, sem direito a suporte técnico ou orientação pessoal/exclusiva ao leitor.

A editora não se responsabiliza pela manutenção, atualização e idioma dos sites referidos pelos autores nesta obra.

Ouvidoria: ouvidoria@altabooks.com.br

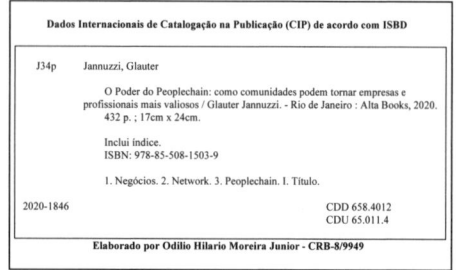

Dados Internacionais de Catalogação na Publicação (CIP) de acordo com ISBD

J34p   Jannuzzi, Glauter
O Poder do Peoplechain: como comunidades podem tornar empresas e profissionais mais valiosos / Glauter Jannuzzi. - Rio de Janeiro : Alta Books, 2020.
432 p. ; 17cm x 24cm.

Inclui índice.
ISBN: 978-85-508-1503-9

1. Negócios. 2. Network. 3. Peoplechain. I. Título.

2020-1846
CDD 658.4012
CDU 65.011.4

Elaborado por Odilio Hilario Moreira Junior - CRB-8/9949

Rua Viúva Cláudio, 291 — Bairro Industrial do Jacaré
CEP: 20.970-031 — Rio de Janeiro (RJ)
Tels.: (21) 3278-8069 / 3278-8419
www.altabooks.com.br — altabooks@altabooks.com.br
www.facebook.com/altabooks — www.instagram.com/altabooks

Este livro é dedicado
a minha esposa Alessandra
e a todas as pessoas
que compartilham conhecimento,
em especial, aos MVPs da Microsoft.

AGRADECIMENTOS

Gostaria de agradecer a minha esposa Alê e meus filhos Gabriel e Alice, que ainda são crianças e não entendem porque em alguns momentos, mesmo trabalhando de *home office,* o "papai" não pode brincar. Obrigado pelo amor e paciência... Amo muito vocês três! Comecei a escrever este livro em 2019 e enviei a editora antes da pandemia do Covid-19 que fez o mundo parar. Hoje, todos estamos de *home office* e aulas online, praticamente, e o mundo mudou. Agradeço a Deus pela saúde e proteção da minha família e pela Alta Books por ter aberto suas portas para esse projeto que fiz com tanta dedicação e propósito.

Agradeço muito a meus pais por sempre estarem por perto e me darem força nos momentos de glória e de dúvidas. Aprendi com meu pai (Danilo), desde pequeno, a gostar de livros, como ser empreendedor, negociador e a cultivar boas relações com as pessoas. Com minha mãe (Marilda), aprendi que nosso sucesso depende muito mais de nós do que dos outros. É de dentro para fora e — como a mãe de Forrest Gump — sempre soube me empoderar desde os meus primeiros passos, criando em minha mente, uma força que talvez eu nunca tive, mas ela me fez acreditar que eu tinha (e segue fazendo isso até hoje!). Também à minha irmã Dannielli, por ter sido a primeira pessoa que me fez entender na prática o conceito do "eu não, nós". Amo vocês!

Este é o meu primeiro livro solo e, talvez por esse motivo mesmo, eu tenha tido a necessidade de envolver muita gente. Convidei vários profissionais que conheço — alguns são amigos mais próximos, outros pessoas que admiro — mas todos são profissionais valiosos que impactam comunidades e, por isso, fazia todo sentido estarem representados aqui com suas histórias. Aos queridos Alexandre Costa (o Magoo), Carnelutti Spinelli, Viviane Ribeiro, William Rodriguez, Marcelo Sincic, Thamyris Gameiro, Flavio Farias, Sara Barbosa, Danielle Monteiro, Rafael Almeida, Rodrigo Kono, Renato Groffe, Alexandre Caruso, Igor de Paula, Fernando Garcia, Richard Johansen, André Ruschel e Thiago Cardoso, o meu muito obrigado a cada um de vocês por fornecerem seus relatos escritos com o coração, trazendo mais que dados, mas a emoção que fará com que os leitores não se esqueçam do que vocês já fizeram e seguem fazendo em comunidade. Àqueles que não tiveram condições de enviar seus relatos, eu também agradeço e saibam que a admiração é a mesma. Sou muito fã de todos vocês! Tamojunto!

Em especial, não posso deixar de agradecer a Tânia Cosentino, pelo carinho e prontidão em aceitar o convite de escrever o prefácio deste livro, por entender a importância que esse gesto teria, não apenas para mim, mas para uma multidão de profissionais mais valiosos que são apaixonados por tecnologia e, em especial, pela Microsoft. Obrigado demais, presidente. Tamojunto!

Chego ao meu terceiro livro e tudo começou graças ao incentivo dado pelo tio da minha esposa, o querido Claudio Ribeiro. Claudio é o tipo de pessoa que sempre tem algum bom conselho a dar e no caso da produção literária não foi diferente. Recebi muitas visões, dicas e conselhos. Obrigado, Claudio, por ter despertado em mim o gosto pela publicação literária. E, particularmente para esse, obrigado também pela contribuição com o texto presente no Capítulo 2. Aproveito aqui, também, para agradecer a Magali Cunha, esposa do Claudio, pela sua contribuição, que está presente no Capítulo 12. Vocês são e sempre foram motivos de inspiração para toda a família.

Durante a criação dessa obra, foram tantas pessoas novas que conheci e outras que reencontrei, como a amiga Juliana Martins, que junto com a Bia, tiraram do papel a ideia de uma startup e criaram a Annota, com um método inovador para registrar conhecimento através de materiais em papel quadriculado e, por isso, estão representadas aqui neste livro ao final de cada capítulo e com um breve relato no Apêndice II. Conheci a Juliana durante o StartVR de 2017 e, posteriormente, numa palestra que ministrei na UFF, organizada pela empresa júnior da qual ela fazia parte: a Pulso. Grande Abraço a todos os membros da Pulso, uma comunidade que se renova, mas mantém seus propósitos ambiciosos. A Juliana ainda me conectou com a Mariana Poubel, estudante de Design da UniFOA e que se tornou a ilustradora oficial dessa obra. Com seu talento e agilidade, ela criou muita coisa bacana e me ajudou muito. Obrigado demais Mariana e Juliana.

Um livro é feito com muito mais do que apenas duas mãos e, não posso deixar de agradecer a todos os amigos da Microsoft, assim como de empresas parceiras e até concorrentes, afinal, a amizade transcende crachás que sempre tem elogios e palavras de incentivo que me encorajam a seguir. Obrigado também a todos da Editora Alta Books pelo carinho e presteza ao abrirem suas portas para essa publicação. Em especial, a Rosana Arruda que me acompanhou desde o início desta jornada, atuando como uma *Time Keeper* ao me cobrar (ou apenas confirmar se os prazos seriam atendidos!)

Gostaria de agradecer também a todos os MVPs e RDs da Microsoft do Brasil, da América Latina e do mundo, com os quais tive contato, boas conversas e muito aprendizado. Vocês são uma inspiração!

Quero agradecer demais a cada pessoa que participou das mais de cem palestras que ministrei nos últimos três anos, a todos que regularmente participam de nossos *meetups* na Microsoft Rio e aos alunos do SENAC, SENAI, IFRJ e das instituições parceiras que nos visitaram desde 2018. Vocês me inspiram demais. Lembro de algumas histórias e, em especial gostaria de dedicar essa obra aos estudantes de Costa Barros que, numa madrugada de 2019 saíram de suas sob chuva e sob tiros, mas felizes por saberem que iriam visitar a Microsoft no centro do Rio. Vocês são pessoas muito valiosas e aqui representam os queridos estudantes de São Gonçalo, do Complexo do Alemão, de Coelho Neto e das diversas comunidades que já nos visitaram desde que passei a abrir as portas da Microsoft para tais eventos. Tamojunto!

Agradeço às minhas comunidades da Rua Carlos Marques e do Bairro da Voldac, onde cresci em Volta Redonda e mantenho amigos até hoje. Aos meus colegas do Colégio Volta Redonda, da Faculdade de Ciências da Computação da UNESP de Rio Claro (SP), da turma de Mestrado no Instituto Militar de Engenharia (IME), dos colegas de MBA em Gestão Empresarial da FGV, dos colegas de Xerox, UNISYS, da PMVR, da UniFOA, da UGB, da FaSF, da AE Dom Bosco, da maior comunidade do Sul Fluminense: a Rio Sul Valley, da PETROBRAS, do Grupo Globo, da Fábrica de Startups, meu muito obrigado e tamojunto!

Finalmente, agradeço a você que adquiriu esse livro. Espero que possamos seguir conectados sem nenhum grau de separação entre nós e, se eu puder ser ponte para conectar você a outra pessoa e ajudar a realizar seus sonhos e metas, conte comigo. Tamojunto!

Glauter Jannuzzi

SUMÁRIO

Prefácio	13
Introdução	15

PARTE I ● SE VOCÊ QUER IR RÁPIDO... — **31**

Capítulo 1 – Comece com o propósito	33
Capítulo 2 – Revoluções por minuto	59
Capítulo 3 – Você S/A — Sem atrito	85

PARTE II ● SE VOCÊ QUER IR LONGE... — **123**

Capítulo 4 – Observe o vão entre você e o resto do mundo	125
Capítulo 5 – Comunidade, liderança e o bem comum	157
Capítulo 6 – Utopia disruptiva: seis graus de separação	187

PARTE III ● SEJA VOCÊ MESMO, MAS NÃO SEJA SEMPRE O MESMO — **217**

Capítulo 7 – Atitude para a transformação pessoal, digital e social	219
Capítulo 8 – Profissional rico, profissional pobre	253
Capítulo 9 – As empresas mais valiosas do mundo	287

**PARTE IV ● QUANDO A GENTE MUDA,
O MUNDO MUDA COM A GENTE**   **319**

Capítulo 10 – Virando a própria mesa   321
Capítulo 11 – Comprometimento: que mundo é esse?   351
Capítulo 12 – Empatia e encadeamento: conectando ilhas   379

Posfácil: De volta para o futuro   403

Apêndice I – O que aprendi com os profissionais mais valiosos
da Microsoft   409
Apêndice II – Annota   417
Apêndice III – Dicas para absorver e internalizar
melhor os aprendizados   419
Referências   421
Índice   425

PREFÁCIO

PESSOAS: ELOS INDISPENSÁVEIS
PARA CRESCER

Vivemos em um mundo que segue em constante transformação, com a tecnologia ganhando espaço e o humano flutuando entre os mundos *online* e *offline*. Passamos a maior parte do nosso tempo conectados a máquinas e cada vez mais nos desconectamos das outras pessoas.

Muitas vezes, se afirma que a tecnologia pode nos proporcionar um mundo de abundância. A tecnologia sozinha não irá alavancar o desenvolvimento econômico ou eliminar as desigualdades sociais. Entretanto, a forma como decidimos aplicá-la pode transformar as empresas, a economia, a sociedade e o clima. E é aqui que entra o humano. Não o indivíduo, mas o coletivo. Falo aqui do poder da comunidade. Não é à toa que um dos objetivos do desenvolvimento sustentável do Pacto Global da ONU, o ODS17, trata exatamente de parcerias e da cooperação global em prol de suas metas.

Glauter Jannuzzi nos mostra, neste livro, de maneira envolvente, o poder das comunidades na aceleração da inovação e nas transformações social, pessoal e digital, enfatizando como um propósito une pessoas diferentes em torno de uma visão comum. Propósito, Liderança, Atitude, Comprometimento e Empatia (para criar elos) são os motores de propulsão para o funcionamento efetivo das comunidades. Por isso o livro *O poder do PeopleChain* é leitura obrigatória para todos os empreendedores e líderes que procuram inovar e transformar suas empresas mobilizando pessoas e talentos.

Nas próximas páginas, Jannuzzi demonstrará sua tese ao nos mostrar como as cinco empresas mais valiosas do mundo conquistaram este status. Ao fazer uma análise histórica, desde a década de 70 até hoje, o autor nos mostra o que foi feito pelas lideranças dessas empresas para que suas marcas se tornassem valiosas. Em poucas palavras: como estas empresas empregaram o engajamento da comunidade para inovar e como conseguiram transformar seus clientes em fãs, fidelizando-os.

Jannuzzi nos apresenta também o trabalho de uma comunidade da qual me orgulho muito. São eles os MVPs, ou Profissionais Mais Valiosos da Microsoft. Profissionais apaixonados por tecnologia e pela Microsoft, que nos ajudam a melhor aplicar nossas soluções e a seguir nossa jornada de liderança em inovação.

Este livro é uma leitura que nos traz, por fim, ainda mais uma lição: a importância de sermos pontes para o conhecimento e conectores das pessoas com interesses comuns e talentos variados. Desta forma, transformamos suas ideias em realidade e ajudamos as empresas na inovação e promoção da transformação social e pessoal, tornando o mundo um lugar melhor, mais diverso e inclusivo.

Tânia Cosentino,
presidente da Microsoft Brasil.

INTRODUÇÃO

Para ser um ser humano mais valioso, é preciso enxergar com o coração. É preciso que cada indivíduo deixe de ser ilha (isolada do mundo) e torne-se ponte. Um conector poderoso entre pessoas, alguém que represente um grupo ou uma comunidade, não apenas a si próprio. As empresas e os profissionais mais valiosos do mundo já perceberam que se há uma coisa que quanto mais dividem, mais ela se multiplica e exponencializa para eles, é o conhecimento. A arte de compartilhar vai muito além do que transferir conhecimento, mas passa pelo fortalecimento de conexões interpessoais, dar sentido de representatividade e inclusão e, por fim, prover acolhimento e proteção aos membros de uma comunidade.

O mundo vinha mudando rapidamente para melhor, tornando-se, pouco a pouco, um lugar mais inclusivo e com respeito às diversidades e aos grupos vulneráveis. Este livro havia sido concluído antes do mundo parar pelo covid-19 em 2020, e precisei revisá-lo antes de liberar os relatos, pois tive que dar uma nova perspectiva a muitas considerações. Em 2020, todos vivenciamos um mudo que mudou abruptamente devido a um vírus altamente contagioso que nos fez permanecer em casa por muito tempo — ainda estamos no momento que reviso esta obra —, um mundo que nos impôs o distanciamento social, que nos obrigou a usar máscaras de proteção individual e aprimorar os hábitos de higiene. Estamos todos conectados, para o bem ou para o mal. É preciso ter ciência e consciência disso para que possamos conviver uns com os outros da forma mais harmônica com a natureza terrena e divina.

Durante a quarentena do coronavírus, vivenciamos dias terríveis com notícias de incontáveis números de contaminados e de mortes representadas em curvas exponenciais e, curiosamente, uma morte (que não foi por covid-19) chamou a atenção e mobilizou ainda mais o mundo todo. No dia 25 de maio de 2020 George Floyd foi assassinado pelo policial de Minneapolis que se ajoelhou sobre seu pescoço e assim permaneceu por oito minutos e quarenta e seis segundos, enquanto o afro-americano estava deitado de bruços na estrada. O mundo todo manifestou seu repúdio e comunidades civis realizaram protestos não apenas nos Estados Unidos, mas em todo o mundo com a bandeira de que "Vidas Negras Importam" ou #BlackLivesMatter. Mesmo com a pandemia ainda em alta, milhares de pessoas saíram as ruas para protestar contra a supremacia branca e o racismo velado em tantas partes do mundo.

Em 23 de setembro de 2019, durante o prêmio FIFA The Best, Lionel Messi – do Barcelona - foi eleito, pela sexta vez, o melhor jogador do mundo. O brasileiro Alisson - atualmente no Liverpool da Inglaterra - foi eleito o melhor goleiro do mundo. Mas estas premiações, que são sempre as mais badaladas, quase passaram despercebidas perto do discurso de Megan Rapinoe e de Silvia Grecco. Rapinoe, jogadora da Seleção dos Estados Unidos que foi tetracampeã na Copa do Mundo Feminina de 2019, discursou contra o racismo, a desigualdade financeira entre os gêneros e a homofobia. Seu discurso foi direto ao ponto, chamando atenção para dois casos de racismo que aconteceram com os jogadores Sterling (do Manchester City) e Koulibaly (do Nápoli). Rapinoe chamou a atenção sobre o fato de que "se queremos uma mudança significativa de fato" precisamos – TODOS – nos indignar quanto ao racismo, não apenas quem os sofre.

A melhor jogadora do mundo eleita pela FIFA em 2019, ainda conseguiu (em menos de três minutos) defender a importância da luta por condições de igualdade entre homens e mulheres em termos de remuneração, a luta contra a homofobia e citou o duro caso da jovem iraniana de 29 anos — Sahar Khodayari — que, disfarçada de homem, tentou entrar num estádio, porém, mulheres e meninas são proibidas de participar de jogos de futebol no Irã. Por não querer ir para a cadeia e permanecer por até seis meses presa, Sahar ateou fogo em seu próprio corpo e não resistiu, vindo a falecer dias depois devido às graves queimaduras.

A premiação FIFA *Fan Award* — ou "Torcedor do Ano" — que talvez nunca tenha chamado muita atenção, nessa edição de 2019 foi o ponto alto da cerimônia. Silvia Grecco discursou de forma emocionada e iniciou sua fala dizendo que gostaria de compartilhar seu prêmio com um senhor que também tinha uma linda história de amor com seu filho. Silvia, assim como as pessoas mais valiosas, entende que quanto mais se divide os momentos de alegria, mais eles se multiplicam. Ela segue seu discurso, narrando de forma descritiva para o filho, que estava no palco diante de uma plateia de centenas de pessoas, dezenas de celebridades, entre elas os melhores jogadores e jogadoras do mundo de todas as nações: o argentino Messi, o português Cristiano Ronaldo, a brasileira Marta, a norte-americana Rapinoe e muitos ídolos do futebol.

A mãe orgulhosa, narra para seu filho e diz para que todos ouçam claramente que eles estavam ali no palco representando seu time, o Palmeiras, assim como todos os torcedores do Brasil e do Mundo. Especialmente, estavam no palco representando todas as pessoas que torcem pela pessoa com deficiência. Silvia acredita que o futebol pode transformar a vida dessas pessoas. A comunidade global de milhões, talvez bilhões de pessoas ao redor do esporte mais popular do mundo, precisa saber que existem pessoas com deficiência e que elas precisam ser amadas, respeitadas e incluídas. Silvia encerra seu discurso agradecendo a Deus por ser ponte: "Obrigado Deus, por me permitir ser ponte e hoje representar não só o meu filho, mas todos do mundo que têm alguma deficiência e que precisam de oportunidade."

O mundo mudou... Se a Terra já foi um único continente — a Pangeia, há 540 milhões de anos — hoje os continentes estão bem separados e os seres humanos estão totalmente dispersos pelo planeta, mas a tecnologia e, especialmente, o senso de propósito de líderes de comunidade, a atitude infinita para mudar, o comprometimento em tornar o mundo melhor e a empatia para atrair novas pessoas para essa jornada e torná-las mais um elo dessa corrente do bem, são os fatores que nos possibilitam seguir transformando o mundo. O grande propósito deste livro é despertar o interesse de mais pessoas para que se tornem ponte, como Silvia Grecco, deixando de ser ilhas isoladas. É preciso eliminar o *gap* entre nós e o resto do mundo.

VIVER EM COMUNIDADE

Um dos grandes motivos que me fez escrever esse livro, como conto a seguir, foi perceber que eu estava convivendo com os maiores líderes de comunidade do mundo e havia muito conhecimento e boas práticas que poderiam ser compartilhadas com um público ainda maior. Você faz parte disso! Comecei enviando uma pesquisa para mais de 300 pessoas, em sua grande maioria líderes de comunidade, espalhadas por mais de 20 países da América Latina. Após receber e tabular as respostas, apresento a você alguns resultados que falam por si só, mas agrego com algumas reflexões para introduzirmos o assunto.

A primeira questão foi relativa a quais seriam os valores mais importantes que uma comunidade deve possuir para atrair membros e seguir crescendo. As respostas apresentaram variações, como pode ser visto no Gráfico-1, mas, sobretudo destacam o compartilhamento, a empatia, a colaboração, a diversidade e a inclusão, a ética e a transparência, o comprometimento e a paixão, entre os valores mais importantes que uma comunidade deve apresentar.

Note que não basta pensar numa comunidade em termos de conteúdo, mas é preciso estabelecer um ambiente de compartilhamento e colaboração que demonstre empatia por seus membros, que seja diversa e inclusiva, oferecendo acolhimento para todos, que tenha uma liderança onde prevaleça a ética e a transparência e onde, todos os seus membros, demonstrem comprometimento e paixão. Fazer algo sem esperar uma contrapartida também foi citado, assim como manter as coisas simples. Portanto, pense nisso quando estiver planejando sua comunidade ou, caso já faça parte de uma, proponha uma discussão sobre o tema.

Gráfico-1 – Valores mais importantes de uma comunidade.

Outra pergunta da pesquisa foi quais os principais benefícios são obtidos por ser membro de uma comunidade. Como você pode ver no [Gráfico-2], um terço das respostas ressaltaram que o principal objetivo de se unir a uma comunidade é conhecer outras pessoas. Além disso, o propósito principal é aprender e trocar experiências. Para oito por centro dos entrevistados, a realização pessoal, que às vezes não é obtida no trabalho ou na vida pessoal, pode ser alcançada em comunidade. Cinco por cento das pessoas que responderam também ressaltaram a importância da comunidade na solução de problemas, incluindo aqui as oportunidades que são geradas para recolocações profissionais.

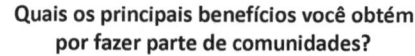
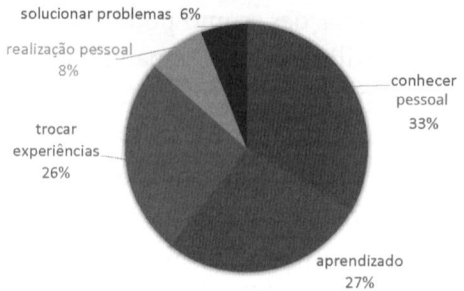

Gráfico-2 Benefícios por fazer parte de uma comunidade.

Perguntei, também, se é importante para uma comunidade ter uma liderança efetiva e, neste quesito, 95% dos entrevistados responderam afirmativamente que um ou mais líderes são necessários para uma comunidade seguir forte e crescer. Apenas cinco por cento, responderam que acreditam que uma comunidade pode ser mantida sem uma liderança efetiva e que seus membros poderiam ser autogerenciáveis.

Quando perguntei sobre que características marcam um bom líder, as respostas variaram um pouco mais, porém, a grande maioria das respostas foram sobre *soft skills* ou habilidades interpessoais como, por exemplo, ter mente aberta, saber ouvir, ter empatia pelos membros da comunidade, comunicar-se bem, dar o exemplo, além de apresentar autoridade, determinação, compromisso e responsabilidade. Outros pontos que também foram destacados: apresentar paixão e interesse no desenvolvimento dos membros da comunidade, liderar de forma, honesta, íntegra, inclusiva, transparente e sempre com humilde e paciência. [Gráfico-3].

Fácil ser um líder de comunidade, você não acha? Recordo-me do dia que expliquei para uma prima minha sobre a função que eu aceitara na Microsoft para assumir a liderança da comunidade de MVPs e ela — diretora de RH de uma multinacional conhecida — me respondeu algo do tipo "E você está feliz em trabalhar com todas essas pessoas?". Respondi que sim e pensei: "Caramba, se uma diretora de recursos humanos está me dizendo isso, não deve ser fácil". Após quase três anos à frente da comunidade, tendo resolvido e superado algumas "tretas", eu lhe afirmo que fácil não é, de forma alguma, porém, com honestidade, integridade, transparência e, sobretudo, paixão e empatia, também não é um desafio tão grande assim. Vale a pena cada segundo.

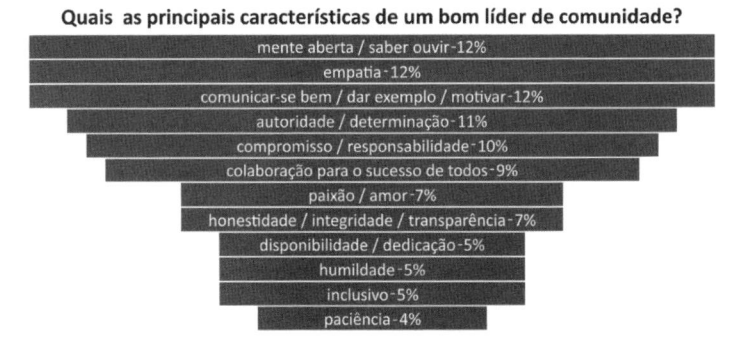

Quais as principais características de um bom líder de comunidade?

- mente aberta / saber ouvir - 12%
- empatia - 12%
- comunicar-se bem / dar exemplo / motivar - 12%
- autoridade / determinação - 11%
- compromisso / responsabilidade - 10%
- colaboração para o sucesso de todos - 9%
- paixão / amor - 7%
- honestidade / integridade / transparência - 7%
- disponibilidade / dedicação - 5%
- humildade - 5%
- inclusivo - 5%
- paciência - 4%

Gráfico-3 – Principais características de um bom líder de comunidade.

Por falar em "tretas" ou atritos, também fiz esta pergunta para os entrevistados e as respostas representadas no Gráfico-4: 43% ressaltaram que o maior motivo de discórdia e atrito em comunidade se deve a questões de egos inflados ou vaidade por parte de seus membros. Outros 22% se dividiram igualmente entre discussões técnicas, que gerariam atritos, ou ainda, disputa pela liderança da comunidade. Em quarto lugar com 9% aparecem empatadas: a falta de compromisso por parte das pessoas, a falta de educação ou maturidade para pedir algo ou fazer colocações e as discussões sobre organização de eventos. Outros pontos relevantes citados incluíram o perfil de alguns membros em visar apenas o lucro ou oportunidades para geração de negócios e, por fim, a segregação, ou seja, eventos exclusivos para mulheres (ou para homens), para negros (ou brancos), LGBTQs etc.

Gráfico-4 – Principais motivos de atrito em comunidade.

Quando perguntei aos entrevistados se o tempo que eles investem em comunidade valia a pena, 99% responderam que sim e 1% dos entrevistados respondeu "sim e não", alegando que muito tempo em comunidade impactaria a vida pessoal. A partir dos números, é possível concluir que o tempo investido em comunidade é mais que recompensado, porém é importante analisar o *work life balance* ou o tempo da família versus o dos trabalhos. Além disso, perguntei quais as características necessárias aos membros da comunidade para aproveitar melhor esse tempo e as respostas estão representadas no [Gráfico-5].

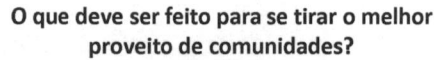
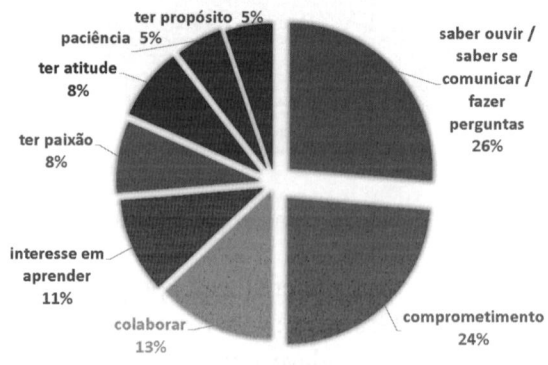

Gráfico-5 – Características para aproveitar melhor a comunidade.

Para 26% dos entrevistados, a principal característica para se tirar proveito das comunidades é saber ouvir, em primeiro lugar, além de comunicar-se bem e fazer perguntas. Em seguida, para 24% vem o comprometimento. Ou seja, para metade dos líderes de comunidade entrevistados, se você tiver compromisso e souber ouvir, comunicando-se bem e fazendo perguntas, você tem tudo para tirar um bom proveito da interação com a comunidade. Simples assim! Caso você seja tímido ou tímida, iniciar uma jornada em comunidade também poderá lhe ajudar a, aos poucos, ir perdendo a timidez. Já vi muitas pessoas iniciando bem tímidas, apoiando na organização de *meetups* e eventos e, depois de um tempo, essa mesma pessoa estava palestrando repetidamente em vários eventos. Seguindo a análise do Gráfico-5, para 13% dos que responderam a pesquisa, a colaboração vem em terceiro lugar para se tirar proveito das comunidades. Por colaboração, entenda ajudar e ser ajudado. Seguindo, 11% destacaram o interesse em aprender e 8% mencionaram a paixão e outros 8% a atitude como características necessárias para tirar mais proveito das relações em comunidades.

EU NÃO, NÓS!

Você já deve ter ouvido que todo ser humano deve, ao menos uma vez na vida, plantar uma árvore, ter um filho e escrever um livro. Eu comecei pelas árvores! Aos sete anos, junto com meus colegas de turma, plantamos uma árvore de pau-brasil no recém-inaugurado Colégio Novo (sim, este era o nome do colégio que eu estudava naquele ano!) em Volta Redonda/RJ. Bem mais tarde, na formatura da Faculdade de Ciências da Computação, junto com meus colegas da turma de formandos de 1998 da UNESP, em Rio Claro/SP, plantei minha segunda árvore, um ipê, se não me engano. Àquela altura de minha vida, aos 22 anos, escrever livros ou ter filhos não era algo que estava em meus planos (pelo menos para o presente). Em 1999, na véspera do dia dos pais, estava eu procurando um presente para dar ao meu pai e, como livros sempre fizeram parte de minha casa, achei um título que tinha tudo a ver com a ocasião: *Pai Rico, Pai Pobre*. Comprei o livro pela capa! Não fazia a mínima ideia do que se tratava, mas achei interessante o título e como era um presente para meu pai, achei que faria sentido.

Sempre gostei de contar e ouvir histórias. Meus primos e amigos de adolescência me diziam que toda vez que se encontravam comigo, eu tinha algo a lhes contar ou mostrar. Sempre havia uma novidade ou algo que eu havia criado, visto na TV ou lido em algum lugar. Ao mesmo tempo, eu era um adolescente tímido e uma pessoa introvertida para fazer novas amizades. Mas com as amizades já estabelecidas eu conversava, compartilhava e "falava muito". As ideias fluíam tão rápido em minha cabeça que, por vezes, a língua não conseguia acompanhar e eu gaguejava muito nessa época. Um adolescente tímido e gago! O auge da gagueira veio aos doze anos, durante uma aula de História, onde cada aluno lia um trecho do livro a pedido da professora. Para mim, caiu a parte sobre o totalitarismo europeu. Sim, era tudo que eu não precisava: ter que ler para meus colegas de turma sobre o to-ta-li-ta-ris-mo. Eu mentalizava baixinho como deveria me expressar, tentava controlar a ansiedade, mas quando a professora disse meu nome o coração bateu algumas vezes mais forte, os olhos mal enxergavam as letras, que pareciam saltar do livro de História e eu disparei:

"No to-to-to-to-to-talitarismo europeu...", só me recordo dessa parte inicial, depois disso, terminei meu parágrafo de forma mais acelerada que devia, mas não pude deixar de notar — com muita vergonha — as risadas de meus amigos pelos "to-toss" a mais que falei. Nessa época, a autoconfiança ou força mental não existiam dentro de mim. Ao mesmo tempo, em casa a tarde eu escutava muita música, gravava fitas K7, fazia mixes e remixes, criava vinhetas e mostrava para os amigos que curtiam. Talvez se vivesse essa época duas décadas mais tarde eu seria um YouTuber e ganhasse algum dinheiro do Google! Mas voltando aos livros e ao gosto por ouvir histórias, dei o presente do dia dos pais e meu pai começou a leitura.

Nos finais de semana, costumávamos fazer viagens curtas entre Volta Redonda e Valença ou Santa Izabel do Rio Preto para visitar meus avós. Todas no Sul do Estado do Rio de Janeiro. Durante a viagem, meu pai foi contando a história do livro sobre o pai rico e o pai pobre daquele menino e fiquei bastante interessado. No domingo à tardinha ao voltarmos para casa comecei a leitura! O livro de Robert Kiyosaki mudaria minha vida! Aprendi sobre educação financeira no momento em que ingressava no mercado de trabalho como profissional. Passei a consumir muitos livros durante os anos que seguiram. Lia uma média de 20 livros por ano. Sempre gostei de ler mais de um livro ao mesmo tempo e de revezar entre os de ficção e os de não-ficção.

Até fevereiro de 2010 eu só havia plantado as duas árvores (em 1984 e 1999), mas na sexta-feira de carnaval daquele ano, um grande marco aconteceu em minha vida: o nascimento do meu filho Gabriel. Eu me tornava pai cinco anos após ter me casado com a Alessandra, namorada por sete anos e melhor amiga desde então. Pronto, duas árvores e um filho. Faltava o livro! Em 2011, nos mudamos de Botafogo, zona sul do Rio, para uma área nova da cidade, na zona oeste, chamada de Cidade Jardim. Todos os primeiros moradores, tinham direito de plantar uma árvore e batizá-la com o nome de sua família. No final de 2012, chegou a nossa vez e, Gabriel e eu descemos para plantar a nossa árvore e colocar nela a plaquinha da "Família Jannuzzi". Três árvores, um filho e nada de livros! Em 2014, a família cresceria: nosso jardim ganhava mais uma florzinha: minha filha Alice.

Somente em 2016, durante uma conversa com o tio da minha esposa (Claudio Ribeiro) de frente para o mar na Praia do Sudoeste em São Pedro da Aldeia, Região dos Lagos no Rio de Janeiro, que ele me encorajou a publicar algo. Eu já vinha escrevendo artigos no LinkedIn e em blogs pessoais, que eu criava, começava e abandonava meses depois, assim, achei que poderia ser interessante publicar um livro. Próximo de completar 40 anos de idade, eu me sentia pronto para compartilhar experiências por meio de um livro. Àquela altura, eu tinha autoconfiança, não era mais tímido e já havia ministrado algumas palestras com boas repercussões do público. Não gaguejava mais, apesar de ainda falar muito rápido.

Como se transforma a vontade de fazer algo em uma realidade? Só há uma resposta: começando. Comecei a reunir alguns conteúdos que já havia escrito, passei a escrever outros e, tive a ideia de chamar um amigo para escrever comigo nosso primeiro livro. Não há nada mais bacana do que uma amizade que é verdadeira e transcorre décadas e, assim, convidei o amigo Ricardo Abreu, que conheci aos nove anos de idade, para escrever comigo. Inicialmente sua reação foi algo do tipo "Você tá louco? Nem pensar, não temos tempo para isso! Você na Microsoft e eu na Accenture, já temos muita coisa para fazer, não sobre tempo para escrever um livro, nem se quiséssemos." Ouvi, entendi, mas não concordei.

Num domingo bem cedo, acordei por volta das cinco horas da manhã, peguei meu laptop e fui para varanda do meu apartamento. Ainda estava escuro, o dia começava a querer clarear e comecei a escrever. Era o início do livro e o título do primeiro capítulo era: "O que é *startup*?". Tentei registrar tudo o que me movia naquele momento: a paixão por empreendedorismo e *startups*, para contagiar alguns jovens e ex-alunos sobre mudarem seus *mindsets* de "procurar emprego" para "criar seu próprio emprego". Misturei também com minhas paixões: esportes e música. Ao longo do texto, fiz analogias de uma *startup* com a arrancada de Usain Bolt ou da McLaren de Ayrton Senna. Mas o fato que mudaria o *mindset* de meu coautor veio ao final. Concluí uma versão inicial do capítulo um do que seria meu primeiro livro e achei que poderia ter algo mais. Inseri o trecho de uma música no início do capítulo e achei que seria bacana ter uma citação musical no início de cada capítulo. Ao final, além do livro, poderíamos ter uma *playlist* pública no Spotify e na Apple Music!

Terminei o *draft* e enviei por email o capítulo sobre definição de startups para o Ricardo. A música que escolhi para este capítulo era *Start me up* dos Rolling Stones: *"If you start me up, I'll never stop"*. Antes do almoço recebo a ligação do meu amigo dizendo "Tô dentro! Cara, fiquei arrepiado aqui com o trecho da música e me contagiou." A ideia tinha dado certo! Poderia contagiar outros leitores também e assim nasceu o meu primeiro livro em 2017: *Espírito de Startup – tudo ao mesmo tempo agora*. A partir daí, os convites para palestras se multiplicaram e vieram outros convites para publicações. Não era possível aceitar todos, afinal eu permanecia na Microsoft, onde atuava na área de vendas de soluções de nuvem e gestão de datacenters naquele momento, portanto recusei alguns. Mas, a convite da mesma editora pela qual havia publicado meu primeiro livro, acabei publicando no final de 2017, meu segundo livro: *DISRUPTalks – carreira, empreendedorismo e inovação em uma época de mudanças rápidas*, desta vez fui coautor ao lado de duas pessoas que haviam se tornado minhas amigas por meio de eventos de comunidades de *startup* e empreendedorismo: Flavia Gamonar e Juliana Munaro. Após uma série de eventos de lançamento do livro, palestras abertas e fechadas, muitos exemplares vendidos, achei que era preciso dar um tempo e focar um pouco mais no equilíbrio da vida pessoal e profissional.

Apesar de muitos separarem a vida profissional da vida em comunidade eu as coloco no mesmo grupo. Tudo o que faço para a comunidade são atividades profissionais, seja uma palestra, participações em *meetups*, painéis ou em bancas avaliadoras de *pitches* de *startups*. Meu compromisso e dedicação são os mesmos que tenho com a minha empresa. Para minha surpresa e alegria, ainda em 2017, fui convidado pela Microsoft a assumir uma posição de CPM, que em nossa sopa de letrinhas corporativas é acrônimo de Community Program Manager, ou Líder de Programas de Comunidade. Era a chance que eu tinha de convergir todo o meu propósito de ações em comunidade que fazia fora da Microsoft, com algo que eu faria dentro da empresa. Ainda sem entender ao certo a dimensão que o aceite daquele convite teria em minha carreira, eu aceitei. Afinal, quais eram os "programas de comunidade" que eu deveria liderar? O grande barato de trabalhar numa grande empresa (não apenas pelo tamanho) como a Microsoft é a chance que você tem de recomeçar — de apertar o F5 de vez em quando e dar um *refresh* em sua carreira dentro da empresa — e foi o que aconteceu comigo a partir de agosto de 2017: eu passaria a gerenciar o programa Microsoft Most Valuable Professional (MVP) e Microsoft Regional Director (RD) no Brasil. Em livre tradução, MVPs seriam os profissionais mais valiosos e RDs, diretores regionais que teriam capacidade de falar em nome da Microsoft, mesmo não tendo um vínculo empregatício com a empresa.

Minha primeira ação ao assumir o novo cargo foi obter a lista dos profissionais que faziam parte daqueles programas. Quem seriam os MVPs? E os RDs? Minhas investigações iniciais dariam uma boa chamada para o Globo Repórter: "MVPs e RDs – Onde vivem? O que fazem? Como e por que foram premiados?", daí a querer saber "o que comem" eu deixo para os leitores que possam ter pensando nisso. O que eu queria mesmo era conhecer logo aquelas pessoas. Assim, obtive uma lista de cerca de 110 MVPs e 8 RDs do Brasil. Aos poucos fui conhecendo uma a um, pessoalmente, por videoconferência, em mesas redondas com grupos de MVPs, de várias maneiras. Minha forma preferida de conversar com os MVPs era pessoalmente e de forma individual, acompanhados de um bom café. Assim, eu tinha a chance de conhecê-los melhor. Eu explorava não apenas as comunidades ou áreas de soluções tecnológicas nas quais eles eram especialistas, mas suas origens, motivações principais e propósitos. Pouco a pouco fui conhecendo toda a comunidade de MVPs e RDs do Brasil.

Ao mesmo tempo que me aproximava de diversas comunidades técnicas de todo o país, eu recebia instruções de Redmond sobre as evoluções que os programas precisavam implementar. Especialmente do ponto de vista de Negócios e Soluções era preciso evoluir alguns conteúdos e categorias. Com a crescente adoção de computação em nuvem — Microsoft Azure — e a crescente expansão da inteligência artificial em quase todas as soluções da empresa, havia uma necessidade de estar atento ao campo para recrutar novos profissionais com foco em *Cloud e AI (Artificial Intelligence)*. Além disso, se há algo que faz parte da cultura da Microsoft desde meus primeiros anos na empresa (em 2007), são os valores de D&I (Diversidade e Inclusão). Assim, era preciso observar como as comunidades de MVPs e RDs estavam em termos de diversidade e inclusão.

Após um ano e meio na posição, já tinha um domínio grande da comunidade e já havia gerenciado com sucesso algumas "tretas". Aqui vale um parênteses, se você faz parte de comunidades, deve saber bem o que estou falando quando me refiro as tretas... caso você não tenha entendido o termo que usei, pense em uma reunião de condomínio onde vários moradores — de diversas origens, classes e perfis — se reúnem para discutir interesses sobre o bem comum. Assim você pode imaginar melhor o contexto a que me refiro aqui. Mas confesso que nunca seria síndico de um prédio, trabalhar com os profissionais mais valiosos é bem mais fácil sob minha ótica! Em outubro de 2018, recebi um convite ainda mais desafiador: liderar também os MVPs de toda a América Latina, do México ao Sul da Argentina, passando pela América Central e países do Caribe. É o tipo do convite que você não tem como dizer não!

Um dia, numa reunião que chamamos de *one-on-one* (1:1), minha diretora me perguntou se eu falava Espanhol, respondi que sim e ela apenas comentou "ah, que bom!". Na semana seguinte, ela traria um recado do VP da nossa área confirmando que eles gostariam que eu assumisse toda a região. Eu passava a liderar uma comunidade de 234 MVPs e 21 RDs. Os números podem parecer assustadores ou desafiadores num primeiro momento, mas prefiro transformar títulos — MVPs, RDs — em pessoas, portanto, passei a liderar pouco mais de duzentas pessoas de diversos países da América Latina, com pelo menos três línguas nativas: Português, Espanhol e Inglês (em Trinidad e Tobago se fala Inglês). A essa altura, eu já dominava a posição MVP Lead e não me assustava com o desafio, pelo contrário, seria uma boa oportunidade para me conectar ainda mais com pessoas latinas como eu, com culturas e idiomas diferentes, mas com o mesmo sangue latino correndo nas veias — a forma prolixa de falar de vez em quando que temos se comparados aos povos de origens anglo-saxônicas, por exemplo. Mas, sobretudo, pessoas com paixão pelo que fazem, com um senso de propósito gigante e que veem, cada um à sua maneira, mudando o mundo e tornando-o um lugar melhor de se viver.

Até os 40 anos de idade segui lendo muitos livros e, a partir daí, passei a publicá-los. Criando meus conteúdos originais, compartilhando experiências vivenciadas por mim e por profissionais ao meu redor. Depois de escrever dois livros como coautor, cobrindo conteúdos sobre empreendedorismo, inovação e reinvenção de carreira, chegava a hora de reunir diversas experiências em comunidade e todo o aprendizado com os profissionais mais valiosos do mundo para lançar meu terceiro livro, o primeiro solo. Por ironia, meu primeiro livro sozinho seria o que teria a contribuição de mais pessoas. Afinal, como o próprio título sugere, nenhum livro — nem mesmo uma autobiografia — trata apenas do "eu", mas sempre do "nós". Em *Eu não, Nós – O poder do PeopleChain* você encontrará muitas histórias de diversas pessoas que conheci e aprendi a admirar nestes últimos anos.

Entre MVPs reconhecidos pela Microsoft e outros profissionais mais valiosos reconhecidos por mim (mesmo que não sejam Microsoft MVPs), eu compartilho suas histórias — escritas em primeira pessoa mesmo — para que ilustrem e consolidem conceitos tratados neste livro. Afinal, apesar de ser um profissional orientado por dados e resultados, aprendi que quando contamos histórias, essas se fixam na mente das pessoas. Não é à toa que a disciplina de *story telling* passou a ser bem procurada em cursos de extensão ou extracurriculares. Contar história é uma arte que, como todas as outras, pode ser desenvolvida. As histórias se fixam em nossas mentes porque carregam algo que os dados não trazem consigo: a emoção. Neste livro, você encontrará muitos conceitos que, apesar de simples, podem ser novos para você, muitos dados que talvez você não conhecesse, mas, sobretudo, histórias repletas de empatia e emoção para que você jamais se esqueça das lições apresentadas.

Ao longo do processo de escrita deste livro, refiz o sumário e reorganizei os doze capítulos diversas vezes para que a história aqui contada fizesse mais sentido para você. A essência de *Eu não, Nós – O poder do PeopleChain* é sobre engajamento, construção, reinvenção de carreira e liderança de comunidades.

Sobre o que trata este livro?
- Construção e liderança de comunidades;

- Transformação pessoal e reinvenção de carreira;
- Geração de comprometimento de pessoas ao redor de uma causa ou projeto;
- Exponencialização do tempo;
- Fatores que levam profissionais a serem reconhecidos como os mais valiosos;
- Fatores que levam empresas a se tornarem mais valiosas;
- Visão de futuro, inovação e criação de experiências disruptivas e sem atritos;
- Descoberta sobre como reduzir o *gap* entre você e o resto das pessoas;
- Diversidade e inclusão;
- Casos reais de pessoas como você que descobriram o segredo de como atuar em comunidade.

Sobre o que não trata este livro?
- Técnicas de trabalho em equipe;
- Gestão de negócios baseado em pirâmide;
- Uma nova tecnologia bem complicada de ser aprendida.

Como o livro está organizado?

Este livro está organizado em 12 capítulos, divididos em quatro partes. Ao longo de cada capítulo, você encontrará um quadro de curiosidades sobre alguns personagens ou fatos citados e, ao final de cada capítulo, você encontrará pontos adicionais para reflexão, relatos reais de profissionais que possuem uma visão ampla de comunidade e se tornaram mais valiosos por isso. Você encontrará, também, um espaço para anotações. Recomendo que você o use, mas, antes disso, leia o Apêndice II do livro e aprenda um pouco mais sobre o método Annota que lhe ensinará a tirar melhor proveito dos mapas mentais e fixar os conceitos e *insights* compartilhados ao longo do caminho.

Na Parte I – "Se você quer ir rápido...", iniciaremos a jornada de cinco passos do método P-L-A-C-E, que incluir: Propósito, Liderança, Atitude, Compromisso e Empatia/Encadeamento na criação de movimentos, projetos e comunidades.

No Capítulo 1 – "Começando com o Propósito", apresento a importância de começar sempre definindo e comunicando o propósito de suas ações antes de iniciá-las. A capacidade que temos de agregar pessoas a nosso redor, quando conseguimos conectá-las não a nós mesmos, mas às causas nas quais elas acreditam. Ainda no capítulo inicial, mostro o poder que todos temos de criar um futuro alternativo executando ações no presente.

No Capítulo 2 – "Revoluções Por Minuto", vamos explorar como o tempo pode ser exponencializado quando temos várias pessoas mobilizadas em prol de um propósito. Como de fato você pode investir bem seu tempo e obter retornos inimagináveis. Até porque este é o seu recurso mais valioso. Por que marcas investem milhões de dólares em tão pouco tempo de televisão para suas campanhas publicitárias? É preciso notar que tudo se refere ou está relacionado às pessoas.

No Capítulo 3 – "Você S/A – Sem Atrito", vamos analisar como é possível retirar o atrito nas relações entre pessoas, empresas e clientes. Como podemos focar num propósito maior e não deixar que a polarização entre duas grandes ideias lhe contamine? Como é possível perceber as intenções de um grupo ou outro e avaliar se você pode navegar em ambos ou criar o seu próprio grupo de interesses? Discutiremos ainda a necessidade que todas as pessoas têm de pertencer a algumas comunidades. A importância de conhecer sobre política e como evitar polarizações e atritos entre empresas e clientes e em relações interpessoais. Veremos ainda algumas práticas para evitar reuniões improdutivas, tornar-se um profissional sem atrito e um poderoso conector de pessoas.

Na Parte II – "Se você quer ir longe...", serão apresentados os conceitos de *PeopleChain* e como observar o vão entre você e o resto do mundo. O segundo passo do método P-L-A-C-E sobre Liderança será analisado, assim como questões sobre o bem comum em comunidades. Fechamos a primeira metade do livro, analisando se a teoria dos seis graus de separação é um fato ou um mito nos tempos atuais.

No Capítulo 4 – "Observe o vão entre você e o resto do mundo", vamos explorar o poder do *PeopleChain*. A partir do modelo básico de *startups* com soluções centralizadoras, tais como Uber e o Airbnb, apresentaremos o modelo descentralizador do *blockchain*. Vamos, ainda, destacar a evolução das relações de trabalho entre pessoas e empresas. As diferenças entre "trabalhar para" e "trabalhar com". E apresentaremos o modelo do *PeopleChain*, que reforça como as relações humanas podem ser mais valiosas do que as criptomoedas.

No Capítulo 5 – "Comunidade, Liderança e o Bem Comum", trataremos das comunidades sob diversos aspectos e circunstâncias. Definiremos o bem comum e como é possível se unir e manter comunidade livres, considerando fatores importantes de diversidade e inclusão. Analisaremos também o papel do líder em comunidades e seis passos para a criação de uma comunidade saudável.

No Capítulo 6 – "Utopia Disruptiva: Seis Graus de Separação", discutiremos um tema que para muitos é mito, para outros apenas uma utopia ou teoria sem fundamento, mas que já foi comprovado cientificamente. A teoria dos seis graus de separação entre quaisquer pessoas no mundo. Vamos também discutir o impacto que você possui em sua rede de relacionamentos e como se considerar um conector poderoso de fato. Como deixar de ser ilha e se tornar ponte.

Na Parte III – "Seja você mesmo, mas não seja sempre o mesmo", tratamos do terceiro passo do método P-L-A-C-E: a Atitude. Analisaremos também como diferenciamos os profissionais ricos dos profissionais pobres e quais os fatores levaram as empresas mais valiosas do mundo a chegarem a essas posições.

No Capítulo 7 – "Atitude para a Transformação Pessoal, Social e Digital", discutiremos sobre o que lhe torna único. A questão do individualismo e como integrar-se em comunidade de forma eficiente. Apresentaremos o poder dos *meetups* e dos *hackathons* para a formação de novos relacionamentos, conexões e comunidades. Veremos também como as pessoas e as empresas conseguem influenciar e causar impacto nas comunidades a seu redor por meio da interação com outros indivíduos em eventos abertos.

No Capítulo 8 – "Profissional Rico, Profissional Pobre", veremos o que fazem os profissionais mais valiosos do mundo, como conquistam sua riqueza a fazem crescer. Conheceremos também os profissionais pobres que seguem fazendo mais do mesmo e optando pelos caminhos errados que não levam a lugar algum. Como você pode se tornar um profissional mais valioso no futuro começando agora no presente. Mostraremos que indivíduos são singulares, mas juntos podem desenvolver caminhos plurais. O que faz com que alguns profissionais se tornem mais valiosos que outros? Como empresas podem recrutar e se beneficiar de uma legião de profissionais mais valiosos?

No Capítulo 9 – "As Empresas Mais Valiosas do Mundo", você conhecerá a jornada que levou as empresas a se tornarem as mais valiosas do mundo desde a década de 1970 até os tempos atuais. Como é importante o papel do líder da empresa que segue os cinco passos do método P-L-A-C-E pra conectar todo o ecossistema e como a cultura de uma empresa é criada por meio das ações das pessoas que nela trabalham. Você verá o poder do *PeopleChain* para criar uma jornada de mentalidade de crescimento dentro uma empresa e a seu redor no ecossistema de parceiros, clientes e até concorrentes.

Na Parte IV – "Quando a gente muda, o mundo muda com a gente", abordaremos a reinvenção de carreira de profissionais mais valiosos e os dois passos finais do método P-L-A-C-E, relativos ao Comprometimento e à Empatia e encadeamento.

No Capítulo 10 – "Virando a própria mesa", analisaremos o que é preciso e pode ser feito para virar sua própria mesa e se tornar um profissional mais valioso. Até que ponto é possível reinventar sua carreira e como o *PeopleChain* pode lhe ajudar a se tornar um profissional mais valioso. Veremos como a educação na era da economia criativa e compartilhada deve ser diferente daquela ensinada na era industrial e que habilidades e atitudes são esperadas de profissionais atualmente.

No Capítulo 11 – "Comprometimento: Que mundo é esse?", analisaremos o quarto passo do método P-L-A-C-E: o Comprometimento e que mundo é esse em que vivemos atualmente e quais aspectos são fundamentais para a geração de comprometimento entre indivíduos e empresas com as maiores causas da nossa sociedade. Neste capítulo, serão apresentados os aspectos relevantes do comprometimento pessoal e profissional a causas e atividades. Discutiremos ainda porque profissionais pobres não se comprometem e as empresas mais valiosas buscam causas maiores para defender.

No Capítulo 12 – "Empatia e encadeamento: Conectando Ilhas", analisaremos como o exercício da empatia pode lhe tornar um profissional mais valioso. Como empresas e equipes que de fato exercitam e implementam a diversidade e inclusão conseguem atingir resultados melhores que aquelas que não o fazem. Como é possível tornar-se ponte, conectando pessoas e eliminando o gap entre você e o resto do mundo?

Boa leitura e Tamojunto!

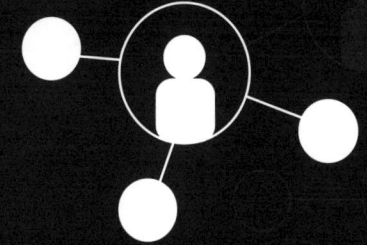

PARTE I

SE **VOCÊ** QUER IR **RÁPIDO**...

PART 1

SE VOCÊ

COMECE COM O
PROPÓSITO

(Conectando Marty Mcfly a Martin Luther King e
o Quilombo dos Palmares ao Vale do Silício)

♪ "Eu vejo a vida melhor no futuro,
Eu vejo isso por cima de um muro
de hipocrisia que insiste
em nos rodear."

(Lulu Santos, *Tempos Modernos*)

♪ "Where it began, I can't
begin to knowing,
But then I know It's
growing strong,
Was in the spring, and spring
became the summer
Who'd have believed
You'd come along
Hands, touching hands,
Reaching out
Touching me… Touching you"

(Neil Diamond, *Sweet Caroline*)

PROPÓSITOS DO CAPÍTULO

O poder que todos temos de criar um futuro alternativo executando ações no presente. Afinal, o tempo presente será passado quando o amanhã chegar.

●●●

A importância de começar sempre definindo e comunicando o propósito das suas ações, antes de iniciá-las. A capacidade que temos de agregar pessoas a nosso redor, quando conseguimos conectá-las não a nós mesmos, mas às causas nas quais elas acreditam.

●●●

A visão geral dos cinco passos do método P-L-A-C-E: Propósito, Liderança, Atitude, Compromisso e a Empatia/Encadeamento na criação de movimentos, projetos e comunidades.

Todo livro é uma viagem. Uma viagem onde o leitor embarca a partir da estação inicial — a capa — e se tudo der certo, desembarca na estação final — sua última página. Porém, muitas viagens tornam-se monótonas e os leitores acabam desembarcando no meio do caminho. Este livro é essencialmente sobre pessoas normais. Seres humanos como eu e você. Mas não se trata de biografias e sim sobre como pessoas podem exponencializar seu tempo e fazer coisas extraordinárias quando se juntam em torno de um propósito. Espero que possamos seguir esta viagem aqui até o fim.

Meu propósito é compartilhar teorias e histórias reais de profissionais e empresas que souberam utilizar bem o poder das comunidades e conexões para se valorizarem. Como autor, farei de tudo para prender você durante cada parágrafo desta obra, como um bom líder de comunidade deve fazer para engajar seus membros ao redor de suas iniciativas. Pode ter certeza de que não faltará atitude de mudança do status quo em nenhum capítulo deste livro. Meu grande compromisso com você é compartilhar histórias e pensamentos que te motivem e criem insights práticos para você se valorizar como pessoa, como profissional e aumentar o valor de sua empresa (ou do seu negócio). Apesar de estar publicando meu terceiro livro, pela primeira vez em versão solo, eu nunca criei um conteúdo tão rico e com tantos encadeamentos de pessoas, ideias e histórias.

Ninguém faz nada sozinho, por isso passei a adotar mais do que nunca a expressão "*tamojunto*", muito popular no Brasil nos últimos anos, que tem o real significado de "Pode contar comigo! Estamos juntos!". Para expressar esse sentimento tão presente nas falas e atitudes de líderes de comunidade com os quais convivo há anos, chegamos ao título deste livro: "Eu não, nós". Converse com grandes líderes de comunidade e perceba em seus discursos a dificuldade que alguns têm de se expressarem na primeira pessoa do singular — eu — pois é muito mais natural para eles, usarem a primeira pessoa do plural — nós — mesmo que tenham feito coisas grandiosas inicialmente sozinhos.

Neste capítulo inicial, vamos explorar o poder do propósito para tirar pessoas da inércia e motivá-las a se engajarem em seus movimentos ou iniciativas. É preciso atitude e vontade para fazer! Uma grande ideia não tem valor algum se quem a teve não a colocar em prática. Um ótimo plano não vale nada sem sua execução. Precisamos ter atitude para transformar. Por outro lado, para aprimorar o conceito da Nike do *Just do it*[1] ("apenas faça!" em tradução livre) devemos utilizar o *mindset* de "faça com propósito!".

Como ninguém faz nada sozinho, este livro se concentra em construir pontes entre ilhas que estavam isoladas umas das outras. Desde que iniciei uma jornada pessoal e comecei a me abrir para comunidades que até então eu não tocava, oportunidades maravilhosas surgiram em minha carreira e, por que não, em minha vida pessoal também. Como não sou mais especial que você ou que qualquer outra pessoa, comecei a notar que isso ocorre de fato com todos que deixam de ser ilhas e se tornam pontes entre pessoas. Vamos juntos iniciar nossa viagem que por vezes nos remeterá ao passado, por outras ao futuro, mas como veremos a seguir, tudo está relacionado às atitudes e execuções que fizermos no presente.

Comece imaginando o que você faria se pudesse viajar no tempo... Só por um instante, pense em que ponto de sua vida você retornaria se pudesse entrar numa máquina do tempo como o DeLorean do filme *De Volta para o Futuro*[2].

Registre aqui a data na qual você retornaria em sua vida e os principais motivos pelos quais você retornaria àquele momento:

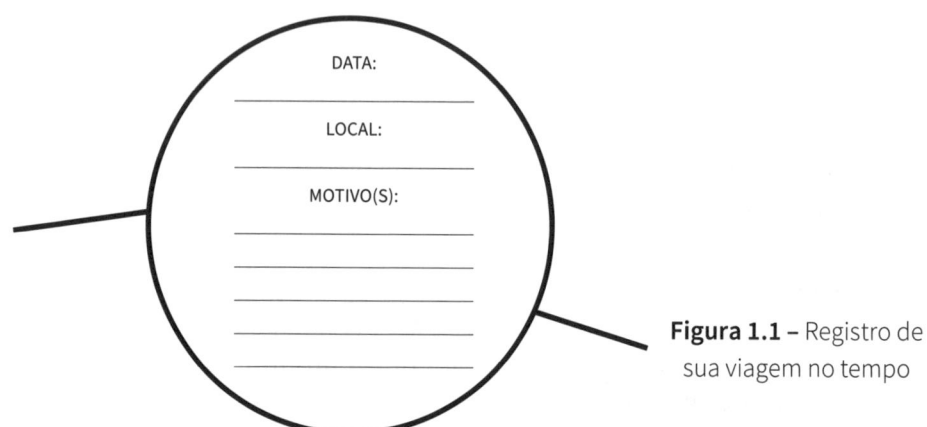

Figura 1.1 – Registro de sua viagem no tempo

---

[1] *JUST DO IT* é uma marca registrada da empresa de calçados Nike e um dos componentes principais da marca da empresa. O slogan foi desenvolvido em 1988 e transmite uma ideia de atitude. Para saber mais sobre a história por trás do slogan, acesse https://en.wikipedia.org/wiki/Just_Do_It

[2] O filme *De Volta Para o Futuro* (título original *Back to the Future*), foi lançado em 1985 e dirigido por Robert Zemeckis. Produzido por Steven Spielberg e estrelado por Michael J. Fox como o famoso personagem Mary McFly, tornou-se um clássico dos anos 1980.

Agora, reflita sobre o que você faria diferente em seu PASSADO para que seu FUTURO fosse melhor. Você certamente mudaria alguma coisa em seu passado, não mudaria? Você faria algo que não fez? Teria mais atitude para tentar fazer algo que se arrepende até hoje de não ter tentado? Ou ainda, deixaria de ter feito algo que fez e se arrependeu? Seja qual for a sua resposta, acredito que a grande motivação para retornar a um ponto específico de sua vida seja fazer algo diferente para ter um futuro alternativo melhor, correto?

1.1 SEU PRESENTE É O PASSADO DO SEU FUTURO

Após conversar com muita gente sobre carreira e planos de vida, notei um certo padrão em questões relacionada ao passado e futuro. Geralmente, pessoas desejam retornar a algum ponto de seu PASSADO para fazer algo diferente, de uma forma que essa ação gere um impacto em seu FUTURO. Mas, antes que você desista dessa viagem ou desembarque neste capítulo inicial imaginando que esta conversa está abstrata demais, eu lhe pergunto: e se eu lhe afirmasse que você já tem uma máquina do tempo aí com você? Ou melhor, que todos nós temos a capacidade de fazer algo no PASSADO de forma diferente para que nosso FUTURO seja de fato diferente e melhor! Você acreditaria? Sim, você leu direito! Observe a Figura 1.2.

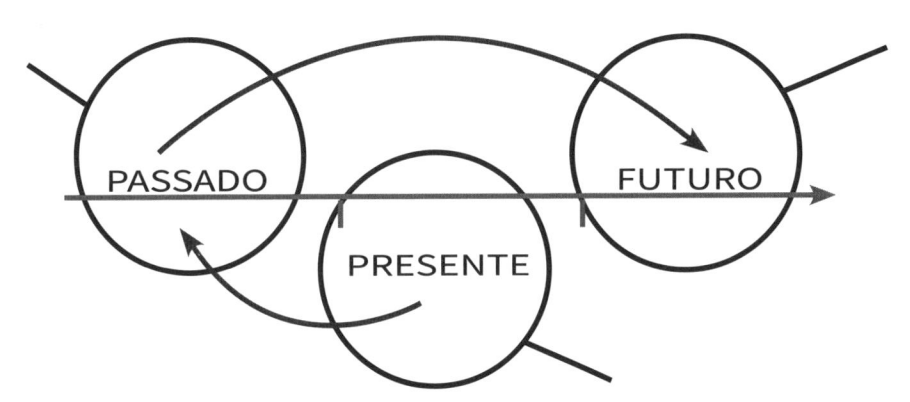

Figura 1.2 – Seu Presente é o Passado do seu Futuro.[3]

O que temos representado na Figura 1.2 é que o seu PRESENTE será o PASSADO do seu FUTURO. Captou a mensagem? Não? Explico: você não precisa voltar ao PASSADO de fato, como na ficção científica, para conseguir gerar um FUTURO alternativo. Se você fizer algo diferente hoje, vai mudar o seu futuro

---

[3] O *insight* foi desenvolvido por Ricardo Abreu, durante a primeira superaula como professor voluntário da Atitude Infinita, uma Organização Não Governamental fundada por mim em 2016.

(que será amanhã). Ou seja, o seu PRESENTE é o PASSADO do seu FUTURO. Agora sim... Tamojunto?

Comece agora a fazer algo diferente e você terá um futuro alternativo, ou seja, diferente do que aquele futuro que você teria caso seguisse fazendo a mesma coisa sempre. Você tem livre-arbítrio e um DeLorean nas mãos. Todos nós temos! Eu até gostaria de ser um destes colecionadores que possuem um DeLorean (o carro) de fato, mas este não é o caso aqui para a nossa analogia da viagem do tempo. O DeLorean entra como nossa máquina do tempo imaginária, um dia terei um nem que seja por meio de um óculos de Realidade Aumentada. Mas o fato é que você e eu temos a capacidade de mudar nosso futuro desde já!

Esse *insight*[4] sobre a habilidade que temos hoje de gerar um futuro alternativo não é meu. Mas foi passado para 300 alunos do ensino fundamental de uma rede de escolas públicas numa brilhante superaula (masterclass) que tive o privilégio de compartilhar junto com meu amigo Ricardo Abreu durante a primeira ação da Atitude Infinita[5] em 2017. Nunca vou me esquecer desse dia e do privilégio que tive de participar em vários outros eventos junto a ele para a divulgação do nosso primeiro livro: *Espírito de Startup – Tudo ao mesmo tempo agora*[6].

O xis da questão aqui é sobre qual o futuro você quer ter? Por que ou por qual motivo você quis voltar naquele momento de sua vida para ter esse futuro desejado? Vamos agora voltar ao momento exato do seu passado, que você pensou e que gostaria de ter feito algo diferente (registrado na Figura 1.1). Mesmo que você tenha tido preguiça e nem escreveu nada no quadro da Figura 1.1. Ainda assim, só por um instante, você deve ter tido um pensamento

Figura 1.3 – Começando com o propósito.

---

4 *Insight* é o entendimento súbito e claro de alguma coisa. "Ter um *insight* é, de repente, sacar as coisas, perceber o não percebido, descobrir o óbvio, desvendar o que está contido, além do trivial." [Fonte: Dicionário Michaelis online. http://michaelis.uol.com.br/busca?r=0&f=0&t=0&palavra=insight].

5 A Atitude Infinita é uma *startup* social fundada por mim com foco na Educação do Futuro.

6 O livro *Espírito de Startup – Tudo ao Mesmo Tempo Agora* foi lançado em maio de 2017 pela Editora Reflexão Business: http://www.reflexaobusiness.com.br/espirito-de-startup-tudo-ao--mesmo-tempo-agora/p/642 .

sobre "por que", uma razão, um propósito que o faria acreditar que se mudasse algo naquele momento de sua história, poderia ter um futuro alternativo melhor hoje.

Portanto, nesse presente (esse instante em que você está lendo essa frase), você pode estar começando a mudar o PASSADO do seu dia de amanhã, da sua próxima semana... do seu FUTURO. Se você começar desde agora perguntando POR QUE quer mudar algo ou fazer diferente ao invés DO QUE você mudaria ou COMO você faria, você já estará ajustando a sua rota e começando da maneira correta para chegar em seu destino desejado.

Também começarei pelo propósito durante cada capítulo deste livro. Agora, faça uma nova reflexão sobre o momento que você identificou em seu passado. Regresse a esse momento mentalmente e seja honesto ou honesta consigo, você estava sozinho(a) ou havia pelo menos uma outra pessoa com você naquele instante que gostaria de mudar? Eu aposto cada centavo dos direitos autorais deste livro que nove em cada dez leitores irão responder que sim havia uma outra pessoa com eles. Não realizamos nada sozinhos!

> "O que me assusta não são as ações e os gritos das pessoas más, mas a indiferença e o silêncio das pessoas boas."
>
> Martin Luther King Jr.

Nesse livro, vamos juntos explorar nossas relações e relacionamentos com outras pessoas com quem lidamos diariamente e como podemos nos tornar indivíduos e profissionais melhores e mais valiosos quando atuamos em comunidades. Quando começamos a mudar agora a forma com que lidamos com questões de diversidade e inclusão, por exemplo, quando começamos a olhar para outras pessoas com empatia e procurando observar o que os move, ou quais são os seus propósitos.

Pessoas se mobilizam ou são motivadas por um propósito muito mais do que pelas ações em si ou por quem está liderando. Quando milhares de pessoas se reúnem e participam de grandes movimentos domingo de manhã na Avenida Paulista ou na Praia de Copacabana, elas geralmente não foram até lá pela pessoa que está em cima do carro de som ou com o microfone nas mãos (exceto para os tempos de carnaval, ou talvez nem nessas ocasiões). O que move multidões até o local do evento é o senso de pertencimento a uma causa. Os ativistas sabem o porquê saíram da cama cedo para participar de uma ação. Geralmente é porque o movimento é de protesto ou de apoio a alguma causa, que estes (participantes) acreditam.

1.2 LÍDERES DE PROPÓSITO

O maior segredo quase sempre está no mais simples, mas poucos prestam atenção nisso e conseguem transformar em atitude de fato. Para engajar pessoas é preciso entender que elas não estarão ao seu redor por causa de você, mas por causa do seu propósito, que pode também ser o delas! Trata-se de uma questão de interesses em comum ou senso de pertencimento. Pessoas não se engajam por acaso, mas de propósito (ou por propósito). Pessoas se unem a outras pessoas porque há uma causa na qual acreditam ou interesses comuns que compartilham. Pessoas também se unem ao perceberem que compartilham das mesmas crenças que outros participantes de uma determinada ação, comunidade ou movimento. Quanto maior o senso de pertencimento, maior será o engajamento, a divulgação e a disseminação das ideias ou propostas de forma orgânica para tornar a causa ou a comunidade muito mais forte e abrangente.

Grandes líderes que conseguiram agrupar muitas pessoas ao seu redor, tiveram a habilidade de compartilhar o propósito maior, começando com o porquê estavam reunidos. Pessoas se identificam e querem estar lá também, não pelo líder ou o orador, mas pela causa que compartilham. Um ótimo exemplo usado pelo autor norte-americano Simon Sinek em seu livro *Comece pelo porquê: Como grandes líderes inspiram pessoas e equipes a agir*[7] é o do famoso discurso de Martin Luther King Jr em 28 de agosto de 1963.

WASHINGTON – ESTADOS UNIDOS, 1963.

Neste dia, Luther King estava aos pés do Memorial Lincoln — na área conhecida como The Mall na cidade de Washington — onde como ministro da Igreja Batista e ativista dos direitos civis, começou seu discurso mais famoso que iniciou com a frase *"I have a dream"* ["Eu tive um sonho" em tradução livre].

Junto a Martin Luther King Jr havia cerca de 250 mil pessoas que foram até lá, não necessariamente para vê-lo, afinal ele não era tão famoso assim antes desse discurso. Além disso, em 1963 não havia um meio de comunicação em massa como uma rede social por meio da internet. Veja, portanto, que este evento com 250 mil pessoas reunidas naquela conjuntura foi, de fato, um marco para a história. Se em 2019 não é qualquer grande movimento que consegue reunir

---

[7] *Start With Why: How Great Leaders Inspire Everyone to Take Action,* livro publicado em 2009 pelo Portfolio.

um número tão expressivo de pessoas juntas em um mesmo local, mesmo com todas as redes sociais online que existem atualmente. Imagine na década de 1960?

Mas qual o segredo daquele dia, daquela comunidade reunida ali? E a resposta é: senso de propósito. A comunicação orgânica — um a um — o marketing comunitário fez com que as pessoas desejassem estar ali. Não apenas para ouvir Martin Luther King Jr, mas sim para protestarem junto e deixar claro que elas queriam estar ali pois compartilhavam do mesmo sonho de ver pessoas brancas e negras vivendo e convivendo sob os mesmos direitos civis.

Líderes da atualidade, tais como Elon Musk, Steve Jobs, Bill Gates — só para citar alguns da indústria da tecnologia — começam ou começavam a demonstrar suas ideias e novas soluções, não pelas características de um produto (O QUE), ou COMO foi o processo de desenvolvimento, mas pelo POR QUE você deveria comprar aquele produto. Ou PORQUE toda a humanidade deve estar atenta a um novo lançamento, uma vez que o propósito por trás daquele evento era evidenciado desde o primeiro minuto da fala destes visionários empreendedores.

CUPERTINO – ESTADOS UNIDOS, 2001.

Enquanto empresas renomadas tentavam fabricar *players* de música com mais características ou performance, Steve Jobs, deu um espetáculo à parte em 23 de outubro de 2001 quando iniciou seu discurso explicando o propósito de a Apple ter escolhido a indústria da música para lançar algo. Ele diz exatamente isso:

> "..: the choice we made was music.
> Now, why music? Well, we love music. And it's
> always good to do something you love.
> More importantly, music's a part of everyone's
> life. Everyone. Music's been around forever.
> It will always be around. This is not a speculative
> market. And, because it's a part of everyone's
> life, it's a very large target market.
> All around the world. It knows no boundaries."
> *(Steve Jobs durante o lançamento do primeiro iPod)*[8]

---

[8] Apple Music Event 2001-The First Ever iPod Introduction: https://www.youtube.com/watch?-v=kN0SVBCJqLs

"Nós escolhemos a indústria da música. Mas por que música? Bem, nós amamos música! E é sempre bom fazer algo que você ama…" E segue dizendo mais e mais sobre PORQUE… com sentenças do tipo: "música é importante para a vida de todo mundo", "música sempre esteve aqui e permanecerá para sempre entre nós".

Um discurso brilhante que remete ao emocional, maximiza o mercado consumidor (todos!) e define que não se trata de especulação, pois é algo que permanecerá por toda a eternidade. Jobs também deixava claro suas intenções desde o início: ser líder de uma revolução digital global ("não há fronteiras para a música" como citou) e dominar um mercado que — à época — não tinha um líder. A Apple entrava, de fato, na disputa para ser líder. E Jobs segue mostrando os motivos porque todos deveriam querer comprar um iPod — que ele já mostrava em imagens no projetor — para cerca de dez minutos depois tirar do seu bolso esquerdo a primeira versão do iPod que revolucionaria a indústria da música e colocaria a Apple na trilha para ser a primeira empresa do mundo a valer mais de 1 trilhão de dólares (antes de Amazon e Microsoft). Jobs sabia como liderar uma imensa quantidade de pessoas. Steve Jobs tinha uma grande visão de futuro e demonstrou isso com ações e atitudes durante vários momentos de sua vida.

1.3 VISÃO DE FUTURO

Elon Musk não está à frente da Tesla para concorrer com as grandes montadoras de automóveis. Musk atua na Tesla para salvar o planeta e os motoristas do futuro que não utilizarão automóveis movidos a combustíveis fósseis. Os carros da Tesla são elétricos. Além da Tesla, Musk é também CEO e líder de projetos da SpaceX — uma empresa fundada por ele em 2002 com a missão de reduzir os custos do transporte aeroespacial para possibilitar a colonização de Marte. Simples assim! O foco de suas empresas e projetos não são as características de seus produtos ou o foco no processo perfeito de fabricação ao estilo Lean Six Sigma da GE de Jack Welch, mas sim, no propósito maior que está por trás (ou à frente) da missão de cada empresa de Musk.

Bill Gates foi visionário há anos quando junto a Paul Allen definiu que num futuro próximo em cada lar haveria um computador sobre uma mesa e a

Microsoft fabricaria o *software* que possibilitaria que cada pessoa (da área de tecnologia ou não) pudesse facilmente usar este microcomputador[9].

Muitos não perceberam, mas milhões de pessoas ao redor do mundo notaram, direta ou indiretamente, que o futuro da tecnologia estava sendo alterado naquele momento, em torno dos anos 1975 e 1976 quando Microsoft e Apple foram fundadas, respectivamente. Indo além, não apenas profissionais de tecnologia da informação, mas todas as pessoas de qualquer área seriam impactadas pessoalmente e profissionalmente pela popularização dos computadores pessoais (PCs). Naquele momento da história recente, nascia um movimento ou uma comunidade livre ao redor dos processadores baseados em silício, dos computadores que se tornariam microcomputadores e de toda uma indústria de inovações tecnológicas que tomaria corpo ao redor de diversas comunidades na região da Califórnia que ficou conhecida como Vale do Silício[10].

Após a supremacia nos anos 1980 e início dos 1990 quando mais de 90% dos computadores do planeta rodavam o sistema operacional Windows, a Microsoft perdeu a liderança nos primórdios da internet.

Em 2007, eu iniciava a minha carreira na Microsoft num momento em que Bill Gates ainda era o líder mundial da empresa. Porém os propósitos de Gates já estavam mudados e seu foco estava cada vez maior na área de filantropia e ele havia iniciado uma transição para que Steve Balmer se tornasse o CEO da empresa. Balmer permaneceu na empresa até 2014 e preparou o terreno da transição do modelo de *software* tradicional para a computação em nuvem. Mas foi em 2014 que a Microsoft apresentou seu novo CEO Satya Nadella para o mundo. Satya era um indiano que crescera em Hyderabad mas que já morava nos Estados Unidos e trabalhava na empresa por pouco mais de duas décadas.

1.4 MISSÃO INCLUSIVA

Em 26 de junho de 2015, a nova missão da Microsoft foi comunicada primeiramente por meio de um e-mail enviado por Satya a todos os funcionários da

---

9 A primeira missão da Microsoft era "A computer on every desk and in every home" ["um computador sobre cada mesa e em todos os lares" em tradução livre]. Atualmente, o *statement* é "Our mission is to empower every person and organization on the planet to achieve more." ["Nossa missão é empoderar cada Pessoa e cada Organização no planeta a conquistar mais." em livre tradução]. https://www.microsoft.com/en-us/about

10 Para conhecer um pouco mais da história do Vale do Silício, você pode ler o Capítulo 2: "O Vale do Silício e as Cinco Gerações" do livro *Espírito de Startup – tudo ao mesmo tempo agora*.

Microsoft. A mensagem dizia de forma clara e direta: *"Our mission is to empower every person and every organisation on the planet to achieve more."* (Em tradução livre: "Nossa missão é empoderar cada pessoa e cada organização de todo o planeta a conquistar mais"). Essa missão era inclusiva e demonstrava as intenções da nova liderança de englobar todos — pessoas físicas ou jurídicas — e que o sucesso da Microsoft só seria alcançado se seus produtos e soluções gerassem sucesso para pessoas e empresas. Uma missão inclusiva que mudaria os rumos da história e levaria a empresa a ultrapassar a Apple e a Amazon como empresa mais valiosa do mundo.

O propósito vem em primeiro lugar e, como funcionário da Microsoft naquele momento, eu pude acompanhar o quanto todos os cerca de 130 mil funcionários da empresa ao redor do mundo abraçaram a missão e a nova liderança de Satya desde o recebimento daquele e-mail em junho de 2015. Naquele dia, a ação da Microsoft (MSFT[11]) era cotada no pregão eletrônico da Bolsa Nasdaq ao valor de U$45.26. Exatamente quatro anos depois, dia 26 de junho de 2019, a cotação das ações da empresa era de U$136.97 dólares, uma valorização de 202,6%. Tudo isso ocorreu em um momento especial de sua história, porque a Microsoft havia ultrapassado Apple e Amazon em valor de mercado, como também era a única companhia do planeta a romper e se manter acima do valor de um trilhão de dólares. Não foram apenas os funcionários que abraçaram a nova missão da Microsoft sob a liderança de Satya, mas boa parte da comunidade externa também, incluindo clientes, parceiros e até alguns concorrentes do passado que se tornam parceiros da Microsoft. A atitude e visão inclusiva de Satya de tornar concorrentes em parceiros seguiu impactando positivamente as ações da empresa. Em julho de 2020, mesmo após a queda devido aos impactos da pandemia do covid-19, a Microsoft chegou ao topo histórico e atingiu o valor de mercado de U$214,32. Fazendo com que a valorização das ações da Microsoft na era Satya subisse para 373,5%. Um feito realmente incrível.

1.5 LUTA PELA IGUALDADE

Por outro lado, também podemos observar movimentos intensos e comunidades que se fortaleceram e marcaram a nossa história como a da luta pelos direitos civis e pela igualdade, tal como a história do Quilombo dos Palmares, ocorrido na Serra da Barriga —hoje União dos Palmares — no estado de Alagoas.

---

11 O código das ações da Microsoft é MSFT: https://finance.yahoo.com/quote/MSFT/

QUILOMBO DOS PALMARES – BRASIL, 1695.

O Quilombo dos Palmares tornou-se uma comunidade tão forte que passou a agregar quase todas as demais comunidades quilombolas que havia na região. Estima-se que em seu auge, Palmares chegou a ter mais de vinte mil habitantes. E, como toda comunidade próspera, Palmares teve um grande líder, Zumbi dos Palmares, um jovem negro que havia nascido livre, mas aos sete anos foi capturado e entregue ao padre Antônio Melo. Foi então batizado como "Francisco" e recebeu uma educação que poucos negros obtiveram naquele triste período de nossa história recente onde ainda se convivia com a escravidão. Zumbi antes dos 15 anos já era fluente em Português e Latim, quando resolveu fugir de sua vida "privilegiada" para se juntar aos seus iguais no Quilombo dos Palmares.

Por que Zumbi deixaria uma vida privilegiada em comparação aos demais negros da época para iniciar um período de guerrilhas contra portugueses e bandeirantes? A respostas é simples: Zumbi tinha um propósito e começou a compartilhar com os demais quilombolas.

Mesmo tendo iniciado como apenas mais um integrante da comunidade, sob liderança de outro líder chamado Ganga Zumba, Zumbi não queria acordo com portugueses, bandeirantes ou qualquer outro grupo de homens brancos, ele queria sim uma comunidade livre. Queria a libertação de todos os negros que estavam trabalhando, de forma escrava, em fazendas e vilarejos por toda a parte.

Quando se tem um propósito forte, este não é negociável ou suscetível a ser comprado. Quando Ganga Zumba decidiu fechar um acordo com bandeirantes e portugueses para libertar parte dos negros, especialmente os integrantes das comunidades quilombolas, Zumbi se rebelou contra Zumba e acabou tornando-se o líder do Quilombo dos Palmares. Zumbi não aceitava conquistas parciais ou acordos que favorecessem um pequeno grupo de negros em detrimento da grande população de escravos negros que permanecia presa em senzalas.

Tornou-se assim o maior líder de Palmares e implementou atitudes diferentes e audaciosas que fizeram sua liderança crescer e se expandir. Sua causa foi disseminada entre muitos outros escravos que se uniram a ele e, claro, afugentaram seus inimigos que não cessaram a guerra contra os quilombolas. Até que, em 20 de novembro de 1695, conseguem assassiná-lo graças a uma delação feita por um de seus capitães que havia sido capturado e torturado previamente. Não há dúvidas de que Zumbi foi um grande líder, mesmo tendo vivido apenas quarenta anos. Sua história, ou nossa história, foi marcada por muitas lutas e duras conquistas que até hoje são respeitadas e celebradas no dia 20 de novembro como feriado pelo Dia da Consciência Negra no Brasil.

Além de Zumbi, Martin Luther King Jr, Steve Jobs, Elon Musk ou Bill Gates, pense em outros exemplos de grandes líderes que você admira e tente perceber o PORQUÊ tudo se iniciou? Qual, de fato, é o propósito por trás dos discursos? Desde que iniciei uma série de atividades profissionais (e até pessoais) começando pelo propósito, eu consegui reunir muito mais pessoas com *growth mindset*[12] ao meu redor.

1.6 OS CINCO PASSOS DO MÉTODO P-L-A-C-E

Vamos agora descrever os cinco passos para iniciar uma ação em comunidade e engajar pessoas. O método é simples e pode ser representado por uma de suas mãos. Cada um dos cinco dedos indica uma etapa a ser executada. Apesar da abordagem aqui estar relacionada a criação de comunidades, o método é perfeitamente aplicável e replicável em contextos de times dentro de empresas, assim como na gerência de projetos.

1.6.1 PROPÓSITO

Vamos começar pelo polegar. O polegar é o dedo do propósito. Se você quer indicar que tudo está bem ou que você está de acordo com algo, você faz o sinal do polegar para cima. Este é o primeiro passo.

O polegar também se relaciona a que tipo de vocação cada pessoa possui, que tipo de atividades ela se sente bem realizando. Trata-se das atividades que são executadas numa trilha do bem. O caminho movido pela paixão, pelo sonho e por um propósito maior. Para reunir e manter pessoas em uma comunidade, é preciso começar pelo propósito e encontrar a melhor maneira delas se conectarem umas às outras. Pessoas se unem a uma comunidade por compartilharem interesses e valores em comum entre si e, permanecem nestas

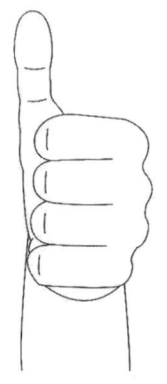

Figura 1.4 – O primeiro passo. O dedo da concordância ou do propósito.

---

[12] Growth Mindset: "In a growth mindset, people believe that their most basic abilities can be developed through dedication and hard work — brains and talent are just the starting point. This view creates a love of learning and a resilience that is essential for great accomplishment." (Dweck, 2015)

comunidades por se sentirem úteis e valorizadas, realizando algo que se sintam bem fazendo em coletividade. O primeiro passo do método P-L-A-C-E vem com o dedo do propósito.

1.6.2 LIDERANÇA

O segundo passo vem pelo dedo indicador. Quando alguém faz uma pergunta para uma plateia e você quer sinalizar "eu", qual o dedo você levanta? Sim, seu indicador. Se você quiser mapear as pessoas de uma plateia que são mais extrovertidas, possuem mais atitude ou não se contentam em apenas ouvir passivamente, faça uma pergunta e aquelas que levantarem o dedo indicador são as que você estava procurando.

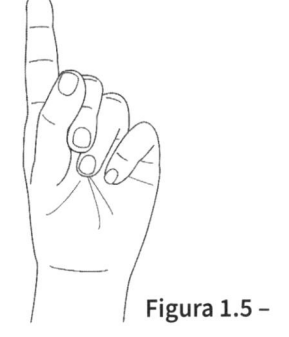

Figura 1.5 –
O segundo passo.
O dedo dos líderes.

Geralmente, líderes de comunidade levantarão o dedo do "eu". São estas pessoas que comprarão sua ideia, que entenderão o propósito que você está querendo compartilhar e, em última instância, serão elas que irão evangelizar outras pessoas. Os líderes de comunidade são aqueles que reúnem outros a seu redor. São pessoas automotivadas e com grande sensibilidade emocional e senso de pertencimento. Para executar uma ação em comunidade é preciso liderança. O segundo passo do método P-L-A-C-E chega com o dedo indicador, ou o dedo da liderança. No Capítulo 5 – "Comunidade, Liderança e O bem comum", analisaremos detalhadamente o aspecto da liderança.

1.6.3 ATITUDE

O terceiro passo é dado pelo dedo médio. O dedo médio, um tanto polêmico, é aquele que representa a indignação. A vontade de mudar o *status quo*. Sem atitude, não se faz nada. Sem desejo de mudança, não adianta ter propósito e liderança. Portanto, o terceiro passo é relativo a vontade de romper com o passado e criar um novo futuro. Lembre-se do DeLorean que temos dentro de nós! Temos a capacidade de criar um futuro alternativo a partir de nossas ações no presente. Para avançar com uma ação em comunidade é preciso de atitude. O terceiro passo do método

Figura 1.6 –
O terceiro passo.
O dedo médio
ou da atitude.

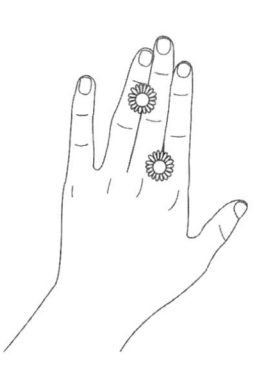

CURIOSIDADES

Você sabia que Martin Luther King Jr. foi o homem mais jovem a ganhar o Prêmio Nobel da Paz? Em 1964, Martin, tinha apenas 35 anos de idade quando ganhou o prêmio. Aliás, após ter recebido o equivalente a 400 mil dólares nos dias hoje, ele doou todo o prêmio para o Movimentos dos Direitos Civis. Além de ganhar um Nobel da Paz, Martin Luther King Jr. também ganhou um Grammy mesmo sem ser cantor. Na verdade, um de seus discursos contra a Guerra do Vietnã ganhou o prêmio na categoria Álbum declamado de 1971, três anos após seu assassinato.

•••

Você sabia que uma das maiores inspirações como um empreendedor e alguém com espírito criativo para Bill Gates foi Leonardo Da Vinci? Em 1994, Bill adquiriu o Codex Leicester, que é um compilado de desenhos e manuscritos originais de Da Vinci, pagando por ele cerca de 31 milhões de dólares.

•••

Para o governo português, um quilombo era qualquer agrupamento de mais de seis escravos que haviam fugido de seu senhor e passavam a viver juntos como foras da lei. Os moradores do quilombo eram chamados de quilombolas, que significava "aqueles que costumam fugir". O Quilombo dos Palmares chegou a ter uma população total de cerca de 20 mil habitantes. Além dos negros escravos, por lá também viviam alguns índios e até brancos pobres, que se dispunham nas aldeias clandestinas espalhadas por toda a parte, também chamadas de mocambos (ou esconderijos).

P-L-A-C-E vem com o dedo médio, ou o dedo da atitude. No Capítulo 7 – "Atitude para a Transformação Pessoal, Social e Digital" e no Capítulo 10 – "Virando a própria mesa", serão apresentados mais aspectos sobre a atitude no contexto de relacionamentos interpessoais em comunidades.

1.6.4 COMPROMETIMENTO

O quarto passo vem com o dedo anelar, ou o dedo do compromisso. Os três primeiros passos — da concordância com o propósito, da liderança e da atitude — são para o estabelecimento da comunidade e organização de seus membros. O quarto passo marca o comprometimento e traz, de fato, o compromisso de que algo será feito. Este passo é o responsável pela execução do plano, por gerar impacto e obter os resultados esperados.

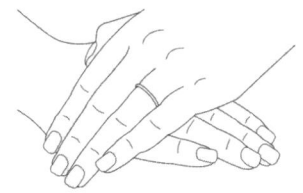

Figura 1.7 – O quarto passo. O dedo anelar ou do comprometimento.

É preciso comprometimento de toda a comunidade para mudar a realidade. Com propósito, liderança, atitude e compromisso é possível ter sucesso nas ações em comunidade. Uma comunidade comprometida andará por si só e conquistará os resultados a que se propôs. O quarto passo do método P-L-A-C-E vem com o dedo anelar ou do compromisso. Afinal, não é neste dedo que colocamos a aliança quando nos casamos e nos comprometemos com alguém? No Capítulo 11 – "Comprometimento: Que mundo é esse?", o quarto passo do método P-L-A-C-E é detalhado e analisado sob diversos prismas.

1.6.5 EMPATIA E ENCADEAMENTO

O quinto e último passo vem com o dedo mínimo, aqui representado como o da empatia ou encadeamento. Para que as ações de uma comunidade possam seguir e persistir, é preciso que haja um encadeamento constante entre seus membros. Para encadear pessoas e torná-las um elo numa grande corrente do bem, é preciso demonstrar e exercitar a empatia. O encadeamento de novas pessoas a uma comunidade é necessário para que exista uma renovação de seus membros. Para que haja uma preparação dos mais novos para assumirem papéis de protagonismo e liderança. Em resumo, para que uma

Figura 1.8 – O quinto passo. O dedo mínimo da empatia ou do encadeamento.

comunidade permaneça relevante com o passar do tempo é preciso que se dê a devida importância a seus componentes mais novos a fim de prepará-los para o futuro, ao mesmo tempo em que se aprende com eles.

Uma comunidade que permanece muito tempo com as mesmas ideias desde sua criação está fadada a desaparecer com seus membros quando estes já não apresentarem a mesma energia e comprometimento com a causa inicial. O mundo muda, os propósitos se ajustam, novos líderes surgem, é preciso que o comprometimento permaneça e que sempre haja uma formação de novos atores desta comunidade.

O fechamento com sucesso do ciclo de uma comunidade é, portanto, conquistado pelo encadeamento de pessoas. Essa é a beleza e a magia do *PeopleChain* como definiremos no Capítulo 4 – "Observe o vão entre você e o resto do mundo" e exploraremos durante todo este livro. Uma comunidade com propósito bem definido, com líderes estabelecidos, com atitude e compromisso por parte de seus membros e empatia para encadear e estabelecer novas alianças e lideranças, sem dúvida colherá os frutos esperados.

Os cinco passos do PeopleChain vão do propósito à empatia, resumidos a seguir:

1. Propósito
2. Liderança
3. Atitude
4. Compromisso
5. Empatia / Encadeamento

Associando as iniciais acima, chegamos a P-L-A-C-E, eu confesso que não foi pensado para formar nenhuma palavra com significado, simplesmente surgiu enquanto escrevia este livro. Fazendo uma analogia com a palavra *PLACE*, do Inglês com tradução livre para o Português como "LUGAR", faz total sentido, já que nossa comunidade sempre será "nosso lugar".

Desde que nascemos, somos inseridos em alguma comunidade, nossa cidade natal, a rua onde moramos, o colégio onde estudamos, nosso local. Portanto, daqui para a frente lembre dos cinco passos, usando os dedos de uma de suas mãos e da palavra PLACE quando quiser se lembrar dos pilares para se conquistar o "tamojunto" entre os membros de uma comunidade.

Comece sempre com um propósito! Com uma causa antes das consequências. A capacidade de influenciar e mobilizar pessoas em prol de um objetivo comum é o que caracteriza um grande líder. Por isso, se você deseja obter destaque em um papel de liderança ou se deseja engajar pessoas em suas iniciativas, é preciso trabalhar tal habilidade. Pois, desta maneira, você vai perceber que, sempre haverá muita gente a seu lado, lutando, de forma fiel e aliada a sua causa, unidas ao redor não apenas de você, mas de seu propósito. Quanto mais as pessoas se apropriam e se comprometem com este propósito, como sendo delas de fato, não apenas seu, mais elas doarão seu tempo e irão atrás de novos aliados para a causa. Vamos explorar mais o conceito de *PeopleChain* no Capítulo 4 – "Observe o vão entre você e o resto do mundo" e de como podemos nos ver como parte de um ecossistema onde cada pessoa complementará e dará autenticidade a causa das outras.

O poder que o *PeopleChain* tem é algo transformador de fato e iremos explorar isso juntos aqui nesta viagem. Conectando o sonho de igualdade e inclusão de Martin Luther King Jr com o sonho de criar comunidades livres de Zumbi. Valeu, Zumbi! Tamojunto, Dr. King!

Vamos seguir nossa viagem, mas antes, façamos uma pausa para conhecer algumas histórias reais, narradas em primeira pessoa, por profissionais mais valiosos, mas, acima de tudo, seres humanos normais como eu e você. A cada capítulo você conhecerá algumas histórias e concluiremos com alguns pontos e reflexões sobre os temas discutidos.

RELATOS REAIS DE PROFISSIONAIS MAIS VALIOSOS

COMMUNITY LIFE BALANCE

Nasci, em 1978, em uma humilde família nordestina na cidade de São Paulo. Tive grandes desafios em minha vida, desde ter nascido cego e feito uma cirurgia aos vinte dias de nascido, ter caído no trilho do metrô dentre outros, que por si só dariam um livro sozinho, mas este não é o foco aqui.

Coincidentemente, em 2008, ano em que uma crise do glaucoma me deixou cego, comecei a me envolver com a comunidade .NET Architects, recém-formada, a convite de um amigo do trabalho. Iniciei pela lista de e-mails, compartilhando um pouco do meu conhecimento com os demais, e aprendendo muito com diversas referências importantes que encontrei no grupo.

Os primeiros encontros presenciais foram acontecendo e era muito interessante isto de me reunir com pessoas curiosas em conhecer mais sobre os mesmos temas, mas mais impressionante ainda era conhecer gente que estava disposta a compartilhar totalmente seu conhecimento, com o único intuito de fortalecer aquele grupo.

No ano seguinte, após mais de seis meses interagindo com a comunidade, conheci um outro profissional cego na empresa onde trabalhava e ele me apresentou ao NVDA (sigla em inglês para NonVisual Desktop Access), um leitor de telas que aumentou muito a minha produtividade e me fez procurar outros grupos com o mesmo objetivo: ajudar as pessoas cegas a encontrarem ferramentas que tornassem suas vidas melhores.

O mais incrível foi encontrar diversas comunidades, sobre os mais diversos temas, desde vida cotidiana até tecnologia em geral, mas a que mais me chamou a atenção foi a "cegos programadores". Lá encontrei, na época, cerca de 89 cegos que diariamente trocavam dicas sobre linguagens de programação, editores de texto, falavam sobre atualizações do NVDA, desenvolvimento para outras plataformas, etc. Fiquei tão apaixonado pela lista que passava a participar de todas as discussões, compartilhava minhas experiências, dava dicas, testava o que era sugerido para gente, complementava com material que eu mesmo achava, ou até produzia.

Não demorou muito para que eu recebesse o convite de me tornar moderador do grupo. Convite este que foi aceito prontamente. Hoje, o grupo conta com mais de 300 membros, que crescem todos os anos nos períodos de início de semestres nas universidades, momento onde os alunos cegos, diante de matérias desafiadoras, vêm nos consultar sobre como podem entender UML (sigla em inglês para Unified Modeling Language) ou trabalhar com interfaces gráficas dentre outros assuntos.

Ainda continuava ativo na comunidade .NET Architects, que em 2010 realizou o seu primeiro evento presencial em São Paulo. Apesar de ter participado, em 2004, de um evento promovido por uma editora de tecnologia, participar de um evento feito pela comunidade para a comunidade foi algo incrível. Este feito se repetiu pelos próximos quatro anos, mas no ano de 2013 algo muito diferente aconteceu.

Após a insistência de alguns membros do grupo, decidi submeter uma palestra para a primeira edição que iria acontecer no Rio de Janeiro. O tema foi "Modelo de Desenvolvimentos Acessíveis" onde eu falava um pouco de como algumas práticas das metodologias ágeis tornavam a inclusão de pessoas com deficiência mais fácil nos times. A palestra foi aceita e a repercussão foi muito boa. Tão boa que no mesmo dia fui convidado a repetir esta palestra em um evento em Belo Horizonte, o DevDay, evento este que, sem sombra de dúvidas, merece sua atenção todos os anos. A palestra no DevDay também foi incrível e viajar para outro estado me deu a oportunidade de conhecer muita gente influente em muitas outras comunidades.

O gosto por participar de eventos só cresceu. Frequentava os encontros presenciais do .NET Architects no Rio de Janeiro e comecei a frequentar outros eventos em São Paulo. O mais interessante sobre comunidades é que você começa a ficar entusiasmado e se torna entusiasta. Tanto que em 2014, após estes anos todos participando de comunidades, percebi que, apesar de me sentir incluído em todos eles, sentia falta de outros como eu. Não havia encontrado até então outros participantes com deficiência, seja palestrando, seja assistindo, com os quais eu pudesse trocar experiências.

Neste mesmo ano, fui convidado a palestrar no InteropMix em São Paulo. Como o InteropMix aconteceu em uma faculdade, após o evento, fui guiado até o metrô pelo professor responsável pela parceria da realização. Durante nossa conversa, abri para ele o quanto gostaria de fazer um evento focado no público de pessoas com deficiência visual, incluí-las no trabalho, colocá-los em contato com empresas, treinar profissionais das áreas de atração das empresas e gestores em como receber estas pessoas em seus times. Foi então que ouvi a frase: "O local para realizar o evento você já tem. Agora qual a sua desculpa?"

Foram dez meses de muito trabalho, mas em agosto de 2015 realizei a primeira edição do que era até então o Encontro Nacional de Profissionais de TI com Deficiência Visual (ENTIDV). O evento foi incrível com palestras de altíssimo nível ministradas por pessoas com deficiência visual. Falamos sobre carreira, educação, oportunidades e, pasmem, visão computacional. O resultado foi tão positivo que no encerramento fui convidado a realizar o mesmo evento no escritório da Google em São Paulo.

Durante a preparação destes eventos, entendi o quanto as relações humanas, e, principalmente, as relações profissionais, são importantes para a execução de projetos. Fazer um evento da comunidade para comunidade envolve horas de conversas com outras pessoas que fazem a mesma coisa, o dobro de horas com pessoas que podem conseguir apoio financeiro e o triplo de horas em divulgação.

Mas se há algo curioso sobre a realização de eventos é que você os finaliza louco para descansar, mas seu primeiro pensamento no dia seguinte é: preciso começar os preparativos para o próximo!

Em 2016, recebi o maior presente que poderia ter recebido da comunidade. No dia primeiro de outubro de 2016, pela manhã, chegou na minha caixa postal um e-mail da Microsoft me informando que eu havia sido reconhecido com o título de Microsoft MVP, na época pela categoria de Visual Studio.

Deixei para citar neste momento, que, em 2008, as pessoas que eu tinha como referência ou já eram ou se tornaram logo depois MVPs, uma comunidade de profissionais que sempre respeitei pelo seu empenho em entregar conteúdo técnico de qualidade às comunidades que lideravam ou apenas participavam.

Quando percebi que eu estava no mesmo nível que eles a ponto de também receber este reconhecimento, me dei conta do quanto minhas contribuições foram importantes e, de quantas outras oportunidades e responsabilidades eu teria daquele momento em diante. Eu havia me dado conta que era um formador de opiniões.

Dentre os maiores benefícios deste título, sem dúvida está a oportunidade de viajar para Seattle e conhecer a sede da Microsoft. Conhecer influenciadores do mundo inteiro que também são MVPs (como eu!), ter acesso as equipes dos produtos que eu trabalhava no meu dia a dia e poder dar-lhes feedbacks sinceros e perceber que eles me escutavam e eu conseguir provocar transformações apenas por estar lá.

Em termos de carreira, ter me tornado influente nas comunidades me abriu a possibilidade de viajar para vários locais do Brasil como realizar uma edição do ENTIDV em Recife e Porto Alegre. Mas não para por aí, em 2019 tive a oportunidade de palestrar em meu primeiro evento internacional o Xamarin Dev Summit e muitos outros estão por vir.

Toda esta visibilidade me apresentou diversas oportunidades de trabalho, dentre elas a minha atual como Xamarin Chapter Lead na ArcTouch, empresa que estou atualmente e onde a minha paixão por desenvolver pessoas na comunidade se tornou minha atribuição principal. Meu primeiro contato com a ArcTouch foi por meio de um evento em Florianópolis, que fui convidado a palestrar.

Mas existem alguns desafios importantes no trabalho com a comunidade. Conseguir conciliar vida pessoal, vida profissional e vida na comunidade não é tarefa fácil. Como não atrasar projetos por estar alguns dias (fora) para participar de eventos? Como não deixar a família de lado nos finais de semana, simplesmente, por ter de se apresentar em algum lugar, ou até mesmo preparar seu material? Acredito que além do *work life balance*, o *community life balance* é algo que tem de ser apresentado aos iniciantes para que eles não cometam os mesmos erros.

Finalizo dizendo que o ato de ser ponte e ligar pessoas a outras pessoas sobre um oceano de conhecimento é uma das coisas mais gratificantes que você pode fazer por si mesmo. Faça o que for, escreva posts em blogs, responda em fóruns, palestre, ou apenas participe fazendo perguntas, mas nunca, em hipótese alguma, guarde o conhecimento apenas para você.

Conhecimento é a única coisa que, quanto mais dividimos, mais ele se multiplica. Te encontro em alguma comunidade por aí!

Alexandre Santos Costa, *mais conhecido na comunidade como Magoo, é desenvolvedor com deficiência visual, apaixonado por tecnologia, evangelista da acessibilidade e inclusão e Microsoft MVP em Developer Technologies.*

GIVE FIRST, GIVE BACK

As primeiras experiências que temos, em qualquer que seja a área ou momento, sempre trazem ou deixam alguma marca. E isso, vamos concordar, pode mexer com a gente. De fato, aconteceu! Minha primeira experiência com comunidade não começa de uma maneira tão legal, se olharmos com os olhos da nossa cultura que não tolera o erro.

Para você entender, voltarei alguns anos. Nasci em Barra Mansa e fui criado em Volta Redonda, interior do Rio de Janeiro. Na escola, nunca fui um aluno exemplar e me lembro que, quando criança, sonhava em ser caminhoneiro para viver pelo país, mal sabia que levaria no "carreto da vida" o conhecimento. Hoje, não sou caminhoneiro, mas já tive a oportunidade de levar muitas mensagens provocativas para uma nova era de oportunidades.

Desde criança, eu tentava empreender e já errei diversas vezes. Fiz carreira no mercado corporativo e, inclusive, resolvi saltar sem paraquedas para empreender. É claro que não poderia acabar bem. Em 7 meses de negócios, eu e meus sócios queimamos muito recurso financeiro e, principalmente, emocional, justamente por permitir que o ego do empreendedorismo nos tomasse e nos deixasse confiantes demais para não nos preocuparmos com os riscos intrínsecos do negócio.

Quando resolvi fechar a empresa — se você já falhou deve saber do que eu estou falando, eu simplesmente resolvi me esconder de tudo e de todos pensando que todo mundo me olharia como fracassado, por não ter feito dar certo. Para agravar a situação, em 2015, o país estava em uma crise financeira e no ápice dos movimentos para o impeachment do presidente, ou seja, os investidores retraídos, desemprego em alta e eu só me questionava por que eu tinha aberto um negócio, largado um cargo de executivo e um salário que demorei anos para conquistar e agora, sem dinheiro e em uma nova cidade (Belo Horizonte) em que eu não conhecia quase ninguém. O mais marcante e, emocionalmente difícil, foi escutar do meu pai de forma protetiva, como todo pai que quer o melhor para seu filho: "Se você tivesse estudado para concurso você hoje não seria bombardeado pela instabilidade".

Juro que realmente pensei que empreender não era para mim, que, de fato, eu deveria estudar para concurso, tentar uma bolsa para mestrado, sei lá, qualquer coisa que uma "pessoa normal faria". Como eu não sou normal, depois de alguns bons dias curtindo meu luto de empresário quebrado, eu me convenci que eu não queria uma vida parada e sem emoções e que, principalmente, jamais permitiria que o mercado definisse meu preço sobre meu valor e que jamais teria um chefe novamente, a não ser meu propósito e meus clientes.

Levantei a poeira e fui para a rua. Fiz cursinhos do Sebrae, vi gente, conversei, falei do meu erro e, principalmente, me permiti sonhar novamente e defini que enquanto não me levantasse eu não sairia da capital mineira.

Na missão de me conectar, passei por uma formação de coach, Empretec e entrei em uma imersão de métodos ágeis. Descobri o Startup Weekend que, de fato, me mostrou uma outra atmosfera, o real sentido do ecossistema. Conheci uma galera focada em gerar valor, que tinha brilho nos olhos e que não queria passar despercebida nesse mundo. Nessa empreitada fui picado pelo bicho do empreendedorismo de vez e aí resolvi vestir a camisa e absorver tudo o que era possível de conhecimento para recomeçar, agora mais maduro. Após algumas tentativas frustradas de vender projetos de consultoria e treinamento para grandes empresas e só levar "não", eu entendi que eu estava fazendo errado.

O ecossistema, em pouco tempo, me mostrou o poder da exponencialidade do conhecimento e como ele pode te ajudar se você não guardar o que aprende apenas consigo mesmo. Você cresce e eleva o patamar da sociedade quando divide seu conhecimento. Nesse momento, eu entendi que eu precisava dar mais de mim, dividir, ainda que pouco, tudo o que eu tinha aprendido, para depois o círculo virtuoso do ecossistema girar a meu favor. Aprendi sobre Give First, organizei Startup Weekends, frequentei diversos eventos e me conectei com mais gente do que eu havia conectado em toda minha vida. Mas isso não bastava, eu precisava gerar um legado, escutar das pessoas que em algum movimento que eu tivesse colaborado, tivesse impactado positivamente a vida delas. Gostaria um dia criar um evento para tentar falar para a galera da região onde eu nasci e fui criado que estamos em uma nova época e que era preciso se adaptar às mudanças.

Ao me conectar de fato vi que eu queria provocar mudanças nas pessoas e que não seria fácil. Mas eu precisava me lançar em um desafio maior, aí nasceu o Startup Now. Assim como todo empreendedor que não tem recursos financeiros mas tem sangue nos olhos, convidei uma amiga para uma mesa de bar, fiz meu pitch para ela e ela, de cara, topou o desafio. Mas como fazer um evento de startups onde ninguém falava sobre o assunto? Naquele momento, as universidades ainda estavam tateando o que estava por vir e a cultura regional era totalmente focada para trabalhar e fazer uma carreira na indústria. Porém, novamente pude ver a força do ecossistema, quando precisei me conectar com mentores, parceiros e pessoas dispostas a fazer algo para mudar a realidade do nosso país e não ficar de braços cruzados. Com muito custo, o Now nasceu e, na mesma época, com alguns mentores resolvemos criar uma comunidade, a Rio Sul Valley, para fomentar o empreendedorismo e inovação na Região Sul Fluminense com o mesmo propósito, de impactar vida das pessoas por meio do conhecimento. Confesso que, por mais que eu acreditasse no círculo virtuoso, eu não imaginava ver o movimento crescer tão organicamente como aconteceu e está hoje, ganhando visibilidade, diversos eventos e conexões acontecendo com o envolvimento do setor público, instituições acadêmicas e empreendedores apaixonados pelo propósito.

Agora, três anos depois, a comunidade de forma orgânica já está na terceira geração de líderes, que assim como eu entendem o poder de praticar o Give First. Hoje, minha contribuição é promover o Give Back, onde eu posso retribuir o que a comunidade me permitiu evoluir nos últimos anos. A comunidade me deu visibilidade. Depois de centenas de materiais, centenas de startups aceleradas, mais de 20 mil pessoas impactadas em treinamentos e, principalmente, conseguir trabalhar e ser remunerado para fazer o que eu amo, afirmo que meu grande orgulho é saber que, de alguma forma, por mais que simples que seja, eu fiz e continuo fazendo parte da mudança para viver em um país mais próspero.

***Carnelutti Spinelli** é um dos fundadores da comunidade Rio Sul Valley, criador do Startup Now, foi coordenador do programa de aceleração de startups Lemonade e, atualmente, é desenvolvedor de novos negócios, com treinamentos em métodos ágeis para empresas.*

No próximo capítulo, vamos explorar como o tempo pode ser exponencializado, quando temos várias pessoas mobilizadas em prol de um propósito. Como, de fato, você pode investir bem seu tempo e obter retornos inimagináveis. Até porque, este é o seu recurso mais valioso!

TRÊS PONTOS PARA NÃO ESQUECER

- Seu PRESENTE é o PASSADO do seu FUTURO.

- Comece sempre com o PORQUÊ, depois siga pelo COMO e então com O QUE. O porquê representa o propósito, que deve ser o primeiro passo para a criação de uma comunidade de sucesso.

- PESSOAS seguem ou se unem a causas que elas acreditam. Mais pelo senso de propósito do que pelo próprio líder em si. Os verdadeiros líderes conseguem perceber isso.

TRÊS PONTOS PARA REFLETIR

- Você consegue fazer o exercício de considerar o PRESENTE como sendo o PASSADO do seu FUTURO?

- Você já se sentiu como Zumbi dos Palmares, imaginando que, apesar de atualmente talvez estar numa situação melhor que muita gente, sentir que há uma vocação diferente dentro de você? Além disso, se você está trabalhando para outros, às vezes se sente tolhido de ideias e do seu verdadeiro potencial, que só poderia ser atingido numa comunidade livre?

- O que o impede de atuar como um líder de uma comunidade livre? Você já pensou em organizar um movimento para melhorar algo em sua rua, seu bairro ou na sua escola, em seu trabalho, em seu negócio? Já conversou com alguém sobre isso? Lembre-se dos cinco passos resumidos como P-L-A-C-E. Vá do propósito ao tamojunto!

ANNOTE AQUI

REVOLUÇÕES
POR MINUTO

(Conectando Henry Ford a Madre Teresa de Calcutá e M&M's a Stella Artois)

♪ *"Todos os dias quando acordo*
Não tenho mais o
tempo que passou
Mas tenho muito tempo
temos todo o tempo do mundo"

(Renato Russo, *Tempo Perdido*)

♪ *"f you're lost, you can*
look and you will find me
Time after time
If you fall, I will catch
you, I will be waiting
Time after time"

(Robert Hyman / Cyndi Lauper,
Time after Time)

PROPÓSITOS DO CAPÍTULO

Analisar como é possível realizar feitos incríveis em períodos que, à primeira vista, parecem curtos. Veremos como é possível exponencializar o tempo.

● ● ●

Refletir sobre porquê marcas investem milhões de dólares em tão pouco tempo de televisão para suas campanhas publicitárias.

● ● ●

Mostrar que tudo se refere ou está relacionado às pessoas.

Após aprendermos no Capítulo 1 – "Comece com o Propósito" — o método P-L-A-C-E e os cinco passos para reunir pessoas ao redor de um objetivo em comum — vamos analisar agora a dimensão do tempo. Especialmente, como podemos, de fato, ganhar tempo quando estamos junto a outras pessoas.

Você concorda que tudo é uma questão de tempo? Tempo para crescer, desenvolver-se, conquistar sucesso, superar fracassos, frustações ou perdas, conseguir acumular riqueza. O tempo é o nosso recurso mais valioso! Talvez o maior segredo de nossas vidas seja o que fazemos (ou não fazemos) com este recurso tão precioso. Nada como um dia após o outro.

Numa época de mudanças ou transformações tão dinâmicas e em ciclos cada vez mais curtos, é imprescindível ter a dimensão do tempo e como podemos ser impactados ou impactar pessoas a cada instante. Vivemos de fato um momento de revoluções por minuto, onde tudo acontece ao mesmo tempo agora.

Lembra da famosa frase *"Time is money"* (*Tempo é dinheiro*) de Benjamin Franklin? Pois bem, ela foi proferida em 1748 e tenho absoluta certeza de que você já ouviu ou ainda ouve essa frase de muitos interlocutores até hoje. Esse momento da história foi muito influenciado por grandes líderes industriais e um deles, em especial, influenciou muitas gerações e comunidades com seus pensamentos: Henry Ford, fundador da Ford Motors Company.

DETROIT, ESTADOS UNIDOS, 1913.

O fordismo influenciou demais a época do final do século XIX e início do século XX. Tratava-se de um sistema ou método de produção industrial baseado em processos padronizados para a fabricação em série. Com essa forma de organização estrutural, era possível obter uma produção em larga escala, nunca antes atingida pela indústria em toda a história até então. Por isso, a influência de Ford era imensa e assim permaneceu por muitas décadas.

Uma famosa frase de Ford à época era "O cliente pode ter o carro da cor que quiser, desde que seja preto". Essa frase pode soar estranha nos dias de hoje, mas lembre-se que no início do século XX, às vésperas da Primeira Guerra Mundial (iniciada em 1914), a ideologia presente na mente de empreendedores e líderes da indústria era a do *one-size-fits-all* ou um modelo que sirva pra todos.

2.1 O PODER MIGRA DAS EMPRESAS PARA AS PESSOAS

Para compreender este pensamento fordista um pouco melhor vamos utilizar a análise das cinco forças competitivas de Porter[1]. Iniciamos pela análise horizontal.

- A rivalidade competitiva dentro de uma indústria era muito menor do que nos dias de hoje. Atualmente, qualquer empresa de manufatura concorre com muitas outras.
- A ameaça da entrada de novos concorrentes era baixa.
- A ameaça da entrada de produtos substitutos era praticamente nula.

O pensamento de Ford, em momento algum, considerava a possibilidade de uma outra empresa produzir um carro igual ou melhor que o que era produzido por sua empresa. Por isso, seu foco não estava nos clientes ou na comunidade, mas apenas olhando para dentro da sua própria empresa. Neste início de século XXI, um pensamento muito mais aderente à nossa época é compartilhado por Bill Gates:

> "Trabalhamos com o propósito de tornar nossos produtos obsoletos, antes que nossos concorrentes o façam."
> Bill Gates

---

[1] Porter's Five Forces Model | Strategy framework - https://www.cleverism.com/porters-five-forces-model-strategy-framework/

Na análise vertical das cinco forças de Porter, temos um fator fundamental sobre a relação entre empresas e seus clientes:
- Poder de negociação dos clientes.
- Poder de negociação dos fornecedores.

Até meados da década de 1970, havia poucas grandes empresas, que dominavam o mercado e ditavam os rumos de consumo com seus produtos. Ou seja, um grande fornecedor dominava o mercado, conquistando e mantendo diversos clientes, que não detinham muita força ou poder de barganha [Figura 2.1].

Essa realidade mudou radicalmente nas décadas que se seguiram, principalmente na virada da década 1980 para 1990. Neste novo cenário, que persiste até os dias de hoje e, é amplificado a cada instante com o poder das mobilizações em comunidade, redes sociais e o marketing de relacionamento, temos o cliente sendo o centro das atenções. Há algum tempo, o cliente conquistou grande poder de barganha enquanto muitos fornecedores disputam cada cliente com seus concorrentes, um a um [Figura 2.2].

Enquanto no período anterior os fornecedores dominavam o mercado em linha com o conceito de *one-size-fits-all* baseado no pensamento fordista, na época atual, o foco está no cliente, não há espaço para pensamentos do século XVIII. Cada vez mais novos negócios surgem para preencher lacunas deixadas por outros, como a falta de soluções altamente personalizadas a determinados segmentos de mercado ou tipos de consumidor. Daqui para a frente, os clientes seguirão tendo grande poder de barganha e dominando as tendências do mercado e o futuro de novos produtos.

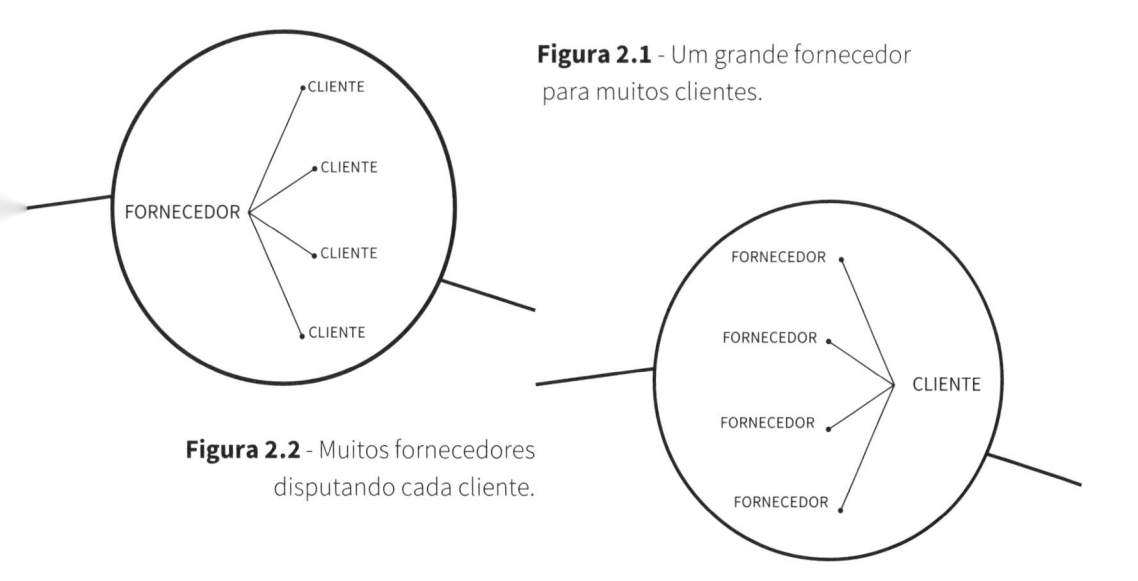

Figura 2.1 - Um grande fornecedor para muitos clientes.

Figura 2.2 - Muitos fornecedores disputando cada cliente.

Cada pessoa agora é vista e tratada como única, com necessidades e estilos próprios. A diversidade de produtos para todas as classes e categorias é absurda. Além de várias experiências do cliente que são pensadas e planejadas para diferentes perfis e personas.

2.2 SE JUNTAR A OUTROS É UM COMEÇO

Muita gente sabe que no Brasil o fordismo foi adotado por muitas empresas por volta da década de 1940. Mas, o que quase ninguém sabe é que muito antes disso, em meados de 1920, já havia uma iniciativa implantada por Ford nos seringais de duas cidades: Fordilândia e Belterra, no estado do Pará. A ideia era produzir a principal matéria-prima para a fabricação de pneus, ou seja, a borracha.

Porém, Ford tinha uma visão muito mais ampla sobre pessoas e colaboração do que muitos poderiam imaginar. Apesar de sua frase mais famosa demonstrar uma certa arrogância como um industrial imperialista em detrimento das vontades ou anseios individuais, o pensamento de Henry Ford que gostaria de lhes compartilhar aqui é muito mais humano e inclusivo. Certa vez, ele afirmou que:

> "Se juntar a outros é um começo, permanecer junto é progresso e trabalhar junto é sucesso."
>
> Henry Ford

Imagino que este lado de Ford talvez você não conhecesse. Quem diria que Henry Ford teria um pensamento tão coletivo quando o descrito na frase anterior? Mas como este livro não é sobre o fordismo e sim sobre comunidades e pessoas trabalhando e colaborando juntas, vamos seguir e analisar como pessoas trabalhando juntas podem, de fato, exponencializar o tempo. E assim, você entenderá a visão fordista sobre como obter mais tempo para a produção, ou maior produtividade, juntando pessoas para trabalharem em conjunto.

Neste momento, eu lhes convido para refletirmos juntos sobre tempo e pessoas. Começaremos refletindo sobre duas frases que talvez tenham passado despercebidas para os leitores menos atentos... ou, talvez, porque você esteja lendo este livro com a TV ligada aí por perto ou interrompendo a leitura, algumas vezes, devido a luzinha do celular piscando ao seu lado, indicando que chegou mensagem de alguém em alguma rede social.

Uma dica: permaneça *offline* por alguns instantes do dia lendo um livro (lendo este livro!) e você irá absorver muito mais as ideias descritas. Além disso, focando em uma atividade apenas e sem interrupções digitais, você vai liberar a sua mente para que, a partir de pensamentos e histórias contadas nos livros, você possa criar as suas próprias ideias, pensamentos e torná-los exequíveis. Afinal, o mais importante é não ficar apenas na idealização, mas pensar em meios, a sua maneira, de colocar em prática as suas ideias. Para realizar seus objetivos de uma forma bem-sucedida, é preciso de tempo e foco. Veremos neste capítulo como podemos multiplicar várias vezes nosso tempo, quando estamos focados.

Agora que alguns leitores já desligaram a TV e viraram o celular de cabeça pra baixo, vamos as duas afirmações:

- "Tempo é dinheiro." (Quarto parágrafo)
- "O tempo é o nosso recurso mais valioso!" (Segundo parágrafo)

Você tem a tendência de concordar mais com qual das duas afirmações? O que é mais importante, tempo ou dinheiro? Se você responder "dinheiro, claro", você estará concordando mais com a primeira, apesar de não excluir a segunda também. O que sugere que a sua linha de pensamento seria a de que o tempo é o nosso recurso mais valioso desde que seja para nos gerar alguma riqueza. Por outro lado, se você respondeu que o tempo é mais importante que dinheiro, talvez você não concorde com a primeira sentença, mas com a segunda, definitivamente sim.

Imagine duas personas em situações distintas:

- **Persona-A:** Uma pessoa está desempregada (ou em busca de um emprego) e passa a semana da mesma forma, afinal, sábado, domingo ou segunda-feira é a mesma coisa para essa pessoa. Neste momento de sua vida, a Persona-A facilmente poderia responder que o dinheiro é mais importante que o tempo. De que adianta tempo livre se não há uma forma de monetizá-lo?
- **Persona-B:** Outra pessoa que esteja trabalhando de forma remunerada e já possua uma situação um pouco mais confortável em sua vida financeira, poderia afirmar que o tempo é mais importante. Trabalhar não é tudo. Afinal de contas é preciso ter mais tempo para a família, amigos, lazer, etc. O ponto de vista da Persona-B é o de que trabalhamos para viver e não a de que vivemos para trabalhar.

Vamos agora analisar essa questão sob outra perspectiva. Imagine que a Persona-B oferecesse uma boa quantidade de dinheiro para comprar cinco anos de vida da Persona-A, como se isso fosse possível, claro. Você acredita que a Persona-A venderia? Eu creio que não, concorda? Da mesma forma, no momento em que a Persona-A começa a obter uma renda mensal, seja trabalhando para outros ou com outros em seu próprio negócio, ela pode passar a guardar uma parte dessa renda, para que num futuro a utilize.

Digamos que a Persona-A consiga guardar 10% de sua renda todos os meses. Assim, a cada ano, ela teria o equivalente a 1,2 meses de sua renda (sem considerar juros e correção monetária). Se conseguir guardar mais, terá mais dinheiro ao final do período. Guardar dinheiro hoje para gastar amanhã é possível. Lembra do DeLorean? Você não precisa voltar no passado para guardar dinheiro lá, comece guardando agora (no presente) pois quando o futuro chegar, você terá conseguido acumular alguma riqueza e poderá assim usufruir dela, tudo de uma vez.

Por outro lado, ninguém pode poupar algumas horas todos os dias, para que as utilize ao final de um mês ou de um ano. Seria ótimo ganhar semanas ou meses adicionais de vida derivadas de horas que guardamos no passado, você não acha? Comparando, portanto, tempo e dinheiro, se um recurso é passível de acumulação para utilização no futuro e outro não, eu afirmaria que o recurso tempo é mais valioso porque ele é finito e não acumulável. Dinheiro é um recurso também finito, porém ele é acumulável. Recordando sobre a educação financeira, o melhor amigo para fazer dinheiro render é exatamente o tempo.

O tempo pode fazer o seu dinheiro se multiplicar, mas o dinheiro não pode fazer o seu tempo se multiplicar. Já ouviu essa frase antes? Não? Então anota e se quiser saber o autor, veja na capa deste livro!

Pessoas investem parte do seu tempo para realizar exercícios físicos e cultivar bons hábitos de estilo de vida para que possam ter longevidade. Em outras palavras, fazem isso para ganharem mais anos de vida. Da mesma forma, o trabalho é a expressão dinâmica da vida de um trabalhador. E ele vende essa atividade vital para outra pessoa (seu empregador) para que possa garantir os meios de subsistência necessários para viver bem. Sua atividade vital, portanto, nada mais é que um meio de garantir sua própria existência. Ou seja, trabalha para se manter vivo. Estes fragmentos de pensamento não são novos, nem do século passado, mas sim de quase dois séculos atrás, presentes na obra de Karl Marx intitulada Trabalho assalariado e Capital (*Wage Labor and Capital*) de 1849.

Daqui para frente seguiremos com a premissa de que o tempo é nosso recurso mais precioso e, sendo assim, vamos estudar maneiras de maximizá-lo, de forma que este tempo adicional possa retornar em forma de conhecimento e — por que não? — capital.

2.3 TEMOS SOMENTE HOJE, COMECEMOS!

Imagine se alguém lhe dissesse que você poderia ganhar um mês de conhecimento em apenas algumas horas de um único dia de sua vida. Se isso acontecesse, acredito que sua primeira reação seria idêntica à que temos quando assistimos propagandas milagrosas. Sabe aquelas de aprender inglês enquanto dorme, dominar um outro idioma em apenas um mês ou enriquecer em poucos anos como a negativamente famosa Bettina na propaganda da Empiricus Consultoria que afirmava ter começado a investir com apenas R$ 1.520 e em três anos já havia conquistado mais de R$ 1 milhão. Enfim, absolutamente não se trata disso. O que vamos mostrar aqui é uma questão de colaboração e sob a perspectiva do tempo.

Desde 2016 quando comecei a palestrar e participar de diversos *meetups*, pude perceber um fenômeno que compartilho nesta obra. Primeiro, perceba que as longas palestras de 2 horas, 90 minutos ou até de 1 hora de duração, vem perdendo espaço para palestras de menor duração, também chamadas de *talks*. As palestras mais curtas ou *talks* ficaram famosas desde que os vídeos de TED talks e TEDx viralizaram no YouTube.

A grande maioria de *meetups* que organizei ou participei desde que deixei de ser ilha e me tornei ponte, era organizada em forma de *talks* de 30 minutos. Durante um dia inteiro, por exemplo, cerca de oito pessoas faziam pequenas palestras de 30 minutos de duração. Numa época de revoluções por minuto, conceder meia hora a um(a) palestrante é mais que suficiente pra deixá-lo(a) apresentar suas ideias e disseminá-las. Se em competições de *startups* os *pitchs* são de, no máximo, três minutos e neste tempo os idealizadores precisam se apresentar, bem como a ideia do negócio proposto e concluir com as possibilidades de mercado e formas de monetizar, por que uma palestrante não pode passar grandes ideias e compartilhar conhecimento num tempo dez vezes maior que esse?

> "Ontem foi embora. Amanhã ainda não veio. Temos somente hoje, comecemos!"
>
> Madre Teresa de Calcutá

Num momento da história da civilização onde quase nunca temos o tempo que gostaríamos de fazer tudo o que queremos, dedicar a atenção por meia hora a alguma coisa é, de fato, um grande desafio. Mas vamos verificar como é possível recuperar o tempo investido e ainda obter retorno sobre ele. Analisemos a exponencialidade do tempo como num cálculo de *Retorno sobre Investimentos (ROI – Return on Investments)* no campo das finanças.

Se uma única pessoa passa 30 minutos pensando em algo sozinha, ao final deste período de tempo, ela teve um saldo linear de meia hora de sua vida. Porém, imagine que durante 30 minutos, um palestrante tenha se reunido num espaço com mais 50 pessoas — durante um *meetup,* por exemplo. E esses 50 participantes estavam focados no *talk* e, eventualmente, poderiam interromper para fazer perguntas ou comentários. O evento ocorre de forma aberta e numa via de comunicação em mão dupla de fato. Não há aquele cenário retrógrado onde todos ficavam apenas ouvindo um palestrante que despeja suas verdades absolutas ininterruptamente durante meia hora, depois se despede e vai embora.

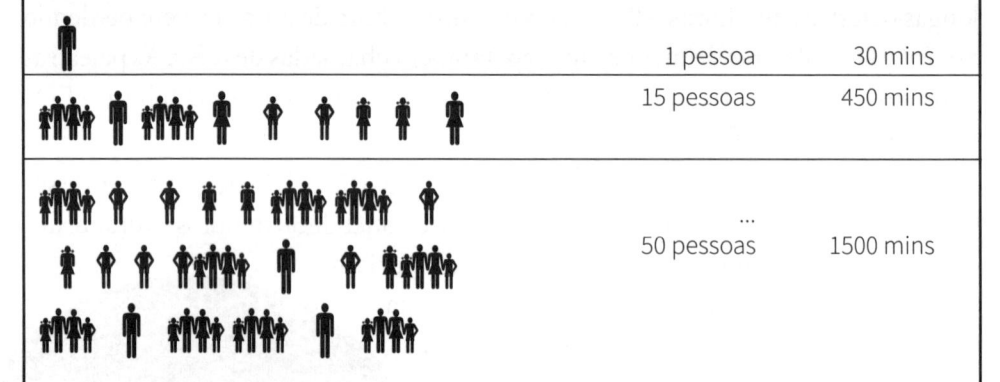

(1 figura)	1 pessoa	30 mins
(15 figuras)	15 pessoas	450 mins
(50 figuras)	50 pessoas	1500 mins

Figura 2.3 – A exponencialidade do tempo, quando estamos em comunidade.

Aqui estamos falando de uma ação onde há também um palestrante, sim, mas que dissemina sua ideia ou conhecimento em conjunto com outras 50 pessoas que complementam o conhecimento discutido com suas experiências e histórias pessoais. Podem ainda, interromper e fazer perguntas que ajudarão todos a evoluírem numa reflexão em conjunto. Desta forma, ao invés de uma única pessoa utilizar 30 minutos de sua vida, na verdade, tivemos 30 minutos compartilhados por 50 pessoas. Ou melhor, tivemos 30 minutos de cada uma das 50 pessoas ali presentes focadas num mesmo tema, propósito ou desafio. Assim, ao final, cada participante investiu 30 minutos de suas vidas e ganhou (neste caso) um saldo de 1500 minutos! Um retorno sobre os investimentos de 4900% e de seu recurso mais precioso! Nada mal, não?

Sozinho você nunca conseguiria passar 30 minutos e ganhar 1500 minutos. Ou, se preferir, 25 horas. É incrível o poder da coletividade. Imaginar que posso transformar meia hora em vinte e cinco! Claro, que os mais céticos dirão: "Ora, mas eu duvido que as 50 pessoas ali presentes estariam, de fato, focadas naquele momento e colaborando!". Ok, eu vou concordar com você meu querido leitor (ou minha querida leitora), porém, ao invés de considerar as 50 pessoas, vamos considerar que apenas 30% delas, ou seja, quinze pessoas estivessem focadas e participando ativamente do *meetup*.

Se ao invés de 50 pessoas, estivéssemos num grupo menor, de apenas quinze pessoas, o ganho teria sido de 450 minutos ou um *ROI* de 1.400%. O que ainda seria superexpressivo para um grupo não tão grande de pessoas reunidas, concorda?

O fato é que, quando você se une a outras pessoas e passa certo período de tempo com estas, discutindo uma ideia, tentando solucionar um problema ou, ainda, compartilhando conhecimento, todos saem ganhando e seus minutos juntos são exponencializados de fato. Em coletividade, quando trabalhamos juntos, um minuto se torna N minutos. Juntos, exponencializamos o tempo!

2.4 UM NÃO EXPONENCIALIZA

Falando em exponencialização, é fato comprovado, na mais pura e simples matemática de que uma unidade não é capaz de exponencializar. É preciso que tenhamos pelo menos um número mínimo correspondente a duas unidades para que este possa exponencializar, como notamos na figura a seguir.

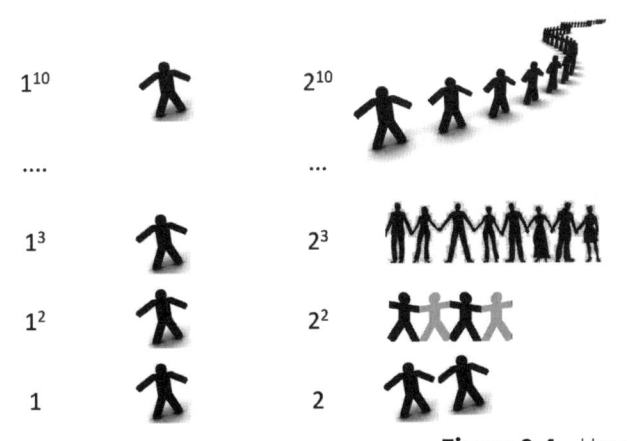

Figura 2.4 – Um não exponencializa.

De vez em quando, num dia ordinário qualquer, em meu caminho para o trabalho, vou ouvindo palestras no *YouTube* de pessoas que não conheço. Assim, várias vezes um dia se transforma em extraordinário, quando ouço pensamentos brilhantes. Foi assim, numa terça-feira qualquer, após já ter iniciado este livro, que, enquanto dirigia meu carro da zona oeste para o centro da cidade do Rio de Janeiro, ouvi uma citação sobre a necessidade de termos mais pessoas juntas para se conseguir um pensamento exponencial. Era uma palestra da futurista Lala Deheinzelin, onde abordava o tema da criação de comunidades criativas e colaborativas. Falaremos mais sobre comunidades colaborativas ao longo deste livro, mas, neste momento, quero chamar a atenção de vocês sobre como podemos exponencializar minutos quando estamos trabalhando em conjunto com outras pessoas.

No mundo da tecnologia da informação, muitas pessoas recorrem a fóruns ou a grupos de usuários (*user groups*) para lançarem perguntas ou compartilharem problemas e, assim, obterem uma ajuda coletiva na resolução destes problemas ou receberem respostas para a questão compartilhada. O tempo de resposta quando se lança algum tema num grupo de usuários ou listas de discussão é muito menor do que o tempo que uma pessoa sozinha levaria para ir atrás da solução.

Milhões de pessoas por todo o mundo acessam o Google diariamente e inserem perguntas em sua busca ao invés de um termo ou sentença para consultar sobre algum tema. Fazem isso na esperança de que já houve outra pessoa que fez essa busca e a comunidade online a respondeu. Nos tempos da Grécia Antiga, pessoas recorriam aos Oráculos, localizados em Delfos para lançar perguntas e obterem respostas. Mesmo que de uma forma enigmática, os oráculos foram fruto de um desejo profundo que os povos helênicos nutriam em relação a sabedoria e ao conhecimento do futuro. Talvez seja possível afirmar (com ou sem ironia) que o Google se tornou o Oráculo dos tempos modernos.

Para exponencializar seu tempo é preciso que você deixe de ser um "exército de um homem só" (ou "de uma mulher só") e junte-se a comunidades. Todo o tempo dedicado a ações em comunidade será exponencializado e retornado àqueles que o investiram e se comprometeram em fazer algo pelo bem comum. Ao ser convidado para fazer o keynote de abertura do Power BI Talks de 2019 no Rio de Janeiro, eu pensei em que tema abordaria em meu *talk* e cheguei à conclusão que precisava falar do tema de como podemos exponencializar nosso tempo, já que ele é o nosso recurso mais precioso.

Expliquei aos presentes o exemplo utilizado anteriormente sobre um *talk* de 30 minutos para 50 participantes e como podemos multiplicar essa meia hora e transformá-la em conhecimentos de 25 horas. Como podemos investir

30 minutos e colher 1.500 minutos? Somente por meio de ações em comunidades colaborativas. Pois sozinho você é apenas um e um, definitivamente, não exponencializa.

2.5 OS EVENTOS QUE MAIS CONECTARAM PESSOAS EM TODA A HISTÓRIA

Você tem ideia de quais foram os eventos que mais conectaram pessoas por todo o planeta ao redor da TV? Posso lhe afirmar que nada tem a ver com Kim Kardashian ou sua família. Pois bem, em toda a história da humanidade, desde que a TV foi inventada e disseminada em massa para lares por todo o mundo, estes foram os maiores eventos televisivos de todos os tempos de acordo com o levantamento feito pelo site *Ranker*: a Cerimônia de Abertura dos Jogos Olímpicos de Pequim em 2008, o resgate dos mineiros Chilenos em 2010 e o show Aloha from Hawaii de Elvis Presley em 1973.

#	EVENTO TELEVISIVO	AUDIÊNCIA*
1	Cerimônia de Abertura dos Jogos Olímpicos de Pequim (2008)	2,000,000,000
2	Resgate dos mineiros Chilenos (2010)	1,000,000,000
3	Show "Aloha from Hawaii" de Elvis Presley (1973)	1,000,000,000
4	Copa do Mundo de Futebol: Itália vs França (final, 2006)	715,000,000
5	Chega do homem a Lua (1969)	500,000,000
6	Funeral de Michael Jackson (2009)	500,000,000
7	Festival da Primavera Chinesa - Gala (2012)	498,000,000
8	Copa do Mundo de Cricket: India vs Paquistão (semifinal, 2011)	400,000,000
9	Casamento de William e Katy (2011)	300,000,000
10	Funeral de John Kennedy (1963)	180,000,000

Figura 2.5 – 10 maiores audiências televisivas da história[2].

Não é impressionante o número de pessoas conectadas simultaneamente ao redor do planeta para acompanhar estes eventos? E talvez, guardadas as devidas proporções, a missão bem-sucedida da Apollo 11 que em 20 de julho de 1969 chegou a Lua é a que reuniria a maior audiência se estivéssemos na era digital como hoje. Mesmo assim, em 1969, quando nem todos tinham TVs em suas casas,

---

2 * Telespectadores/pessoas conectadas a TV. Fonte: Site Ranker.com, https://www.ranker.com/list/most-watched-events-in-television-history/brendan-kelly?ref=hp_list&l=1

meio bilhão de pessoas parou em frente a uma tela para assistir as aventuras dos astronautas americanos Neil Armstrong, Edwin "Buzz" Aldrin e Michael Collins em tempo real. Outros números sugerem que, na verdade, a audiência teria sido de 1,2 bilhão de pessoas ao redor de todo o mundo.

Como assuntos espaciais ou extraterrenos dão muita audiência, talvez tenha sido por isso que o astro (aqui com duplo sentido) Elvis Presley conseguiu atrair um bilhão de pessoas para assistir a seu show *Aloha from Hawaii*. Alguém duvida que Elvis não foi deste planeta de fato? #Elvisnaomorreu

Poderíamos ficar aqui por horas comentando e analisando esta tabela dos dez eventos televisivos com a maior audiência de todos os tempos. Como, por exemplo, poderíamos destacar a imensa audiência da Copa do Mundo de Cricket em 2011, nem era a final da competição! Tratava-se de apena uma semifinal. Mas era um confronto entre Índia versus Paquistão. Dois países megapopulosos, inimigos com conflitos políticos históricos e ambos apaixonados por Cricket (como conta o indiano Satya Nadella em seu livro *Hit Refresh* de 2017).

Daria também para relembrar a comoção ao redor do resgate dos mineiros Chilenos em 2010 ou o poder da República Popular da China em termos de população, que é algo fenomenal. A Cerimônia de Abertura dos Jogos Olímpicos de Pequim é imbatível em termos de audiência, tendo atingido um em cada quatro habitantes de todo o planeta! A audiência desta cerimônia foi estimada em dois bilhões de telespectadores e, portanto, o número real pode ter sido ainda maior, como muitos acreditam.

Além dos Jogos Olímpicos, outros eventos esportivos são sempre grandes catalisadores da atenção coletiva. Uma final de Copa do Mundo consegue alcançar audiências absurdas como 700 milhões de pessoas. A final da *Champions League* alcança mais de 200 milhões de pessoas. Grandes Prêmios decisivos de Fórmula 1 ou Finais de Grand Slam do Tênis como Wimbledon atingem cerca de 100 milhões de pessoas. Mas, sem dúvida, um grande fenômeno esportivo e televisivo é a final da Liga de Futebol Americano (NFL), popularmente conhecida como SuperBowl.

GLENDALE / ARIZONA, ESTADOS UNIDOS, 2015.

O SuperBowl é disputado a cada ano em uma cidade previamente anunciada dos Estados Unidos. Em toda a história do SuperBowl, o ano que obteve o recorde de audiência foi o ano de 2015. Naquela ocasião, o jogo foi disputado no Arizona e a final da NFL reuniu Seattle Seahawks de um lado contra New England Patriots do outro. Era o SuperBowl XLIX, que ainda hoje é debatido como sendo potencialmente o melhor da história. Naquele ano de 2015, o campeão do SuperBowl só foi definido na última jogada, a 26 segundos do fim. O título poderia ter sido do time de Seattle, mas devido a uma falha na jogada final, quem levou a taça foi o time de New England. Se foi ou não o melhor SuperBowl da história, isso só os torcedores mais apaixonados poderão dizer, mas pelo menos sob o prisma financeiro, este jogo com certeza foi o melhor, como veremos a seguir.

SUPER BOWL XLIX	4 HORAS
	114,4 milhões de pessoas
	457.600.000 horas
	19.066.667 dias
	52.238 anos

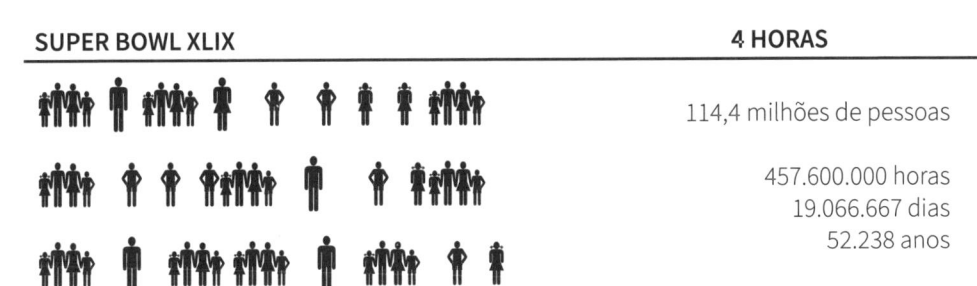

Figura 2.6 – Audiência do SuperBowl XLIX

O SuperBowl XLIX foi visto ao vivo por cerca de 114,4 milhões de pessoas nos Estados Unidos. Este número poderia ser bem maior se somado ao restante do mundo, onde chega próximo aos 200 milhões de pessoas. Mas vamos analisar aqui apenas o público americano que assistiu ao jogo. Essas 114,4 milhões de pessoas ficaram durante quatro horas conectadas as telas de suas TVs, PCS, tablets ou smartphones. Agora vamos calcular quantas horas coletivamente teríamos aqui caso o público estivesse num imenso Hackathon tentando solucionar os problemas da humanidade. Pasmem leitores, seriam 457,6 milhões de horas ou 19.066.667 dias. Ou ainda, 52.208 anos!

Mas este evento é realmente um fenômeno quando se trata de propaganda e marketing. O SuperBowl é o evento com o minuto de comercial mais caro da TV mundial. A edição de 2019 — o SuperBowl LIII — foi disputada em Atlanta pelo mesmo New England Patriots, porém desta vez contra o time dos Los Angeles Rams. Mais uma vez os Patriots se consagraram campeões e este jogo, apesar de ter tido uma audiência menor do que em 2015, ainda assim foi visto por cerca de 100 milhões de pessoas pela TV.

De acordo com os números fornecidos pela Forbes e CBS, o valor médio de uma propaganda veiculada na TV durante o SuperBowl vem crescendo a cada ano tanto que se em 2002 o valor pago por 30 segundos era de astronômicos 2,3 milhões de dólares, em 2019 o valor pago por 30 segundos de propaganda durante o SuperBowl atingiu seu pico histórico, sendo negociado por 5,25 milhões de dólares. Vou repetir, em 2019, vários anunciantes pagaram (em média) 5,25 milhões de dólares por 30 segundos na TV durante o SuperBowl LIII.

Num primeiro olhar, de fato, parece absurdo. Mas se tentamos analisar porque uma empresa pagaria tanto por tão pouco tempo, dá pra imaginar que deve haver algo por trás disso que não enxergamos ainda. Afinal de contas, é razoável imaginar que deve haver gente muito bem qualificada em todas estas empresas anunciantes, que fazem análise de alcance e impressões que estes anúncios lhes renderão. Assim, fui buscar as dez marcas que tiveram mais alcance em suas propagandas durante o SuperBowl LIII. E, em primeiro lugar veio a cervejaria Stella Artois com cerca de 48,2 milhões de pessoas impactadas. Em segundo vem a gigante do comércio eletrônico Amazon com cerca de 39,8 milhões e, em décimo lugar, vem a fabricante de chocolates M&M's com uma audiência de cerca de 18,1 milhões de pessoas.

Quando se analisa, porém, o custo por pessoa que cada uma destas marcas obteve ao final do processo, as coisas passam a fazer total sentido. Ora, se a Stella Artois fez uma propaganda de 30 segundos, desembolsando 5,25 milhões de dólares e atingiu cerca de 48,2 milhões de pessoas, o custo por pessoa impactada foi de apenas 11 centavos de dólar. Para a Amazon, que atingiu oito milhões de pessoas a menos, este custo teria sido de 13 centavos de dólar, ainda assim um número muito baixo quando se trata de marketing para conquista de clientes ou divulgação da marca. E, fechando com a açucarada marca M&M's que foi a décima e atingiu 18,1 milhões de pessoas, o custo por audiência ainda assim foi baixo, sendo de 29 centavos de dólar por cada pessoa atingida.

Agora eu lhe pergunto, cara leitora (ou caro leitor). Se você já teve curiosidade de estudar o custo para se atingir um novo cliente ou expor sua marca para pessoas, pode ter total certeza de que estes números acima apresentados são uma verdadeira pechincha para estas grandes marcas e, por essa razão, o custo do minuto (ou melhor, de 30 segundos) do SuperBowl vem crescendo ano após ano.

2.6 É TUDO SOBRE AS PESSOAS

A grande lição que podemos tirar aqui sob o enfoque do PeopleChain é que it's all about people! Tudo é sobre pessoas! São pessoas (das agências de marketing) que planejam as campanhas de vendas para atingir pessoas (expectadores) que irão potencialmente comprar os produtos! No fim, não é pelo valor financeiro, ou mesmo pelo tempo de 30 segundos — mas sim, pelas pessoas que serão impactadas. As marcas investem altas quantias por um determinado período de tempo para potencializar seu alcance em uma audiência maior. Ou seja, chegar a atingir o maior número de pessoas possível, no menor espaço de tempo possível, pagando o menor valor possível por pessoa impactada.

Além de chamar atenção sobre o quanto o tempo é valioso quando empresas conseguem levar suas campanhas publicitárias até o grande público, o que podemos perceber é o fato de que se pudéssemos canalizar um porção destas pessoas em prol de um projeto com um objetivo bem definido e um senso de propósito e pertencimento, coisas incríveis poderiam ser realizadas.

Quando unimos pessoas para colaborar e pensar em soluções que resolvam problemas de nosso cotidiano, podemos acelerar a invenção de novos protótipos ou produtos extraordinários. Mesmo que não tenhamos um grupo de milhões ou milhares de pessoas, é possível exponencializar o tempo a partir de uma dupla de pessoas. Se você fizer uma análise rápida nas grandes empresas do mundo da tecnologia, notará que, em sua grande maioria, estas foram cofundadas por pelo menos duas pessoas. Seja a Apple dos "Steves" Jobs e Wozniak, a Microsoft e Bill Gates e Paul Allen ou, ainda, o Google de Larry Page e Sergey Brin. Duas ou três cabeças pensam melhor que uma. Há um ditado africano muito aplicável aqui neste momento que diz: "Se for você quer ir rápido, vá sozinho. Se você quer ir longe, vá acompanhado!" Tudo é uma questão de foco e propósito. Pessoas, tempo e propósito, produzem resultados espetaculares quando bem definidos e utilizados.

Poderíamos simplificar que tudo é uma questão de tempo? A resposta está na primeira frase deste capítulo. Sim, tudo é uma questão de tempo, mas desde que este tempo seja usado para impactar pessoas! Quando pessoas se unem de corpo e alma por um propósito, é possível, de fato, fazer revoluções por minuto!

E neste ponto, Henry Ford e Madre Teresa hão de concordar que precisamos nos juntar uns aos outros para começar. E precisamos começar hoje!

2.7 VOCÊ TEM CINCO MINUTOS DA AGENDA DO CEO

No final de 2018, durante uma série de reuniões internas na Microsoft Brasil, obtive a informação de que teríamos a visita de nosso CEO Satya Nadella em fevereiro do ano seguinte durante um tour global que ele fazia junto a um evento chamado Microsoft AI+ Tour. Até então, nada demais, já que três anos antes, ele já estivera em São Paulo e eu havia participado do evento na Câmara Americana de Comércio de São Paulo, levando inclusive alguns clientes que eu atendia.

Porém, durante minhas férias, já no início de janeiro de 2019, pensei que seria superbacana se eu tivesse algum espaço na agenda do CEO da Microsoft para lhe apresentar alguns dos profissionais mais valiosos — Most Valuable Professional (MVP) — que faziam parte da comunidade que eu liderava. Contarei um pouco mais de detalhes sobre o programa e minha jornada no Apêndice I – "O que Aprendi com os Profissionais Mais Valiosos da Microsoft". Os MVPs não trabalham para a Microsoft, mas trabalham com a Microsoft. A Microsoft reconhece o poder e a importância de profissionais que se dedicam a compartilhar conhecimento e influenciar positivamente a comunidade técnica.

Assim, solicitei aos organizadores do AI+ Tour que me concedessem alguns minutos da agenda do Satya apenas para um aperto de mão com um grupo de 10 MVPs que representariam todos os demais. Pedi 15 minutos. Recebi a primeira negativa, pois a agenda do CEO da Microsoft, há pouco mais de um mês do evento, já estava toda tomada com compromisso na abertura do evento, com clientes, parceiros de negócios, ONGs impactadas pela Microsoft, imprensa e uma reunião interna com os funcionários do Brasil. Pensei que realmente havia cogitado esse encontro tarde demais e num primeiro momento, joguei a toalha.

Passados alguns dias, o tema não saía de minha mente. Eu me perguntava, o que seria preciso fazer para conseguir alguns minutos da agenda do CEO da Microsoft para que eu lhe apresentasse alguns MVPs e tirássemos uma foto em grupo. Só isso! Durante as reuniões semanais que antecediam o AI+Tour, perguntei novamente ao time se não era mesmo possível nenhum encaixe e, novamente, a resposta foi negativa. Como eu fazia parte de um time global dentro da Microsoft, tentei o contato via meu time, diretamente por Seattle e... nada. Até que numa tentativa "desesperada" eu perguntei se não seria possível que, pelo menos, conseguíssemos uma foto do grupo de MVPs com o Satya. Só isso: uma foto! A essa altura, já estávamos a três semanas do evento. Quando recebi a seguinte resposta do time do Brasil:

"Glauter, se o time do Satya da nossa sede corporativa autorizar, nós abrimos um slot para você e os MVPs." Era a deixa que eu precisava.

Entrei em contato com a pessoa indicada e a resposta inicial já foi bem mais positiva que no front local. A diretora de comunicações do nosso CEO me respondeu simplesmente que eles viam enorme valor em ter um encontro do Satya com os MVPs e estariam de acordo, caso o time local pudesse enquadrar esse encontro na agenda, que realmente já estava fechada e bem ocupada, como era de se esperar.

Voltei ao time do Brasil com esta carta na manga e consegui um slot de cinco minutos na agenda do CEO da Microsoft que passaria pelo Brasil apenas durante um dia. Mas, antes de ter de fato meu compromisso inserido na agenda de nosso CEO, eu recebi um formulário a ser preenchido. Ao abrir o documento, me deparei com algumas páginas para preencher com informações dos objetivos do encontro, o que seria esperado de impactos com a reunião e um briefing detalhado de cada um dos dez MVPs que eu levaria ao encontro.

Sempre com uma agenda cheia de atividades, eu cheguei a entrar em contato com o responsável local que havia me enviado o formulário para perguntar se era mesmo necessário preencher tudo aquilo para um encontro de apenas cinco minutos. Com empatia, meu interlocutor respondeu que entendia meus pontos ao mesmo tempo que fazia uma pergunta xeque-mate para mim.

"Glauter, você conseguiu cinco minutos da agenda do CEO da Microsoft! Você já parou para imaginar quanto custam estes cinco minutos?" Eu até tentei imaginar em algum número naquele momento, mas as únicas palavras que saíram da minha boca naquele instante foram:

"Ok, vou te enviar ainda hoje. Tamojunto!". E assim submeti o formulário completo com o briefing dos motivos assim como dos perfis dos MVPs participantes do encontro. No dia 12 de fevereiro de 2019, data do aniversário do meu filho Gabriel que completava nove anos de idade, eu e um subgrupo da nossa comunidade de MVPs que ganhamos o primeiro presente do dia: encontrar, apertar as mãos e tirar uma foto com o CEO da Microsoft.

Naquele momento, a Microsoft já havia retomado a liderança de empresa mais valiosa do mundo, como apresentarei no Capítulo 9 – "As Empresas Mais Valiosas do Mundo", portanto, eu havia conseguido cinco minutos do CEO da empresa mais valiosa do mundo para levar um grupo dos profissionais mais valiosos da Microsoft. Foram os cinco minutos mais bem aproveitados de toda a minha carreira profissional, sem sombra de dúvidas. Creio que, de

CURIOSIDADES

Você sabia que Ford esteve diretamente envolvido nas duas Grandes Guerras Mundiais? Na Primeira Guerra Mundial, ele fracassou ao tentar entrar na indústria de aviação, após ter fundado a Ford Airline Company. Já na Segunda Guerra Mundial, Ford foi um dos grandes patrocinadores do exército alemão, tendo produzido diversos produtos automobilísticos para os nazistas. Por essa razão, Ford é o único americano citado, inclusive por Hitler, em seu famoso manifesto autobiográfico Mein Kampf.

•••

Você sabia que os talks do TED têm, no máximo, dezoito minutos? E que TED é uma sigla de Tecnologia, Entretenimento e Design?

•••

Você sabia que a origem do nome Google vem de googol, que na verdade não tem nenhum significado, mas foi o termo usado pelo matemático Edward Kasner em 1938 para batizar o número dez elevado a centésima potência? Um googol é representado pelo número um seguido de cem zeros. Trata-se de um número verdadeiramente absurdo de tão grande. Um googol é muito maior que toda a quantidade de partículas do universo. Foi esse fator exponencial que inspirou Sergey Brin e Larry Page a batizarem, em 1998, o Google. O Google nasceria com a missão exponencial de organizar toda a informação do mundo.

•••

Você sabia que Elvis foi a grande inspiração para muitos astros do Rock, tais como John Lennon e Freddie Mercury? Freddie Mercury, vocalista do Queen, compôs a música "Crazy Little Thing Called Love" em homenagem a Elvis Presley. Você sabia que esta canção foi escrita em apenas 10 minutos? Freddie queria fazer um tributo ao homem que transformou o rock'n roll num estilo musical reconhecido em nível mundial, quiçá interplanetário.

•••

Você sabia que o ingresso mais caro já pago para se assistir o SuperBowl no estádio em que era disputado foi de 17,5 mil dólares em 2016? Em sua quinquagésima edição, a partida foi disputada entre o time do Denver Broncos contra o Carolina Panthers em Santa Clara, na Califórnia.

fato, os cinco minutos tenham se transformado em seis ou sete em termos de cronologia, mas em recordações e reconhecimento para todos que ali estavam, foi algo muito maior.

Daqui a 50 anos todos lembrarão daqueles cinco minutos! Estes minutos foram exponencializados, uma vez que foi possível preparar o time de uma forma que ao receber nosso CEO todos estariam em ordem, acertar tudo com o fotógrafo oficial e, quando Satya entrou (dois minutos adiantado e num ritmo acelerado) deu tempo de cumprimentá-lo e, na sequência, apresentar-lhe cada um dos MVPs que lá estavam, dizendo nome completo e deixando que cada um recebesse os cumprimentos pessoais de Satya. Após a série de cumprimentos nos reunimos para a foto em grupo e, após a foto, eu chamei sua atenção para o primeiro da fila, o MVP Alexandre Costa que, além de especialista em desenvolvimento de software, também era deficiente visual. Eu sabia que Satya tinha um filho com necessidades especiais e se interessava pela causa. Com sua vibração positiva, empatia e humildade de sempre, Satya conversou com Alexandre, assim como com todos os demais perguntando um a um sobre suas principais tecnologias de expertise. Ao final do encontro, eu lhe entreguei um brinde que havia feito para os MVPs, um porta-passaportes com o logo do programa Microsoft MVP e lhe disse que para todos nós ali presentes, ele também era um MVP, portanto, merecia o brinde, ele sorriu, agradeceu e se despediu para seguir sua agenda cheia de atividades.

Por trás do fotógrafo, estavam juntas Paula Belízia, ex-presidente da Microsoft Brasil e Tânia Cosentino, atual presidente da subsidiária brasileira, que iniciava sua jornada na Microsoft. No Capítulo 11 – "Comprometimento: Que mundo é esse?", conto como foi meu primeiro encontro com a Tânia e *elevator pitch* que fiz para ela.

RELATOS REAIS DE PROFISSIONAIS MAIS VALIOSOS

"É PRECISO SABER VIVER..." A VIDA COMUNITÁRIA

Vivemos em um tempo de muitas mudanças na sociedade. No passado, prevalecia a vida rural, onde as pessoas se conheciam bem, pouco saíam de seus locais de moradia e de trabalho, quase sempre em torno de parentes e pessoas muito conhecidas. Havia um ambiente mais comunitário e de apoio mútuo, embora problemas não faltassem.

No século 20, com a expansão das indústrias e com a constituição das grandes cidades, muita coisa mudou. A vida urbana é corrida, marcada por maior indiferença e competição entre as pessoas e grupos, e nem sempre encontramos laços afetivos e comunitários para sustentar a vida diante dos desafios e lutas que surgem no dia a dia. As formas de trabalho se alteraram enormemente e novas questões surgiram, especialmente aquelas que são reações aos problemas e dominações sociais. E o século 21? Esses desafios se multiplicaram. O individualismo se tornou marca da sociedade. Viver comunitariamente se tornou uma árdua e rara tarefa. Os conflitos aumentaram; e eles são de variadas naturezas: sociais, étnicos e raciais, políticos, econômicos e entre visões de mundo diferentes. Como diz a antiga e conhecida canção, mais do que nunca "é preciso saber viver".

Em resposta ao individualismo e à crescente onda de violência na sociedade, muitos sinais positivos têm aparecido. Multiplicam-se os grupos que buscam superar os conflitos sociais por intermédio de uma cultura de solidariedade, diálogo e respeito às diferenças. Eles estão espalhados por todos os cantos, estão presentes em todos as classes sociais e setores da sociedade, como em igrejas e outros grupos religiosos, associações, escolas e universidades, empresas que desejam florescer internamente o caráter humanizador do trabalho, e em diversas iniciativas comunitárias que visam a paz, a cidadania e a justiça no mundo. Esses grupos parecem ser minoritários, e, talvez, realmente sejam. Mas são persistentes, boa parte das vezes bem articulados, formadores de opinião e têm dado um grande exemplo para as novas gerações.

Observando a trajetória de vida de várias pessoas que buscam "outro mundo possível", sem as amarras do individualismo e da violência, e com o propósito de encontrar conjuntamente soluções para os principais problemas que hoje afligem a sociedade, me deparei, ao longo da vida, com visões muito significativas e exemplos muito impactantes, que pela lista tão extensa não podem ser aqui citados ou enumerados. Mas, podemos de forma sucinta e genérica chamá-las de concepções de vida, arejadas e responsáveis, ou de espiritualidade, lembrando que esse termo não está restrito às religiões ou às igrejas. Espiritualidade é uma forma de ver o mundo e viver o dia a dia, que todas as pessoas, religiosas ou não, podem ter. Trata-se de compreender e valorizar o amor, a dignidade humana e o respeito no mundo. De nossa parte, interpretamos tais visões como uma fé livre e como um belíssimo e profundo encontro entre o divino e o humano, aventura que se faz no diálogo e em interpelação constante da realidade da vida. As palavras, sinais e atitudes que destaquem a dimensão da gratuidade e da sensibilidade humana serão sempre canais de esperança; e a esperança alivia o sofrimento e redimensiona o futuro.

Esta visão me faz lembrar um momento em que eu e minha esposa, tempo atrás, fomos comemorar o aniversário de 13 anos do Guilherme, nosso filho, assistindo ao filme escolhido por ele *A Menina que Roubava Livros* (2014). Momento sublime de emoção, lição de vida e de esperança, ambientados nas sombras e nos escombros da guerra. O filme, dirigido por Brian Percival, conta a história da jovem Liesel Meminger (Sophie Nélisse), uma garota que vive com os pais adotivos na Alemanha durante a Segunda Guerra Mundial. Apaixonada por livros, ela acaba desenvolvendo o hábito de "roubar" obras para ler para o amigo Max, um judeu que mora clandestinamente em sua casa. Violência de um lado e carinho e solidariedade do outro não faltaram. Os desfechos podem ser imaginados...

A sensibilidade revelada naquele filme me alcançou em sonhos e visões de um novo mundo. Ele nos impactou e nos lançou em uma busca profunda... Temos visto que a vivência de uma espiritualidade profunda e arquitetada na vida não é sempre realçada e valorizada em nossos dias. As visões de mundo têm sido marcadas em nossa sociedade, até mesmo em igrejas e em outros grupos religiosos, por forte concepção individualista, especialmente pela relação que têm se mantido com a cultura econômica excludente. Preconceitos, agressividades, sentimentos de superioridade e formas veladas ou explícitas de dominação estão soltas por aí. Isso se dá ao lado de um desprezo do cuidado com a natureza e uma desconsideração da criação como um todo, das relações sociais e comunitárias e do compromisso com a vida, com a cidadania, com a justiça e com os destinos da história e da terra. Para reverter este cenário são necessários pensamentos e ações concretas que realcem uma nova postura em relação a vida e a quem está ao nosso redor.

Uma contribuição possível está baseada na visão, imprescindível para o futuro da humanidade, de uma espiritualidade que seja valorizadora da vida, sensível ao cuidado com a natureza e com as pessoas e famílias, especialmente as mais pobres, que diga respeito ao todo, aberta aos mistérios do universo e compromissada com desafios sociais e políticos que hoje se apresentam ao mundo. Esse tipo de visão de mundo ou de espiritualidade não se aprende em livros ou conceitos teológicos, filosóficos ou políticos. Ele vem com "a mania de ter fé na vida", presente divino em nossas vidas.

Todos nós sabemos, certamente por experiências próprias, que diante de realidades plurais e de pontos de vistas ou comportamentos distintos e variados que nos deparamos, ficamos inseguros. Conviver com o diferente — e a sociedade hoje cada vez mais tem sido assim — é algo existencialmente desconcertante! Muito melhor seria, diriam alguns, se tivéssemos uma única visão, uma só religião, um só tipo de análise social ou política, uma única alternativa de viver... Mas a vida não é assim. Cada vez mais no tempo presente a pluralidade se realça entre nós e nos desafia a todos. É importante valorizá-la.

Tanto em ambientes familiares ou em círculos de amizades, quanto em grupos religiosos, escolares, universitários e políticos, há, no interior deles, reações que revelam certo mal-estar com o pluralismo, o que gera posturas defensivas, por vezes agressivas e de intolerância. No entanto, ao mesmo tempo, há reações, aqui e ali, algumas mais fortes outras nem tanto, que mostram abertura e um bem-estar diante do pluralismo, vendo nele um valor positivo, uma graça, um espelho para aprofundamento dos valores fundamentais da vida.

Do ponto de vista prático, entre os elementos facilitadores e que podem fortalecer essa abertura para lidar de maneira positiva com as diferenças, está a percepção de que, na medida em que as pessoas e os grupos dialogam mais abertamente e interagem mais intensamente com pessoas e grupos de visões sociais, políticas ou religiosas diferentes, elas vão mergulhando cada vez mais no universo plural que a sociedade hoje representa e aprendem com isso. Tornam-se mais maduras, humanizadas e aptas para viver os tempos atuais. Trata-se de um exercício de respeito, tolerância, diálogo e democracia.

Mais que isso, com essa prática, todos nós aprendemos a fugir das respostas rápidas e unívocas, próprias das visões autoritárias, individualistas e "donas da verdade", e descobrimos a existência de formas diferentes de compreender o mundo e a vida igualmente válidas. Além disso, e em plano semelhante, compreendemos que o diálogo e o respeito supõem que cada um dos lados seja autenticamente ele mesmo e como tal se manifeste, se revele e seja acolhido, explicitando e questionando as diferenças de poder que existem e que podem, em tese, perpetuar ou dissimular formas de dominação.

Ao conhecer melhor o outro, cada um conhece melhor a si. O que poderia parecer um fator que aprofunda as distâncias, torna-se caminho privilegiado de uma nova visão de mundo. Não se trata de algo que podemos seguir com uma receita pronta, fácil, diretiva. É algo que requer de nós um balanço, uma revisão, uma nova atitude. De minha parte, tenho procurado ainda descobrir essa trilha, de maneira frágil, incompleta e fragmentada, como é a vida de todo mundo. Alguns dizem que esta nova forma de ver o mundo é ilusão ou que é melhor "ficar maluco ou morrer na solidão" ou ainda fechado em si mesmo, violenta ou individualisticamente. Outros acham que é utopia boa e saudável que ilumina toda a vida, como um mistério, algo novo e desafiador. Será? Ao menos uma outra canção, esta de Gilberto Gil, está na em nossas mentes: "Mistério sempre há de pintar por aí...".

Claudio de Oliveira Ribeiro *é Pastor da Igreja Metodista e Professor de Ciências da Religião e Teologia na Universidade Federal de Juiz de Fora.*

No próximo capítulo vamos analisar como é possível retirar o atrito nas relações entre pessoas, assim como entre empresas e clientes. Como podemos focar num propósito maior e não deixar que a polarização entre duas grandes ideias lhe contamine? Como é possível perceber as intenções de um grupo ou outro e avaliar se você pode navegar em ambos ou criar o seu próprio grupo de interesses? Vamos seguir nossa viagem, mas, antes, façamos uma pausa para alguns pontos e reflexões.

TRÊS PONTOS PARA NÃO ESQUECER

- O TEMPO é o seu recurso mais precioso.
- Para exponencializar seu tempo é preciso se unir a outras pessoas.
- No final, tudo é sobre PESSOAS.

TRÊS PONTOS PARA REFLETIR

- Sabe aquele seu sonho que segue adormecido ou guardado numa gaveta em sua casa? Então, caso pudesse montar uma equipe (ou uma comunidade de pessoas) para lhe ajudar a executar esse projeto, quem você envolveria?
- Você concorda com a afirmação de que o tempo é, de fato, o nosso recurso mais precioso? É melhor viver mil anos a dez ou dez anos a mil?
- Qual o melhor evento ou momento para conectar pessoas e sensibilizá-las em torno de uma causa? O que mobiliza pessoas para que parem por algumas horas de suas vidas e se dediquem a isso?

ANNOTE AQUI

VOCÊ S/A – SEM ATRITO

(Conectando Maslow a Da Vinci e Ghandi a Jim Rohn)

♪ *"Se o bem e o mal existem,*
Você pode escolher.
É preciso saber viver."

(Roberto Carlos / Erasmo Carlos,
É preciso saber viver)

♫ *"Somebody once told me*
the world is gonna roll me
I ain't the sharpest tool in the shed
She was looking kind of dumb
with her finger and her thumb
In the shape of an "L"
on her forehead."

(Gregory Camp, *All Star*)

PROPÓSITOS DO CAPÍTULO

A necessidade que todas as pessoas têm
de pertencer a alguma comunidade.

•••

A importância de conhecer sobre política e como
evitar polarizações e atritos entre empresas
e clientes ou em relações interpessoais.

•••

Como evitar reuniões improdutivas,
tornar-se um profissional sem atrito e
um poderoso conector de pessoas?

Nos capítulos anteriores, refletimos sobre a importância de começar pelo propósito de qualquer ação ou movimento que façamos em nossas vidas. Você deve se recordar que grandes líderes conquistam aliados para suas causas, não pela imagem deles próprios ou pelo que irão fazer, mas sim pelo porquê estão fazendo. O propósito move multidões.

Quando unimos pessoas em torno de um objetivo comum e colaborando entre si, somos capazes de revolucionar em um curto período de tempo. Não estamos dentro de caixas para que alguém venha nos ensinar como "pensar fora da caixa". Pessoas são criativas por natureza e, quanto mais estimuladas com propósito, melhores serão os resultados obtidos. O tempo que era linear, torna-se exponencial quando nos unimos a outros em torno de um propósito comum.

Todo ser humano precisa estar conectado para que supra sua necessidade de pertencimento. Segundo a pirâmide de hierarquia das necessidades humanas, propostas pelo psicólogo americano Abraham Maslow, há uma sequência lógica de recursos necessários a todas os seres humanos. Neste capítulo, vamos focar nessas relações interpessoais e no senso de pertencimento que, segundo a teoria de Maslow, estaria no centro da pirâmide, como veremos a seguir.

3.1 SENSO DE PERTENCIMENTO

Quando escrevi o livro Espírito de *Startup – Tudo ao Mesmo Tempo Agora*, junto com Ricardo Abreu, abordamos o tema sobre a teoria de Maslow num enfoque de Marketing e *Customer Development* para *startups*. Aqui, darei foco nas pessoas e suas interconexões. Inicialmente, analisando rapidamente a perspectiva do marketing, fazemos uma conexão com o tema abordado no Capítulo 2, quando discutimos as "Revoluções Por Minuto", onde, entre outros aspectos, verificamos o quanto é preciso o período de propaganda na TV e que, no final, o que as grandes marcas querem de fato é conectar suas empresas a uma grande massa de potenciais consumidores, ou seja, às pessoas.

A disciplina de Marketing tradicional trata da criação de mecanismos que conectem as empresas a seus clientes, atuais e potenciais. Como resultado da gestão de marketing, espera-se que sejam desenvolvidas campanhas por meio de ações que resultem em um aumento nas vendas de uma empresa. Nos tempos atuais, onde vivemos uma época de mudanças rápidas e do marketing de relacionamento, pessoas só compram ou fazem negócios com empresas ou outras pessoas que confiam. Há uma teoria de que os termos usados nos primórdios do comércio eletrônico, na virada do milênio, perto dos anos 2000, de b2b (*business--to-business*) e b2c (*business-to-consumer*), a cada dia caem em desuso e vem sendo substituídos por h2h (*human-to-human*). Afinal, além de fomentar o consumo, as campanhas modernas de marketing visam, cada vez mais, garantir a fidelização dos clientes. Em outras palavras, criar legiões de fãs. Pessoas que querem seguir a marca, pertencer a uma tribo!

A teoria de Maslow foi desenvolvida e publicada em 1943, num artigo intitulado *Teoria da Motivação Humana* (do original em inglês *A Theory of Human Motivation*). Nessa, o psicólogo americano propõe uma hierarquia das necessidades humanas que tem início nas necessidades mais básicas e segue até aquelas necessidades mais refinadas que uma pessoa pode ter.

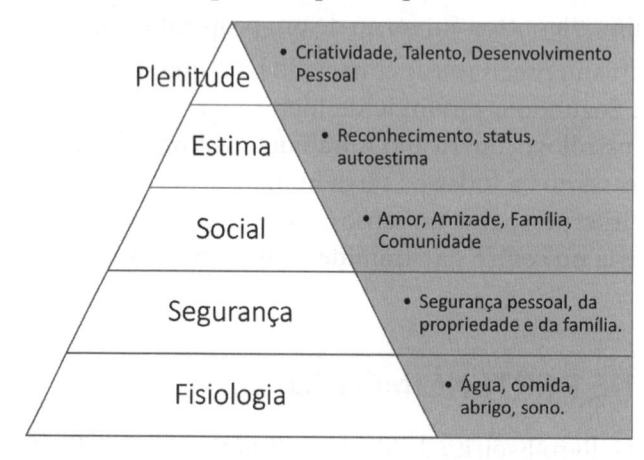

Figura 3.1 – Hierarquia das Necessidades Humanas (Pirâmide de Maslow).

Em síntese, Maslow defende a existência de uma ordem de precedência das necessidades humanas. Em seu artigo de 1943, ele não apenas as descreve como também as organiza em uma ordem de importância. A teoria de Maslow é super relevante e ainda faz total sentido até os dias de hoje. O raciocínio por trás da teoria é simples, mas isso não tira nem um pouco o mérito que ele teve ao organizar seu artigo e definir uma visão clara sobre o tema. Aliás, você já reparou que as teorias mais brilhantes após explicadas parecem simples e óbvias? Pois bem, este é um bom exemplo disso.

Vamos agora verificar a teoria de Maslow em termos práticos. Imagine uma pessoa sem lar, que viva nas ruas de uma grande cidade. Este ser humano acorda todos os dias com a preocupação do que conseguirá para comer, de onde obterá água limpa para beber e, por que não, tomar banho. Além disso, uma outra grande preocupação dessa pessoa será sobre abrigo. Onde poderá se recostar para descansar ou dormir. Sabe aquela necessidade de preenchimento do seu eu interior, que alguns chamam de egocentrismo e outros de realização pessoal? Pois bem, para uma pessoa que vive nas ruas, não é isso com o que ela vai se preocupar nem por um instante. Quem tem fome ou sede, não pensa em ter casa ou segurança, antes de saciar sua necessidade primordial por água e alimento.

Durante a pandemia do covid-19, que ainda persiste enquanto escrevo este livro, é possível e necessário exercitar a empatia com os moradores de rua que, antes de se preocupar com o coronavírus ou limpar as mãos com água e sabão, precisam conseguir água para beber e tomar banho, além de alimentos. Infelizmente, ainda observamos visões míopes sobre o tema como quando a então primeira dama de São Paulo, Bia Doria, afirmou que pessoas sem-teto gostavam de viver nas ruas porque esses locais seriam atrativos. Bia teria afirmado que "Não é correto você chegar lá na rua e dar marmita, porque a pessoa tem que se conscientizar de que ela tem que sair da rua. A rua é hoje um atrativo, a pessoa gosta de ficar na rua." Prefiro deixar aqui para vocês, leitores, o julgamento dessa declaração, mas preciso registrar que segundo Maslow isso não seria verdade. Nenhum ser humano se sentirá atraído por permanecer sem abrigo. Assim como precisam de água e comida, seres humanos buscam abrigo como necessidades fisiológicas.

> "A simplicidade é o último grau de sofisticação."
> Leonardo da Vinci

Uma vez que uma pessoa tenha atendida as suas necessidades fisiológicas, ela passa a ter outras, que são descritas em forma de hierarquia por Maslow. O segundo nível na hierarquia trata das necessidades de segurança e proteção. Uma pessoa que tenha abrigo, higiene e comida, quer ter segurança.

Evoluindo na hierarquia da pirâmide, chegamos ao terceiro nível, o nível das necessidades sociais, que abordaremos neste capítulo. Trata-se de uma necessidade bem mais refinada e complexa que a dos demais níveis e, encontra-se bem no centro da Pirâmide de Maslow. As necessidades sociais, de pertencimento ou de amor, referem-se às necessidades que todo ser humano tem de ser aceito nas comunidades que frequenta. Seja na escola, desde a infância, na rua ou condomínio onde moram, na igreja que frequentam, no ambiente de trabalho, nos grupos de amigos ou frequentadores de um clube, só para citar alguns do mundo offline. Mas também, das redes sociais, das comunidades digitais ou de grupos de usuários.

Nos níveis superiores da pirâmide, são descritas as necessidades de autoestima, como reconhecimento e status e, no topo da pirâmide da hierarquia de necessidades humanas, temos as necessidades de autorrealização, aquelas ligadas ao desenvolvimento e realização pessoal. Neste capítulo, iremos explorar o nível das necessidades de relações interpessoais, do senso de pertencimento, do social.

3.2 COMUNIDADE E POLÍTICA

A palavra comunidade pode receber diferentes interpretações dependendo do contexto na qual está inserida. Segundo o dicionário online Michaelis, a melhor definição de comunidade que destaco é a seguinte:

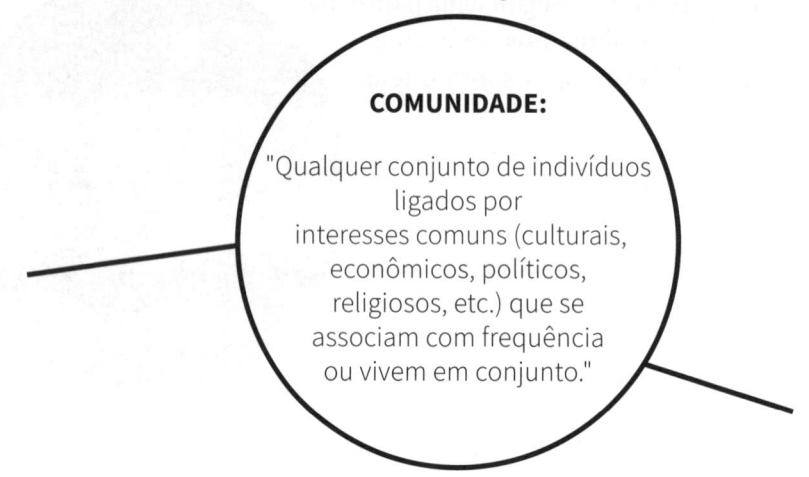

COMUNIDADE:

"Qualquer conjunto de indivíduos ligados por interesses comuns (culturais, econômicos, políticos, religiosos, etc.) que se associam com frequência ou vivem em conjunto."

Mas também nos traz outros significados como: "qualidade ou estado daquilo que é comum a diversos indivíduos", "grupo de pessoas que vivem em comum e cujos recursos materiais pertencem a todos" ou ainda "conjunto de pessoas que vivem numa mesma região, com o mesmo governo, e que partilham as mesmas tradições históricas e/ou culturais."

Desde os tempos mais primitivos da raça humana, foi preciso se comunicar e se relacionar com outros seres da mesma espécie. O homo sapiens é descrito historicamente como uma espécie que surgiu na África há 350 mil anos. O que caracterizava seus membros como seres *sapiens* (sábios) era o fato de possuírem um cérebro altamente desenvolvido, a habilidade de se comunicar e, consequentemente, resolver problemas complexos.

Até um certo ponto da história, a raça humana era nômade, vivia migrando de um lado para outro da Terra, basicamente, em busca de comida e abrigo. Com a evolução de suas capacidades cognitivas e o domínio do fogo, da criação de armas e equipamentos produzidos com pedra e madeira, foi possível fixar uma base em algum ponto fixo do planeta. Ora, se o homem conseguiu domesticar animais e a dominar o fogo, era possível manter rebanhos ao redor de abrigos e, assim, não seria mais necessário sair para caçar todos os dias. Além disso, se passou a ser possível estabelecer uma base para abrigo num local fixo, naturalmente o homem foi desenvolvendo a habilidade para o cultivo de frutas, verduras e legumes, que serviam para sua alimentação.

Essas inovações mudaram o rumo da história, sem sombra de dúvidas. Como consequência, uma comunidade que era homogênea e, basicamente, composta por seres humanos que tinham os mesmos costumes, ou seja, seres andantes que saíam todas as manhãs para caçar e seguiam de forma nômade por várias partes da Terra ao longo de suas vidas, foi se tornando mais complexo, criando subcomunidades e, por fim, foi se dividindo. Com a possibilidade de cultivar alimentos ao mesmo tempo em que animais também eram domesticados e rebanhos criados ao lado dos abrigos, a comunidade que era homogênea começou a formar pelo menos dois grandes subgrupos: o grupo dos que preferiam usar a terra para cultivar alimentos — os agricultores — e outro grupo que preferia usar a terra para cercá-la e criar rebanhos bovinos, suínos, ovinos, além de aves e animais menores como cães — os pecuaristas.

Agora, imagine que a sociedade primitiva foi evoluindo até chegar numa organização política onde havia os que detinham o poder e mandavam e os que obedeciam. É de se esperar que, se o líder desta comunidade fosse um agricultor, ele daria mais créditos aos demais agricultores (como ele) em detrimento dos pecuaristas. Se tivesse que tomar decisões sobre o que fazer com certa porção de terra, a tendência seria preferir usá-la para o cultivo ao invés de usá-la para a criação de animais. Da mesma forma, se o poder estivesse nas mãos de um pecuarista, talvez a prática da pecuária ganhasse cada vez mais espaço em detrimento da prática do cultivo de alimentos.

Vamos avançar milhares de anos no tempo agora e chegaremos até os anos 1980 onde o mundo da tecnologia era basicamente dividido entre duas comunidades basicamente: os defensores dos computadores de grande porte (*mainframes*) e os dos microcomputadores. Quem dominasse o poder, defenderia o interesse de sua comunidade em detrimento da outra. Já após a vitória dos microcomputadores ante seus primos maiores e mais velhos (os *mainframes*), a comunidade passou a ser praticamente toda dominada pelos profissionais que trabalhavam com os microcomputadores. Como o mundo não para de evoluir, especialmente quando se fala de tecnologia da informação, as funções e cargos começaram a se multiplicar e logo surgiu outra divisão entre dois grandes grupos: a comunidade dos programadores (ou desenvolvedores de *software*) e a comunidade dos que trabalhavam com a operação (ou infraestrutura). Por fim, veio a salvação para unir a comunidade novamente, o conceito de DevOps, onde desenvolvedores e operadores poderiam seguir sempre juntos em harmonia. Será que poderíamos definir um conceito similar ao DevOps para os três poderes da República Federativa do Brasil? Para que Executivo, Legislativo e Judiciário sigam sempre em harmonia? Bem, vamos deixar a política de lado por aqui, mas a resposta está nas pessoas que comandam estas três comunidades. Se os líderes de cada um destes três poderes buscarem o diálogo em prol de um propósito comum e retirarem o atrito entre si e entre suas comunidades, teríamos um conceito de ExeLeJu (tal qual no DevOps, mas aqui com a Execução-Legislação-Jurisdição) andando em harmonia. Mas as divisões em pequenas tribos continuam com desenvolvedores de um lado e analistas de banco de dados de outro. Mais recentemente, dentro da classe dos desenvolvedores, passamos a ter desenvolvedores *front end* e *back end*. Ou ainda, aquelas pessoas que são apaixonadas por comunidade Microsoft e aquelas pelas comunidades *Open Source*. Os amantes do sistema operacional Windows e os amantes do Linux. Marcas, modelos e linguagens de programação sempre vão separar profissionais de TI e criar tribos que defendem seus pontos de vista e, se tiverem chance ou o poder nas mãos, como em qualquer categoria, vão defender seus iguais em detrimento daqueles que pensam diferente. E é neste contexto que começa a surgir a política.

Se já definimos comunidade e começamos a falar de política, vamos novamente usar o dicionário brasileiro da Língua Portuguesa Michaelis para definir este termo tão importante na vida dos seres humanos desde os tempos do homem primata:

POLÍTICA:

"Arte ou ciência da organização, direção e administração de nações ou Estados." Ou ainda, em seu sentido figurado "habilidade especial ao relacionar-se com outras pessoas, com o intuito de obter certos resultados anteriormente planejados."

Uma comunidade é um conjunto de indivíduos unidos por um interesse em comum, ao passo que política é a habilidade de relacionar-se com outras pessoas e influenciá-las para atingir seus objetivos pré-determinados. Ou seja, não é possível desassociar líderes de comunidades de políticos. É preciso saber fazer política e ser bom político para influenciar pessoas e liderar comunidades. E não tem nada de pejorativo aqui. Fazer política não é o mesmo que se tornar um político público, como os governantes que elegemos nos regimes democráticos: prefeitos, vereadores, deputados, governadores, senadores ou presidente da república. Mas bem que poderíamos ter um presidente ou uma presidente da república desenvolvedora de *software*, não? Fica a dica...

3.3 NÃO POLARIZE, SEJA POLÍTICO

Na sociedade moderna onde estamos inseridos, é fácil notar polarizações entre grandes blocos. De tempos em tempos, há um bloco que costuma sucumbir ao outro. A Europa é um bom exemplo disso, após a Segunda Guerra Mundial foram iniciados os movimentos que dariam origem a União Europeia (UE). A União Europeia hoje é composta por 28 países-membros, mas teve sua origem a partir da Comunidade Europeia do Carvão e do Aço e na Comunidade Econômica Europeia (CEE), que era formada por seis países.

Os blocos que defendiam a integração de mais países-membros à UE foram perdendo força desde que alguns membros foram sentindo que seus objetivos ou interesses iam deixando de ser atendidos pela comunidade e, assim, vários movimentos separatistas foram iniciados. O auge do separatismo veio com o resultado do referendo popular realizado em 2016 no Reino Unido que aprovou a saída da Grã-Bretanha da União Europeia. Movimento que foi batizado de BREXIT, uma junção de British (britânico) e exit (saída).

Anos depois, o BREXIT ainda não foi consumado devido à complexidade gerada pela saída de um país-membro da União Europeia e também por divergência de interesses dentro do bloco britânico. Perceba que a Grã-Bretanha não é um país único, mas sim uma comunidade formada por países-membros que se uniram politicamente. A Grã-Bretanha ou Reino Unido da Grã-Bretanha e Irlanda do Norte (nome oficial) é formada pela união da Inglaterra, País de Gales, Escócia e Irlanda do Norte. Em algum momento do passado, foi interessante para esses quatro países se unirem e defenderem interesses comuns a comunidade britânica. Num outro momento, foi mais interessante ainda, unir-se a uma comunidade ainda maior, defendendo os interesses da Europa frente a outros grandes blocos econômicos mundiais. Passadas algumas décadas entre bons momentos de crescimento alternados com alguns momentos de recessão, há um movimento natural da comunidade que penderá para um lado ou outro. Quando parte da sociedade sente que vem perdendo seus direitos ou vê membros de outras comunidades tomando seus empregos, espaços e renda, há uma retração natural do movimento de integração e, por consequência, abrem-se espaços para os movimentos separatistas. Muitas vezes, estes movimentos separatistas começam com o porquê e inflam um nacionalismo radical que visa a desintegração ou saída de um grupo de uma comunidade maior, caso do BREXIT.

Num regime de governo democrático, onde a população vota para eleger seus governantes, é natural também que exista uma polarização política entre dois grandes blocos (ou partidos) como, por exemplo, acontece nos Estados Unidos entre Democratas e Republicanos. Nos EUA, é comum perceber uma grande alternância de poder entre estes dois grandes partidos políticos. Vamos tomar como exemplo os últimos 30 anos, quando tivemos George H. W. Bush, do Partido Republicano, comandando o país de 1989 a 1993, sendo sucedido pelo democrata Bill Clinton até 2001, quando foi sucedido por outro republicano George W. Bush Filho até 2009. Bush Filho foi sucedido pelo democrata Barack Obama, que também governou por dois mandatos até 2017, sendo sucedido pelo republicano Donald Trump.

> "Olho por olho e o mundo acabará cego."
> Mahatma Gandhi

No Brasil, iniciou-se uma grande polarização entre a população quando os Partidos dos Trabalhadores (PT) e o Partido da Social Democracia Brasileira (PSDB) passam a dominar a disputa pelo poder. Fernando Henrique Cardoso (FHC) elegeu-se presidente pelo PSDB em 1994 e governou de 1995 a 2003, quando foi sucedido por Luiz Inácio Lula da Silva do PT. Lula governou como presidente até 2011, quando sua sucessora Dilma Rousseff venceu a disputa com candidatos do PSDB e se elegeu presidente, mantendo o Partido dos Trabalhadores no poder até 2016, quando sofreu um processo de *impeachment*. Nas eleições de 2018, a polarização continuou, porém, de um lado com a ala esquerdista do PT e, por outro, da direita conservadora do Partido Social Liberal (PSL) que conseguiu eleger Jair Bolsonaro como presidente.

Nossa sociedade está em constante mudança. Comunidades se unem em prol de um propósito comum e se separam quando novos problemas surgem e os interesses se dividem. A perspectiva que quero passar a você aqui é que para conseguir vencer ou liderar é preciso dar ênfase no que une comunidades, aparando as arestas do que as separa. A arte de ser político quando se trata de pessoas em qualquer contexto, pessoal ou profissional, é a arte de apaziguar as diferenças em prol de um propósito maior. Não há pessoa física ou jurídica que se una a outras que não esteja vislumbrando algum benefício maior para si própria ou para a causa na qual acredita.

Se um indivíduo dá ênfase em suas diferenças perante um grupo com ideias opostas, este nunca se tornará um líder daquela comunidade. Se uma empresa dá ênfase nas diferenças em que possui diante de seus concorrentes, esta nunca se tornará líder de um bloco ou grupo de empresas que poderiam defender interesses comuns à sua indústria.

Após observamos movimentos e contextos políticos e polarizações de blocos na sociedade atual, vamos tratar de um tema específico aqui: o atrito. Porém, sob diferentes perspectivas, no contexto de empresas e de profissionais.

3.4 EMPRESAS S/A – SEM ATRITO

Quando analisamos a relação entre empresas e consumidores, ou prestadores de serviços e seus clientes, notamos que há uma mudança sendo implementada dia após dia. O consumo está migrando de produtos para experiências. O famoso valor agregado passou a fazer parte de nossas vidas quando vamos a um restaurante e nos encantamos não apenas com a comida, mas com a forma como somos atendidos ou, ainda, pela experiência que é almoçar ou jantar naquele local, com todo o contexto planejado e criado pensando em encantar o público.

Da mesma forma, gerações mais novas, preferem a experiência do acesso à posse. Analisando um período desde a década de 1970 até o início dos anos 2000, percebemos que uma pessoa jovem de vinte e poucos anos, que iniciava sua carreira e independência econômica, tinha como meta acumular riqueza para comprar uma casa, um carro e outros bens de consumo importantes para sua vida. A partir da década de 2010 até os dias de hoje percebemos grandes mudanças na cabeça, no estilo de vida e, nas metas de uma pessoa jovem de vinte e poucos anos. Atualmente, esses jovens preferem ter acesso a uma habitação pagando aluguel e usarem suas reservas financeiras para viajar o mundo do que se fixarem num único local.

Nos tempos atuais, a comunidade dos que preferem ter acesso a serviços, que podem ser ativados por aplicativos móveis a partir de seus *smartphones*, só cresce e domina o planeta. Com essa revolução dos *apps*, muitos deixaram de comprar automóveis para utilizarem o Uber ou outro serviço de táxi quando necessitam de um automóvel. Não há mais a venda de mídias em grande escala como CDs e DVDs, uma vez que o grande público não quer mais ter posse destas mídias que tanto entulharam e seguem entulhando nossas casas (ou as casas de nossos pais). É infinitamente melhor ter acesso a todo o seu acervo na nuvem, seja para ouvir a música que você quer, na hora que você quer, onde você estiver, seja para ver sua série favorita ou um filme. O consumo migrou, definitivamente até que se prove o contrário, da posse para o acesso.

Consumo
- Bens materiais
- Posse

Acesso
- Assinatura
- Serviço

Experiência
- Relacionamento
- Ambiente

Figura 3.2 – Evolução das relações comerciais

E o que mais chama atenção é que estas mudanças são rápidas e acontecem sem que tenhamos a clara noção de que o mundo está de fato mudando. A evolução das relações comerciais de consumo para acesso e experiências vem acontecendo apenas nesta última década. Isso só foi possível de ser explorado, e, talvez, de uma vez por todas, devido ao aumento da velocidade das conexões de banda larga (3G /4G /5G) que permitiram o *streaming* de conteúdos mais pesados, tais como vídeos e músicas pela internet.

Mas onde está o atrito nessa história toda? Pois bem, vamos analisar o passo a passo de uma venda tradicional num supermercado. Quais são as etapas ou ações que uma cliente precisa fazer para atingir o seu objetivo final que, por exemplo, poderia ser sair do mercado com 10 itens de sua lista de compras?

1. Pegar um carrinho ou uma cesta de compras;
2. Ir até as gôndolas onde estão dispostos os produtos desejados;
3. Pegar os produtos desejados nas quantidades desejadas;
4. Inseri-los no carrinho ou na cesta;

5. Dirigir-se ao caixa e aguardar na fila a sua vez de pagar;
6. Retirar cada item do carrinho ou da cesta e colocá-los sobre a esteira do caixa do supermercado;
7. Empacotar cada item numa sacola plástica do mercado ou numa ecobag;
8. Colocar os pacotes no carrinho de compras;
9. Sair da loja.

Temos que concordar que não é uma experiência adequada aos dias de hoje para a vida de muita gente, especialmente os mais jovens que não aturam sequer alguns minutos numa fila. Pois bem, foi pensando nisso que a Amazon lançou sua loja conceito *AmazonGo* e simplificou o processo para:

1. Ir até as gôndolas onde estão dispostos os produtos desejados;
2. Pegar os produtos desejados nas quantidades desejadas;
3. Inseri-los numa ecobag ou na sua mochila;
4. Sair da loja.

Como fizeram isso? Com o uso da tecnologia. Um app instalado nos *smartphones* dos clientes e lojas equipadas com câmeras e *softwares* que implementam visão computacional. Assim, o que o usuário (ou consumidor) precisa fazer é apenas abrir seu aplicativo antes de entrar na loja e usar seu QR code para abrir as catracas. A partir daí basta seguir os quatro passos anteriores e simplesmente sair da loja. Sim, sem falar com ninguém ou mexer no app. É pegar e sair mesmo. Em inglês é usado o termo *Grab and Go* (pegue e saia). A visão computacional cuida de verificar que cliente pegou o que e em qual quantidade.

A *AmazonGo* não estava preocupada em reduzir cinco passos do processo de compra para seus clientes. O que eles fizeram foi retirar o atrito do processo de compras! Afinal, ninguém vai ao mercado para ficar na fila ou para poder usar seu cartão de crédito e digitar sua senha após ouvir a pergunta de sempre: "É crédito ou débito?". Vamos ao mercado para pegar os produtos desejados e ponto. O fato de ter que pegar um carrinho ou cesta é um atrito. O fato de ter que retirar os produtos que você havia colocado no carrinho para que possa passá-los no caixa, para depois empacotá-los novamente também é um atrito. O fato de você ter que abrir a bolsa ou a carteira para pagar, também é um atrito. Seja em dinheiro seja usando seu cartão. Atritos e mais atritos. A *AmazonGo* criou uma experiência sem atrito para seus clientes.

Quando uma pessoa precisava de um táxi tradicional, numa cidade ou região que não conhecesse o trajeto ou soubesse quanto seria a corrida, ela passava por uma situação de atrito também. A incerteza de quanto vai pagar ou se o motorista vai usar a rota mais curta para seu percurso são atritos enfrentados em sistemas tradicionais de táxis. Além disso, após tomar um táxi e chegar a seu destino final, o que o cliente precisa fazer? Pagar! Olha aí o atrito de novo! Você pode perguntar agora, mas todos tem que pagar, não tem? Portanto, o ato de pagar não seria um atrito. Mas se você foi por essa linha, você se enganou. O que o Uber proporciona para seus clientes vai muito além de tarifas um pouco mais baixas. Primeiro a experiência do cliente criada pelo Uber retira o atrito de entrar num carro sem saber quanto vai pagar pela corrida até o destino desejado. Segundo, ao chegar em seu destino, não será necessário retirar o cartão de crédito para pagar, uma vez que este já está gravado no aplicativo e você simplesmente agradece e sai. Uma experiência sem atritos!

Há uma sensação muito boa que é sentida por todo ser humano, nestes casos como os da *AmazonGo* e do Uber. Esse sentimento de que você não pagou... No primeiro caso, simplesmente pegou e saiu, como se estivesse pegando algo na dispensa de sua cozinha e, no segundo, como se estivesse com um amigo que lhe deu uma carona. Você simplesmente percebeu a parte boa da experiência. Seja pegar os produtos desejado, seja se deslocar até seu destino. Claro que tanto a compra quando a corrida será debitada em seu cartão de crédito, mas isso não se tornou um atrito para você.

Em grandes cidades do mundo, os serviços de transponder ou *tags* como o SemParar, ViaFácil e ConectCar que temos aqui no Brasil, vem sendo adotado cada vez mais. Não apenas em pedágios nas estradas, mas também em estacionamentos de grandes centros comerciais ou shopping centers. Poderia se esperar que ao comprar um serviço deste tipo, o usuário pudesse ter um desconto no preço unitário dos pedágios pelos quais vai passar ou uma redução no valor do tempo que utilizará em estacionamentos, correto? Porém, não é isso que acontece, os valores são os mesmos de quem paga avulso cada passagem em pedágios ou cada vez que estaciona num shopping. Além disso, há um valor de assinatura mensal.

Mas afinal, qual a lógica de pagar o mesmo valor e ainda ter que pagar uma taxa adicional de assinatura mensal para obter o mesmo resultado? O resultado final não seria o mesmo? Ou seja, obter o direito de passar pelos pedágios e de estacionar o carro num estacionamento privado de shopping? A resposta, mais uma vez, é: pessoas adquirem estes serviços, pois estas empresas estão retirando o atrito de suas vidas. Pessoas estão cada vez mais dispostas a pagar por esse tipo de serviço para que não precisem parar nos pedágios. É como se você pudesse comprar uns minutos a mais para seu dia ou para a sua vida! Pessoas estão dispostas a pagar taxas de conveniências ou mensalidades para que não precisem enfrentar longas filas em shopping centers e pagar o estacionamento do seu carro toda vez. Uma máxima destes novos tempos, inspirada aqui nos enigmas do Antigo Egito, poderia ser: 'retire os atritos e eu lhe pagarei'."

Adrian Swinscoe, autor do livro *How to Wow: 68 Effortless Ways to Make Every Customer Experience Amazing* (Como chegar ao Uau: 68 maneiras fáceis de fazer que cada experiência do cliente seja surpreendente) define experiência como uma oportunidade de criar uma série de memórias. Morris Pentel, o Chairman & Fundador da Customer Experience Foundation, afirma que a experiência dos clientes inicia no momento da compra e termina com seus registros na memória.

3.5 REUNIÕES NA TERRA DO NUNCA

Do mesmo modo que analisamos anteriormente as empresas que perceberam os atritos e os retiraram das experiências que proporcionam a seus clientes, vamos agora voltar o foco para pessoas, para profissionais. Onde estariam os atritos no dia a dia de profissionais? Além do atrito físico ou ideológico que tipo de atritos podem passar despercebidos pelas pessoas em seu cotidiano?

REUNIÕES PRODUTIVAS DEVEM:

- Possuir objetivos e resultados esperados, que são comunicados previamente aos participantes.

- Ter entre seus participantes apenas pessoas com papéis bem definidos em cada tópico.

- Liberar pessoas durante períodos em que não houver nenhuma contribuição destas nos tópicos discutidos naquele momento.

- Ter um responsável pelo tempo de cada tópico. Um time keeper que terá o papel de interromper ou avisar a todos sobre a necessidade de mover ou concluir um tema para se iniciar outro. O responsável por controlar o tempo terá um papel importante na eficiência da reunião em termos de conseguir atingir seus objetivos no tempo proposto.

- Ser encerradas com a comunicação clara dos pontos discutidos, definições encontradas e próximos passos.

- Evitar síndromes de Peter Pan ou escapismo por parte de seus participantes.

Diariamente passamos por situações quase como em um modo de piloto automático e não percebemos os atritos que poderiam ser evitados. Você já teve um dia no trabalho em que foi para uma reunião com sua gerente e seus colegas de trabalho e saiu algumas horas depois exausto ou exausta mentalmente por não ter conseguido impor sua opinião ou por não terem decidido, de fato, o ponto central da reunião, pois ela foi monopolizada por alguém que dominou os diálogos e trouxe assuntos que, para você, não seriam relevantes ou prioritários para o momento?

Esse tipo de atrito pode ser evitado quando adotamos uma prática relativamente simples, porém pouco praticada na correria do nosso dia a dia. Antes de marcar ou convidar pessoas para qualquer reunião, é preciso definir e comunicar, claramente, o que se espera de resultados com essa reunião e por que cada pessoa estará ali. Qual o papel de cada uma das pessoas presentes na reunião? Os papéis podem variar de acordo com o tópico da reunião. Para o primeiro tópico, uma pessoa pode ter o papel de apresentar o tema, descrever os objetivos táticos da área por exemplo, enquanto outras terão a responsabilidade de validar ou sugerir pontos adicionais. Caso existam quatro pontos a serem tratados numa reunião e algumas pessoas que só estejam envolvidas nos pontos um e dois, por exemplo, seria ideal liberá-las quando a reunião for tratar dos pontos três e quatro.

É importante, que haja ainda um mediador para pontos de discussão. Além disso, é imprescindível termos um responsável por controlar o tempo de cada tópico (um *time keeper*). Afinal, já concordamos lá nos primeiros capítulos que o recurso mais valioso de nossas vidas é o tempo, correto? Por que então iríamos desperdiçá-lo tanto em reuniões improdutivas e intermináveis com pessoas que não estão colaborando? A sensação de impotência ou de estar "perdendo o seu tempo" é a pior possível para a mente humana. Talvez de forma subconsciente já é mais que sabido que o nosso tempo de vida é muito precioso e por isso, vários atritos são gerados entre pessoas, entre colegas de trabalho, porque não foi gerada a expectativa correta para uma reunião. Ou pessoas que não tem nenhum papel concreto para desempenhar naquelas discussões foram convidadas para a reunião e, por estarem fora de contexto ou sem um papel claro e definido, elas acabam trazendo tópicos que não lhe interessam ou que não são relevantes para o momento.

Não pode haver tempo perdido em reuniões. É preciso que se tenha tempo exponencializado em reuniões onde há várias pessoas discutindo sobre um tema ou objetivo comum. Reuniões na terra do nunca, que parecem intermináveis ou com a presença de pessoas que apresentem um comportamento infantil, não devem ser toleradas por profissionais que querem retirar o atrito de suas vidas!

Quando em determinado momento de uma reunião iniciam-se discussões intermináveis, com egos e ânimos acirrados, é possível notar algumas pessoas com a síndrome de Peter Pan (morador mais famoso da Terra do Nunca, que se recusou a crescer e segue com um comportamento eternamente infantil). O que acaba gerando esse mesmo comportamento em outras pessoas presentes e aí se afloram os atritos. Assim, quem está na reunião e não foi contaminado pela síndrome, passa a exercitar a arte do escapismo. O escapismo, ou desejo de evasão, é o alívio ou a distração mental de obrigações ou realidades desagradáveis, recorrendo a devaneios e imaginações. A desconsideração da realidade. Peço que você pare agora e reflita se na última semana, você se viu em situações de escapismo? E no último mês? No último ano?

Todos os profissionais que estão inseridos numa comunidade corporativa já passaram por situações de escapismo. Nem todos já foram contaminados pela síndrome de Peter Pan, mas o escapismo é a válvula de escape que nossa mente nos dá para que não percamos nosso recurso mais precioso tendo que aturar ou ouvir tanta bobagem. Mesmo que estejamos sendo pagos por isso! É neste momento mágico que nossa mente se desliga totalmente da reunião por alguns instantes e passa a utilizar este tempo de forma exponencial pensando no que faremos no final de semana, ou com quem iremos sair, ou aquele vestido que você viu na vitrine na hora do almoço e não comprou.

O tempo utilizado por nosso cérebro durante a prática do escapismo, não é o mesmo tempo absoluto que percebemos ou sentimos. Afinal a sensação que se tem é de que você ficou horas ali pensando em algo, mas na verdade foram apenas alguns minutos ou até segundos. Mas foram suficientes para aliviar sua alma e lhe retirar daqueles atritos intermináveis que continuam ali, porém, agora você consegue dar um leve sorriso e prosseguir com sua opinião ou com uma clareza impressionante para propor uma mudança de assunto por exemplo.

3.6 PROFISSIONAIS S/A - SEM ATRITO

Quando conseguimos retirar o atrito de nossas relações interpessoais, um novo mundo se abre para nós. Aqui não me refiro a algo utópico onde todo mundo tenha uma relação de amizade com os demais, mas chamo atenção para o fato de que nosso ativo mais precioso não são as nossas contas bancárias ou o conhecimento que temos, mas sim, as pessoas que conhecemos e temos relacionamento.

Em 2016, eu estava prestes a completar 40 anos de idade e me peguei refletindo sobre isso. Até aquele momento de minha carreira, que, sob meu ponto de vista, estava sendo bem-sucedida, eu verifiquei que o que eu tinha acumulado de mais precioso era o relacionamento com pessoas. Mais do que qualquer conhecimento que adquiri nos anos em que trabalhei em empresas pontocom ou startups na virada do milênio, ou nos anos em que estive trabalhando e aprendendo muita coisa na Xerox, Unisys e na Microsoft desde 2007, eu tive a certeza de que em toda a minha carreira, o que eu tinha colecionado de mais valioso eram as pessoas que conheci. Não apenas meus colegas de empresa, mas clientes, fornecedores e parceiros.

A partir daí, fiz uma análise ainda mais ampla, considerando os tempos de vida acadêmica: mestrado, universidade e colégio. Pude perceber que ainda nutria muitas das amizades de pessoas que estiveram comigo nestes momentos também, como o próprio Ricardo Abreu (coautor do livro *Espírito de Startup – tudo ao mesmo tempo agora*) que conheci aos nove anos, ainda nos tempos de colégio. Ou outros amigos e amigas dos tempos de faculdade com quem ainda mantenho contato até os dias de hoje. Por mais que eu sempre tivesse um bom relacionamento interpessoal com meus colegas desde os tempos mais remotos, eu não tinha essa consciência de fato durante os tempos acadêmicos. Se a tivesse, teria sido muito mais proveitoso. Por isso, chamo aqui atenção a você que está lendo este livro enquanto é estudante cursando colégio, faculdade, pós-graduação ou qualquer outro curso de extensão. Aproveite esse tempo não apenas para o conteúdo que está sendo transmitido, mas também em conhecer seus colegas, pontos fortes, aptidões, sonhos e metas pessoais. Quanto mais conectado você estiver com diferentes grupinhos de sua turma, melhor será a sua visão de mundo e, para criar os grupos mais fortes para seus trabalhos em equipe, assim como para as oportunidades que surgem na vida.

Portanto, quanto menos atritos você apresentar com outras pessoas ou grupos de pessoas com as quais se relaciona, seja na vida acadêmica, ou profissional, mais rica será a sua carreira. Atualmente, muitas empresas reforçam o conceito de *work life balance (WLB)*, afinal vivemos uma época onde não conseguimos nos desligar de nossos afazeres simplesmente porque saímos do escritório. Não raro, estamos domingo à noite verificando nossos e-mails, acessando nossos sistemas corporativos de colaboração ou mesmo vendo como está nosso LinkedIn ou Instagram que misturam o pessoal e o profissional.

Neste século XXI, não dá mais para separar a vida profissional da vida pessoal. Qualquer pessoa que trabalhe no comércio, por exemplo, e, que até alguns anos atrás, só ficava atrás do balcão e interagia com clientes que entravam na loja ou aqueles que ligavam para o telefone fixo, hoje dão seus contatos de WhatsApp, pois seguem falando com seus clientes mesmo fora do horário comercial ou finais de semana. Não é possível mais separar, de fato, nossos contatos da vida pessoal dos contatos da vida profissional. É tudo ao mesmo tempo agora. Por isso, empresas, precisam criar campanhas e reforçar a necessidade de seus funcionários balancearem bem a vida profissional e a vida pessoal para não serem afetados por síndromes de Burnout por exemplo. A síndrome de Burnout é um estado de exaustão extremo que uma pessoa pode chegar. Não apenas físico, emocional, mas mental também. Profissionais que são diariamente expostos a alta competitividade, com prazos sempre apertados ou metas cada vez mais ambiciosas de crescimento, ou com acúmulo excessivo de responsabilidades estão sujeitos a uma crise e serem afetados por essa síndrome, também conhecida como síndrome do esgotamento profissional.

É muito importante que todos nós enquanto indivíduos tenhamos uma visão de que tudo ou todas as situações são oportunidades para aprendermos algo e conhecermos melhor as pessoas. O escritor e historiador italiano Nicolau Maquiavel já dizia, em pleno século XV, que só era possível conhecer de fato uma pessoa quando lhe era dado poder. Muitas pessoas mudam a forma de se relacionar com as outras quando se tornam gerentes ou coordenadores de outras pessoas no ambiente de trabalho por exemplo. Porém, a mensagem importante que quero lhe passar aqui é para que você não perca tempo com a criação de atritos com seu chefe ou a sua colega de trabalho. Siga outra linha, faça uma meditação a cada manhã e agradeça por mais um dia de vida. Vamos aprender a conhecer melhor cada pessoa com quem lidamos e a lhes fazer perguntas que a desarme e que a faça perceber que você se importa não apenas com o papel que ela desempenha, mas também com ela em si. É natural que saibamos informações sobre metas pessoais ou objetivos de vida de nossos pares ou colegas de trabalho, mas você sabe quais são as ambições do porteiro do seu prédio, ou da copeira da sua empresa? Eu descubro coisas incríveis em cinco minutos de conversa com todas as pessoas com quem me relaciono diariamente. Tente perguntar a uma pessoa sobre qual é o seu sonho e você ouvirá respostas que nunca imaginaria daquela pessoa. Se você acha que sonho é algo muito profundo, pergunte as pessoas com quem você têm contato diariamente, quais são seus objetivos de carreira, ou de vida? O que as move? Quais seus propósitos maiores? Quando paramos alguns minutos para uma conversa um a um ou com pequenos grupos de pessoas durante um cafezinho, podemos multiplicar e exponencializar esse tempo, de maneira que essas informações poderão ser de grande valor para nós em algum momento.

Quando eu ainda estava na área de vendas da Microsoft, eu atendia grandes empresas do Brasil, tal como a PETROBRAS, e aprendi, ao longo de minha carreira, que mais importante que conhecer o presidente ou os diretores seria nutrir e conhecer bem seus ou suas auxiliares administrativas ou secretárias. Elas coordenavam suas agendas, horários e priorizações de que reuniões atenderiam naquele dia ou naquela semana. Claro, com certo exagero aqui, mas, sem dúvida, essas pessoas conseguiam influenciar os mais poderosos da empresa no que diz respeito a marcação de reuniões. Eu sempre me apresentava e conversava com todos na empresa e, não raro, eu tinha bons papos com os auxiliares ou secretárias de um diretor sobre objetivos de vida etc.

Certa vez, uma dessas pessoas me perguntou se não havia oportunidades para seu noivo na Microsoft, uma vez que ele era da área de TI e estava à procura de oportunidades para alçar voos mais altos. Eu a pedi que me enviasse o curriculum dele e disse que daria uma olhada com carinho para analisar oportunidades que batessem com seus conhecimentos. Após verificar que havia uma vaga que parecia perfeita para ele, eu fiz a recomendação e ele foi contratado meses depois. Mas o fato relevante aqui não é o que eu fiz por ela ou por ele e sim o que ele representou para o engrandecimento da Microsoft e suas atuações. Eu recebi vários agradecimentos por parte dele, mas também por parte do gerente que o contratou e de pessoas com quem lidávamos. Além disso, ele reforçou e é proativamente atuante no grupo B.A.M. – Black At Microsoft. O B.A.M - Negros na Microsoft, foi criado para apoiar e contribuir no avanço das estratégias de diversidade global da empresa e tem como propósito construir uma forte e sólida comunidade de negros e afrodescendentes. A ideia é discutir a criação de políticas de atração, recrutamento, retenção e desenvolvimento desses profissionais para aumentar sua representatividade dentro da organização.

Eu até hoje tenho um orgulho imenso de tê-lo trabalhando conosco. Eu nunca o teria conhecido se não tivesse conhecido antes sua noiva que era a secretária executiva de um dos diretores com quem eu me reunia mensalmente na PETROBRAS. Casos como esse, existem aos montes e não apenas sobre pessoas precisando se ajudar na recolocação profissional. Mas sabe quando você está fazendo uma reforma em sua casa e precisaria de um especialista em elétrica, hidráulica, pintura ou em manutenção de ar-condicionado? A pessoa que você está buscando pode estar muito mais próxima de você do que imagina. Converse, compartilhe com todos com quem lida no dia a dia e você, com certeza obterá várias indicações que lhe serão úteis!

Uma outra forma comum de atrito pode acontecer e estar presente com você diariamente no trabalho, caso você esteja desempenhando uma função inadequada para o seu perfil. Outra possibilidade é você estar cercado de pessoas que não te acrescentam em nada e desta forma você acaba gerando atrito por discordar e querer manifestar uma visão que ninguém está conseguindo enxergar. Certa vez, quando eu ainda era da área de vendas, eu me recordo de ter recebido um *feedback* do tipo "Olha, você está de parabéns pelo atingimento de suas metas e minha recomendação para você como um ponto a ser melhorado é que você é muito otimista!". O que? Quer dizer então que ser otimista é ruim e precisa ser tratado para que paulatinamente você se torne um pouco menos otimista, ou quem sabe até no auge de sua carreira você seja um pessimista inveterado!

Esse tipo de relacionamento com seus chefes ou superiores, de fato, são fontes de atritos e, uma forma simples de fugir deles é, simplesmente, mudar de área, mudar de ares e, de repente, mudar de empresa. Quando deixei a área de vendas após uma década de sucesso, eu me senti em casa dentro do marketing. Mas permaneci otimista e sigo tentando retirar o atrito entre mim e as pessoas que estão ao meu redor. Retirar atritos ou mudar de áreas é como manter sua forma física, requer disciplina e frequência. Se você para de fazer por algumas semanas ou meses, no caso dos exercícios físicos, as gordurinhas voltam, da vida profissional, são os atritos que retornam.

3.7 UM CONECTOR PODEROSO DE PESSOAS

Você já deve ter reparado o quanto é importante conhecer pessoas de diferentes negócios, níveis, culturas e gêneros, correto? Conhecer o gerente do seu banco, o porteiro do seu prédio, o diretor da sua escola, a moça da copa que serve seu cafezinho, o dono de algumas lojas que você frequenta (ou pessoas que lá trabalham), até o prefeito de sua cidade ou demais colaboradores da rede pública. Nossas relações interpessoais não apenas são vitais como também nos definem de certa forma.

Jim Rohn, empreendedor americano e palestrante motivacional, afirmava que todos nós somos a média das cinco pessoas com quem mais convivemos. Você já parou para refletir sobre isso? Quais são as suas cinco pessoas? Com quais pessoas você mais convive nas 24 horas que você possui todos os dias ou, ainda, nas 168 horas semanais, que incluem os finais de semana?

> "Você é a média das cinco pessoas com quem mais convive."
> Jim Rohn

Se queremos ter uma visão mais ampla de mundo, precisamos ter conexões que nos complementem como indivíduos. Se você se cerca de pessoas iguais a você, sua visão de mundo pode ser míope para muitos aspectos. É importante nutrirmos um ecossistema inclusivo de pessoas a nosso redor. Sem diversidade, não há inclusão social. Se você convive basicamente somente com amigos da faculdade, vizinhos ou com seus colegas de trabalho, pode, sim, ter um ecossistema a seu redor, mas este tem grande chance de não ser nem um pouco inclusivo e diverso.

Judy Robinett, autora do livro *How to be a power connector: The 5+50+100 Rule for turning your business network into profits* (*Como ser um conector de poder – A regra 5+50+100 para transformar sua rede de negócios em lucro*, em tradução livre), nos apresenta uma série de considerações super relevantes quando o tema é conectar pessoas em torno de si e criar um ecossistema inclusivo.

Uma boa dica é sobre como criar uma rede de *networking* de maneira efetiva: colocando-se em lugares onde você possa conhecer e conectar com outras pessoas pessoalmente. Eu aprendi nos últimos anos que todas as relações interpessoais são baseadas em trocas, sejam elas troca de informação, favores ou gentilezas. Mas relações saudáveis devem ser assim. Notei também que muitas pessoas iniciam algumas relações já com atritos ou gerando atritos. Sabe o tipo de aproximação que já vem cercada de interesses não revelados? Porém, todos nós seres humanos somos mais parecidos entre nós do que podemos imaginar. Toda vez que me aproximei de alguém e fiz perguntas sobre suas vidas, sonhos, objetivos, propósitos ou interesses, um mundo de possibilidades foi se abrindo em minha mente. Antes de pedir qualquer coisa, eu oferecia.

Muitas vezes, não podemos ajudar diretamente uma pessoa, porém, conhecemos outras pessoas que poderão ser de grande valor e ajudar, de fato. Neste momento, podemos ser um conector poderoso ou, simplesmente, podemos ser pontes! Quando ouvimos algo e colocamos nosso cérebro para funcionar e descobrir um meio ou forma de ajudar, sempre há uma ação que podemos fazer e que poderá transformar a vida daquela ou daquele com quem conversamos. Algumas vezes, imediatamente e mais no curto prazo, em outras, para a vida toda.

Tente sempre descobrir um modo de ajudar pessoas, antes de pedir qualquer coisa. Se você tenta ser generoso e mostrar interesse pelas pessoas de forma genuína, antes de pedir o que quer que seja, você terá uma chance muito maior de criar uma conexão poderosa. Estas pessoas vão apreciar sua amizade e não farão o que você pede simplesmente, mas estarão retribuindo a algo. Isso é bem diferente e muito mais poderoso.

O interesse genuíno por outras pessoas e um apetite por conhecê-las melhor é muito mais intenso que qualquer relacionamento frio de negócios, seja para ouvi-la, conhecê-la e, de repente, conectá-la com outras pessoas de sua rede, ou ainda, para que busquem assuntos em comum ou propósitos que ambos tenham interesse. A busca por relacionamentos superficiais de negócios, como tão somente uma troca de cartões de visita, deve ser evitada. Esse tipo de conexão não leva nenhum dos dois lados a lugar algum. Segundo Robinett, todo ser humano tem um presente ou talento para dar e para receber, e todo ser humano tem problemas ou desafios que precisa de ajuda para solucionar. Algumas vezes, você não é a pessoa que conseguirá solucionar o problema de uma outra que você está conectando, porém, uma terceira pessoa, parte de suas conexões, pode ser a chave para a solução.

Se você se torna um conector entre suas conexões, aquela pessoa que pode ajudar pessoas a acessarem outras, você passa a ser um conector poderoso. Afinal, sem você, as outras pessoas, que pertencem a redes de conexões distintas, poderiam nunca se conhecer. Uma analogia que criei, e gosto muito de praticar e disseminar, é que muitas pessoas ou grupo de pessoas permaneceriam como ilhas, sem nenhuma conexão, caso nós, conectores poderosos ou pontes, não estivéssemos lá para conectá-las. É o que Robinett chama de criação de conexões 3D: que agregam valor a múltiplas pessoas ao mesmo tempo. O interessante é notar que, muito mais do que quantidade, a qualidade de sua rede social deve ser tratada com cuidado. Afinal, somos provas vivas disso, uma única nova conexão tem o poder de mudar radicalmente o seu mundo, seja profissional ou pessoal.

> Seus contatos e conexões são seus ativos mais preciosos. As pessoas têm as respostas, os negócios, o dinheiro, o acesso, o poder e a influência de que você precisa para fazer o que quiser neste mundo. São as pessoas que assinam os cheques para financiar um negócio, são elas que compartilham ideias ou oportunidades muito antes de se tornarem públicas. As pessoas compram o que o seu negócio vende ou, em alguns casos, compram seu negócio como um todo. Em última instância, pessoas fazem favores que tornam seu caminho de sucesso mais fácil e mais rápido. (ROBINETT, 2014, p.25).

Sobre os relacionamentos estratégicos, a autora afirma ainda que estes devem ser construídos sob uma fundação de generosidade, criação de valor e amizade realmente. Afinal, se o tempo é o nosso recurso mais precioso, por que o desperdiçaríamos investindo energia e esforço com pessoas de quem não gostaríamos de ser amigos?

Comece por analisar suas relações e seus relacionamentos interpessoais neste momento de sua vida. Você acredita que é ponte ou ilha? Quais seriam as cinco pessoas com quem mais convive atualmente? É com essas top 5 pessoas que você gostaria de seguir investindo mais seu tempo? Se não, quais seriam as cinco pessoas mais importantes para você? Registre-as abaixo e revise essa lista de tempos em tempos durante sua vida.

CURIOSIDADES

O melhor conteúdo didático sobre política que eu já tive acesso foi na brilhante obra de João Ubaldo Ribeiro, especialmente em seu livro de ensaios chamado *Política – Quem manda, por que manda, como manda*, de 1981. Fica aqui uma forte recomendação de leitura para quem se interessa pelo tema.

•••

Você sabia que a União Europeia teve origem em 1952, a partir de países do Benelux (Bélgica, Holanda e Luxemburgo) que se uniram a Alemanha Ocidental, França e Itália para fundar uma comunidade visando a livre circulação de carvão, ferro e aço entre seus países-membros? Sim, a Comunidade Europeia do Carvão e do Aço (CECA) foi fundada e, dentre seus principais propósitos, estavam as políticas para a instalação de indústrias siderúrgicas nos territórios de seus países-membros.

•••

Você sabia que a Síndrome de Burnout já afeta mais de 30 milhões de brasileiros e cerca de 300 milhões de pessoas em todo o mundo? A Organização Mundial da Saúde (OMS) define o Burnout não como uma condição médica, mas como um fenômeno, de fato, ligado à vida profissional. Burnout é definido, portanto, como uma síndrome que é resultado do estresse crônico originado no ambiente de trabalho. A OMS, ainda faz uma distinção entre Burnout, depressão e estresse. Sendo a depressão, definida como uma doença psiquiátrica crônica, que afeta pessoas de todas as idades e o estresse, como uma reação fisiológica automática do corpo a circunstâncias que exigem ajustes comportamentais. .

As **5 PESSOAS** com quem você mais convive / gostaria de conviver:

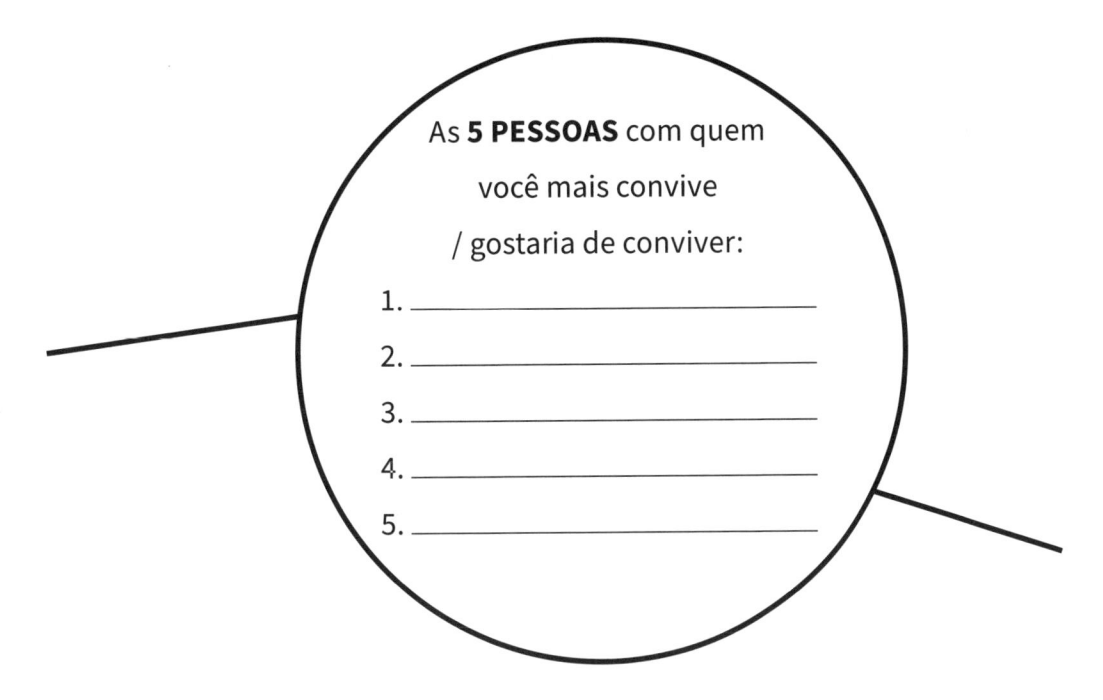

1. _____
2. _____
3. _____
4. _____
5. _____

Figura 3.3 – As cinco pessoas com quem você mais convive (ou gostaria de conviver).

3.8 CAPITAL SOCIAL

Quanto mais conexões você tiver e o quanto mais fortes elas forem, maior será o seu capital social. Quanto mais capital social você tiver, maiores e melhores oportunidades você terá. Entramos numa era em que o comércio eletrônico, antes definido como b2b (business-to-business ou negócios entre empresas) e b2c (business-to-consumer ou negócios entre empresa e consumidores) está morrendo e sendo substituído por negócios p2p (people-to-people, em que as pessoas fazem negócios entre si) e a propaganda orgânica — um a um ou boca a boca — particularmente nas redes sociais, torna-se um instrumento de massa bastante poderoso.

Quando empresas proporcionam uma boa experiência aos seus clientes e parceiros, não apenas estão cultivando o relacionamento, mas também estão se fortalecendo em capital social. Este tipo de relacionamento permite que empresas menores possam competir com gigantes (os big players) e habilita companhias locais a reterem e conquistarem mais clientes, mesmo com a competição global, sempre desafiadora e, por vezes, massacrante.

Judy define um conector poderoso em seu livro da seguinte forma:

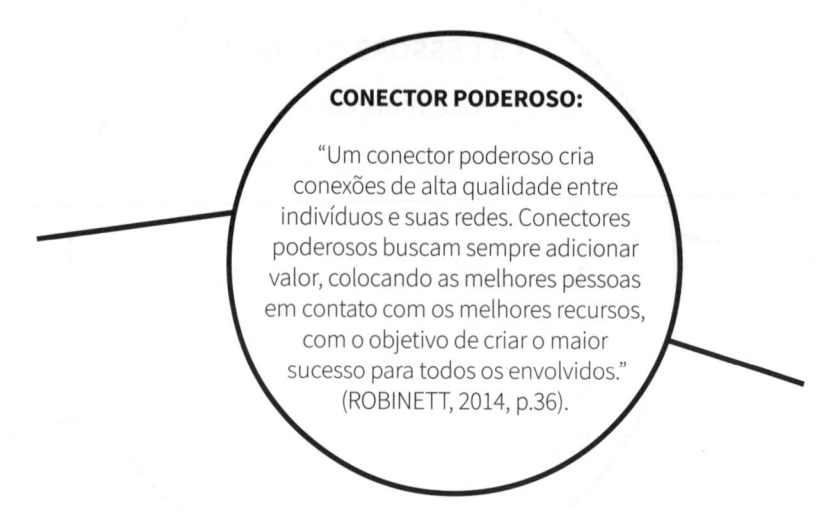

> **CONECTOR PODEROSO:**
>
> "Um conector poderoso cria conexões de alta qualidade entre indivíduos e suas redes. Conectores poderosos buscam sempre adicionar valor, colocando as melhores pessoas em contato com os melhores recursos, com o objetivo de criar o maior sucesso para todos os envolvidos."
> (ROBINETT, 2014, p.36).

Porém, a regra central do livro de Judy trata da criação e manutenção dos ciclos de poder, classificados pela autora como 5 + 50 + 100. Ela descreve que qualquer pessoa deve ter, pelo menos, 5 pessoas mais próximas, as chamadas Top 5, com as quais se conecta diariamente e confiaria durante toda a vida. O segundo grupo são as 50 pessoas-chave, chamadas de Key 50, que representam importantes relacionamentos em termos de valor para a vida, carreira ou negócios. Por fim, o grupo das 100 pessoas vitais, as Vital 100, com quem deve manter um relacionamento pelo menos mensal, pois representa capital humano importante da mesma forma.

A criação de uma rede poderosa e rica de conexões exige que você não fique em sua zona de conforto, conectando-se apenas com amigos da faculdade, do trabalho, do clube que frequenta ou da vizinhança em que vive, mas buscar por pessoas com perfis, ideais, idades, culturas, geografias, experiências e crenças diferentes das suas. A partir de uma rede diversa, que considera esses fatores, você poderá construir uma rede que seja ao mesmo tempo ampla, profunda e robusta.

Uma forma fácil de você testar a robustez de sua rede, de acordo com Judy, é o tempo de resposta que você consegue quando envia um email, uma mensagem de WhatsApp ou liga para uma pessoa da sua rede. Quanto mais rápido ela lhe retornar, mais robusta é sua rede! Faz sentido? Para mim faz muito! Você concorda?

3.9 DIGA-ME A COMUNIDADE QUE FREQUENTAS E DIREI QUEM TU ÉS

A definição de ecossistema trazida e abordada no livro *How to be a power connector* é precisa:

ECOSSISTEMA:

"Ecossistema é uma teia de conexões pessoais e profissionais que são unidas por interesses comuns e que compartilham conhecimentos e acesso não disponíveis para quem está fora desta rede."

São muitos os ecossistemas ou comunidades a que pertencemos: família, amigos, escola, clube, partido político, vizinhança, classe econômica, entre outros. O mundo todo é composto, de fato, por ecossistemas que canalizam poder e influência de um membro a outro. Desta maneira, os ecossistemas dos quais você participa certamente definem quem você é. Aliás, quando passa a fazer parte de um ecossistema, seja ele qual for, você passa a ter acesso a quatro valores fundamentais deste ambiente: conhecimento, conexões, recursos e oportunidades.

Não é possível definir ou priorizar quais desses quatro componentes são os mais importantes. Afinal, nada mais importante que conhecimento, certo? Nada, porém, mais importante que conexões (pessoas), correto? Por outro lado, não se faz nada sem recursos, sejam financeiros, tangíveis ou intangíveis, concorda? Que tipo de pessoa consegue sucesso sem criar ou aproveitar as oportunidades que a vida lhe proporciona? Desta forma, temos que concordar com Judy e com os quatro valores fundamentais que um ecossistema inclusivo proporciona a seus membros.

Agora, imagine, se você for um dos conectores mais poderosos desse ecossistema, se você foi um dos idealizadores ou fundadores dessa nova comunidade. Isso tem um valor imenso na era atual, em que pessoas conhecem pessoas que conhecem pessoas que conhecem pessoas. Pense nisso!

RELATOS REAIS DE PROFISSIONAIS MAIS VALIOSOS

NÃO SE LIMITE!

Falar sobre comunidade é falar sobre conexões. Conexões de pessoas, de fases, de estágios de vida, de oportunidades, de conhecimento! E foi a paixão pelo conhecimento, ou melhor, por compartilhar conhecimento que me motivou a iniciar essa grande jornada. Antes mesmo de entender ou saber o que seria desenvolver esse tal trabalho para a comunidade, eu já o desenvolvia. E, talvez, você que lê esse livro já desenvolve sem saber.

Minha primeira atividade dentro da comunidade foi em dezembro de 2005, palestrar em um evento para profissionais e entusiastas de TI falando sobre as Novidades do SQL Server 2005, em Porto Alegre. A partir daí, foram várias iniciativas, do Projeto Academics que levava conhecimento aos estudantes de Ensino Médio no Rio Grande do Sul ao SQL Tour, que cobria diversas regiões do país compartilhando as novidades do SQL Server 2012. Participei também do famoso SQL Saturday que teve o seu início em 2011 e foi o primeiro grande encontro da Comunidade Técnica de SQL Server em um evento promovido, em sua totalidade, pela comunidade técnica de SQL em parceria com a Microsoft. A partir daí, diversos outros grandes projetos e encontros da comunidade surgiram.

Recapitular a história do meu trabalho junto à comunidade é como recapitular toda a minha vida e a minha jornada até aqui. É interessante como uma iniciativa leva a uma pessoa que conecta com outra iniciativa e conecta com uma oportunidade. É um processo contínuo de constante aprendizado e crescimento não só pessoal como profissional.

Ao invés de sair falando de cada evento ou atividade de comunidade eu quero compartilhar com você alguns mindsets que me ajudaram muito nessa caminhada e que podem ser possíveis blockers no crescimento e na sua caminhada.

Vamos começar em 2007... Microsoft TechEd 2007 no Brasil... Quem lembra desse grande evento? O TechEd era conhecido como o maior evento técnico da Microsoft. Eis que quando eu decidi participar do evento os ingressos já haviam esgotado. Mas, sabe quando você quer muito uma coisa? O que você faria se você quisesse muito participar de algo, mas à primeira vista não fosse possível? A maioria das pessoas se conforma... Eu, não! ;-) Me lembro de, na época, entrar no site e investigar quem eram os responsáveis pela organização do evento no Brasil, se não me engano, naquela lista constavam Rogério Cordeiro, Danilo Bornini, Luciano Palma, entre outros. O que eu fiz? Comecei a contatar um a um por email, me apresentando e me colocando à disposição para trabalhar no evento do qual eu queria muito fazer parte. Um deles me respondeu, o Luciano Palma! (Obrigada Luciano! Pra mim você fez toda a diferença naquele momento). O Luciano me colocou em contato com o Rogério que era responsável pelo Hands-on-Labs, espaço no evento na qual MCTs (Microsoft Certified Trainer) ajudavam os participantes a realizar laboratórios práticos com os novos produtos da Microsoft e, também, a remover eventuais dúvidas que surgissem. O Rogério tinha um slot disponível para um MCT trabalhar no evento, como eu era MCT, tudo se encaixou! Além de conseguir o ingresso, eu também tive a oportunidade de trabalhar no maior Evento técnico da Microsoft Brasil. Olha que maravilha!

Alguns mindsets chaves aqui:

1. Não desista no primeiro obstáculo. Sempre existem formas alternativas de contorná-lo, procure a mais próxima!
2. Ao abordar líderes de Comunidades ou membros de grandes empresas como Microsoft, IBM, Google entre outras, lembre-se que são pessoas extremamente ocupadas e que recebem centenas de e-mails diariamente; eles não dão conta de todos. Sendo assim, seja objetivo na sua comunicação, elabore um Assunto que chame a atenção, e não peça nada só por pedir, ofereça algo em troca. Acredite, eles recebem diversos e-mails com pessoas só pedindo. Se a minha abordagem fosse apenas conseguir o ingresso, ao invés de oferecer para trabalhar no evento, talvez eu não tivesse conseguido essa oportunidade.

Vamos mover para o ano seguinte e ver como uma coisa vai encaixando na outra... Em 2008 tive a oportunidade de trabalhar no TechEd 2008 em Orlando (wowww!!), sim, Orlando, na Flórida! Meu primeiro evento internacional!! :D Mas como consegui isso? Vamos voltar no finalzinho de 2007, em um almoço de domingo em família, em meio aquele churrasco gaúcho delicioso feito pelo meu pai, eu solto o seguinte comentário: "Ano que vem eu vou fazer uma viagem para o exterior!". Minha família sem entender muito bem só retornou com um simples "Aham"... hahaha... Continuei: "Sério, gente, não sei como ainda, mas eu vou!". Então, no início de 2008, fui alertada por outros MCTs que as inscrições para trabalhar no Microsoft TechEd 2008 em Orlando estavam abertas. No último dia do prazo eu decidi me inscrever, mesmo totalmente desacreditada que seria selecionada. Sabe aquele pensamento, "Ah, vou tentar... Vai que dá né!?" Mas com aquela mistura de "óbvio que nunca serei chamada em meio a milhares de aplicações do mundo todo!?" Resultado? Em fevereiro de 2008 recebi a notícia que havia sido selecionada para trabalhar no TechEd 2008 ITPro e no Dev também. Foi um ano em que a Microsoft dividiu o TechEd em dois eventos nos Estados Unidos: um deles tinha o foco totalmente voltado para Infraestrutura e o outro para Developers. Como tenho um perfil misto com certificações MCSA e MCSE de Infra e MCDBA para Banco de Dados, acabei sendo selecionada para ambos.

E agora, gente!? O que fazemos!? Você aceitaria o desafio se fosse com você? Mas antes que de responder essa questão, vou contextualizar alguns fatos da época:

1. Na época eu era mãe solteira e meu filho tinha três anos;
2. Eu mal tinha dinheiro para pagar as contas do mês... Vivia aquela fase em que você escolhe qual conta do mês pagar, sabe? Se a de luz, a do condomínio ou a de água, sempre prevendo que a de luz não podia atrasar mais que dois meses porque podia ser cortada;
3. Eu não sabia falar inglês (Absolutamente nada!!);
4. Eu tinha apenas dois meses até a data do evento;
5. Conversei com 10 pessoas na época entre amigos, profissionais da área, familiares e professores de inglês para saber se em dois meses eu conseguiria desenvolver a língua inglesa. Dentre ele, apenas uma professora de inglês me disse que seria possível se eu me esforçasse muito. Se você entender de estatística e fizer um cálculo rápido, pode imaginar...

Óbvio que sem dinheiro, com todo mundo me dizendo que eu não conseguiria e sem falar inglês, eu aceitei o desafio! Você aceitaria? Foram dois meses de dedicação intensa e muito malabarismo para fazer tudo. Conciliar a casa, o filho pequeno, o trabalho, preparar ele para a minha ausência durante 15 dias (que eu nunca tinha feito até então), conseguir dinheiro (trabalho) extra (para quem escolhe conta pra pagar, levantar seis mil reais em dois meses para a viagem era praticamente uma missão impossível). Eu precisava acrescentar quatro horas de estudos diários em inglês na minha rotina, sem contar que toda semana recebia mensagens da Microsoft com instruções para me preparar para o evento. O que exigia mais estudo e dedicação para entender tudo que ia acontecer por lá. Você pode imaginar a loucura que foi a minha vida nesses dois meses, sem finais de semana e pouquíssimas horas de sono. Mas faz parte do processo! Como dizem por aí: sem sacrifício não há vitória!

Alguns mindsets chaves aqui:

1. Os limites são impostos por nós mesmos, portanto, não se limite! A maioria das pessoas limita os seus sonhos a sua realidade de vida atual. O segredo é enxergar além do que é possível e não se limitar!
2. Foi um período da minha vida que precisei ter muita fé em Deus e acreditar que tudo ia dar certo no final, porque os dois meses foram cheios de incertezas. Sem a dose de fé, muita dedicação e intuição necessária, eu não teria conseguido.
3. Não espere o apoio de muitas pessoas em momentos críticos assim e que fogem completamente da sua realidade de vida atual. Foram muitos os que me diziam que não ia dar certo e que eu não conseguiria. Se afaste dessas

pessoas, conviva mais com quem te dá forças e acredita que é possível, mesmo quando tudo indica o contrário.

4. A motivação precisa partir de você, não busque a motivação em fatores externos. Muitas vezes, os fatores externos vão sugar a sua energia. Neste momento tenha calma, busque uma boa noite de sono, isole os fatores ou pessoas que demandam negativamente a sua energia, relembre as suas motivações e comece de novo no dia seguinte.
5. Nada se conquista sozinho, conte com a sua família e com pessoas que podem ser chaves para o seu processo e a sua caminhada.

Veja como tudo se conecta: tive a oportunidade de trabalhar no TechEd Brasil em 2007, devido a experiência e contatos no TechEd de 2007, acabei me inscrevendo para o TechEd 2008, tive a minha primeira experiência internacional e comecei a falar inglês. Ainda em 2008 fui indicada para uma posição global na Dell, onde o pré-requisito era ter inglês fluente. Devido aos meus trabalhos na comunidade, que segui desenvolvendo dentro e fora da Dell, em 2011 durante um roundtable com influenciadores, momento em que podíamos dar feedbacks sobre os produtos e trabalho da Microsoft (diretamente para a Microsoft), conheci pessoalmente o Fabio Hara. Foi após esse encontro e algumas conversas com ele, recebi o convite para participar do processo de seleção para uma posição dentro da Microsoft como Technical Evangelist. Em 2011, entrei para o time da Microsoft onde tive a oportunidade de participar e acompanhar de pertinho toda a organização do Microsoft TechEd Brasil 2011.

Agora, vamos avançar algumas casas, ou melhor, alguns anos... Do contrário não vou terminar meu depoimento nunca (rs)... Tenho muitas histórias pra contar. :-)

Em 2016 ganhei pela primeira vez o prêmio de MVP. Agradecimentos especiais a Fernanda Saraiva e a toda comunidade técnica que foram essenciais para esse reconhecimento. Não posso deixar de mencionar e agradecer a minha família que sempre foi meu suporte, minha base e fonte de toda a minha inspiração e energia para que eu pudesse seguir desenvolvendo todo o trabalho junto à comunidade.

No final de 2017, mais um churrasco com toda a família reunida, eis que eu digo: "Ano que vem vou embora do Brasil". Diferente da outra vez, minha família levou a sério, até porque foram alguns anos provando que tudo que eu dizia, mesmo quando não fazia sentido algum, no final eu cumpria. A reação deles, obviamente, foi de contrariedade. Meu pai e minha irmã achavam que eu devia adiar a movimentação e revelavam muito receio dessa grande mudança na minha vida, que ainda não era o momento. Minha mãe se preocupava com a distância e que poderia contribuir para nunca mais nos vermos novamente. Você sabe, é coração de mãe! Querem os filhos embaixo de suas asas, mas a realidade é que a vida é feita para voar!

Sabe aquele momento familiar que todo mundo resolve discutir a sua vida? Em meio a discussões e, com minha irmã muito contrariada da ideia, eu me exaltei e disse: "Vocês queiram ou não, eu vou, só estou comunicando. Ano que vem eu vou embora do Brasil e a decisão já foi tomada". Mas o que tudo isso tem a ver com a comunidade? Vou chegar lá! Em 2018 decidi fazer um ano completamente fora da vida normal de qualquer ser humano. Ou, pelo menos, fora da realidade que estamos acostumados a ver. Nós crescemos dentro de uma sociedade que coloca todo mundo dentro de caixinhas e define que o normal é fazer parte do padrão que todo mundo vive. Eu nunca gostei muito de seguir padrões e sempre tive dificuldades de enxergar o mundo como a maioria das pessoas vê. Só que para viver fora do padrão normal, por vezes, você precisa tomar decisões difíceis, que contrariam o que todo mundo diz. Em 2018 eu decidi que não teria casa e a minha casa seria o mundo. Durante um ano, eu iria viajar pelo mundo com meu filho, que, na época, tinha 13 anos, o que o afastou do período escolar temporariamente. Mas não vou entrar nos méritos porque não faz parte do contexto deste livro. E onde a comunidade entra nesse processo?

No início de 2018, passei dois meses na Califórnia com o meu filho e, na sequência, ficamos uma semana em Seattle. A ida a Seattle foi para participar o MVP Global Summit, evento que reúne profissionais do mundo todo com o título de MVP. É um evento incrível, recheado de pessoas geniais que proporciona muita troca de experiências e um contato direto com os times de produtos e desenvolvedores da Microsoft. Lembra do fato que eu sou mãe solteira? Eu estava nos Estados Unidos e eu não tinha com quem deixar o meu filho. Eu precisava me desdobrar nas atividades para realizar junto com ele. Ele podia estar junto em todas as atividades. Mesmo assim, durante o MVP Global Summit, meu filho pôde participar de algumas atividades, conhecer o campus da Microsoft e, em especial, participar da festa de encerramento do MVP Summit. Você tem ideia do que é para um adolescente de 13 anos participar desse tipo de experiência!? Senti muito orgulho de fazer parte de uma comunidade tão incrível e de ver a Microsoft sabendo das minhas restrições, nos receber e acolher de braços abertos no evento. Tive grande apoio e suporte do nosso queridíssimo MVP Lead Glauter Jannuzzi. Super obrigada Glauter!!

Se a Microsoft não abrisse a possibilidade de que os familiares participassem da festa de encerramento, certamente eu não teria feito parte daquele momento e o meu filho não teria vivido uma experiência tão incrível que, sem dúvida, ele vai levar para o resto da vida dele. Obrigada Glauter!! Obrigada Microsoft! São momentos da nossa vida que simplesmente não têm preço.

Em agosto de 2018, me mudei para Portugal, passando a oficialmente residir na região da grande Lisboa. Durante esse processo de mudança, o apoio que recebi da comunidade técnica e, mais uma vez da Microsoft, foram essenciais na minha jornada. Quando você faz esse tipo de movimentação, você precisa ter consciência que é como se você desse um reset na vida. Imagina que você é conhecido no Brasil, você tem um histórico de projetos e clientes, você tem um histórico financeiro e profissional. Ao mudar de país, você simplesmente zera toda essa conta. Você precisa construir todo esse histórico novamente.

Do outro lado do mundo, ninguém te conhece, muitas vezes não conhecem as suas referências, as empresas para as quais você trabalhou. Você não tem crédito algum e precisa começar a reconquistar toda credibilidade do zero. Foi nesse momento que a comunidade fez toda a diferença. Conversei com o meu MVP Lead sobre a minha movimentação, neste caso, o Glauter Jannuzzi, que rapidamente me colocou em contato com pessoas chaves da Microsoft na Europa: como Cristina Gonzales e Alice Piras. Por sua vez, elas me colocaram em contato com o grupo de MVPs locais e, sem sombra de dúvida, otimizou muito a minha jornada na Europa. Com o apoio da comunidade técnica local, dos MVPs leads da Microsoft e outros MVPs, em quatro meses, eu já estava organizando o primeiro evento técnico em Portugal: o Global AI Bootcamp. Logo depois, palestrei, pela primeira vez, no Ignite The Tour em Berlin, na Alemanha e não poderia deixar de mencionar que, em setembro de 2018, palestrei pela primeira vez no maior evento de tecnologia do mundo: o Microsoft Ignite. Palestrar em um evento desse porte, você pode imaginar o nervosismo e a responsabilidade! Wowww... 2018 foi um ano incrível... De tirar o fôlego!

Mas o que restou para 2019? Em 2019, desacelerei, confesso! Eu tenho um lema na minha vida que é: um ano você planta, no outro você colhe e assim tenho vivido. Alguns anos, de forma muito frenética, cheios de acontecimentos, outros mais tranquilos, curtindo mais as paisagens, priorizando a família e os amigos. O que não significa que trabalho muito menos, mas, que vivo de forma menos intensa e frenética no que tange a eventos e trabalhos de comunidade. Em 2019 além de renovar o meu título de MVP, recebi também a grata notícia e o reconhecimento como Microsoft Regional Director — o programa consiste em 160 dos principais visionários em tecnologia do mundo — escolhidos especificamente por sua experiência comprovada em várias plataformas, liderança comunitária e comprometimento com os resultados dos negócios. Nem preciso comentar que fiquei muito feliz e honrada com esse reconhecimento. Mas, confesso que a cada premiação e reconhecimento, o sentimento de cobrança que paira sobre nós se torna ainda maior. Eu, particularmente, me cobro muito diariamente, e, por vezes, preciso fazer um exercício para reduzir esse excesso de cobranças, pois, afinal de contas, somos todos seres humanos passíveis de erros e falhas.

Todo esse relato aqui foi um super resumo da minha vida. Obviamente, tenho muito mais histórias de bastidores, mas, procurei focar em momento que foram chaves na minha carreira e na minha vida. Com isso, espero conseguir passar alguns insights que para você possa aproveitar em sua caminhada.

[Tá, Vivi, mas conta agora a parte ruim, ou aquelas histórias mais obscuras dos bastidores...]

Eu, particularmente, sou uma pessoa muito otimista e positiva, deste modo, tenho dificuldades de lembrar e comentar as partes ruins, pois todos os bons acontecimentos pra mim acabam prevalecendo. Mas, acho importante esse exercício, pois tenho certeza que não sou a única mulher do meio técnico e de comunidade a sofrer preconceito, assédio ou discriminação. Então, sim, eu já passei por situações onde, durante um evento de comunidade, pessoas não queriam falar comigo e apenas tirar dúvidas com outros homens. Já ouvi de cliente que ele queria receber o posicionamento de um técnico para confirmar tudo o que eu já tinha explicado. Já ouvi no trabalho coisas do tipo: "Você só está aqui porque faz parte da cota" ou "Se você não conseguiu, você não está colocando charme o suficiente. Põe um decote e joga melhor o cabelo pro lado que facilita". Também já sofri assédio dentro do trabalho por um gestor, já sofri assédio em um evento, onde (especialmente nos eventos internacionais). Ao término de cada dia, existem vários happy hours que são organizados pelos times de produtos ou comunidades técnicas. Em um desses eventos aconteceu de um cara achar que podia me abordar como se realmente estivesse em uma festa e não em um ambiente de happy hour profissional. Existem grandes diferenças sim entre uma festa e um happy hour de evento profissional. No caso em questão, foi uma abordagem um tanto quanto grosseira. Como eu nunca vou para esses tipos de encontro sem pessoas de confiança ao redor (inclusive fica aqui a dica para outras mulheres, em eventos predominantemente masculinos, sempre tenha pessoas de confiança ao seu redor), rapidamente me afastei do elemento e fiquei próxima ao meu grupo para evitar maiores constrangimentos. Na ocasião, também alertei pessoas próximas sobre o que estava acontecendo.

Mas como fica essa questão na Europa? Também sofri e sofro discriminação e preconceito em Portugal. Por incrível que pareça, a Europa, de forma geral, é muito machista. Muito mais que o Brasil. Vocês já devem ter ouvido falar sobre o preconceito em Portugal contra brasileiros, agora imagina o preconceito contra brasileiras? "Tudo puta!" Desculpem a expressão. Mas, sim, por vezes é como nós brasileiras do lado de cá somos levianamente tratadas. Com machismo e preconceito.

Falando em desafios, quais os principais desafios de ser um MVP?

- Como conciliar uma agenda corrida da vida pessoal e do trabalho com eventos, palestras e contribuições para a comunidade técnica?
- Como causar impacto e gerar um conteúdo relevante?
- Como se manter atualizada em meio a tantas novidades na área de TI?
- Como responder a montanha de e-mails e comentários nos posts em redes sociais?
- Como viver sem dormir??

Quanto aos desafios de ser mãe e todo restante que você precisa ser como mulher e profissional:

- Como conciliar uma agenda intensa de viagens, reuniões, atividades do filho na escola, cuidar da casa, ser uma mãe presente, ir à academia e ainda ter uma vida social? Detalhe importante: de uma forma saudável e ao final de tudo isso: não morrer!

Quanto aos desafios de ser uma Mulher na TI:

- Como explico para o meu namorado/marido, todas aquelas fotos do evento e happy-hour pós-evento onde eu era a única ou uma das poucas mulheres no meio? E as noites e finais de semana que eu precisei virar estudando ou migrando servidores sendo a única mulher trabalhando com outros cinco profissionais homens?
- Como você lida com o assédio e as diferenças salariais no ambiente de trabalho?
- E o preconceito? E o machismo? Como lidar com ele quando ele aparece?
- Como se vestir e como se posicionar em reuniões e eventos onde você é a única mulher?
- Quais são os cuidados que eu preciso ter para ir a um evento com mais de 22 mil participantes onde menos de 5% são mulheres e boa parte do networking acontece em momentos de happy hour pós-evento?

Neste momento, o que posso afirmar é que nessa vida, seja você homem, mulher, gay, trans, negro ou deficiente, todos nós, de alguma forma, em um grau maior ou menor, temos os nossos desafios, as nossas dificuldades e os nossos momentos ruins. O que vai diferenciar você dos demais e te permitir ir mais longe é a forma como você encara e lida com as mais diversas situações que aparecem na sua vida. Por isso, nessa vida o importante é sempre ter fé, encarar tudo com muita positividade e, acima de tudo, ser resiliente! Não se limite!

> *"Mas não se trata de bater duro. Se trata de quanto você aguenta apanhar e seguir em frente. O quanto você é capaz de aguentar e continuar tentando. É assim que se consegue vencer. Mas tem que ter disposição para apanhar e nada de apontar dedos, dizer que você não consegue por causa dele, dela, ou de quem seja. Só covardes fazem isso e você não é covarde. Você é melhor do que isso!" (Rocky Balboa)*

Viviane Ribeiro *é Cientista de Dados, empreendedora, palestrante, fundadora da BI do Brasil e MVP na categoria de Data Platform.*

No próximo capítulo, vamos explorar o poder do PeopleChain. A partir do modelo básico de startups com soluções centralizadoras como Uber a Airbnb apresentaremos o modelo descentralizador do blockchain. Vamos, ainda, destacar a evolução das relações de trabalho entre pessoas e empresas. As diferenças entre "trabalhar para" e "trabalhar com". E apresentaremos o modelo do PeopleChain para reforçarmos como as relações humanas podem ser mais valiosas do que as criptomoedas.

TRÊS PONTOS PARA NÃO ESQUECER

- As necessidades sociais ou de pertencimento, também classificadas como as necessidades de amor, estão presentes na vida de todo e qualquer ser humano do planeta. Todos têm a necessidade de serem aceitos nas comunidades que frequentam.

- Política é a habilidade de se relacionar com outras pessoas, com o intuito de obter certos resultados. Este resultado pode ser ajudar pessoas ou conectá-las a quem pode lhes ajudar. Todos os indivíduos que participam de comunidades fazem política e por isso é importante estudar sobre o tema.

- Reuniões na Terra do Nunca devem ser evitadas por todas as pessoas e empresas. É importante usar bem o tempo e conectar somente as pessoas relevantes para cada assunto. Desperdiçar tempo da vida de qualquer indivíduo é jogar fora seu recurso mais precioso.

TRÊS PONTOS PARA REFLETIR

- Você já notou que pertence a diversas comunidades? Não apenas entre amigos, mas muitas outras como comunidades religiosas ou grupos de mães, ou de negros, ou LGBTQs? Qual seu papel nestas comunidades? O que elas contribuem para você e sua vida?

- Você concorda com a teoria de Jim Rohn sobre sermos resultados das cinco pessoas com quem mais convivemos? Ou ainda, com o método 5-50-100 de Judy Robinett sobre a existência de 5 pessoas mais importantes para as nossas vidas (geralmente família e amigos), de outras 50 que seriam estratégicas para nós (tanto no pessoal quanto no profissional) e, ainda, cerca de outras 100 pessoas que são, de algum modo, importantes para trocas de valores em nossas vidas?

- Você se considera uma ilha com poucos relacionamentos entre pessoas e grupos de pessoas ou acredita que já é ponte de fato?

ANNOTE AQUI

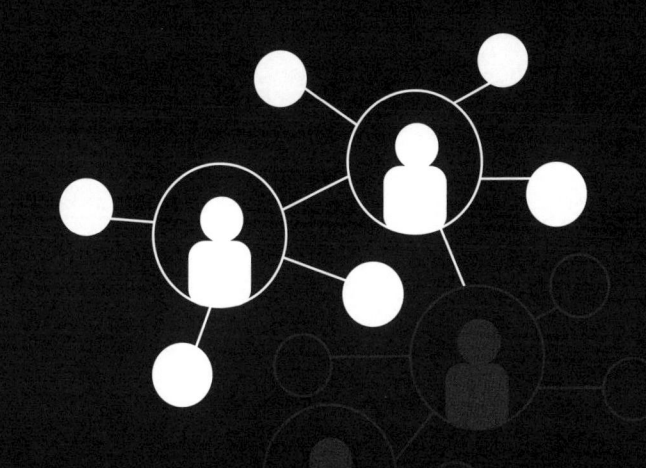

PARTE II

SE **VOCÊ** QUER IR **LONGE...**

OBSERVE O VÃO ENTRE
VOCÊ E O RESTO DO MUNDO

(Conectando Legos e Pessoas)

♪ *"Um dia, me disseram, quem eram os donos da situação
Sem querer, eles me deram, as chaves que abrem essa prisão
E tudo ficou tão claro, o que era raro ficou comum
Como um dia depois do outro, como um dia, um dia comum"*

(Humberto Gessinger, *Somos quem podemos ser*)

♪ *"Cause you make me feel like, I've been locked out of heaven
For too long, for too long."*

(Ari Levine / Bruno Mars
P. Hernandez / P. Lawrence,
Locked out of heaven)

PROPÓSITOS DO CAPÍTULO

Descrever o modelo básico de startups com soluções centralizadoras como Uber a Airbnb e o modelo descentralizador do blockchain.

•••

Destacar a evolução das relações de trabalho entre pessoas e empresas. As diferenças entre "trabalhar para" e "trabalhar com".

•••

Apresentar o modelo do PeopleChain e descrever como as relações humanas podem ser mais valiosas do que as criptomoedas.

Durante os anos de 2015 e 2016, muitos profissionais foram demitidos no Brasil. Havia uma crise política e econômica instalada, acentuada pela Operação Lava Jato e o golpe político que gerou o impeachment da presidente Dilma Roussef. No ano de 2015, a economia encolheu 3,8% e, em 2016, com uma nova forte queda no PIB (Produto Interno Bruto), o país entrou na pior recessão de sua história. Em 2017, como grande reflexo dessa crise, houve o auge do desemprego no país, que deixou cerca de 14 milhões de pessoas desempregadas. E se não havia emprego que possibilitasse a recolocação destes profissionais demitidos, muitas pessoas aceleraram o processo de se juntar a outras para formarem novos negócios ou comunidades. Algumas comunidades eram formadas por afinidade outras por necessidade, mas em todas, cada membro ajudava os outros.

Este conceito de comunidades reunidas sob um propósito comum, onde eram realizados encontros frequentes para troca de conhecimento, tornou-se cada vez mais forte, atraindo e reunindo cada vez mais pessoas. Durantes estes últimos anos, não foram apenas as criptomoedas, como os Bitcoins, que se valorizaram e geraram ganhos exponenciais, mas as relações humanas passaram a ter cada vez mais valor para todos. Pessoas e empresas perceberam isso depressa. As relações e as criptorelações estão no centro do *PeopleChain*.

Você já deve ter vivido ou ouvido alguém falar sobre casos em que uma pessoa deixou a empresa e todo o conhecimento se foi com ela. Sim, este cenário não é raro e segue acontecendo ano após ano, década após década e, não se trata de falta de governança ou processos. Empresas já evoluíram e investiram muitos recursos em melhorias contínuas de processos e em governança corporativa. Porém, a miopia de muitas empresas reside no fato de que ainda não perceberam que a relação de trabalho está mudando bem depressa. Na verdade, estamos vivendo uma época que alguns chamam da quarta revolução industrial (ou Indústria 4.0), mas algo simples está passando despercebido pela grande maioria: a relação de trabalho está deixando de ser aquela onde alguns trabalham PARA outros e evoluindo para um modelo onde muitos trabalham COM outros. Trabalhar PARA está se tornando trabalhar COM e muitos não estão percebendo essa mudança. Há um *gap* (uma lacuna) ou uma falta de percepção no *mindset* que conecta empresas a profissionais.

Enquanto empresas vão fechando suas portas dia após dia, *startups* surgem em proporções exponenciais e vão ocupando seus lugares ao sol. Claro que é preciso considerar que a cada dez *startups* criadas, apenas uma ou duas chegam à idade de se tornarem uma empresa de fato e superam os cinco anos de idade. Com grandes ambições em sua fundação, mas com uma execução mais modesta, com crescimentos menores, porém consistentes, algumas empresas vão deixando de ser *startups* e se firmam no mercado.

Quando foi que deixamos de comprar CDs e DVDs e passamos a assinar Spotify e Netflix? Quando foi que mães deixaram de ser vítimas da sociedade ou grupos vulneráveis para se tornarem protagonistas em ambientes de *coworking* majoritariamente femininos? Quando foi que jovens perderam o interesse por empregos fixos em grandes empresas por preferirem empreender e ser donos de seus próprios negócios? Onde isso tudo vai parar? A resposta é simples, mas suas implicações são extremamente complexas. "Isso tudo" não vai parar. A única constante daqui pra frente é a mudança. Pessoas evoluem, suas ambições e desejos mudam, e as relações humanas tornam-se tão dinâmicas que mapeá-las seria uma tarefa hercúlea. Se conseguíssemos transcrevê-las aqui durante essa obra, ao terminá-la, já haveria uma grande chance de estarem obsoletas. Mas há algo que ocorre em relações interpessoais que nunca mudará: a troca. Pessoas se unem a outras pessoas para trocar algo: afeto, conhecimento, recursos financeiros ou de qualquer outro tipo. E se conseguíssemos descrever como o sistema das relações humanas está evoluindo de "trabalhar PARA alguém" para "trabalhar COM alguém". É neste contexto que apresentamos o conceito do *PeopleChain* aqui neste capítulo.

4.1 PESSOAS SÃO COMO LEGO... OU NÃO?!?!

Muitas empresas estão perdendo seu propósito, seu público e acabarão por fechar suas portas. Infelizmente, este fato não é tão raro quanto deveria ser, especialmente em empresas familiares que seguem com dificuldades de formar sucessores profissionais e pecam por transições de geração que se provam ineficientes. Geralmente, uma empresa familiar é fundada por alguém que possui um grande propósito por trás do negócio e, por vezes, após um longo tempo à frente da empresa, este fundador vai passando o comando para seus filhos e netos. Porém, muitas vezes, estes sucessores não compartilham do mesmo propósito e, com isso, a visão de liderança se perde e a empresa fecha suas portas.

DINAMARCA, 1934.

Por outro lado, há exemplos de empresas familiares que seguem vivas e cruzando gerações, como a Lego, por exemplo. Poucos sabem que a Lego é uma empresa familiar e dinamarquesa. Fundada em 1934, a Lego se tornaria a marca mais poderosa do mundo em 2015, superando a Ferrari, segundo estudos publicados pela empresa de consultoria Brand Finance.

A palavra Lego originou-se da junção de duas palavras do Dinamarquês — leg e godt — que significa play well [brincar bem]. Apesar de ser uma empresa da década de 1930, a Lego só conseguiu, de fato, seu espaço no mercado e obteve sucesso três décadas depois, em meados de 1960. O carpinteiro Ole Kirk Christiansen fundou a Lego como uma empresa que fabricava brinquedos de madeira. Apenas em 1947, quando a empresa familiar já tinha 13 anos desde sua fundação, foi que a Lego passou a fabricar brinquedos de plástico. A patente das peças de Lego, como as conhecemos nos dias de hoje, só foi registrada em 1958. A partir das décadas de 1960 e nas décadas seguintes, a Lego foi ganhando espaço em várias áreas, especialmente na Educação e Cultura, e tornou-se cada vez mais sofisticada. As peças deixaram de ser apenas tijolinhos de plástico para também representarem pessoas e personagens.

O fato marcante que a alçou ao patamar de empresa mais poderosa do mundo em 2015 foi o lançamento do filme *Uma Aventura Lego* [*The Lego Movie*] um ano antes. No filme, Emmet é uma figura comum que sempre segue as regras, até o dia em que é confundido com o Master Builder [a Figura Especial], uma peça única e especial do mundo Lego — um ser extraordinário com grande capacidade e considerado a chave para salvar o mundo. Emmet, então, passa a conviver em comunhão com estranhos que estão em uma missão superimportante na busca por interromper os planos malignos de um tirano perverso chamado Senhor Negócios. Senhor Negócios pretendia colar todas as peças e impedi-las de mudar o sistema. Mesmo que Emmet não estivesse preparado ou possuísse as capacidades necessárias para salvar o mundo, ele acostuma-se com o status de um Lego especial e faz de tudo para seguir merecendo a confiança e estima de seus amigos. Juntos eles têm mais poderes e, se você não se recorda do filme, não darei mais *spoilers* aqui. Fica a dica para assisti-lo!

A grande preocupação do vilão do filme é impedir que as peças possam mudar o sistema. E como é possível mudar o sistema? Unindo peças diferentes. Ora, vamos imaginar que pessoas fossem como peças de Lego. Agora vamos supor que as peças estivessem organizadas e separadas em grupos de peças iguais. Se você já brincou com Legos (e acredito que, com isso, eu incluo 100% dos leitores, que pelo menos uma vez na vida já viram ou brincaram com peças de montar tipo Lego), sabe que para formar figuras ou peças mais legais ou elaboradas é preciso unir várias peças diferentes. Assim, se cada grupo composto com peças exatamente iguais tentar criar suas formas, os resultados não seriam tão extraordinários. O extraordinário só é alcançado quando juntamos peças diferentes. Peças de cores e formas diferentes formam componentes diferentes que possibilitam a criação de castelos a maquetes de todo o tipo, de lugares incríveis a pessoas ou personagens que conhecemos! O segredo está na reunião de uma comunidade de peças que tenha diversidade e onde uma peça complemente a outra, formando algo maior.

Pessoas, definitivamente, não são peças de Lego. Se você planeja fazer algo grandioso, pense em quem poderia lhe ajudar com visões diferentes das suas, formas e conceitos diferentes dos seus e dos demais que já estejam a seu redor. Nunca se esqueça de que um grupo de peças iguais não vai gerar um resultado tão bacana quanto um grupo de peças diferentes. Claro que sempre é importante, ter no grupo algumas peças semelhantes a você e outras que complementem. A riqueza de uma comunidade vem da percepção de todos (ou da maioria) de onde cada um pode se encaixar melhor. Quando nos unimos em comunidades, podemos sim, mudar o sistema!

4.2 DOS BLOCOS AS PESSOAS

Entre 2007 e 2008, o mundo passou por uma de suas piores crises econômicas desde a Grande Depressão de 1930. A crise imobiliária norte-americana ou "crise das subprimes", como ficou conhecida, foi motivada pela concessão de empréstimos hipotecários de alto risco a imóveis que estavam supervalorizados e que, seguindo um efeito de bolha, culminou por gerar a falência de vários bancos norte-americanos, incluindo o gigante centenário banco de investimentos Lehman Brothers, fundado em 1850 e que entrou com pedido de falência em 15 de setembro de 2008. Os imóveis despencaram de preço em várias regiões dos Estados Unidos. Muita gente perdeu dinheiro de poupança, muita gente perdeu suas economias e investimentos, muitos perderam empregos e muitos perderam tudo.

Como depois de toda tempestade vem a bonança, você deve saber que épocas de crises são também momentos de oportunidades para os que observam ou para os que criam soluções criativas que resolvem problemas de outras pessoas. Por vezes, soluções de fato disruptivas são geradas nestes momentos. O termo disruptivo aqui é utilizado no sentido de algo que destrói o mercado em seus termos anteriores e cria um novo padrão ou uma nova forma de relação entre pessoas, sejam elas físicas ou jurídicas.

Vamos retornar a 2008 e analisar o cenário de uma pessoa comum, profissional de classe média, qualificada e especializada, que tinha um bom emprego, conseguia pagar suas contas no final do mês, possuía um automóvel e uma casa própria. Subitamente, devido ao replanejamento global de metas de sua empresa, foram necessários cortes de posições e ela perde seu emprego. Lembre-se que, naquela época, o mercado não estava próspero para recolocações de forma rápida. O que restou a esse profissional? Sua casa, seu carro e suas contas a pagar.... Mas, o que ela poderia fazer com sua casa e seu carro para gerar alguma renda? Como monetizar com esses bens, que muitos chamam de ativos, mas que, historicamente, sempre foram passivos, ou seja, bens que geram despesas e não renda? Talvez se fosse possível utilizar seu automóvel para dar caronas em troca de uma contribuição dos passageiros, essa pessoa conseguisse não apenas pagar o combustível e a manutenção do carro, mas também, de algum modo, remunerar seu tempo como motorista.

Uma pessoa que tivesse um quarto livre em sua casa poderia alugá-lo e, desta forma, também conseguiria monetizar com esse outro bem. Aluguéis por curtas temporadas já existiam, porém, em sua grande maioria, em lugares turísticos, não em qualquer cidade. Outras formas de locação poderiam ser pensadas como aluguel por alguns poucos dias ou mesmo por horas.

Essas soluções tornavam possível a geração de renda a partir de recursos que as pessoas já possuíam, sem a necessidade de arriscar-se num empreendimento próprio. O final dessa história você já deve conhecer. A partir do cenário de crise, algumas pessoas perceberam essa oportunidade e fundaram duas empresas que se tornariam exemplos de *startups* com negócios exponenciais: o Uber e a Airbnb.

Observe que estas duas empresas tiveram uma percepção em comum: notaram que havia uma forma de criar algo diferente, utilizando um ativo principal que não era deles, mas de todas as pessoas do planeta. Uber e Airbnb criaram uma empresa de *software*. Na verdade, de um único *software* inicialmente. Uma solução que pudesse conectar, de um lado, uma comunidade de pessoas querendo oferecer um serviço e, do outro, comunidades de pessoas querendo pagar pela utilização do serviço. O Uber já nasceu como um app para smartphones, já o Airbnb nasceu, pura e simplesmente, como um *site*, um portal web, onde alguns usuários acessavam para registrar suas vagas (quartos disponíveis) e outros acessavam para consultar as ofertas e efetuar reservas.

Vejamos a anatomia dessas duas *startups* famosas que se tornaram unicórnios**:

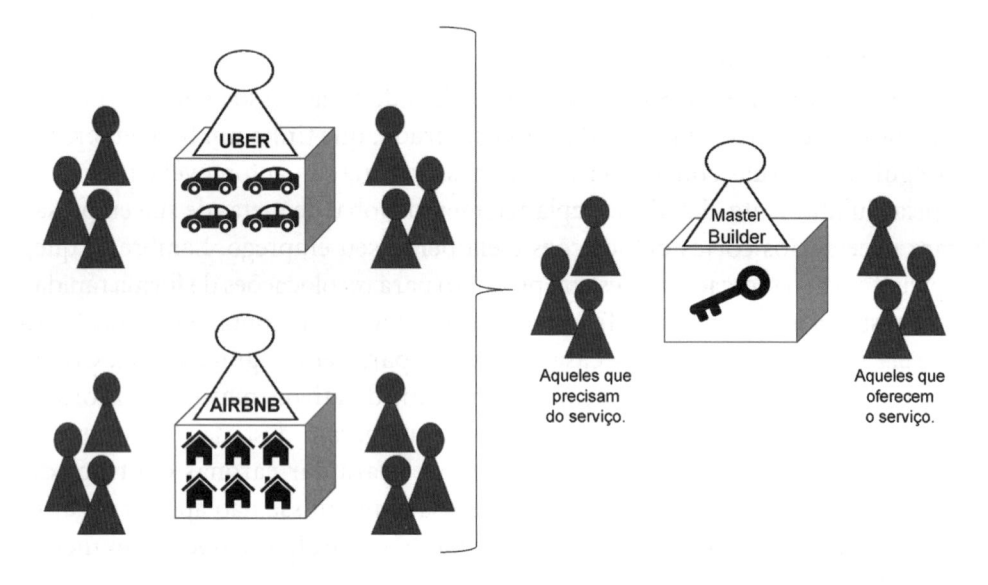

Figura 4.1 – O modelo centralizador do Uber e Airbnb.

Você pode notar aqui a semelhança entre o modelo de negócios do Uber e do Airbnb, reunindo, de um lado, pessoas que ofertam um serviço e, de outro, pessoas que desejam ou necessitam do serviço ofertado. Porém, o que muitos ainda não perceberam e você não se incluirá mais neste grupo é que, ambos, são empresas que surgiram como salvadoras da pátria para muita gente. Aqui no Brasil, desde 2015 o número de motoristas de Uber vem crescendo de forma exponencial. Muitos empreendedores por necessidade foram surgindo por aqui e em todo o mundo. Milhões de pessoas tornaram-se "parceiros" ou "colaboradores" do Uber e Airbnb, pois precisavam monetizar com os únicos bens que possuíam.

Você consegue notar alguma semelhança entre o Uber, o *Airbnb* e Emmet, nosso herói do filme Lego? Lembre-se que Emmet era considerado A Figura Especial que podia mudar o jogo ou alterar, de fato, o sistema. Percebeu algo em comum? Uber, Airbnb e muitas outras *startups,* com soluções centralizadoras, se tornaram a peça que faltava no mundo em crise de 2008, trata-se de uma peça especial que consegue unir e resolver os problemas dos indivíduos na era da economia criativa e compartilhada. Uma solução que apresentava um modelo ganha-ganha de fato. Os dois lados da relação eram beneficiados e saíam ganhando: o prestador de serviço e o tomador do serviço. Até aí, tudo parece bem óbvio e claro, porém, há um lado que realmente sempre sai ganhando nesta relação: a peça que conecta os dois lados. O poderoso "Master Builder", que, por exemplo, alçou o Airbnb a um valor de mercado de cerca de 35 bilhões de dólares, superando a rede Hilton de hotéis, é o grande beneficiado desta relação. O mesmo ocorreu com o Uber, que desbancou várias cooperativas de táxi por diversas cidades do mundo.

Muito já foi dito e escrito sobre o poder dos ativos alavancados, onde Airbnb é uma das maiores soluções de habitação do mundo sem ter um único quarto construído. Ou, ainda, de que o Uber é uma das mais valiosas soluções de transporte do mundo, sem possuir um único veículo sequer em sua frota. Mas, o que só é possível de ser notado após uma década de operação destas empresas, é que este modelo centralizador, apesar de ainda ser eficiente e inovador (especialmente para muitas legislações municipais), está com seus dias contados e torna-se obsoleto diante das inovações tecnológicas. A solução alternativa para esse cenário centralizador, a nova Figura Especial ou Master Builder, nascia por volta daquela mesma época em 2008: o *blockchain*.

> "Os grandes pensamentos não necessitam apenas de asas, mas também de algum veículo para aterrisar."
>
> Neil Armstrong

4.3 BLOCKCHAIN

O *blockchain* nasceu com um grande propósito descentralizador. A ideia básica seria permitir que pessoas realizassem transações ou registrassem algo, sem a necessidade de um órgão oficial para o registro ou a certificação de uma transação. Imagine se você pudesse solicitar um serviço similar ao do Uber, mas sem a figura do órgão centralizador que valida e certifica a transação. Em primeira análise, o que se pode observar é que os motoristas (aqueles que oferecem o serviço) poderiam ganhar um pouco mais do que ganham e os clientes (aqueles que solicitam o serviço) poderiam pagar um pouco menos. Isso seria possível, pois não haveria uma figura centralizadora que conecta os dois lados e fica com um percentual de todas as transações.

Para continuarmos a análise, seguiremos aqui com o modelo de negócios do Uber como um caso real. A cada corrida, ou transação, gerada pelo Uber, é cobrada uma taxa percentual que não é nem um pouco desprezível nesta relação. O Uber fica com uma fatia que pode variar entre 20 e 25% do valor de cada transação. Note que a empresa de *software* que não possui nenhum carro em sua frota é, ao mesmo tempo, a empresa com a maior oferta de motoristas e carros por todo o mundo. Para alguns, o Uber proporciona um serviço mais barato e alternativo aos táxis comuns, para outros, uma oportunidade de monetização usando seu automóvel como ativo. Alguns motoristas mesmo não possuindo um automóvel próprio, recorriam às locadoras de veículos e pagavam diárias ou mensalidades para utilizar o carro como Uber. Tanto o cenário do Uber quanto o da AirBnb foram muito impactados pela pandemia do covid-19 e o mundo pós-pandemia deverá sobre grandes alterações nestas relações.

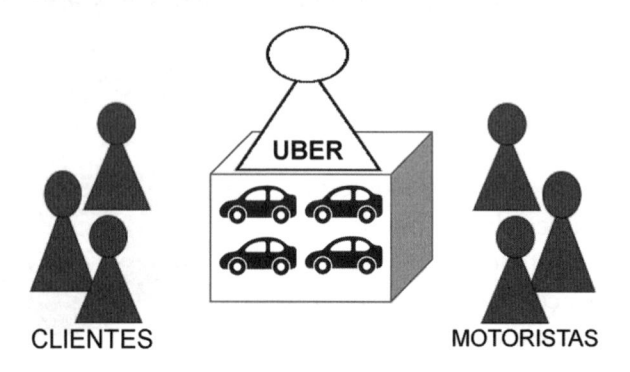

Figura 4.2 – Duas comunidades distintas conectadas pela organização centralizadora e certificadora da transação.

O Uber é a figura especial, a chave ou a ponte que conecta pessoas de duas comunidades distintas: a dos clientes e a dos motoristas. Mas e se fosse possível conectar aqueles que querem solicitar o serviço com aqueles que oferecem o serviço sem uma figura especial no meio desta relação? Neste caso, como conectar os clientes aos motoristas sem utilizar uma organização centralizadora? A resposta está numa tecnologia disruptiva chamada *blockchain* [cadeia de blocos].

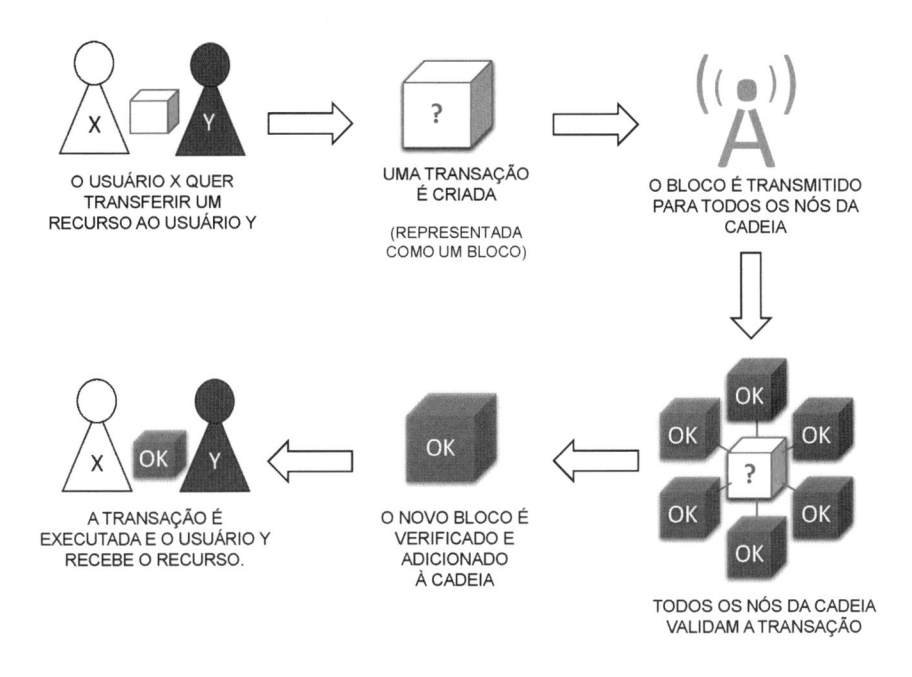

Figura 4.3 – Modelo básico do *Blockchain*

Muitas pessoas acreditam que assim como a internet revolucionou as comunicações, o *blockchain* ainda vai revolucionar o mundo dos negócios. Basicamente, o *blockchain* possibilita a validação ou a certificação de uma transação entre duas partes. Imagine que um usuário X queira transferir um recurso qualquer a um usuário Y. Essa transação — que poderia ser financeira ou de quaisquer outras espécies — é criada e representada aqui em forma de bloco [Figura 4.3]. Este bloco é, então, transmitido a todos os demais membros (ou nós) conectados em cadeia. Assim, todos os membros da cadeia validam a transação e um novo bloco — contendo essa última transação — é adicionado à cadeia que se expande. Finalmente, a transação é executada e o usuário Y recebe o recurso do usuário X.

Parece simples quando se representa o modelo, mas imagine o que isso implica em termos monetários. O *blockchain* deu origem aos BitCoins, uma criptomoeda que ganhou fama e espaço rapidamente por toda parte, tornando-se também alvo de grandes discussões e análises de Bancos Centrais e instituições financeiras de vários países. Afinal, essa nova tecnologia — que já serve de moeda para muitas transações — não está atrelada a um banco qualquer ou mesmo a um banco central de algum país. O modelo é totalmente descentralizado e todos os nós da rede, que estão espalhados por todo o planeta, são certificadores.

Há muitas outras aplicações para o *blockchain* que não apenas a monetária. Por exemplo, para registro de patentes. No Brasil, quando alguém quer registrar uma patente é preciso recorrer ao Instituto Nacional de Propriedade Industrial (INPI). Após preencher os requisitos necessários e recolher a taxa a ser paga, o órgão certificará o autor como a primeira pessoa que formalizou a criação de uma determinada patente. Um compositor de uma música para registrar sua autoria, também precisa recorrer a outro órgão central que cuida disso. Neste caso, o Escritório Central de Arrecadação e Distribuição (ECAD), que reconhecerá o direito autoral do compositor. O ECAD é responsável por arrecadar e distribuir os valores de direito autoral de compositores brasileiros. Além do registro de patentes ou autorias musicais, toda vez que alguém firma um contrato onde seja necessário o reconhecimento de assinaturas, é necessário recorrer a um cartório, correto? Com o uso do *blockchain*, estes órgãos certificadores, ou os cartórios, poderiam ser eliminados, assim como os bancos comerciais ou centrais para o caso dos bitcoins. Quem reconhecerá a propriedade de uma patente, a propriedade intelectual ou a autenticação de uma assinatura ou transação, será a cadeia de blocos, ou *blockchain*. Cada membro da cadeia possui um *hash* que é um algoritmo utilizado pelo *blockchain* para transformar um grande número de informações em uma sequência numérica codificada.

Agora que você tem uma visão do *blockchain*, vamos imaginar como poderíamos explorar esse conceito para pessoas. Tanto para nossas vidas profissionais quanto, por que não, para a vida pessoal.

> "O que há de melhor no homem somente desabrocha quando se envolve em uma comunidade."
>
> Albert Einstein

4.4 PEOPLECHAIN

No *blockchain*, além de termos uma cadeia de blocos onde todos os nós validam e certificam transações, também é importante considerar o grande poder de processamento de cada membro desta cadeia. Quando o assunto é capacidade de processamento e computadores ligados em rede, como no *blockchain*, podemos imaginar várias soluções baseadas nesta plataforma descentralizada. Agora, no tocante a pessoas e relações interpessoais, é preciso analisar outros aspectos. É possível descrever um modelo similar ao do *blockchain* como veremos a seguir, porém aplicados a cadeia de pessoas, ou *PeopleChain*. No entanto, é preciso destacar também as peculiaridades das pessoas em relação aos blocos.

Vamos partir do modelo apresentado anteriormente do *blockchain* na Figura 4.3, mas agora aplicado aos relacionamentos interpessoais. Cenários onde pessoas se organizam em comunidades para colaborarem entre si, compartilharem conhecimento e resolverem problemas complexos. Todas as pessoas possuem certos conhecimentos, habilidades e competências. Isso é mais que óbvio para todos nós. Porém, existem muitos que guardam apenas para si todos estes conhecimentos, são as pessoas-ilhas. Aquelas que não compartilham nada. Pessoas que são ilhas, acreditam que se compartilharem informações e conhecimentos com outros, estes poderão se tornar uma ameaça para elas. Pessoas-ilhas acreditam que mantêm sua posição em suas carreiras, seja como empreendedor, seja como funcionário de uma empresa, pela informação ou habilidade que possuem. Treinar outros ou compartilhar conhecimento pode ser algo que venha a pôr em risco sua posição atual. Não querem mudar o *status quo* de forma alguma.

Por outro lado, há as pessoas que deixam de ser ilhas e tornam-se pontes. São aquelas que acreditam que compartilhando conhecimento e se unindo a outras pessoas em comunidades, elas podem crescer ainda mais. E o melhor, fazendo algo que ajude outros a crescerem também. As pessoas-pontes sabem que quanto mais elas compartilham o que sabem, mais aprendem e mais ampliam sua rede de *networking* e possibilidades de carreira.

Numa relação de troca de informações ou conhecimento, sempre haverá um lado que ganhará mais com o que está sendo transmitido e outro que ganhará com o senso de propósito, de dever cumprido, de ajudar pessoas.

Pessoas que se unem em comunidade estão sempre trocando entre si e, ao mesmo tempo, também estão sempre convidando outras pessoas (como palestrantes) para participarem de *meetups* ou eventos onde estes trazem novos conhecimentos para toda a comunidade. Imagine que uma pessoa X seja especialista em algo e queira compartilhar esse conhecimento com uma comunidade de pessoas. Durante um evento previamente agendado, ela faz uma palestra ou um *workshop* e repassa seu conhecimento para os participantes. Os membros da comunidade recebem o conhecimento e, mesmo os que não participaram daquele evento, acabaram recebendo a informação que é propagada entre os membros que participaram efetivamente do evento. O novo conhecimento então é, de certa forma, adicionado à memória coletiva da comunidade e a comunidade acaba absorvendo novos membros de forma contínua. Uma comunidade de pessoas está em constante expansão. Veja o modelo básico do *PeopleChain* na Figura 4.4.

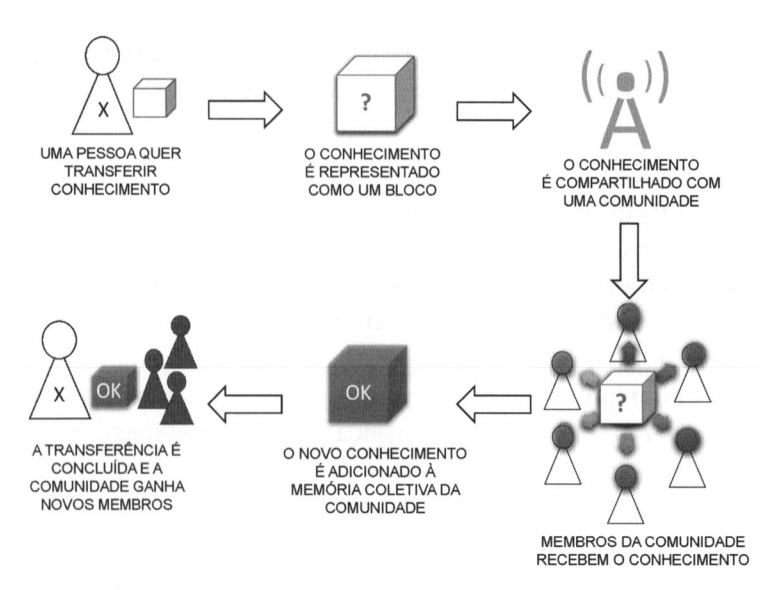

Figura 4.4 – Modelo básico do PeopleChain

Vamos utilizar um exemplo de comunidades técnicas. Se existe uma comunidade de desenvolvedores de software com interesse em Python, por exemplo, essa estará sempre atraindo novos programadores ou profissionais de tecnologia da informação (TI) interessados nesta linguagem de programação. Com o passar do tempo e a evolução natural das plataformas de desenvolvimento de software, vai surgindo o interesse por outras tecnologias. É normal que num *meetup* ou outro, apareçam pessoas com outros perfis, como desenvolvedores Xamarin, NodeJs ou outras tecnologias. A cada palestra que seja realizada, a comunidade vai absorvendo outros conhecimentos e englobando novos membros interessados em se unirem aos demais.

Agora vamos imaginar outro cenário. Um profissional que se encontra com um grande desafio ou problema a resolver e ainda está no modo de pessoa-ilha. Sozinha, ela tenderá a gastar muito tempo para encontrar uma solução para seu problema. Por outro lado, caso ela faça parte de uma comunidade, ela poderia recorrer a sua comunidade (ou as suas comunidades) para lhe ajudar a resolver o problema de forma mais rápida e mais eficiente.

No modelo representado na Figura 4.5, temos o cenário de uma pessoa que tem um problema e recorre a comunidade para lhe ajudar a resolvê-lo. Assim como o conhecimento, quando um problema é levado aos membros da comunidade, estes o propagam para toda a rede e pessoas se unem em torno da resolução do problema. Quando finalmente o problema é resolvido, a comunidade também adquire este novo conhecimento e, se quem trouxe o problema ainda estava no modo ilha, após perceber o quão valiosa a comunidade é, esta pessoa passa a ser ponte e a comunidade se expande ganhando um novo membro. Ora, assim como tratamos no Capítulo 2 - "Revoluções Por Minuto", quem não gostaria de multiplicar seu recurso mais precioso. Quando pessoas percebem que podem ganhar (e muito) participando ativamente de eventos de comunidade, não apenas se tornam membros ativos como trazem outras pessoas.

Nos modelos representados na Figura 4.4 e na Figura 4.5, são descritos cenários onde uma pessoa tem algo a compartilhar com a comunidade e outro onde uma pessoa recorre a comunidade para lhe ajudar na resolução de um problema. Agora vamos explorar aspectos distintos do *PeopleChain* em comparação ao *blockchain*.

Se no *blockchain*, cada um de seus nós ou membros da cadeia, possui o registro de todas as transações realizadas, é preciso notar que no *PeopleChain*, cada pessoa tem um certo conjunto ou histórico de conhecimentos, habilidades e experiências. Nenhum indivíduo da cadeia tem exatamente o mesmo conjunto de conhecimento e competências dos demais. Por mais que existam pessoas com perfis semelhantes, nenhuma é igual a outra. Seja pelos conhecimentos específicos ou pelas experiências que cada um adquiriu ao longo do tempo. Imagine um Lego onde todas as peças são diferentes, mas todas se encaixam de alguma maneira e, com isso, podem gerar outras peças que também serão únicas. Não é incrível? Assim caminha a humanidade... Pessoas tornando-se mais fortes quando se unem em comunidades. #Somostodospontes

Assim, quando conectamos pessoas em cadeia, a comunidade ganha um conhecimento muito maior do que qualquer um poderia conseguir se tentasse sozinho. Lembre-se que, como vimos nos capítulos anteriores, uma pessoa sozinha apenas não se exponencializa. É preciso, no mínimo, dois para exponencializar. Além disso, quanto mais diversa for a cadeia de pessoas, mais rica de conhecimento e experiências ela será. Ao conectarmos pessoas em cadeia ao redor de um ou mais propósitos comuns, é possível notar que o conhecimento é passado de um membro a outro — um a um — e novos conhecimentos são gerados de forma contínua.

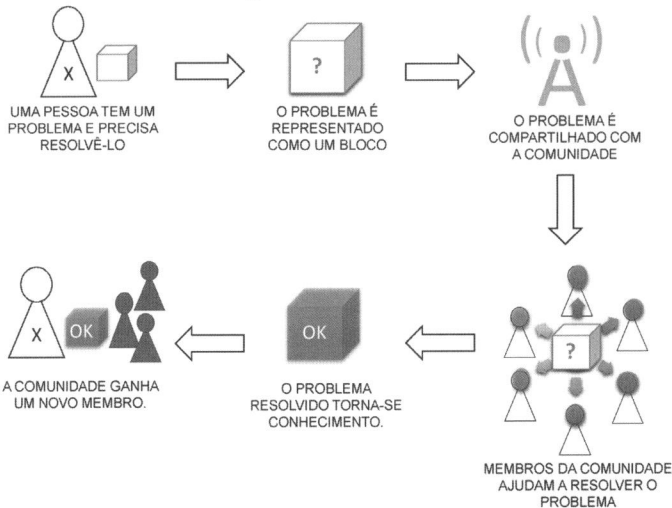

Figura 4.5 – Resolução de problemas com PeopleChain

A Figura 4.6 nos mostra que quando conectamos pessoas em cadeia, é possível tirar proveito do conhecimento e experiência de todos em prol da comunidade. Por mais que indivíduos possam apresentar conhecimentos comuns, há alguns conhecimentos que são peculiares a apenas ou um outro membro do grupo. Além disso, a experiência de cada um é única e distinta de todas as demais. Só a pessoa X tem acumulada, em sua base de conhecimento, as experiências adquiridas da pessoa X. Só a pessoa Z tem as experiências adquiridas por ela. Quando conectamos pessoas, estas podem compartilhar conhecimentos e experiências, isso gera novos conhecimentos e novas experiências para todos os envolvidos. Os que compartilham e os que recebem estas informações.

Pessoa W	Pessoa X	Pessoa Y	Pessoa Z
Conhecimentos	Conhecimentos	Conhecimentos	Conhecimentos
A	B	B	B
-	-	-	-
B	D	E	F
-	-	-	-
C	F	I	G
-	-	-	-
Experiências da pessoa W	H	O	J
	-	-	-
	Experiências da pessoa X	U	R
		-	-
		Experiências da pessoa Y	S
			Experiências da pessoa Z

Figura 4.6 – Cadeia de pessoas com conhecimentos diversos.

Pessoa W	Pessoa X	Pessoa Y	Pessoa Z
Conhecimentos	Conhecimentos	Conhecimentos	Conhecimentos
A	B	B	B
B	BC	E	F
C	D	I	G
AI	DA	O	J
AU	F	U	R
F	HI	BF	S
	HO	UA	FIU
Experiências da pessoa W	Experiências da pessoa X	Experiências da pessoa Y	GA
			SEI
			Experiências da pessoa Z

Figura 4.7 – Evolução da cadeia de pessoas com conhecimentos diversos.

Após algumas interações entre seus membros, por meio de *meetups* e reuniões, cada membro cresce individualmente e a comunidade do *PeopleChain* se expande e gera novos conhecimentos e experiências. Veja na Figura 4.7, uma representação da evolução natural da cadeia de pessoas com conhecimentos diversos retratada na Figura 4.6 após algumas interações em cadeia.

4.5 CRIPTOMOEDAS E CRIPTORELAÇÕES

O *PeopleChain* é baseado no conceito de *blockchain*, porém sem algoritmos complicados de criptografia e geração de *hashs*. O conceito aqui tratado é simples e está diretamente ligado aos relacionamentos interpessoais. O mindset da Indústria 4.0, nestes tempos também chamados de Quarta Revolução Industrial, é totalmente diferente do mindset em vigor até as décadas passadas. Houve um tempo em que um empregado se tornava mais valioso porque possuía conhecimentos, habilidades e competências que o destacavam dos demais. Nestas épocas, muitos prefeririam guardar para si o conhecimento do que ajudar os iniciantes ou pessoas recém-contratadas a se desenvolver. O conhecimento era passado sim, mas apenas para os colegas mais próximos. Havia um clima de amizade, de irmandade com aqueles com os quais um empregado estava acostumado a trabalhar por anos, quiçá por décadas. Nestes pequenos grupos havia um espírito de *PeopleChain*. Todos ajudavam todos. Todos eram pontes. Porém, quando um "estranho no ninho" aparecia, o clima não era de inclusão imediata e aceitação. Havia um fechamento para o que era novo. O conhecimento era guardado e não compartilhado.

O mindset de crescimento não existia neste cenário. Empregados de empresas estavam mais preocupados em manterem seus cargos do que crescerem e se tornarem supervisores, gerentes ou diretores da empresa. Quando você mantém seu conhecimento só para si próprio, para defender uma posição, você até consegue, porém, ao mesmo tempo, está se limitando e se fechando para outras oportunidades que certamente aparecerão. Apenas os profissionais que ensinam o que sabem para os demais, conseguem se liberarem para crescer. Eu me recordo de meus primeiros dias atuando no ambiente

> "Escolha um trabalho que você ame e não terás que trabalhar um único dia em sua vida."
>
> Confúcio

corporativo de uma grande empresa, tal como a Xerox, dentro de outra grande empresa como a Embratel, nossa cliente à época, como eu percebia os que guardavam o conhecimento para si (e permaneciam anos na mesma posição) e os que ensinavam o que sabiam e estavam em constante evolução ou mudança em suas carreiras.

Com a evolução natural das indústrias e empresas em geral, pessoas passaram a ficar menos tempo numa mesma empresa. Além disso, funções que necessitavam de grandes habilidades foram sendo alteradas por máquinas, equipamentos, robôs e outros recursos com inteligência artificial. O perfil dos empregados muda rápido e é preciso uma reciclagem de conhecimento de tempos em tempos. Não cabe mais uma "camaradagem" apenas com quem está trabalhando junto a você por muitos anos, é preciso se abrir para o novo e para novas pessoas por questões de sobrevivência ou permanência no mercado de trabalho. O conhecimento do passado passou a ter um prazo de validade cada vez mais curto. É preciso se conectar para expandir seus conhecimentos e experiências.

Neste contexto, não apenas os profissionais, mas as empresas também passaram a entender o poder do *PeopleChain*. O poder que pessoas interligadas em comunidades possuem para resolver problemas complexos. Desta maneira, é importante notar que é melhor ter comunidades como aliadas do que como ameaças! Muitos empreendedores de visão perceberam que havia uma grande multidão de pessoas que nunca trabalhariam para eles, pois não queriam ser empregados de uma empresa específica. Por outro lado, essas mesmas pessoas poderiam sim trabalhar com eles, de forma colaborativa e por meio de parcerias de negócio. A relação de trabalho para uma grande parte das pessoas economicamente ativas deixou de ser a relação de TRABALHAR PARA e passou a ser uma relação de TRABALHAR COM.

4.6 TRABALHAR PARA *VERSUS* TRABALHAR COM

A evolução das relações de trabalho é parte natural das mudanças de estilo de vida e ambição de cada geração que se sucede na história da humanidade. Enquanto as gerações X e Y seguiam mais a fórmula de estudar, conseguir um bom emprego e permanecer muitos anos sendo leal a mesma empresa, crescendo junto com ela, os membros das novas gerações têm uma visão de sucesso diferente. Se a visão do que é uma vida de sucesso muda, com ela o propósito ou o senso de propósito de cada pessoa também muda. Como resultado, as ambições e os sonhos também se alteram e impactam toda a cadeia de produção de bens e consumo.

Para uma pessoa da geração X, conseguir comprar uma casa própria e um carro antes dos 30 anos de idade era sinal de sucesso. Atualmente, jovens profissionais que iniciam suas carreiras preferem conhecer outros lugares do mundo, viajarem e curtirem novas experiências do que se prenderem a um CEP apenas, como quando compram uma casa própria. Enquanto as gerações anteriores poderiam permanecer vivendo num mesmo local a vida toda, as gerações atuais, muitas das vezes, não pensam em comprar um imóvel como primeira opção ou plano de vida. Do mesmo modo, enquanto gerações anteriores queriam comprar seus carros e viam nisso uma forma de status, as gerações atuais entendem que possuir um automóvel se traduz em necessidade de perder um tempo precioso procurando por vagas de estacionamento ao passo que ainda adquirem dívidas a pagar por este bem, por meio dos impostos.

Quando li *Pai Rico, Pai Pobre* em 1999, aprendi com Robert T. Kiyosaki como ele classificava casas e carros como bens passivos e não ativos. Uma vez que em sua análise de classificação, ativos precisam gerar renda ao invés de gastos. Se um bem gera gastos, este é um bem passivo. Se gera renda, é um bem ativo. Creio que o pensamento vem evoluindo neste sentido e, em paralelo, pessoas estão mudando também o mindset de consumo. O consumo está deixando de ser massivamente o de posse para se tornar o consumo de experiências. Ao invés de comprar um automóvel, você pode usar serviços de aplicativos móveis. Ao invés de comprar um apartamento ou casa, você pode ter experiências de viver por temporadas em diferentes locais. Ao invés de comprar um CD ou DVD, você pode assinar um serviço de *streaming* e ter acesso aos conteúdos que deseja. O mundo mudou depressa, só não percebe isso quem ainda vive como uma ilha isolada da multidão. Cuidado! É preciso observar o vão entre você e o resto do mundo! Como diriam os britânicos: Mind the Gap!

Se as ambições mudaram, é perfeitamente normal que profissionais que se formam atualmente não tenham desejo de trabalhar para uma empresa específica. Muitos têm preferido montar sua própria empresa, iniciar como uma *startup* e, de repente, fazer parceria e trabalhar com outras empresas. O TRABALHAR PARA traz uma carga de hierarquia na relação que é grande, o TRABALHAR COM traz uma visão colaborativa de parceria e autonomia entre as partes. Na relação de TRABALHAR COM não há uma relação de forças, onde uma parte mais forte manda e a parte mais fraca obedece. Nesta relação é compreendido que todos os lados têm sua contribuição e importância na parceria.

Muitas empresas consideradas gigantes, tais como Facebook, Google e Microsoft, só para citar algumas, têm realizado continuamente trabalhos com profissionais e *startups* que possuem uma relação de parceria com estas empresas. Você poderia perguntar o que uma *startup* pode oferecer para uma empresa gigante que possui tantos recursos. A resposta é que estas *startups* ou empresas menores, que se tornam parceiras de negócios, trazem inovação e agilidade. Uma grande empresa não consegue gerar inovação com a mesma agilidade que uma microempresa ou *startup* pode proporcionar. Mas não se trata de ineficiência das grandes e sim devido a respeitar seus processos, procedimentos, regulações ou necessidades de negócios atuais. Por mais que se criem áreas de inovação dentro de grandes empresas, estas, muitas vezes, se tornam impotentes quando uma área que traz recursos diretos para a empresa (como a de vendas, por exemplo), passa a subjugá-la. Assim, a alternativa é ter parceiros ágeis e que acessem mercados inacessíveis ou tenham penetração em comunidades que uma empresa, talvez, não esteja penetrando.

As relações de trabalho nunca mais serão as mesmas após a crescente onda de empreendedorismo e a organização de pessoas em comunidades. É preciso inovar e aprender com estas novas relações entre pessoas e entre empresas. É preciso trabalhar mais com os outros do que para os outros!

4.7 EMPRESAS DO PEOPLECHAIN E O CROWDSOURCING

Várias empresas já perceberam, há algum tempo, o poder das pessoas quando unidas por uma plataforma poderosa de colaboração ou socialização. O Facebook completou 15 anos no dia 4 de fevereiro de 2019 com a incrível marca de 2,234 bilhões de usuários ativos de sua plataforma de rede social. Além disso, a organização Facebook também é dona do WhatsApp, que reúne cerca de 1,5 bilhões de usuários e o Instagram, com mais 1 bilhão de usuários ativos. Qual o grande ativo do Facebook? Seu conteúdo. Mas quem cria este conteúdo? Todas as pessoas, ou a multidão de pessoas que usa esta rede social diariamente.

Em 2005, foi definido um termo para explicar este fenômeno, trata-se do crowdsourcing. O dicionário Merriam-Webster define crowdsourcing como o processo para a obtenção de serviços, ideias ou conteúdo mediante a solicitação de contribuições de um grande grupo de pessoas. Especialmente a partir de contribuições de uma comunidade online ao invés de fornecedores tradicionais ou equipes internas de funcionários.

Ricardo Abreu em *Espírito de Startup* descreve como os editores da revista Wired, Jeff Howe e Mark Robin perceberam que havia algumas empresas fazendo outsourcing (terceirização) das suas atividades para um grupo de pessoas na internet. A prática de outsourcing de alguma atividade ou mesmo de setores inteiros de empresas é uma prática conhecida e difundida que visa basicamente a diminuição de custo. Ela é feita graças à contratação da mão de obra direta ou por meio de uma empresa. O que os editores da Wired observaram é que isso estava sendo feito com o lançamento da atividade na internet para um grande número de pessoas desconhecidas. Dessa forma, juntaram as palavras crowd (multidão) mais outsourcing e cunharam o termo crowdsourcing. A forma de crowdsourcing, observada por Jeff e Mark, surge devido à alta concorrência que as empresas sofrem, gerando a necessidade de inovação rápida e com qualidade.

As empresas do PeopleChain estão antenadas no poder das comunidades e sabem que podem recorrer às multidões em alguns momentos. Foi assim, com a Netflix em 2006, quando lançou o desafio público para aprimorar seu algoritmo de recomendação de filmes. Da mesma maneira, o Facebook recorreu a jogos do tipo quiz, como fez em quando conseguiu traduzir seu site em diversos idiomas em poucos dias. Ao invés de contratar empresas de outsourcing para traduzir o site do Facebook da língua inglesa para outros idiomas, o que a empresa fez foi lançar desafios onde usuários do mundo todo respondiam qual era a palavra equivalente em suas línguas nativas para a determinadas expressões do portal do Facebook. Na verdade, com esse tipo de evento, o Facebook usou o crowdsourcing e conseguiu seu objetivo de forma ágil e de graça. E ainda tem gente que acha que usa o Facebook de graça!

Mas, voltando as traduções, a Microsoft também utiliza as comunidades para iniciativas de localização de conteúdos. Diferentemente do Facebook, a Microsoft deixa claro suas intenções quando convoca especialistas da comunidade técnica para traduzir termos de seus produtos. Para alguns idiomas, a empresa consegue traduzir 100% de seus conteúdos de forma totalmente realizada pela comunidade técnica. Sem a necessidade de pagar por um serviço comercial profissional de tradução. Outro aspecto muito explorado pela Microsoft é recorrer a comunidade para contribuições de documentação técnica. Há vários portais, tal como o Microsoft Docs [docs.microsoft.com], que são alimentados e retroalimentados pelo crowdsourcing.

Foi a visão da Microsoft sobre o poder das comunidades (e dos profissionais presentes nestas) que a fez adquirir o LinkedIn em 2016 por 26,2 bilhões de dólares e o GitHub, o maior repositório de código de software do mundo em 2018, por 7,5 bilhões de dólares. O GitHub é uma plataforma usada por cerca de 30 milhões de pessoas em todo o mundo e o LinkedIn é a maior rede social profissional do mundo, utilizada por mais de 600 milhões de membros ativos.

As empresas do PeopleChain adquirem outras empresas por vislumbrarem a aquisição não de seus algoritmos ou ativos físicos, mas sim, pelas comunidades que alcançam. Foi assim, quando o Facebook comprou o WhatsApp e arrematou uma quantidade enorme de usuários que não usavam a sua rede social do Face, mas que a todo instante enviavam áudios e mensagens pelo app de mensagens instantâneas mais populares do mundo da era móvel. Isso ocorreu novamente quando comprou o Instagram, que vinha ganhando novas comunidades de jovens enquanto o Facebook via seus usuários envelhecerem. Ao perceber que muitos jovens estavam criando contas no Instagram e não no Facebook, a estratégia de Mark Zuckerberg foi adquirir a plataforma de fotos por 1 bilhão de dólares em 2012.

Não foi diferente com o Google, quando anunciou a compra do YouTube e sua comunidade de youtubers em 2006 por 1,65 bilhão de dólares. O Google teve a visão de que o mundo caminharia para uma direção onde pessoas assistiriam mais canais de conteúdo gerados por outras pessoas do que nas redes de televisão tradicionais. Em 2019, o YouTube contabiliza cerca de 2 bilhões de usuários ativos. Ou seja, a cada quatro habitantes do planeta terra, um é usuário do Youtube! É impressionante.

Quando o Google percebeu que não conseguiria superar uma startup israelense com seu GoogleMaps, ela tratou de entrar numa negociação que se encerrou com a aquisição do Waze por 1,3 bilhão de dólares em 2013. O Waze não só possuía uma solução de geolocalização mais eficiente na identificação das melhores rotas de trânsito, como também já dominava uma comunidade de 47 milhões de motoristas que usavam o aplicativo por todas as partes.

Você já deve ter ouvido a expressão de que empresas compram a "carteira de clientes" de outras empresas, correto? Por carteira de clientes, pode-se traduzir, as comunidades que a empresa comprada alcança ou mantém. Assim, este tipo de aquisição tem se mostrado a maneira mais rápida que muitas empresas grandes adotam para atingir mais pessoas, ou penetrar em grupos e territórios que não era possível por ela mesma.

As empresas do PeopleChain já perceberam o poder das comunidades para colaborarem com alguma iniciativa inovadora que lancem, por meio de diferentes modelos de crowdsourcing, assim como o poder das comunidades que podem ser alcançados por concorrentes ou startups disruptivas. Desta forma, não se trata de um modismo, mas sim, de uma visão lúcida de futuro. O poder das grandes transformações e inovações disruptivas daqui para a frente dificilmente sairá de dentro de uma única empresa, mas sim, da colaboração de dezenas de milhares de pessoas atuando com um único propósito.

O grande desafio para as empresas é lançar iniciativas que gerem um grande senso de propósito na multidão. Certas vezes, um líder carismático atrai e também consegue gerar esse senso de propósito maior. Era sim, nos tempos da Apple de Steve Jobs, que conseguia atrair a paixão de milhões de seguidores que colaborariam de graça, caso a Apple fosse mais aberta e lançasse mão do poder das comunidades. Atualmente, com Tim Cook como seu CEO, essa tarefa seria muito mais árdua, devido a sua falta de carisma se comparado a Jobs. Apesar disso, a Apple ainda possui uma legião de clientes fiéis a marca e que mobiliza milhares de youtubers e formadores de opinião por todo o mundo.

No que diz respeito a utilizar as comunidades a seu favor ao mesmo tempo em que valorizam e premiam os membros da comunidade, Microsoft e Google estão bem à frente das demais. Apple, Amazon e Facebook podem aprender muito com as empresas de Redmond e Mountain View, respectivamente.

4.8 PROFISSIONAIS DO PEOPLECHAIN

Quando você começa com o propósito, entende a capacidade que temos de gerar revoluções por minutos quando estamos juntos e retira os possíveis atritos que possui com outras pessoas ou empresas, como vimos nos três capítulos iniciais deste livro, é possível, de fato, tornar-se um profissional do PeopleChain.

Um profissional inserido no PeopleChain é aquele que valoriza e entende que não está sozinho. É aquele que sabe que pode contar com diferentes comunidades a seu favor e que, em contrapartida, também se compromete em investir seu tempo compartilhando conhecimento. Afinal, em toda relação saudável de troca é preciso dar e não apenas receber. Lembre-se do estudo apresentado na introdução deste livro, revisite os resultados que lhe apresentei e note que o que as pessoas buscam em comunidade é o compartilhamento de informações, um ambiente empático de acolhimento com diversidade e inclusão, ético e transparente, onde pessoas apaixonadas se comprometem a criar, colaborar entre si e a compartilhar informações sempre, sem necessariamente esperar algo em troca.

Durante muitos anos da minha vida profissional, pude conhecer diversos perfis e tipos de pessoas. Desde meus primeiros dias no mundo corporativo, já era possível notar e mapear aqueles que guardavam conhecimento para si, como forma de "autoproteção" e também os que compartilhavam conhecimento com os demais sem nenhum receio ou preocupação. Não demorou para que eu percebesse que os primeiros permaneciam muitos anos na mesma empresa e na mesma posição, enquanto os outros eram promovidos e cresciam mais rápido ou, não raro, pediam demissão e iam alçar novos voos em outras

CURIOSIDADES

Você sabia que o primeiro capital semente do Airbnb, quando a empresa ainda era uma startup, foi conseguido por meio da venda de caixas de cereal de porta em porta? Sim, após lançarem o site airbedandbreakfast.com em 11 de agosto de 2008, os fundadores do Airbnb criaram uma edição especial de cereais de milho com candidatos a presidente dos Estados Unidos daquele ano: Barack Obama e John McCain. Na verdade, eles criaram duas caricaturas: Obama O's e Cap'n McCains. Eram dois modelos de caixa com cereais de milho. Em alguns meses, conseguiram vender 800 caixas por 40 dólares cada uma e, com isso, arrecadaram US$ 30 mil para a aceleração da empresa. Esta foi a forma criativa de conseguir seu primeiro capital que alavancou a startup.

●●●

Em 2008, um estudo foi publicado por Satoshi Nakamoto. Neste estudo, o desenvolvedor de software, descrevia o funcionamento de um mercado virtual que, mais tarde, daria origem à criptomoeda mais famosa do mundo: os bitcoins. Porém, Satoshi Nakamoto é apenas um pseudônimo e a real identidade deste personagem, nunca foi descoberta. A revista Newsweek chegou a dizer que havia descoberto o verdadeiro criador do bitcoin em 2014, mas era apenas mais uma fake news. Já houve várias suspeitas sobre quem poderia ser de fato Satoshi Nakamoto, incluindo o CEO da Tesla, Elon Musk, que também negou de forma veemente e, assim, segue o mistério de quem foi o autor do estudo publicado em 2008 que daria origem ao blockchain e a criptomoeda bitcoins.

●●●

O primeiro passo do homem na lua foi dado por Neil Armstrong dia 20 de julho de 1969 quando o astronauta tinha 38 anos de idade. Este evento histórico também foi um fenômeno que conseguiu reunir cerca de 1,2 bilhão de pessoas que acompanharam este momento pela TV no mundo inteiro.

empresas ou voos solos, fundando seu próprio negócio. Você quer crescer ou criar raízes para se manter no mesmo cargo por décadas?

Observar tudo isso me moldou como profissional e, ao longo de toda a minha carreira, sempre preferi ser parte daqueles que compartilham o que sabem e não criam raízes no mesmo cargo. Porém, o que não percebi é que havia algo a mais a ser explorado. Um universo muito maior, tal qual uma dimensão paralela que está a parte do mundo em que eu vivia e, mesmo sabendo que estava ali, eu era conduzido por forças que não me deixavam migrar entre os dois universos. Descrevendo assim, parece meio abstrato, mas a história é que muitos profissionais são engolidos pela vida corporativa e se esquecem do quanto podem contribuir com toda a sociedade.

Em 2016, eu me sentia impotente ao perder colegas de profissão que eram demitidos de empresas clientes, parceiras e até da Microsoft Brasil. Ao mesmo tempo em que via meus ex-alunos da Faculdade de Sistemas da Informação se formando no ambiente acadêmico, porém sem perspectivas de conseguir empregos no mercado de trabalho. Então após várias reflexões que fiz sobre minha carreira e vida pessoal, notei que o meu ativo mais precioso como profissional, até aquele momento, não era o conhecimento que adquiri nas funções e empresas pelas quais eu havia passado. Não era tampouco, os processos e procedimentos que eu aprendi a dominar nos cargos que ocupei. Mas a resposta sempre estava pautada nas pessoas que conheci. Nos meus colegas de empresa, nos meus clientes e parceiros de negócio. Nas pessoas.

Por outro lado, também percebi que eu estava fazendo pouco ou quase nada pela minha comunidade. Pelos iguais a mim, conterrâneos de cidade, ou ex-alunos, ou pelos colegas de trabalho que perderam seus empregos. Isso realmente me impactou demais à época. Eu precisava fazer algo para mudar aquele cenário. Pela primeira vez em minha vida eu passava a trabalhar sob um propósito muito maior. Pensando no coletivo e não apenas em minha carreira. Era preciso deixar de ser ilha e atuar somente em meu universo empresarial com clientes e parceiros, e passar a ser ponte, conectando com pessoas e navegando entre universos que haviam ficado de lado desde que entrei no mundo corporativo.

Até 2016, eu era focado em minha carreira e em meu trabalho, onde estava na Microsoft desde 2007, com exceção do ano de 2013, quando eu também ministrei aulas na Universidade Fundação Oswaldo Aranha (UniFOA) para turmas do primeiro e último períodos da Faculdade de Sistemas de Informação. A partir do segundo semestre de 2016, eu senti a necessidade de conectar com mais pessoas, fora do meu universo corporativo. Assim, passei a organizar eventos para conectar diferentes grupos, com o propósito maior de unir o poder público, o privado, as instituições acadêmicas e a sociedade em prol de um bem maior para todos: compartilharmos conhecimento e gerarmos oportunidades de negócios. Além de dedicar meu tempo a organizar estes encontros ou eventos, eu passei a participar de mais ações e aceitar praticamente todos os convites que me foram feitos para ministrar palestras em universidade e encontros de comunidades. Minha motivação maior era falar de uma nova forma de empreendedorismo, com foco na economia criativa, por intermédio das startups.

Eu queria mudar o mindset dos alunos que se formavam para que pensassem em fundar suas startups e empreender, antes que pensassem em procurar emprego em outras cidades. Assim, comecei a me reunir com diversas pessoas amigas de longa data, tal como o Ricardo Abreu — que conheci aos noves anos durante um curso de Informática que ensinava a linguagem de programação BASIC para crianças nos tempos de colégio — e mantive por perto como um amigo pessoal. Convidei-o para ser coautor do livro: *Espírito de Startup*. Nosso foco seria lançar o livro num evento em nossa cidade: Volta Redonda. Juntos, além de escrever nosso primeiro livro, iniciamos uma jornada para conectar pessoas ao redor de um grande evento que tinha como propósito maior dar vida a um ecossistema inclusivo para discutir empreendedorismo e inovação na região sul do estado do Rio de Janeiro.

Foi uma peregrinação de pessoa a pessoa. Lembranças de nomes que tinham ou poderiam ter algum vínculo com a cidade (ou a região) e fazer convites, ligações, e-mails e mensagens de WhatsApp. Algumas pessoas eram amigas de longa data outras, não conhecíamos, mas acreditávamos que poderiam agregar para o evento como palestrante ou painelista. Foi assim que conectamos com centenas de pessoas. Para a nossa alegria, muitos disseram "sim", mas houve também aqueles que protelaram, disseram "não" ou simplesmente não responderam.

O fato é que no dia 29 de abril de 2017, na Câmara de Dirigentes Lojistas de Volta Redonda havia cerca de 300 pessoas, incluindo o prefeito da cidade, secretários do município, muitos representantes de instituições acadêmicas, dezenas de empresários e muitos estudantes. Um propósito unia todos naquela chuvosa manhã de sábado: mudar a realidade da nossa região. O evento durou dois dias e reuniu uma grande audiência, diversos palestrantes com muito conhecimento para compartilhar e uma competição que contou com 61 startups. Além disso, houve uma área de networking com apresentação de robôs que jogavam futebol, drones e projetos sobre design de games.

Eu seria injusto aqui se tentasse retratar o nome de cada pessoa que contribuiu diretamente para o sucesso do StartVR 2017 (e não é este o propósito do livro), mas o ponto é que, em poucos meses, eu transformei radicalmente minha imagem profissional e meu senso de propósito. Até dezembro de 2016, eu era apenas um profissional de 40 anos de idade que me sentia realizado na carreira, ao mesmo tempo que parecia faltar algo. Após o StartVR, eu vi minha vida mudar radicalmente e meus contatos interpessoais se multiplicarem e se diversificarem. Eu deixava de ter apenas o contato de parceiros de negócios e clientes para ter contatos próximos a diretores e professores de faculdades, donos de empresas, jovens de comunidades técnicas e de startups além de secretários municipais e o próprio prefeito.

Ser um profissional na era do PeopleChain é estar aberto e conectado com uma grande multidão de pessoas. No PeopleChain, é preciso nutrir as relações. Tomar um cafezinho de 15 minutos com uma pessoa e ouvi-la pode mudar a sua vida (ou a dela). Por diversas vezes, quando conversava com uma pessoa que expunha seus planos de negócio e me pedia feedbacks, eu afirmava que não poderia ajudá-la diretamente, mas conhecia pelo menos uma outra pessoa que poderia complementar ou apoiar aquela iniciativa. Assim, eu percebia a transição de um profissional-ilha para uma pessoa-ponte.

Profissionais do PeopleChain são pontes. Não se deve ter medo de compartilhar seus planos e projetos. O receio de que alguém poderia roubá-los de você ou implementá-los antes é um inibidor que mantém muitas ideias engavetadas por uma vida toda. E aprendi nestes anos também que a ideia, de fato, não vale muita coisa. O que conta muito mais do que uma boa ideia é a atitude de fazer acontecer! Com atitude e persistência, eu vi muita gente limitada se tornar boa empreendedora ou profissional de sucesso. Sem atitude, eu também vi muita gente talentosa seguir carreiras tediosas trabalhando pelo salário no final do mês e deixando seus sonhos de lado dia após dia.

Segundo os principais líderes de comunidade que participaram da pesquisa que desenvolvi e lhe apresentei na introdução dessa obra, você deve se lembrar que líderes devem ter mente aberta, saber ouvir e se comunicar bem, com empatia, atitude e determinação para dar o exemplo. É preciso falar o que se faz e fazer o que se fala, deixando para trás ego e vaidade, dando ênfase e a devida prioridade para o desenvolvimento de todos os envolvidos na comunidade ou no grupo de trabalho.

Quando se está sozinho, você é uma ilha e por onde quer que olhe, pode observar um imenso vão entre você e o resto do mundo. Ao construir pontes, você vai eliminando estes vãos e se torna membro de uma grande comunidade, ou rede de conexões entre pessoas. Você já ouviu a teoria dos seis graus de separação? É mais ou menos por aí. Falaremos mais sobre essa teoria (e sua validade ou não) no Capítulo 6 – Utopia disruptiva: Seis graus de separação.

Para construir pontes e conectar pessoas, é preciso se comunicar de forma clara, empática e saber ouvir mais do que saber falar. Pode parecer batido e clichê, mas preste atenção em reuniões e meetups que você participa, para notar que muita gente ainda não aprendeu a ouvir. É importante dar esse feedback a alguém, caso você esteja lidando ou convivendo com uma pessoa que não sabe ouvir e talvez não tenha se dado conta disso.

RELATOS REAIS DE PROFISSIONAIS MAIS VALIOSOS

ENCONTRE PESSOAS COM OS MESMOS PROBLEMAS QUE O SEU...

Minha relação com a comunidade começou na adolescência, em meados da década de 90. Eu morava no extremo da zona sul de São Paulo em um condomínio fechado que ficava a cerca de, mais ou menos, oito quilômetros do primeiro supermercado, para um adolescente em uma época em que não existiam smartphones e tendo a internet como algo limitado e caro, era bem complicado ter qualquer tipo de relação social com outros adolescentes morando longe do mundo.

Mas eu não estava sozinho. Naquele condomínio existiam outros adolescentes com o mesmo "problema". Éramos uma turma de um pouco mais de 14 pessoas, hoje eu entendo que essa era a nossa comunidade, onde compartilhamos nossos interesses por jogos de tabuleiro, videogames, música e esportes.

Com essa galera eu aprendi muito, sempre existia alguém que compartilhava algo novo, uma nova música, um quadrinho, um novo jogo de tabuleiro, uma cifra de música para tocar no violão, uma letra de música para todo mundo cantar junto ou um jogo novo do super Nintendo. Quanta coisa eu aprendia nessa época, graças às pessoas que gostavam de compartilhar suas paixões, aprendi também a me relacionar com pessoas que têm origens diferentes, que pensam diferente e que têm preferências pessoais diferentes das minhas.

Hoje, eu vejo que essa galera me ensinou muito e que esse convívio foi muito importante para moldar a minha forma de entender o próximo, sem rótulos e sem julgamentos. Como a adolescência não dura para sempre, no início da década de 2000, decisões que às vezes a vida toma por nós, acabei me afastando dessa galera — mudei-me para Curitiba — e todos aqueles amigos e relações ficaram para trás. Isso foi bem complicado e tive momentos ruins. Durante quatro anos passei a ser uma pessoa deprimida, fechada que não conseguia criar novas relações de amizade com pessoas da minha nova cidade.

Mas as coisas começaram a mudar quando eu conheci uma pessoa, que participava de um grupo de pessoas que compartilham algo em comum: a paixão por jogos de RPG. Imagine, como uma pessoa que se fechou para o mundo (leitura e computadores eram os meus passatempos), conhecer pessoas com esse mesmo interesse me fez lembrar do passado e ter a chance de fazer parte de uma outra galera, compartilhar minhas paixões por D&D, GURPS e Tormenta.

Passamos diversas noites, finais de semanas e feriados prolongados jogando RPG com essa mesma galera. Aos poucos, eu ia retomando aquele sentimento bacana de estar no meio de pessoas que, apesar de serem totalmente diferentes, têm algo que as reúne. Lembrando de que assim como nos anos 90 onde condomínio afastado era o fator de união entre pessoas, ser um nerd que gosta de RPG e computadores nos unia.

Mas se existe algo inevitável na vida é o fato de que todos nós envelhecemos e precisamos seguir caminhos diferentes e, assim como eu, a galera do RPG precisava se dedicar a faculdade, trabalho, relacionamentos e, como você deve imaginar a falta de tempo, fez com que esse grupo de pessoas se afastasse, mas esse sentimento bacana de compartilhar algo em comum com outras pessoas não morreria.

O tempo passou, eu já estava fora da universidade, recém-casado, trabalhando remotamente para uma empresa do estado de São Paulo, morando em Curitiba e vivenciando uma quantidade absurda de desafios pessoais e profissionais, essa era a vida caminhando a passos largos. Um desses desafios profissionais me fez buscar um novo tipo conhecimento, como minha experiência do passado já havia me mostrado, a melhor forma de você aprender algo novo é estar rodeado por pessoas que compartilham do mesmo interesse e têm a mesma paixão. Foi aí que comecei a participar e palestrar em eventos, compartilhando a minha experiência na expectativa de encontrar outras pessoas com a mesma paixão. E eu encontrei, aos montes.

Mas esses eventos eram em outros estados e eu sentia falta de conhecer pessoas da minha cidade, de poder participar de eventos em Curitiba. Eu não queria ficar longe da minha família e não queria deixar de compartilhar e aprender em comunidade. Em um belo dia, em um momento de loucura, sem ter espaço, sem nunca ter organizado nada, eu me cadastrei para ser o organizador local de um evento global sobre computação em nuvem. Nessa hora eu vi que sem apoio você não faz nada. Eu sou extremamente grato e feliz por ter um grande apoio em casa, pois minha esposa me ajudou muito a tirar essa loucura do papel. Visitamos locais para sediar o evento, as preocupações da Ka com café e comida para pessoas, projetor, internet, coisas que eu nem pensei quando disse "Vou rodar uma edição aqui em Curitiba, nem que seja no meu apartamento", se não fosse por ela eu não conseguiria ter feito 10% do que fiz na época e com certeza nada do que já fiz até agora.

O evento aconteceu! Esperava por 40 pessoas, no dia só 11 apareceram, mas o que muitos poderiam entender como fracasso eu vi como oportunidade: existiam

11 pessoas que compartilhavam a mesma paixão que eu, uma nova galera, e isso era incrível. O bicho da comunidade me picou de vez, comecei a organizar novos eventos, mais pessoas foram chegando, e passamos de 11 para 600 pessoas em um mesmo evento presencial e hoje temos uma comunidade local que já teve mais de 3 mil pessoas participando de algum de nossos encontros.

Em paralelo a isso, junto com mais quatro pessoas, criamos outra comunidade online para compartilhar experiências, que hoje já levou conhecimento para mais de 20 mil pessoas em todo o Brasil. Participar de galeras, de grupos ou comunidades, ajudou a me tornar quem eu sou hoje, ajuda a ser mais altruísta e a ver o que existe de bom em outras pessoas além da classe social, posse ou gênero e isso me faz ser uma pessoa melhor.

A essa altura, você já deve ter imaginado que comunidade, para mim, é a possibilidade de ajudar pessoas, de me ajudar, de compartilhar aquela paixão por um assunto, por algo, por qualquer coisa que seja importante, é poder olhar para outra pessoa e saber que você tem algo em comum e que esse algo em comum pode mudar e impactar a vida de todos.

Hoje, com os eventos que organizamos, além de levar conhecimento e proporcionar o encontro de pessoas, ainda conseguimos ajudar instituições ou comunidades carentes, seja doando tempo, comida ou brinquedos, nós ajudamos. Empoderar pessoas por meio da comunidade é algo que, com certeza, pode ajudar a toda nossa sociedade.

William Rodriguez *é pai de quatro crianças lindas, marido de uma esposa maravilhosa e escreveu esta história de sua relação com a comunidade. Will é Master Software Engineer da ArcTouch e Microsoft MVP na categoria de Developer Technologies.*

No próximo capítulo trataremos das comunidades sob diversos aspectos e circunstâncias. Definiremos o bem comum e como é possível se unir e manter comunidade livres, considerando fatores importantes de diversidade e inclusão. Analisaremos também o papel do Líder em comunidades.

TRÊS PONTOS PARA NÃO ESQUECER

- Pessoas não são como peças de lego. Mas quando unimos pessoas distintas sob um mesmo propósito, podemos dar forma a ações e soluções grandiosas.

- O blockchain nasceu com um viés descentralizador onde o poder não está numa "figura especial", mas sim na comunidade.

- O PeopleChain gera grande valor para empresas e profissionais que percebem o poder das comunidades.

TRÊS PONTOS PARA REFLETIR

- Você considera que empresas como o Uber, o Airbnb — e outras que conectam muitas pessoas que ofertam um serviço com outras que buscam por ele — como salvadoras da pátria de uma época em que o mundo vivia uma crise de oportunidades ou como oportunistas que souberam alavancar seu negócio usando o ativo alavancado de terceiros?

- Você acredita que atualmente trabalha numa empresa que percebe o poder das comunidades e do PeopleChain?

- Você se considera um profissional realizado de forma plena? Há um propósito maior no que te leva a passar pelo menos oito horas por dia em suas atividades atuais?

ANNOTE AQUI

COMUNIDADE
LIDERANÇA
E O BEM COMUM

(Conectando Nigerianos a Noruegueses
e Bono Vox a Bill Gates)

♫ *"Everyone around,
love them, love them
Put it in your hands, take it, take it
There's no time to cry,
happy, happy
Put it in your heart where
tomorrow shines"*

♪ *"Todo dia,
O sol da manhã vem
e lhes desafia."*

(Bi Ribeiro / João Barone /   (Michael Stipe / Mike Mills / Peter Buck /
Herbert Vianna, *Alagados*)   William Berry, *Shiny Happy People*)

PROPÓSITOS DO CAPÍTULO

Analisar comunidades sob diversos aspectos e circunstâncias.

•••

Discutir o bem comum e entender o que está no DNA das comunidades de sucesso.

•••

Analisar o papel do Líder em comunidades. Segundo Seth Godin, autor de *Tribes – we need you to lead us*, toda tribo precisa de Liderança. Entender como é possível se tornar uma autoridade em determinada área e em comunidades.

Você não é o que dizem de você. Você não é o que você diz de si mesmo. Você é o que você faz. Você é como as pessoas te veem por meio de seus atos. Todos nós estamos inseridos em diferentes comunidades ao mesmo tempo. Tudo ao mesmo tempo agora. Em família, no trabalho ou com amigos. Você já reparou como sua forma de agir e atuar pode variar muito entre uma comunidade e outra? Não raro, uma pessoa que no trabalho é tímida e tranquila, em família pode ser muito temperamental e mais vocal. O oposto também é possível. Isso ocorre também para diferentes grupos ou comunidades que você participa durante sua vida. Enquanto em algumas você pode ser apenas mais um membro, em outras você pode ser o protagonista.

O poder e a autoridade podem mover pessoas em prol da realização de grandes feitos. Mas o propósito pode mobilizar ainda mais pessoas para a realização de coisas extraordinários e até revoluções. Neste capítulo, iremos analisar os diversos aspectos e tipos de comunidades em que estamos inseridos. O que torna uma comunidade inclusiva ou exclusiva, como membros de uma comunidade podem ter um pensamento inclusivo, conectando-se com outros grupos e comunidades. É preciso enxergar o que nos une, não o que nos separa.

Naturalmente nós seres humanos nos unimos a outros para nos fortalecermos ou sermos aceitos em um grupo de pessoas. Historicamente, o homem deixou de ser nômade e fixou sua moradia em vilas e cidades para que tivesse companhia e proteção. As primeiras cidades da Grécia Antiga, conhecidas como cidades-estados, eram comunidades que se uniam como tribos para se protegerem de inimigos invasores. Atenienses e Espartanos, Gregos e Romanos. Cada comunidade era formada por membros que compartilhavam um objetivo comum, fosse ele, busca por segurança, interesse comercial ou até uniões familiares.

Se você observar o mapa-múndi atual, notará que nosso planeta é muito dividido. A Organização das Nações Unidas (ONU) reconhece 193 países. As comunidades compreendidas nestes países estão unidas por cultura, idioma, costumes, moeda, padrões e história em comum. Cada país tem sua população registrada oficialmente e, periodicamente, são realizados novos Censos para atualizar estes dados. Segundo o Censo dos Estados Unidos, a população mundial em primeiro de janeiro de 2018 era de 7 bilhões, 444 milhões, 443 mil e 881 habitantes. A China possui a maior comunidade do mundo, com quase 1,4 bilhão de habitantes. Seguida por Índia, com 1,3 bilhão, Estados Unidos com 329 milhões. O Brasil aparece em quinto lugar com 208 milhões, atrás da Indonésia, com 262 milhões de habitantes.

A comunidade brasileira possui, portanto, cerca de 208 milhões de pessoas. Ainda, explorando o aspecto geográfico, vamos refletir sobre migrações e movimentações entre comunidades. Em especial, a relação Brasil-Portugal é importante devido ao idioma que nos une. Afinal, para muitos gringos, é estranho olhar o mapa da América do Sul e entender que apenas o Brasil não fala Espanhol. Sim, fomos "descobertos" por Portugal. Ou, se preferir, o discurso que já vem sendo ensinado nas escolas é de que os portugueses invadiram o Brasil em 1500 e assassinaram milhares de índios que habitavam nosso território à época. Mas deixemos a história de lado e vamos analisar o cenário de migrações de trabalho nos anos mais recentes.

Até 2014 o Brasil vivia um grande momento econômico, isso atraiu muitos portugueses, que vieram da Europa para fugir da crise por lá, que vinha desde 2008. Grupos luso-brasileiros, como o caso resultante da fusão entre as empresas de telecomunicações Oi e Portugal Telecom, foram responsáveis por alguns movimentos migratórios entre portugueses que vieram para o Brasil naquela época. Portugueses chegavam ao Brasil para desempenhar funções corporativas e se envolviam em projetos por aqui. Esse movimento foi diminuindo, ao passo que a crise brasileira foi se agravando nos anos seguintes e, a partir de 2017 e 2018, tivemos um grande movimento contrário. Brasileiros deixavam o país para se mudarem para Portugal e outros países da Europa e do resto do mundo, mas especialmente para Portugal devido a maior facilidade da língua em comum.

As circunstâncias de uma migração podem ser bastante distintas e isso será fator determinante na aceitação do migrante na nova comunidade em que chega. Quando executivos portugueses da Portugal Telecom chegavam ao Brasil em 2013, estes eram amparados por uma cultura corporativa que os inseria num contexto dentro da estrutura de poder de suas empresas. Funcionários brasileiros que estivessem abaixo destes executivos portugueses na hierarquia empresarial, os respeitariam devido ao *empowerment* que estes já possuíam ao chegar na subsidiária brasileira. Anos depois, com o movimento inverso, ou seja, de brasileiros migrando para Portugal, a realidade seria diferente.

Num primeiro momento, quando um brasileiro migra para Portugal, é possível que ele seja aceito pela comunidade portuguesa e passe a se inserir na vida econômica do país e a ser tratado com igualdade de direitos em relação aos demais portugueses. Mas também é possível que certos grupos da sociedade de portugueses não aceite estrangeiros de forma natural e sem atritos. Alguns grupos de Portugal podem se sentir ameaçados pela mão de obra dos brasileiros. Se os imigrantes chegam para atuar em áreas onde os portugueses não querem atuar (geralmente serviços de menor valor agregado), a sociedade entende que são necessários. Mas quando estes estrangeiros se tornam empreendedores (ou já chegam como tal) e concorrem com empresários locais, passam a se tornar uma ameaça potencial aos nativos de Portugal. Da mesma forma, quando estudantes ou executivos brasileiros migram para Portugal, podem ser vistos como ameaças pelos nativos locais.

LISBOA, PORTUGAL, 2019.

No dia 29 de abril de 2019, a Faculdade de Direito da Universidade de Lisboa (FDUL) amanheceu com um caixote de madeira cheio de pedras e acompanhado da frase: "Grátis se for para atirar em um 'zuca' (que passou na frente no mestrado)". O propósito do cartaz, na verdade, era um convite para que portugueses aspirantes ao mestrado na Universidade de Lisboa apedrejassem os brasileiros — chamados de "brazucas" ou apenas "zucas" no país europeu — que, porventura, tivessem passado na frente de portugueses e conquistado vagas no mestrado. Este fato ganhou notoriedade por todo o mundo, mas em especial nas comunidades do Brasil e de Portugal por mostrar uma face dos atritos que são gerados quando membros de uma comunidade migram para outras. Se uma pessoa chega numa comunidade qualquer, ela pode ser vista, inicialmente, com bons olhos desde que os atuais membros da comunidade não sintam que este novo membro possa estar lhes tirando algum direito ou passando à frente em algum sentido. Isso não se refere apenas a Portugal ou mesmo apenas a países.

Há vários tipos de imigrações e sempre que um país (ou sua comunidade) sente que pode perder direitos, aumentar a concorrência por recursos ou mesmo ter um aumento dos gastos públicos por abraçar estrangeiros, esse tema entra como prioridade na pauta de seus líderes e governantes. Como tem sido o caso dos imigrantes pela

Europa durante os últimos anos. Segundo a Anistia Internacional, todos os anos milhares de refugiados tentam chegar a Europa. Os motivos variam entre a necessidade de fugir da violência — como o horror gerado pela Guerra na Síria — ou a necessidade de escapar da miséria e da fome.

Na década de 1960, a comunidade europeia abria suas portas aos imigrantes, especialmente com estímulos para que pessoas de mesma nacionalidade, língua de origem, religião e culturas afins, vivessem reunidas nas mesmas localidades. Era uma época onde esse modelo de integração comunitarista predominava. Não apenas na Europa, mas em países mais desenvolvidos, tal como os Estados Unidos, o modelo comunitarista era estudado e disseminado como uma maneira moderna de integrar pessoas que seriam integradas em uma comunidade sem atritos.

Mas há um efeito das migrações que só pôde ser observado algumas décadas mais tarde: o surgimento de subcomunidades ou "guetos" que eram compostas por pessoas integradas a sociedade em suas periferias ou bairros com grande presença de estrangeiros. Estes guetos eram compostos, em sua grande maioria, por pessoas de classe média baixa ou até com níveis elevados de pobreza. Devido a isso, a violência começou a proliferar em uma parte da comunidade. Assim, surgiram os conflitos de gangues rivais que disputavam o território para a comercialização de drogas e até mesmo com casos de intolerância religiosa ou cultural.

Atualmente, a União Europeia (EU) e seus Estados membros tentam construir uma verdadeira fortaleza para tentar manter seus migrantes irregulares do lado de fora. A Anistia Internacional segue intervindo, mas, entre 2017 e 2019 milhares de migrantes e refugiados foram expulsos ilegalmente da Bulgária, Espanha e Grécia, sem ao menos terem acesso aos procedimentos de asilo existentes em protocolos internacionais.

Quando se trata de diferentes comunidades internacionais, é necessária uma análise muito criteriosa sobre a aceitação e o acolhimento ou não de estrangeiros. Até que ponto uma comunidade pode e deve permanecer isolada (ou trancada numa fortaleza). Ou o que uma comunidade ganha quando se abre para outros membros com perfis distintos. O foco deste livro não é discutir geopolítica, mas poderíamos nos estender aqui analisando várias comunidades que conseguem definir um propósito para se unir, como é o caso da própria União Europeia e subgrupos desta comunidade que passam a não compartilhar mais do mesmo propósito, uma vez que, sob outra perspectiva, membros deste grupos poderiam estar perdendo oportunidades e direitos.

Quando a crise imobiliária norte-americana explodiu em 2008, países mais pobres da UE, tais como Espanha, Portugal e Grécia, cogitaram sua saída do grande bloco, devido ao ônus e ao arrocho financeiro que tinham que impor a suas populações para permanecer na comunidade econômica europeia. Por fim, Portugal, Espanha e Grécia permaneceram na União Europeia. Porém, alguns anos mais tarde veio o movimento de saída do Reino Unido, conhecido como BREXIT. Movimentos nacionalistas britânicos passaram a ressaltar os efeitos maléficos da UE para membros do Reino Unido e, após um referendum popular, a maioria dos britânicos votou e decidiu pela saída do Reino Unido da UE. Em uma decisão histórica confirmada no dia 24 de junho de 2016, 51,9% dos britânicos deram vitória ao BREXIT, ou a saída do Reino Unido da Grã-Bretanha da União Europeia. Foram apenas pouco mais de 1,2 milhão de votos de diferença. A comunidade estava, de fato, bem dividida, mas 17,4 milhões votaram a favor da saída contra 16,1 milhões que votaram contra. Uma pequena diferença para impactos tão significativos que provocariam para a vida de dezenas de milhões de pessoas da UE. Tanto a comunidade europeia quanto a britânica tiveram que aceitar o resultado das urnas.

Como você pode observar, a natureza das comunidades é bastante dinâmica. Pessoas, organizações ou países entram e saem de comunidades porque compartilham ou deixam de compartilhar um objetivo comum. Em qualquer comunidade, o que motiva ou une seus membros para permanecerem juntos é o benefício que a comunidade pode lhe trazer. É preciso que seja uma relação de ganha-ganha. Quando algum membro sente que não está mais se beneficiando com a permanência na comunidade, este não se manterá unido aos demais e deixará o grupo.

5.1 O BEM COMUM

Agora, eu convido você a analisar a natureza das comunidades em sua essência, sem filtros ou interesses escondidos. Primeiro, vamos analisar um conceito fundamental para a convivência em comunidade: o bem comum.

Segundo o portal significadosBR, a expressão "bem comum" é uma combinação da palavra **bem** — derivada do latim *bene* — que significa

> "O ignorante afirma, o sábio dúvida. O sensato reflete."
>
> Aristóteles

qualidade de excelência ética ou conjunto de boas ações, e de **comum** — derivado de *communis* — que significa coletividade, comunidade ou grupo de pessoas com o mesmo interesse.

Portanto, **bem comum** é o conceito que define os benefícios que podem ser compartilhados por várias pessoas, participantes de um determinado grupo ou de uma comunidade. Segundo os princípios do bem comum, quando um determinado objeto ou uma situação qualquer é partilhado e traz algum benefício a todos, pode ser considerado um bem comum.

No contexto de uma cidade, é possível claramente destacar o que é um bem do indivíduo, suas posses como casa e carro, e o que são bens públicos: ruas, praças e jardins. Mas além de bens físicos e palpáveis, existem outros bens públicos, ou comuns, que são superimportantes para todos os indivíduos da comunidade, tais como segurança pública, saúde, cultura, educação, lazer e muitos outros. Agora, vamos analisar dois países bem distintos sob a perspectiva do bem privado e do bem comum.

Na pesquisa que lhe apresentei na introdução desse livro, eu também perguntei a líderes de comunidade e profissionais mais valiosos que estão diariamente envolvidos com ações em comunidade, sobre como eles definiam o bem comum, e destaco três respostas enviadas por alguns deles que faz bastante sentido.

"É um ponto em que todos se beneficiam de algo, mas sob o princípio da equidade. Dando a todos o que eles precisam."

"Pensar no bem comum é agir de forma que não apenas eu, mas as pessoas ao meu redor possam melhorar profissionalmente ou como seres humanos."

"Algo que beneficie a maioria, ajudando todos a avançarem em seus objetivos."

E para você o que é bem comum? Vamos conhecer duas realidades bem distintas e refletir sobre o tema. Quero usar nosso DeLorean para levar você até a Nigéria e depois a Noruega.

NIGÉRIA – 2014 A 2019.

A Nigéria é um dos países mais ricos da África. Conhecida como "o gigante da África" devido sua população e economia, a Nigéria é o país mais populoso de seu continente (e o sétimo mais populoso do mundo) com 174 milhões de habitantes. Depois de ter sido a maior economia do continente africano em 2014, em 2019, a Nigéria é o quarto país mais rico da África, considerando seu Produto Interno Bruto (PIB), ficando atrás apenas da África do Sul, Egito e Argélia. Por outro lado, a Nigéria ocupa somente a trigésima nona posição quando se trata de PIB per capita. Ou seja, é um país onde poucos têm muito e muitos têm quase nada. O país vive neste paradoxo de má distribuição de renda há muitos anos. Enquanto a Nigéria tem o primeiro africano a figurar entre os top 25 da lista de bilionários da Revista Forbes — Aliko Dangote, com um patrimônio privado de 24 bilhões de dólares — também é um país onde mais da metade de sua população vive na miséria.

Na sociedade nigeriana, aqueles indivíduos que estão nas classes econômicas mais altas, investem em bens privados a todo instante para que não necessitem ou dependam do serviço público, do bem comum. Esses indivíduos que possuem uma renda alta, compram bons carros, para fugir do caos do transporte público. Compram casas e mansões, de modo que não necessitem de compartilhar abrigos ou viver em guetos. Se protegem com seguranças pessoais, casas com muros bem altos e carros blindados. Quando uma pessoa da sociedade nigeriana consegue alçar essas classes mais favorecidas, esta segue o mesmo caminho, investindo em bens privados que traga para ela e sua família, maior segurança, conforto e estilo de vida. Mas, no fundo, o que estão fazendo é fugir da dependência do Estado ou da necessidade de compartilhar o bem comum.

O sistema educacional da Nigéria está longe de ser eficiente. Devido ao fato de não ser obrigatória a frequência de estudantes, o sistema de Educação regido pelo governo federal que não atende aos mais necessitados. De mesma forma, seu sistema de saúde ainda é ineficiente e carente, pois não consegue atender a todos e apresenta uma grande escassez de médicos e profissionais de saúde qualificados. Os médicos e enfermeiros nigerianos mais qualificados costumam migrar para países mais ricos da Europa, Canadá e Estados Unidos em busca de melhores oportunidades profissionais e pessoais.

NORUEGA – 2001 A 2019.

Agora, vamos analisar uma outra comunidade. Num outro país que fica a cerca de 7 mil quilômetros da Nigéria: a Noruega. A

Noruega mantém um modelo social baseado em alguns princípios, tais como o da saúde universal, do ensino superior subsidiado e um regime bem abrangente de previdência social. O país conta com pouco mais de cinco milhões de habitantes e apresenta o segundo maior *PIB per capita* do mundo, atrás apenas do minúsculo Estado de Luxemburgo. O ensino superior na Noruega é oferecido por um conjunto de universidades públicas e particulares. Toda a população tem acesso à Educação. O país oferece transporte público de qualidade e diferentes modais, tais como o ferroviário e o aquático. Devido sua baixa densidade demográfica, não há superlotação. Ruas, estradas e autoestradas de qualidade cortam o país e oferecem conforto a todos os motoristas.

Não há grandes divisões de classes econômicas na Noruega. Uma pessoa, ao atingir a vida adulta e se tornar economicamente ativa, segue vivendo praticamente da mesma maneira que vivia quando era dependente de seus pais. Não é necessário pensar em comprar uma casa de valor mais alto numa região nobre, afinal, basicamente, todas as regiões são nobres ou, por outra perspectiva, não há regiões de guetos ou onde a segurança possa ser ameaçada. Também não é necessário pensar em comprar carros tão caros, pois o transporte público lhes atende bem e, mesmo para que os que possuem automóveis mais antigos, as estradas oferecem qualidade e conforto. Deste modo, a ambição do indivíduo não é centrada em seu próprio umbigo, mas em preservar o bem público, o bem comum.

Não é surpresa que a Noruega é recorrentemente classificada como o país mais desenvolvido do mundo desde 2001 em todos as pesquisas relacionadas ao Índice de Desenvolvimento Humano (IDH). Em 2007, também foi classificada como o país mais pacífico do mundo, segundo o Índice Global da Paz e, em 2017, em estudos apoiados pela ONU, a Noruega foi apontada como o país mais feliz do mundo, superando sua vizinha Dinamarca. A Nigéria, por outro lado, ocupa a posição 157 no ranking do IDH, segundo os dados de 2018.

A consciência do bem comum afeta diretamente anseios e propósito dos indivíduos que compõem determinadas sociedades. Quanto mais consciência sobre o bem comum houver, mais desenvolvida será a comunidade. As comunidades menos desenvolvidas são as que menos apresentam consciência sobre o coletivo ou a preocupação sobre o que é melhor para a maioria e não apenas para si próprio e seus familiares.

5.2 DNA DE UMA COMUNIDADE DE SUCESSO

Toda comunidade deve nascer com uma missão clara e bem definida, de forma que seus fundadores consigam facilmente explicar (se possível em uma frase) o motivo que fará com que pessoas se reúnam e sintam orgulho e senso de pertencimento nesta comunidade. Existem diferentes formas de se criar e manter uma comunidade. Algumas nascem em pequenos grupos que organizam reuniões (ou *meetups*) presenciais para discussão de temas de interesse, compartilhamento de informações e criação de planos ou projetos para a resolução de problemas. Outras nascem online por meio de grupos de usuários (*user groups*), listas de distribuição (*distribution lists ou DL's*) por e-mail, fóruns técnicos onde pessoas lançam perguntas e especialistas respondem. No entanto, o denominador comum entre todas as comunidades é o fato de que pessoas se tornam membros pois vislumbram uma forma de se beneficiarem com isso. O que poucos percebem é que a melhor maneira se tirar proveito das comunidades, não é pedindo nada, mas oferecendo. Quanto mais você participa e se une a grupos onde você tem algo a oferecer, mais oportunidades surgem e, com elas, você poderá obter ainda mais benefícios.

Você já deve ter ouvido diversas vezes pessoas afirmarem que a melhor forma de aprender é ensinando. Pois bem, essa máxima é, de fato, verdadeira, especialmente quando se trata de reuniões de pessoas em comunidades. Quando você participa de um *meetup* ouvindo uma palestra ou um painel de discussão, você consegue sair com algumas ideias e inspirações para a sua vida. Por outro lado, quando você participa ativamente com perguntas para os que estão à frente no palco, é possível se beneficiar ainda mais. Especialmente se você está no palco ministrando uma palestra ou participando de um painel. É importante notar que em *meetups* ou reuniões de comunidades, quem está palestrando não necessariamente precisa ser um guru no assunto, mas alguém que organizou os temas e decidiu compartilhar para o grupo. A riqueza da troca de conhecimentos ocorre, de fato, quando há um diálogo em duas vias, como quando o palestrante está atento a sua plateia e consegue estimular perguntas ou comentários sobre o tema de sua apresentação.

Quando uma nova comunidade nasce, ela traz consigo uma identidade que é bem atrelada a seus criadores. Se um grupo de desenvolvedores .Net decidem criar uma comunidade, em seus primeiros *meetups,* é bem provável que os participantes sejam, em sua

> "Se a liberdade significa alguma coisa, será sobretudo o direito de dizer às outras pessoas o que elas não querem ouvir."
>
> George Orwell

grande maioria, de desenvolvedores .Net. Ao passar do tempo, outros perfis podem se unir a comunidade, palestrantes externos podem gerar novos *insights* e com isso o DNA daquele grupo vai naturalmente evoluindo e sofrendo mutações. Isso vale para qualquer tipo de comunidade, não apenas as comunidades técnicas. Se há uma comunidade de culinária, por exemplo, onde seus membros inicialmente discutem melhores práticas e receitas orgânicas, com o passar do tempo, a identidade da comunidade pode ir tomando outra forma e, seus membros podem dar uma forma diferente à mesma, o que atrairá outro grupo de novos membros. Comunidades que não sofrem mutações ou evoluem, com o passar do tempo, estão fadadas a não chegarem à maturidade.

E quando seria a maturidade de uma comunidade? Você já tentou reunir um grupo de pessoas (que você conhece) para discutir um assunto importante? Não é uma tarefa fácil, concorda? Agora, se reunir pessoas conhecidas uma única vez já não é uma tarefa tão simples, imagine, reuni-las periodicamente. Pense ainda numa forma de reunir pessoas desconhecidas para discutir um tema em comum. Realmente não é algo simples.

O ponto fundamental que atrairá pessoas a participarem de uma comunidade é o quanto ela acolhe, permite que membros de diversos perfis e culturas sejam incluídos e, claro, o conteúdo e as experiências de seus líderes e membros mais vocais. Se a líder de uma comunidade é uma pessoa carismática e com conteúdo, com certeza ela atrairá muitos membros que terão interesse de participar dos eventos da comunidade só para estar próximo a ela. Lembre-se a todo instante do poder do *PeopleChain* que introduzimos no Capítulo 4 – "Observe o vão entre você e o resto do mundo" e de tudo que discutimos sobre senso de propósito, a necessidade de se unir a outras pessoas para exponencializar e a importância de retirar os atritos das suas relações.

Neste momento, vale também relembrar o estudo apresentado na introdução deste livro sobre viver em comunidades. Para fazer parte de uma comunidade, uma pessoa precisa ser S/A – Sem Atrito. Uma pessoa que apresenta um comportamento conflituoso ou agressivo com outras, não se sustentará em uma comunidade. Em um ambiente de comunidade é preciso saber ouvir e perceber o momento de cada um e o interesse ou contexto que cada membro está inserido naquele instante.

Da mesma forma, é preciso que uma comunidade tenha regras gerais bem definidas e apresentada a todos de forma clara. Um código de conduta é sempre bem-vindo e torna mais saudável a convivência para todos do grupo. Vamos tratar desse tema com mais profundidade mais tarde nesse capítulo, quando apresentarei seis passos para a criação de uma comunidade saudável e inclusiva.

5.3 TODA TRIBO PRECISA DE UM LÍDER

Por mais democrática e igualitária que uma comunidade tenha o objetivo de ser, é preciso que existam líderes, que irão inspirar, influenciar e zelar pelo bem comum de seus membros. Pessoas querem mudança. A possibilidade de aprender coisas novas atrai pessoas, não pelo novo conhecimento por si só e sim pelo que ele pode gerar de oportunidades. Mas o que move uma grande quantidade de pessoas de fato é a paixão. A paixão nas palavras, gestos e atitudes que um bom líder consegue realizar.

As pessoas são movidas pelo senso de propósito, mas também pela fé, pela esperança de mudanças positivas. Numa das cenas do filme *Proposta Indecente* (*Indecent Proposal*) de 1993, o personagem vivido por Woody Harrelson faz uma citação a Louis Kahn — um dos maiores nomes da arquitetura moderna mundial — que certa vez afirmou que até um tijolo quer ser algo mais ("*Even a brick wants to be something*"). Se você parar para analisar, um tijolo sozinho não representa praticamente nada. Mas quando se junta centenas, milhares de tijolos, é possível construir obras magníficas. E o cimento que une cada um destes tijolinhos individuais é um bom líder.

Líderes de fato são aqueles que inspiram. Apesar de alguns dicionários definirem líderes como chefes ou pessoas que possuem autoridade para comandar outros indivíduos, a melhor definição de líder é a de alguém que exerce influência no comportamento ou modo de pensar das outras pessoas. É importante notar que não há um único tipo de comportamento padrão que um líder deve desempenhar. Existem líderes de fato mais carismáticos, que conseguem motivar e transmitir paixão em suas palavras, como também existem outros tipos de líderes que, apesar de não terem tanto carisma, conquistam pela excelência técnica, como exemplo pelo que fazem mais do que falam.

Se tentarmos buscar grandes referências de líderes carismáticos da história moderna, vamos encontrar perfis diferentes. Desde Martin Luther King Jr (mencionado no Capítulo 1) a Henry Ford (Capítulo 2) ou Ghandi (Capítulo 3). Há aqueles que impõem discursos fervorosos e repletos de sentimentos e aqueles com discursos mais introspectivos e com tons de voz bem suaves. O Vale do Silício, berço de tanta inovação e das mentes mais brilhantes do mundo no que tange a tecnologia, já apresentou ao mundo líderes de megaempresas com muito carisma como Steve Jobs, que desde sua juventude conseguia conquistar e influenciar pessoas com sua visão de futuro e das soluções que fabricava na Apple. Ao passo que, seu sócio e cofundador da mesma Apple, Steve Woz era visto pela comunidade *geek* como o grande líder e gênio da tecnologia. Woz nunca teve o carisma ou a habilidade de falar para multidões como Jobs, porém, conquistava pela paixão pela tecnologia que produzia e pelo propósito que levava a frente de tudo: tornar a tecnologia acessível e fácil para todos.

Líderes se desenvolvem como líderes, não nascem assim. Observe os vídeos de Bill Gates palestrando na década de 1980 ou início dos anos 1990 e compare com o Bill de 2010 para cá. Você notará uma enorme evolução no carisma e em seu discurso. Bill sempre foi um jovem visionário, assim como Jobs e Wozniak. Porém, cada um à sua maneira, cultivando seu público. Pessoas tornam-se líderes e naturalmente evoluem como grandes influenciadores.

Todo bom líder deve semear pontos de concordância ao invés de apontar diferenças entre membros do grupo. De vez em quando identifico alguns membros de comunidades que, até poderiam ter um papel de liderança, mas que insistem em semear a discórdia e divagar sobre egocentrismos, deixando de lado, assim, o bem comum e o senso de pertencimento que une todos ao redor de uma comunidade.

Comunidades de fato precisam de líderes, como afirma Seth Godin em seu livro *Tribes* de 2008. Um líder só ocupa essa posição se houver pessoas que o sigam ou que são influenciadas por ele. Um outro aspecto importante da liderança em comunidades é que, muitas vezes, uma comunidade nasce com um ou dois líderes e, ao passar do tempo, estes vão buscando novos caminhos e não é feita uma preparação para que novos líderes surjam e estes sigam mantendo a comunidade ativa e evoluindo. É importante que um líder identifique membros da comunidade que possam sucedê-lo para que a comunidade seja perene e permaneça mudando e trazendo novas visões de liderança.

Empresas também podem ser vistas como grandes comunidades e é perceptível a mudança que um bom líder pode trazer para elas. Geralmente, o resultado de uma liderança de sucesso também reflete nas ações da empresa, se esta possui ações na Bolsa de Valores. Caso a empresa seja de capital fechado, os resultados podem se refletir no aumento das vendas e nas margens de lucro. Ou ainda, aumento da satisfação de seus funcionários. Liderança é fundamental para qualquer grupo de pessoas. Seja um time de futebol, basquete, uma tribo indígena, um clube de motociclistas ou uma empresa.

5.4 COMO TORNAR-SE UMA AUTORIDADE?

Antes de pensar em ser líder é importante se preparar e buscar a excelência em alguma área de conhecimento. Quando uma pessoa detém grande conhecimento técnico ou experiência sobre determinado tema e ela passa a fazer parte de uma comunidade, é importante que as outras pessoas a vejam como uma referência ou uma autoridade no assunto.

Há diversas formas de tornar-se autoridade dentro de uma comunidade. Se estamos tratando de comunidades *offlines*, onde há encontros periódicos por meio de *meetups* e *workshops*, o primeiro passo é se preparar para palestrar, para ministrar cursos e mentorar pessoas.

Em comunidades *online*, o objetivo de compartilhar conhecimento e impactar mais pessoas pode ser atingido de forma mais ágil, porém, não é uma tarefa simples conquistar seguidores e crescer rapidamente sua rede de conexões. É preciso investir tempo na geração de muito conteúdo. O marketing de conteúdo tem gerado bons frutos para quem o pratica. Por meio de artigos em blogs pessoais ou utilizando redes sociais, tais como o LinkedIn e o Twitter, é possível conquistar uma grande quantidade de pessoas que terão interesse nos conhecimentos compartilhados. É preciso foco e disciplina para entender a dinâmica de sua rede online de conexões e os conteúdos mais adequados para estes.

O que há de comum entre comunidades online e comunidades *offline* é que não existem atalhos para se tornar uma referência. É preciso dedicação. São necessárias horas de preparação de bons conteúdos e se mostrar em palestras, painéis, artigos e posts. Muitas vezes, você pode produzir algo que julgava ser brilhante, mas não encantou ou obteve tantas impressões quanto esperava. Mas é importante seguir criando conteúdos e validando-os com a sua comunidade.

Muitos já perceberam a importância do LinkedIn, como a principal rede social profissional online que existe. Outros ainda o veem como uma rede meramente de currículos online onde se atualizam apenas os status de trabalho e a conclusão de cursos acadêmicos. Mas o LinkedIn vem crescendo ano após ano e conquistando cada vez mais espaço como plataforma de criação de conteúdos de diversas áreas. Muitos profissionais deixaram de manter seus blogs pessoais para investirem na criação de artigos e posts nesta rede social. E é importante tratar suas conexões não como seguidores, mas como sua comunidade. Uma comunidade onde você é o líder e tem voz. Onde você produz conteúdos de forma pública e suas conexões realizam a validação de seus conteúdos.

> "Até um tijolo quer ser algo mais."
> Louis Kahn

Uma outra maneira de se consolidar como uma autoridade é atuar próximo a uma outra pessoa que já exerça influência ou seja uma autoridade reconhecida pela comunidade. Por exemplo, se existe alguém que já é uma autoridade no que diz respeito a um determinado tema e ela o reconhece publicamente como alguém que consegue gerar bons conteúdos e compartilhar de forma clara com a comunidade, você, naturalmente, passará a ser visto como uma autoridade pelos demais membros da comunidade.

Considere o exemplo do vocalista da banda irlandesa U2, Bono Vox. Após anos de sucesso na carreira musical a frente de uma das bandas de maior renome internacional desde a década de 1980, Bono se engajou no ativismo sociopolítico e ambiental. Bono se tornou sinônimo de popstar ligado a ações humanitárias em defesa de países mais pobres da África e ações ligadas ao Greenpeace em defesa da fauna do planeta. Bono já era uma autoridade no rock e também se tornou uma referência na questão ambiental e geopolítica. Se qualquer pessoa comum passa a atuar próxima a Bono Vox e ele reconhece essa pessoa como um ativista engajado como ele, certamente outros reconhecerão um novo líder.

Desde que se afastou da posição de CEO da Microsoft, Bill Gates tem deixado de lado a figura de uma mente brilhante da tecnologia — um geek — para se tornar uma autoridade na filantropia. Gates hoje é reconhecido muito mais por seu trabalho frente a Fundação Bill e Melinda Gates com objetivos de erradicar a Pólio no mundo, reduzir a fome em países mais pobres da África ou criar soluções de saneamento inovadoras e que possam atender milhares de pessoas que vivem sem as mínimas condições sanitárias. Da mesma maneira, figuras que atuam próximo a Bill Gates nos dias de hoje, certamente poderão se tornar autoridades nestes assuntos. Uma fala de Bill Gates no TED Talks de 2015 com o título "The next outbreak? We're not ready" (em tradução livre: "O próximo surto? Nós não estamos preparados.") ficou particularmente famosa no ano de 2020 ao se referir sobre uma possível pandemia num futuro próximo que poderia nos atingir. Na verdade, em entrevistas posteriores a quarentena e o afastamento social provocado pela covid-19 em 2020, Gates afirma que nem ele imaginava que um surto de proporções globais estaria tão próximo e que realmente seria uma catástrofe para o mundo todo. Mas o fato chamou a atenção ainda mais para Gates como uma autoridade quando se refere a pandemia e produção de vacinas, que é uma imagem bem diferente daquela que ele tinha na década 1990, por exemplo, quando era odiado por muitos.

Note que ser uma autoridade numa área, também pode lhe ajudar a tornar-se uma autoridade em outra frente totalmente distinta, como nos casos de Bono e Bill mencionados anteriormente. Talvez isso não se aplique aos esportes, onde uma autoridade e um dos maiores astros de todos os tempos no basquete mundial: Michael Jordan — camisa 23 do Chicago Bulls nos anos 1990 —, não conseguiu se tornar autoridade no Baseball ao decidir encerrar sua carreira na NBA e tentar a sorte na MLB. Da mesma forma, nenhum nome sugerido por Pelé para ser seu sucessor, um dia chegou perto do eterno craque do Santos e da Seleção Brasileira. Único atleta a ser considerado "atleta do século" e, talvez, a maior autoridade do esporte mundial até hoje.

5.5 COMUNIDADES ONLINE, *YOUTUBERS BEST-SELLERS* E CONVERSAS NO CAFÉ

Desde que o Facebook se tornou a maior rede social online do mundo conectando pessoas e possibilitando a criação de grupos ou comunidades, muitos viram nessa plataforma uma grande oportunidade para a difusão de interesses comuns e compartilhar conhecimentos. Muitas comunidades online surgiram no Facebook e cresceram de forma a conectar pessoas de diversas partes ao redor de um determinado assunto de interesse. Isso fez com que muita gente investisse tempo (e dinheiro em algumas ocasiões) na plataforma para difundir seus grupos de usuários e posts com o objetivo de atrair mais pessoas para aderirem as suas comunidades.

Da mesma forma, o número de canais no YouTube cresceu de forma exponencial gerando uma grande legião de formadores de opinião e influenciadores digitais. Apesar de não ser uma plataforma propícia para a criação de comunidades, o YouTube possibilitou que milhares de *youtubers* se tornassem líderes de uma grande audiência de assinantes de seus canais e conteúdo. De arquitetura a Power BI, de culinária a conteúdos para crianças passando por galinha pintadinha, slime, bonecas LOL, Baby Sharks, ou ainda, de maquiagem a cursos de idiomas, os canais no YouTube foram se multiplicando e atraindo uma multidão de seguidores e expectadores. Desde sua fundação em 2005, até sua aquisição pelo Google em 2006 por 1,6 bilhão de dólares, o YouTube tornou-se o principal veículo de conteúdos para toda uma geração nascida após o ano de 2010, que cresceu assistindo mais os canais da plataforma de vídeos online que canais de TV tradicionais. Muitos *youtubers* perceberam que poderiam transformar suas audiências em comunidades e passaram a gerar conteúdos e abrir uma via de mão dupla para se comunicar com sua comunidade por meio de outras plataformas, tais como o Instagram, LinkedIn e o Twitter.

Muitas comunidades online surgiram com o foco em tecnologia: comunidades de desenvolvedores de *software*, comunidades específicas sobre especialistas em bancos de dados SQL, comunidades de *software* livre, comunidades de desenvolvimento ágil, de computação em nuvem, entre muitas outras. Além disso, surgiam também comunidades para discutir o novo empreendedorismo, por meio da discussão e disseminação de assuntos ligados a *startups*, inovação, economia criativa e indústria 4.0. As comunidades online tornaram-se fontes de *networking* poderosas e, ao mesmo tempo, oportunidades para muitos fazerem negócios. Vários líderes e membros de comunidades do Facebook, ou *youtubers* com canais que já impactavam dezenas de milhares de pessoas, perceberam isso e conseguiram fechar contratos de patrocínio e a realizarem negócios de outras naturezas iniciados a partir das conexões online. Nos últimos anos, muitos *youtubers* decidiram publicar livros com foco nos assuntos tratados em seus canais *online* e, não foram poucos que conseguiram conquistar o status de best-sellers graças a suas comunidades que adquiriram exemplares de suas obras.

Não há dúvidas de que o investimento em bons conteúdos de forma periódica em comunidades online pode trazer retornos a seus criadores. Por outro lado, o que há de comum em canais de sucesso, que se tornaram grandes comunidades, é o compartilhamento de excelentes conteúdos de forma gratuita, com produções cada vez mais profissionais com grande qualidade e, claro, pessoas carismáticas que se tornaram autoridade em suas áreas. Aliás, comunidades online e redes sociais, tais como as do Facebook e LinkedIn, podem acelerar o reconhecimento de pessoas como autoridades.

Além de Facebook, YouTube e LinkedIn, uma outra plataforma nasceu com o intuito de aprimorar as trocas de mensagens entre celulares — tipo SMS — mas ganhou status de rede social com o passar do tempo: o WhatsApp. Desde que o WhatsApp permitiu a possibilidade de criar grupos de pessoas, houve um grande crescimento de grupos para discussões de temas específicos (ou comunidades). Assim como no Facebook, os grupos do WhatsApp também se diversificaram bastante, porém com um foco realmente mais de divulgação e discussão. De grupos familiares, passando por grupos para discussões entre moradores do mesmo condomínio até grupos de comunidades técnicas também. Outras plataformas, tal como o Telegram, nasceram com o mesmo propósito e amplificaram várias discussões online entre pessoas.

O que poucos percebem ou muitos ignoram é que, apesar do grande poder das comunidades online, os maiores negócios ou parcerias são firmadas no offline. Não é em um grupo com dezenas de usuários no WhatsApp ou num grupo de centenas de usuários no Facebook que uma pessoa fecha um negócio de impacto ou concretiza uma parceria de negócio. Mas sim, durante um cafezinho, um almoço ou um jantar. Todos encontros offline e um a um. Entre duas partes. É importante saber dosar as inserções online com execuções offline para o equilíbrio e sucesso de sua carreira, seja ela como funcionário de uma empresa seja como empreendedor.

Um erro comum cometido por algumas pessoas é lançar ideias em grupos online e achar que elas, por si só, se consolidarão e irão evoluir para uma execução bem-sucedida. As comunidades online devem ser usadas para divulgação em massa de assuntos ou eventos. Podem ainda, ser utilizadas para a convocação de pessoas para um determinado movimento, chamada de palestrantes ou participantes de um determinado evento (*call for papers*). Mas nenhuma execução bem-sucedida é obtida por meio de ações apenas nos grupos online. Para mover projetos e iniciativas, é preciso investir muitas ações individuais, um a um, entre pessoas. Para realizar um evento sobre determinado assunto, do qual uma pessoa já faça parte de uma comunidade online com centenas de pessoas, por exemplo, não basta lançar as ideias neste grupo e esperar por sua realização. É preciso usar a facilidade da comunidade online para a comunicação em massa, ao mesmo tempo em que se mobiliza membros da comunidade de forma *offline*. Geralmente um a um ou conversando com grupos menores, para que sejam estabelecidos objetivos individuais ou de grupos menores. Só uma ação coordenada por um líder da comunidade (ou da tribo) pode, de fato, gerar a execução de ações bem-sucedidas. É preciso combinar o melhor do mundo *online* com o melhor do mundo privado e *offline*. Afinal, quando o objetivo é fechar um acordo comercial, entre duas partes, é imprescindível que exista uma conversa um a um. Seja pessoalmente, por videoconferência ou uma chamada telefônica.

5.6 SEIS PASSOS PARA A CRIAÇÃO DE UMA COMUNIDADE SAUDÁVEL E COM SUCESSO

Neste capítulo, introduzimos o tema sobre comunidades tratando de um tema fundamental: o bem comum, aquilo que une pessoas e o que deveria ser preservado e valorizado por todos. Depois falamos sobre o DNA de comunidades, passando por sua identidade e a experiência que proporciona a seus membros. Finalmente, concordamos com Seth Godin e Louis Kahn sobre a importância de um líder para unir a tribo e que se até um tijolo quer ser algo mais, imagine pessoas. Além disso, discutimos os pontos que levam uma pessoa a tornar-se uma autoridade num determinado assunto e em comunidades. Após analisar a importância do offline em conjunto com as redes sociais online, concluímos com uma trilha, não um trilho, sobre passos para a criação de uma comunidade saudável.

PASSO 1: DEFINIR A MISSÃO, VALORES E CÓDIGO DE CONDUTA

Ao iniciar uma comunidade, é vital definir claramente sua missão (ou propósito). Qual o objetivo da comunidade? Uma comunidade pode nascer com o objetivo de discutir temas relacionados a empreendedorismo, assim como nascer como o foco de discutir temas relacionados a um time de futebol. Seja qual for o domínio de assuntos ou tema da comunidade, é crucial que sejam criados e difundidos para cada membro o seu código de conduta. O código de conduta deve conter os valores que a comunidade compartilha, assim como regras gerais de convivência entre seus membros.

Uma comunidade que nasce da forma correta tem mais chances de viver e sobreviver por mais tempo. É preciso que cada membro da comunidade se sinta seguro para participar de eventos e emitir sua opinião. Para isso, é necessário que uma lista de regras de convivência seja definida e respeitada por seus membros. E, como parte do código de conduta, pode-se estabelecer as condutas inadequadas e possíveis punições para seus membros, incluindo, por exemplo, a retirada de um membro de um meetup ou a exclusão deste da comunidade, por definitivo.

As regras gerais e código de conduta não se limitam a uma comunidade offline. Servem e são utilizadas por muitas comunidades online. Fóruns técnicos mantidos por Microsoft ou Google, por exemplo, possuem suas regras e códigos de conduta. O Facebook, Instagram, o Twitter e o LinkedIn possuem suas regras. A imensa maioria de seus usuários não as lê por completo, mas as regras existem e estão presentes de forma mais explícita ou tácita em seus termos de utilização.

PASSO 2: CRIAR UM CALENDÁRIOS DE EVENTOS.

Uma vez criada, a comunidade ganhará vida por meio dos eventos que gera. Sejam eles online ou offline, é importante que exista uma forma eficiente de divulgá-los a seus membros. Para que um meetup tenha sucesso, por exemplo, primeiro, é necessário que exista um canal direto com todos os membros da comunidade por onde os eventos serão divulgados. Além disso, uma boa prática é manter um calendário de eventos onde todos os membros da comunidade ou pessoas externas possam acessar e programar sua participação.

Com a criação e manutenção de calendários públicos de seus eventos, uma comunidade terá maior chance de contar com uma participação consistente e crescente de pessoas, sejam seus membros ou convidados externos.

Outro aspecto importante relacionado ao calendário de eventos é criar uma tradição. Ou seja, definir eventos com regularidade seguindo uma rotina de tempo e local. Por exemplo, meetups toda segunda-feira à noite no auditório X, ou na primeira quarta-feira do mês pela manhã no escritório da empresa Y no Rio de Janeiro. Considerando que muitas comunidades se reúnem exclusivamente online, especialmente nos tempos de pandemia que vivemos, é possível definir Lives, encontros ou Webinars, num determinado dia da semana, no mesmo horário sempre, no canal do Youtube ou Instagram daquela comunidade. O ponto de destaque, neste passo, é facilitar a lembrança dos meetups por parte das pessoas. Atualmente, grande parte das pessoas leva uma vida bastante corrida com uma série de informações e eventos, se a comunidade facilita criando uma tradição, com certeza, colherá frutos com mais participantes em suas reuniões.

PASSO 3: DIVULGAR E ATRAIR MEMBROS.

A divulgação das reuniões da comunidade deve ser feita da forma mais ampla possível. A não ser que o objetivo da comunidade seja ser fechado e bem restrito a seus membros, ao estilo da maçonaria, deve-se divulgar, de diversas formas, os eventos que a comunidade está gerando.

Primeiro, como destacamos anteriormente, é necessário que os membros da comunidade tenham um canal principal para se comunicar. Seja um grupo de WhatsApp, de Facebook ou uma lista de distribuição por e-mail. Além disso, como a maioria dos encontros podem ser abertos ao público em geral, recomendo que sejam criados banners e artes para que seus membros postem em suas redes sociais e compartilhem com outras pessoas a fim de divulgar o evento e recrutar mais participantes para ele.

Além das redes sociais, há sites especializados na divulgação de eventos de comunidades e meetups como o meetup.com e o eventbrite.com ou uma das startups com o mesmo objetivo que vem obtendo mais sucesso no Brasil: sympla.com.br. Estes sites atuam como um plataforma online de eventos. Caso a comunidade ou pessoas individualmente criem eventos gratuitos, a plataforma é gratuita. Caso os eventos sejam pagos, a plataforma realiza a intermediação entre os pagantes e os criadores do evento, ficando com uma pequena taxa por cada inscrição realizada.

PASSO 4: MANTER UM AMBIENTE SAUDÁVEL E INCLUSIVO.

Uma vez que o primeiro passo foi executado, ou seja, a comunidade definiu um código de conduta e suas regras gerais de convivência, é importante que existam pessoas desempenhando o papel de zelar pela saúde da comunidade. Uma comunidade saudável é aquela que permite que cada um de seus membros ou convidados possam exprimir suas opiniões sem receio de que sejam censurados ou mal- interpretados. Da mesma forma, é imprescindível que cada membro da comunidade tenha uma visão clara de seus valores, para que, ao emitirem suas opiniões, comentários, perguntas ou respostas nos grupos ou reuniões

CURIOSIDADES

Você sabia que apesar da ONU reconhecer 193 países, existem alguns fora dessa lista como Taiwan, que não tem sua independência reconhecida pela China, e o Vaticano, que é um Estado "observador permanente", assim como a Palestina. Por outro lado, o Comitê Olímpico Internacional (COI) reconhece 206 e a FIFA reconhece 211 países membros. A expansão da FIFA vem desde os tempos em que o brasileiro João Havelange foi seu presidente e passou a criar uma ação para expansão e adesão de novos membros, mesmo que alguns não tivessem sua independência reconhecida mundialmente ou fossem territórios pertencentes a outros países, como é o caso das Ilhas Cayman que ficam ao sul de Cuba e pertencem ao Império Britânico, o mesmo acontece com Bermuda. Temos ainda Hong Kong e Macau, que são regiões administrativas especiais da China. Desta maneira, temos mais divisões para a FIFA e o COI do que para a ONU.

•••

A definição de livros best-sellers não é algo padronizado em nenhuma parte do mundo. No fundo, editoras divulgam suas listas dos livros mais vendidos e livrarias mantêm suas estatísticas, que, por vezes, são compartilhadas para veículos de mídia que fazem sua própria divulgação. Nos Estados Unidos, por exemplo, uma das listas mais respeitadas de livros best-sellers é a lista do jornal The New York Times. O jornal reúne dados fornecidos por cerca de três a cinco mil livrarias. Após tabulações e categorizações, o NY Times divulga sua lista que alavanca ainda mais os títulos ali mencionados. No Brasil não é diferente. Segundo matéria publicada pela Revista Super Interessante em 4 de julho de 2018, a Revista Veja considera dados de vendas das maiores livrarias de somente 16 grandes cidades brasileiras e sete sites. Esses números são, portanto, incompletos e imprecisos. Não há uma marca específica para caracterizar um livro como best-seller. Porém, convenciona-se classificar como best-seller um livro que venda cerca de 15 mil exemplares. A CBL - Câmara Brasileira do Livro calcula uma tiragem média de livros brasileiros em torno de dois mil e quinhentos exemplares.

•••

Em novembro de 2018, durante a Reinvented Toilet Expo em Pequim, Bill Gates afirmou que não houve avanços significativos em tecnologias aplicadas a saneamento nos últimos 200 anos e apresentou o projeto da Fundação Bill & Melinda Gates sobre o vaso sanitário com o qual Bill vislumbra economizar quase um trilhão de reais. Na verdade, o projeto que é parte de uma série de iniciativas que receberam mais de 200 milhões de dólares em investimentos durante cerca de sete anos, utiliza tecnologias de esterilização de dejetos humanos. O propósito maior é impedir pelo menos meio milhão de mortes de crianças por todo o mundo. Segundo a análise apresentada, cada dólar investido em saneamento renderia cerca de 5,5 dólares em retorno de ganhos econômicos de acordo com a OMS. A tecnologia do vaso sanitário do futuro consegue transformar esgoto em água potável. Bill e Melinda doaram quase 40 bilhões de dólares para a Fundação desde 1994. Bill Gates afirmou que começou a se interessar, de fato, por saneamento por volta de 2009, quando deixou de trabalhar em tempo integral na Microsoft.

presenciais, não expressem algo que vá feri-los. Os valores e o código de conduta devem proteger grupos vulneráveis de comportamentos abusivos, desrespeitosos ou preconceituosos.

Uma comunidade que visa crescer e ganhar novos adeptos deve prezar pela diversidade e inclusão. Uma comunidade inclusiva é aquela que permite que diferentes perfis ou personas se sintam incluídas em seus valores e conteúdos disseminados. No Capítulo 7 – Conectando Ilhas trataremos com maior profundidade do tema diversidade, inclusão e acessibilidade.

PASSO 5: GERAR OPORTUNIDADES SEM VAIDADES

Um passo que parece simples, mas na prática não é lembrado por muitas pessoas. A comunidade deve servir seus membros. Sobretudo com troca de conhecimento, mas também com a geração de oportunidades entre eles. Quando uma comunidade se deixa dominar por pequenos subgrupos que divulgam conteúdos viciados ou cheios de vaidade sobre determinada ideologia, facção ou privilegiando apenas alguns de seus membros, ela perde seu propósito principal. Quando poucos indivíduos dominam a comunidade em detrimento dos demais, não há um ecossistema, mas um "egossistema", como trataremos no Capítulo 11 – Profissional Rico, Profissional Pobre.

PASSO 6: CULTIVAR UM MINDSET DE CRESCIMENTO

Toda comunidade deve ter o objetivo de crescer e evoluir com o tempo. Uma comunidade que nasce com um domínio de assunto muito engessado pode não permanecer relevante por muitos anos. É importante que a comunidade vá se adaptando e evoluindo junto com seus membros. Se ao ser criada, uma comunidade era focada em temas relacionados a festas infantis, mas com o passar do tempo, seus membros — inicialmente especialistas em festas para crianças — também se tornam especialistas em artesanato ou criação de conteúdos digitais, por que não evoluir a comunidade para incluir estes temas?

É preciso nutrir um pensamento de crescimento, ou growth mindset. Segundo Carol Dweck, autora do livro *Mindset – A nova psicologia do sucesso* de 2015, uma comunidade com growth mindset é aquela onde pessoas acreditam que suas habilidades mais básicas possam se desenvolver por meio da dedicação e trabalho duro, na qual cérebro e talento são apenas o ponto de partida. Segunda a autora, essa visão cria um amor pelo aprendizado e uma resiliência que é essencial para grandes realizações.

RELATOS REAIS DE PROFISSIONAIS MAIS VALIOSOS

MENOS EGO, MAIS CONTINUIDADE

Comunidades agregam, apoiam e trazem felicidade às pessoas. Sendo da área de tecnologia, quando falamos em comunidades pensamos em grupos dedicados a alguma área técnica com o objetivo de difundir o conhecimento adquirido com profissionais ou iniciantes. Mas comunidades vão muito além disso!

Por exemplo, quando pensamos que hoje não usamos mais o termo "favelas" e sim "comunidades" para designar localidades, passamos a nos dar conta de que várias outras definições e objetivos estão relacionados a este termo.

Tenho experiência com outro tipo de comunidade, a religiosa, onde as pessoas também se juntam com o objetivo de aprender mais sobre tópicos ligados ao conhecimento bíblico e desenvolvimento de uma vida voltada a um propósito maior ao próximo. O que este tipo de comunidade pode ensinar as outras?

As comunidades técnicas, muitas vezes, se concentram em destacar que a carreira bem-sucedida é aquela onde o indivíduo irá ter um melhor salário, ou seja, focado no fator monetário. E os que representam estas comunidades muitas vezes são motivados pela "fama" instantânea que advém do público ou da divulgação do evento desta comunidade.

Contrastando com isso, na comunidade que participo as pessoas não são motivadas por um melhor salário e sim pela esperança que recebem, pela possibilidade de contar com algo maior ao lidar com problemas. Os que representam essa comunidade não tem ganho financeiro e são anônimos no papel que desempenham, o que, muitas vezes, envolve ajudar financeiramente com seus recursos pessoais para aqueles em necessidade.

Recentemente, realizamos um evento com mais de 40 mil pessoas com um grande número de estrangeiros convidados para participar. Todo o trabalho de montagem, recepção e organização foi realizado por voluntários que tiraram férias e que se alegraram por fazerem novos amigos e ver a felicidade que estes convidados compartilharam com eles.

Fazer o bem a outros e ver que a vida destes se torna melhor é gratificante, muito além do que o dinheiro pode comprar! Ver alguém que perde um ente querido se levantar do luto com esperança renovada, um homem que consegue mudar seu espírito violento, um casal com casamento abalado se reconciliar e um viciado ou alcoólatra se livrar do vício são exemplos do que resulta desse trabalho.

Em outras comunidades, como as técnicas, é preciso menos preocupação com a imagem pessoal e mais visão para o coletivo. Estamos construindo profissionais e pessoas melhores? Será que usamos estes eventos para promover a nós mesmos? Os que se voluntariaram para ajudar ao evento e a comunidade se sentem renovados e reconhecidos pelos outros que participaram? Como podemos garantir que o conhecimento fique disponível a quem não participou do evento inicial? Como dar continuidade ao conhecimento inicializado?

Uma comunidade técnica deve focar no conhecimento especializado da área de atuação, mas é preciso transpor a barreira de uma palestra de 45 ou 60 minutos e pensar em afetar, de forma contínua e permanente, a vida profissional das pessoas. Isso é o que buscamos e aprendemos com essas comunidades.

__Marcelo Sincic__ é Arquiteto de Soluções na Dell Computadores, membro ativos de uma ordem religiosa e Microsoft MVP na categoria de Cloud and Datacenter Management

LIDERAR COMUNIDADES E SONHAR COMO HUMANOS

Minha história com comunidades iniciou há cerca de seis anos, eu nem imaginava que esse tipo de trabalho existia e minha vida teria sido muito simplificada se tivesse descoberto antes. Eu estava procurando respostas para dúvidas técnicas sobre C# e caí em um site chamado DevBrasil, neste site havia uma área com dúvidas e respostas, artigos, chat e a divulgação de eventos presenciais. Achei incrível! Pensei, um sábado inteirinho para aprender sobre .net e gratuito? Quero! Fiz minha inscrição e fui sozinha.

Durante o evento, lá pelas 15 horas, comecei a ficar um pouco sonolenta e sai do auditório para pegar um café. Durante o café, fui abordada pelo Ramon Durães:

"Oi, tudo bem? Está gostando do evento?"

"Oi, muito!", respondi.

"Você trabalha com tecnologia?"

"Sim, sou desenvolvedora .net :-)"

"Que legal! Eu sou o Ramon, o organizador deste evento". E me deu um cartão de visita.

Eu logo pensei, eu preciso ser amiga desse homem, ele parece importante! Voltei para as palestras, depois daquele dia, a cada duas semanas eu mandava um SMS para ele falando, "Oi Ramon, Bom dia!! Tudo bem com você?", ele respondia e acabava o papo. Eu não sabia direito o que conversar com ele, mas sabia que precisava me fazer ser lembrada. No chat do DevBrasil, conheci o Rogério

Rodrigues, que anunciou que faria um evento na Praia Grande. Eu já tinha sido mordida pela paixão por comunidades! Claro que eu iria, assim como em todos os eventos que eu soubesse que haveria. Na época não era como hoje, que temos eventos todos os dias. Dois anos depois, eu fui contratada pelo Ramon, para um projeto incrível que foi um divisor de águas em minha carreira: foi uma imersão violenta em tecnologias e novos conceitos, com um time de alto nível técnico. Claro que eu aproveitei para aprender o máximo que pude com eles.

Nesta época, conheci uma comunidade chamada .Net Coders, que estava fazendo eventos de Xamarin. Como pretendia aprender mais sobre tecnologias mobile me inscrevi. Chegando lá, conheci os palestrantes - Valério Ferreira e Angelo Belchior. Entrei na sala do evento e me sentei na frente. O Angelo me olhou e perguntou: "O Ramon vem hoje?" Eu pensei: "Como ele sabe, que eu trabalho pro Ramon?", respondi: "Acho que não". Sempre fui muito tímida, entrava e saía dos eventos sem conversar com as pessoas, a não ser que alguém viesse falar comigo. Já que o Ângelo me abordou, me aproximei deles na hora do almoço e neste dia fiquei amiga dos palestrantes e comecei a ir em todos os eventos de Xamarin que o faziam. De espectadora virei quase uma ajudante!

Alguns meses depois que comecei a frequentar o .Net Coders houve um desentendimento entre os líderes da comunidade, os interesses e propósitos já não eram compatíveis, então o Valério saiu e me convidou para fundar o Developers-SP. Assim nascia meu bebezinho! Começamos nossos eventos presenciais, inicialmente voltados principalmente a Xamarin. Mais tarde, separamos as responsabilidades e o Valério assumiu a frente de mobile enquanto eu cuidava de outros assuntos relacionados a tecnologia e desenvolvimento de software. Inicialmente, os temas que eu escolhia eram sempre de assuntos que eu queria aprender (e parece que boa parte dos devs estavam interessados nos mesmos assuntos que eu), nossos eventos estavam sempre cheios. Depois de algum tempo, o Valério teve problemas de saúde e precisou se afastar da comunidade, eu assumi o Developers sozinha, algumas semanas depois chegou o Luigi Tavolaro para ser meu braço direito no Developers. Estava cada dia mais envolvida e apaixonada por isso, era bom demais estar em contato com pessoas tão apaixonadas por código como eu. Aprendi muito, mas sempre preferia os bastidores, pois não gostava de ser o foco das atenções. Um belo dia, recebo uma mensagem do Valério dizendo:

"Vai acontecer um evento dentro da Microsoft, é o lançamento do Visual Studio 2017, como será perto do dia das mulheres, vamos colocar meninas para palestrar e eu e o Angelo decidimos que você será uma delas!"

Respondi ineditamente perguntando: "Você bateu com a cabeça? Eu nunca! Dentro da Microsoft? Lançamento do Visual Studio! Vocês estão loucos? Eu nunca palestrei e vocês querem que eu comece assim? Nãooo!!" Já me tremendo toda, mandei uma lista de meninas que eles podiam chamar.

Mas o Valério prosseguiu: "Então Thamirys, nós avaliamos a lista e decidimos que será você mesmo. Já enviamos o seu nome. Mas fique tranquila, será sobre Xamarin e eu e o Angelo vamos te ajudar e estaremos lá no dia. Vamos cobrir qualquer coisa que você trave".

Os dias entre essa notícia e o evento foram tensos, acho que nunca estudei tanto. No dia eu tremia demais! Mas deu tudo certo no final. Fui convidada para um evento para líderes de comunidades, foi incrível! Lá entendi a importância de trabalhos focados em minorias, porque, apesar do Developers ser liderado por uma mulher, as mulheres não vinham nos eventos. Fui me aprofundando no assunto e entendi a importância da representatividade nos palcos. Isso me fazia superar a vergonha e ir para os palcos. Nascia ali a frente feminina do Developers: o DevBrWomen.

No começo de dezembro do ano em que fiz minha primeira palestra, recebi um email dizendo que eu tinha sido indicada para o programa MVP, eu estremeci inteira e perguntei para quem me indicou: "O que é isso?" Ele respondeu: "Fique tranquila, é só uma sementinha, preencha com suas contribuições". Eu comecei a preencher de forma despretensiosa pensando: "Ahh, deve demorar!" Mas na metade do mês, o Glauter (Líder dos MVPs) me convidou para uma reunião, pois queria saber mais sobre o meu trabalho com comunidades.

"Você conhece o programa Microsoft MVP? Você já pensou em se tornar uma MVP?", perguntou.

"Ahh eu acho muito incrível! Mas nunca pensei em me tornar, porque o MVP parece ser somente para deuses e eu sou humana rs."

Glauter riu muito e disse: "Nãooo, o programa MVP é para humanos!"

"Existe algum tipo de cotas na análise? Se tiver, eu não quero."

"Não, Thamirys, não existe sistema de cotas no programa MVP, todos que estão lá mereceram tanto pelo trabalho técnico quanto pelo trabalho à frente de comunidades!", respondeu sem titubear.

Sai de lá sonhando. Será que é pra mim? Será que vai acontecer? No dia 2 de janeiro de 2018 estava indo para casa no metrô de São Paulo e recebi uma ligação do Rio de Janeiro. Pensei que deveria ser telemarketing, mas atendi mesmo assim. Era o GLAUTER! "Oi Thamirys, estou te ligando para te parabenizar pelo seu título de MVP!". "O QUEEE?" Perdi o chão, os sentidos, passei da estação que tinha que descer, fiquei paralisada! Ainda gaguejando respondi "Obrigadaaa!", e fui pra outra dimensão, nem sei mais o que o Glauter falou naquele dia. Queria gritar, pular, chorar! Não acredito! Meus amigos de comunidade, entre eles vários MVPs, palestrantes e parceiros fizeram uma festa surpresa para comemorar o meu título! Foi lindo demais, emocionante, inesquecível!

Em março de 2018 fui para um evento na sede da Microsoft nos Estados Unidos exclusivo para MVPs e funcionários Microsoft. Ao entrar no campus passou um filme na minha cabeça. Os olhos lacrimejaram... Nunca imaginei que minha paixão por ajudar ao próximo, por tecnologia e por desenvolvimento me levariam tão longe. Que um dia teria a chance de conversar com os criadores das tecnologias que uso, com a equipe que desenvolve as soluções com as quais trabalho.

Estou vivendo um sonho e todos sabem como é difícil o mercado de TI para as mulheres. O quanto é machista esse ambiente e o quanto precisamos nos destacar para termos uma opinião considerada. O título me ajudou a ter mais credibilidade. Muitas pessoas me perguntam o que eu ganho com esse trabalho ou quanto eu cobro por cada palestra e se chocam quando eu respondo que, na verdade, eu gasto, bancando do meu bolso: adesivos, passagens de avião, hotéis.

Sobre o que eu ganhei: muitos amigos, os melhores possíveis! Evolução técnica, a convivência com os melhores que sempre te faz ser melhor, a alegria de impactar a vida de pessoas... Não tem preço impulsionar alguém a sonhar, ser participante de alguma mudança de vida. Comunidade técnica impacta muito mais que o mundo tecnológico, impacta a área social também, pessoas que eu não conheço me param nos eventos dizendo: "Você é a Thamirys, não é? Muito obrigada pelo trabalho que você faz!" Já me abordaram no metrô também. É uma sensação incrível de que o meu amor por comunidade está alcançando as pessoas.

Liderar comunidade é extremamente trabalhoso e exaustivo, para mim não tem sentido se submeter a esse trabalho se o foco for apenas distribuir conteúdo técnico, é mais fácil criar um blog, um canal no YouTube e afins. Eu acredito que esse trabalho precisa de mais atenção, precisa atingir o social, que nós líderes precisamos estar atentos às necessidades de nossos integrantes, não apenas sobre deixá-los informados sobre as tecnologias e os tornar melhores programadores, mas ajudá-los a sonhar, a irem mais longe. Precisamos estar atentos ao que impede alguns de chegar e fazer o melhor para tirar todos os empecilhos.

Thamirys Gameiro *é desenvolvedora e Microsoft MVP na categoria Developer Technologies.*

Após tratarmos de comunidades e o bem comum neste capítulo, precisamos entender melhor como pessoas se relacionam e estão conectadas. No próximo capítulo, trataremos de um tema que, para muitos, é mito, para outros apenas uma utopia ou teoria sem fundamento, mas que já foi comprovado cientificamente, como veremos. A teoria dos seis graus de separação entre quaisquer pessoas no mundo. Vamos também discutir o impacto que você possui em sua rede de relacionamentos e como se considerar um conector poderoso de fato. Como deixar de ser ilha e se tornar ponte.

TRÊS PONTOS PARA NÃO ESQUECER

- Você não está nem nunca esteve só no mundo. Portanto, você é como as pessoas lhe veem e pessoas lhe definem por tudo o que você faz. Seus atos, gestos e tons de voz definem quem você é.

- Comunidades de sucesso devem nascer com objetivos que irão gerar senso de pertencimento em seus participantes e que irão atrair novos membros.

- Toda comunidade precisa de liderança. Mas não uma liderança egocêntrica, que privilegia uma minoria que tenha voz diante da maioria dos membros. É preciso que a liderança zele pelo bem comum e pela maioria dos membros da comunidade.

TRÊS PONTOS PARA REFLETIR

- Como você analisa as migrações entre povos de países distintos? Sejam as migrações pela busca de novas oportunidades profissionais, sejam as migrações por falta de opção ou fuga de seus países de origem (devido a pobreza ou guerras)?

- Você acredita que é autoridade em algum tema com o qual trabalha?

- Você utilize bem tanto as interações online quanto as interações offline com as outras pessoas? Você já percebeu a importância e a forma de lidar com cada uma?

ANNOTE AQUI

UTOPIA DISRUPTIVA: SEIS GRAUS DE SEPARAÇÃO

(Conectando a Hungria ao Facebook e Você a Mim)

♪ *"Procuramos independência
Acreditamos na distância
entre nós."*

(Bozzo Barretti / Fé Lemos / Fl /
Loro Jones, *Independência*)

♫ *"Come as you are, as you were
As I want you to be
As a friend, as a friend
As a known enemy"*

(Kurt Cobain, *Come as you are*)

PROPÓSITOS DO CAPÍTULO

Descrever e analisar a utopia de estarmos a apenas seis graus de separação entre nós.

• • •

Analisar o impacto que você possui em sua rede de relacionamentos e como se transformar num conector de pessoas poderoso. Como amplificar sua influência e relevância nas comunidades onde está inserido? Como deixar de ser ilha e se tornar ponte?

• • •

Conhecer ações que lhe permitirão maximizar o poder de sua rede de contatos em prol de seus objetivos ou das comunidades nas quais você está inserido.

Qual a distância entre nós? Sim, entre você e eu? Você sabia que está a, no máximo, seis graus de separação de qualquer outro habitante do planeta Terra? Será que a teoria dos seis graus de separação é fato ou um mito? Exploraremos isso durante esse capítulo. Seria essa questão uma utopia? Ou seja, uma situação imaginada, baseada numa vida praticamente perfeita. Onde viveríamos numa sociedade sem grandes desigualdades socioeconômicas. Uma utopia trata de uma ilusão, algo praticamente impossível de ser realizado, uma fantasia. Porém, quando inserimos o termo disruptivo, temos um rompimento com o padrão anterior, uma utopia disruptiva, portanto, seria algo realizável, um sonho possível. Walt Disney uma vez afirmou que gostava do impossível, pois lá a concorrência era menor. Neste contexto que abordaremos o tema da teoria dos seis graus de separação nesse capítulo.

Para iniciar nossa jornada sobre as conexões interpessoais, vamos usar como exemplo a relação entre você (leitor ou leitora) e eu. Registre abaixo quantas pessoas separam você de mim, Glauter Jannuzzi, autor deste livro. A metodologia deve seguir um critério, se você me conhece pessoalmente, tem meu número de telefone, já conversou comigo e sabe como me acionar diretamente, significa que não há ninguém entre nós. Portanto, nossa relação é direta ou com grau zero de separação.

Se, porventura, você não me conhece pessoalmente, mas conhece alguém que tem esse acesso direto a mim, nós dois estamos separados (ou conectados) por essa pessoa. Daí, estaríamos a um grau de separação. Assim, você pode fazer o exercício sucessivo até chegar a mim. E aí, quantas pessoas você precisa conectar para se conectar comigo pessoalmente ou, pelo menos, ter meu telefone para me enviar um WhatsApp? Registre, na Figura 6.1, a rota que você precisou seguir e quando chegar a alguém que tem meu contato, me mande uma mensagem dizendo quantos graus você encontrou. Eu acho quase impossível que alguém que esteja lendo esse livro agora, leve os seis graus para chegar até mim nesses dias de Instagram, LinkedIn e Twitter. Já estou aguardando! Tamojunto?

Níveis de Separação entre
VOCÊ e o **AUTOR** deste livro:

Grau 0: Se você me conhece pessoalmente, não há ninguém entre nós dois.

Grau 1: Entre eu você, temos uma pessoa: _____

Grau 2: Duas pessoas entre nós, a anterior e: _____

Grau 3: Além das anteriores: _____

Grau 4: _____

Grau 5: _____

Grau 6: _____

Figura 6.1 – Registro dos graus de separação entre leitor(a) e autor.

Alguns poderão dizer que eu não sou uma pessoa de difícil acesso, muito menos uma celebridade. Portanto, não creio que alguém precisará dos seis graus acima para chegar até mim. Por outro lado, pense agora em qualquer celebridade, qualquer uma! Do Papa a Dalai Lama? De Bono Vox a Bill Gates, de Elon Musk a Cristiano Ronaldo, de Messi a Rainha da Inglaterra. A teoria dos seis graus de separação afirma que você não está a mais do que seis graus de separação destas pessoas.

6.1 TUDO É DIFERENTE – UMA VIAGEM DE DELOREAN DA HUNGRIA ATÉ A SEDE DO FACEBOOK.

Para entender como surgiu a teoria dos seis graus de separação, vamos tomar emprestado o DeLorean do primeiro capítulo e viajar no tempo-espaço. Primeira parada:

BUDAPESTE - HUNGRIA, 1929.

Tudo começa na Hungria nesse ano de 1929, quando o escritor húngaro Frigyes Karinthy publica o livro *Tudo é diferente* [*Everything is different*]. O livro é organizado em uma série de pequenas histórias onde, numa delas, em particular, intitulada "Cadeia-Ligações" [Chain-Links][1], nascia a teoria dos seis graus de separação. Na verdade, Karinthy contava uma história de ficção onde os personagens discutiam quantas ligações em cadeia eram necessárias para se chegar até qualquer outra pessoa da Terra, naquela época com 1,5 bilhão de habitantes.

> *"Deixe-me colocar desta forma: o Planeta Terra nunca foi tão minúsculo como é agora.*
>
> .·.
>
> *Agora vivemos na terra das fadas. A única coisa ligeiramente decepcionante sobre esta terra é que é menor do que o mundo real já foi.*
>
> .·.
>
> *Tudo retorna e se renova. A diferença agora é que a taxa desses retornos aumentou, tanto no espaço quanto no tempo, de forma inédita. Agora meus pensamentos podem circundar o globo em minutos. Passagens inteiras da história do mundo são jogadas fora em um par de anos.*
>
> .·.
>
> *Um jogo fascinante surgiu desta discussão. Um de nós sugeriu a realização do experimento, a seguir, para provar que a população da terra está mais unida agora do que nunca. Devemos selecionar qualquer pessoa dos 1,5 bilhão de habitantes da terra, qualquer um mesmo, em qualquer lugar. Ele apostou que, usando não mais do que cinco indivíduos, um dos quais é um conhecido pessoal, ele poderia entrar em contato com o indivíduo selecionado usando nada mais do que a sua rede de conhecidos pessoais.*
>
> .·.
>
> *Eu propus um problema mais difícil: encontrar uma cadeia de contatos ligando-me com um rebitador anônimo na Ford Motor Company, e eu realizei-o em quatro etapas.*
>
> .·.

---

[1] Disponível em: https://www.motamem.org/wp-content/uploads/2015/11/Karinthy-Chain-Links-1929.pdf

E assim o jogo continuou. Nosso amigo estava absolutamente correto: ninguém do grupo precisava de mais de cinco ligações na cadeia para chegar, apenas usando o método de conhecimento, qualquer habitante do nosso planeta.

E isso nos leva a outra pergunta: houve algum tempo na história da humanidade quando isso teria sido impossível? Júlio César, por exemplo, era um homem popular, mas se ele tentasse entrar em contato com um sacerdote de uma das tribos Maias ou Astecas que viviam nas Américas naquela época, ele não poderia ter conseguido. Não em cinco etapas, nem mesmo em 300. Os europeus naqueles dias sabiam menos sobre a América e seus habitantes do que agora sabemos sobre Marte e seus habitantes."

Os fragmentos de texto anteriormente descritos são de 1929! Sim, noventa anos depois estou aqui escrevendo sobre ele e a relevância da obra de Frigyes Karinthy. Posso afirmar que Karinthy foi o pai do PeopleChain, sem dúvida alguma. Mas retornemos à teoria dos seis graus de separação neste momento. As reflexões compartilhadas por Karinthy evidenciavam que os avanços na comunicação e nos transportes fariam com que os círculos sociais ficassem cada vez maiores. Mesmo, considerando a distâncias entre as pessoas.

De volta ao DeLorean, vamos agora para nossa segunda parada no espaço-tempo:

BOSTON – ESTADOS UNIDOS, 1960.

Em 1960, o controverso professor e psicólogo Stanley Milgram, seguia orientando seus alunos de Harvard e Yale em teorias para provar o grau de conectividade entre as pessoas, incluindo, claro, a teoria de Karinthy sobre os seis graus de separação. Na culturalmente famosa década de 1960, Milgram quis colocar a teoria dos seis graus de separação à prova por meio de seu experimento chamado de Mundo Pequeno [*Small-world experiment*]. O experimento Mundo Pequeno, na verdade, compreendeu vários estudos conduzidos por Stanley e pesquisadores associados a ele que examinavam o tamanho médio do trajeto para as redes sociais de pessoas nos Estados Unidos. Este experimento foi concebido em uma época onde havia várias discussões independentes convergindo na ideia de que o mundo estava se tornando cada vez mais interligado. Milgram conduziu uma pesquisa super inovadora que sugeria que a sociedade humana era uma rede do "tipo-mundo-pequeno" caraterizada por caminhos curtos entre pessoas.

Imagine uma partida de futebol, onde cada time possui 11 jogadores, porém, os jogadores não podem passar a bola para qualquer um de seus companheiros, mas apenas para aqueles que estão mais próximos dele. O goleiro não poderia dar um chutão para lançar a bola pro centroavante. Ele teria que passar a bola pros zagueiros ou laterais. Os laterais poderiam recuar a bola pro goleiro ou passar para os volantes. Os volantes, por sua vez, poderiam passar a bola para os meio-campos mais ofensivos e, estes, para o centroavante e demais atacantes. Era preciso percorrer uma cadeia de conexões de pessoas para entregar a informação, que aqui, neste exemplo, seria a bola, para seus destinatários. Talvez essa seja a filosofia que alguns treinadores de futebol queiram passar para seus atletas — em pleno ano de 2019 — para evitar chutões!

A melhor maneira que Milgram encontrou à época para testar a teoria dos seis graus de separação, foi enviando 300 pacotes para pessoas aleatórias espalhadas pelos Estados Unidos. Na verdade, ele escolheu duas cidades distantes em estados diferentes tanto geográfica quanto socialmente de Boston, que fica no Estado de Massachusetts. As cidades escolhidas por ele foram Omaha — no estado de Nebraska — e Wichita, no Kansas. Estas seriam o ponto de partida do experimento. Junto com os pacotes, era enviado um bilhete com instruções lhes pedindo que submetessem os pacotes recebidos para uma determinada pessoa em Boston, a qual eles supostamente não conheciam diretamente.

Ao receber o convite para participar, o destinatário era perguntado se ele conhecia pessoalmente a pessoa de contato descrita na carta. Se ele a conhecesse, deveria enviar o pacote diretamente ao destinatário em Boston. Para os fins do estudo, conhecer alguém "pessoalmente" era definido como conhecê-los de fato, chamando pelo primeiro nome. Caso a pessoa não conhecesse diretamente o destinatário, ela deveria enviar o pacote para algum conhecido que pudesse ajudar a fazer com o que esse chegasse a seus destinos específicos em Boston. Nestes casos, além de enviar para a pessoa conhecida, este receptor era orientado a assinar seu nome na lista e enviar um cartão postal aos pesquisadores de Harvard para que pudessem rastrear a progressão da cadeia em direção ao seu destino final.

Eles já previam que muitos pacotes nunca chegariam em seu destino, porém, quando o pacote eventualmente chegava à pessoa certa em Boston, os pesquisadores examinavam a lista para contar o número de vezes que tinha sido encaminhado de pessoa para pessoa. Além disso, mesmo para os pacotes que nunca chegaram ao destino, os postais recebidos os ajudaram a identificar o ponto de ruptura, ou onde o pacote havia sido perdido na cadeia.

Os resultados dos experimentos de Milgram foram incríveis. Logo, após submeterem os 300 pacotes iniciais, estes começariam a chegar aos destinatários e os pesquisadores receberiam cartões postais dos participantes. Alguns pacotes chegaram bem rápido a seus destinatários, em uma ou duas etapas apenas. Em outras ocasiões, as cadeias de pessoas se estenderam a nove ou dez etapas. Porém, o que Milgram e seus alunos pesquisadores perceberam era que, frequentemente, algumas pessoas se recusavam a passar o pacote adiante. Assim a corrente nunca alcançava seu destino. Em um dos experimentos, 232 dos 296 pacotes nunca chegaram ao seu destino. Entretanto, 64 dos pacotes chegaram ao seu destino. Nessas cadeias, o tamanho médio do trajeto era em torno de cinco e meio ou seis etapas. A conclusão da pesquisa mostrava que os norte-americanos estavam separados por cerca de seis pessoas em média. Pela primeira vez na história, a teoria dos seis graus de separação era comprovada na prática.

Agora nosso DeLorean decola para sua terceira parada no espaço-tempo:

NEW YORK – ESTADOS UNIDOS, 2003.

Em uma rápida passagem por 1990, podemos ver John Guare produzindo uma peça de teatro, off-Broadway, intitulada *Seis Graus de Separação*, que daria origem três anos depois a um longa-metragem com o mesmo título. O filme foi estrelado por Will Smith, Donald Sutherland, Stockard Channing e teve também a participação de J. J. Abrams. Em uma de suas passagens, há um texto de John Guare que diz:

> *"Eu li em algum lugar que todo mundo neste planeta é separado por apenas seis outras pessoas. Seis graus de separação. Entre nós e todos os outros neste planeta. O Presidente dos Estados Unidos. Um gondoleiro em Veneza. Preencha os nomes.... Como cada pessoa é uma porta nova, abrindo-se em outros mundos. Seis graus de separação entre mim e todos os outros neste planeta. Mas para encontrar as seis pessoas certas... "*

Quarenta e três anos depois dos experimentos de Milgram terem sido publicados, pesquisadores da Universidade de Columbia, nos Estados Unidos, deram continuidade aos estudos e iniciaram o projeto Columbia Small World. Na era da internet, a ideia foi usar o correio eletrônico para enviar cerca de 24 mil cadeias de e-mails para 18 destinos finais espalhados por 13 países diferentes do mundo. Apesar de muito ruído e adesão de cerca de 100 mil pessoas, apenas 384 mensagens chegaram ao destino final. Os estudos concluíram que, em média, os e-mails passavam por entre cinco a sete pessoas. Alguns dos e-mails que chegaram ao destino final, passariam por até 10 pessoas.

O DeLorean agora vai nos levar para a nossa quarta parada no espaço-tempo, na sede da Microsoft no ano em que eu ingressava na maior empresa de *software* do mundo:

REDMOND – ESTADOS UNIDOS, 2007.

Em junho de 2007, engenheiros da Microsoft publicaram um artigo técnico intitulado "Repercussão mundial: Visões em escala planetária de uma rede de mensagens instantâneas" [*Worldwide Buzz: Planetary-Scale Views on an Instant-Messaging Network*][2]. O estudo foi liderado pelo funcionário da Microsoft, Eric Horvitz, e contou com a colaboração de Jure Leskovec da Universidade Carnegie Mellon. A massa de dados do estudo foi composta de dados capturados e anonimizados durante um mês de atividades dentro de todo o sistema de mensagens instantâneas do Microsoft Messenger, que à época era o *software* mais popular de troca de mensagens instantâneas.

Os dados compreendiam cerca de 30 bilhões de conversações entre 240 milhões de pessoas de todas as partes. Após diversas

---

[2] Disponível em: https://www.microsoft.com/en-us/research/publication/worldwide-buzz-planetary-scale-views-on-an-instant-messaging-network/

análises e tabulações e partindo da hipótese de que as pessoas são separadas por seis graus de separação, os estudos da Microsoft divulgaram que o "grau de separação" entre os usuários do Messenger era de 6,6. O estudo também mostrou que as pessoas tendem a se comunicar mais umas com as outras quando possuem algo em comum: idade, idioma e localidades, por exemplo. Outro resultado divulgado foi que conversas entre gêneros eram mais frequentes e com maior duração do que conversas entre pessoas do mesmo sexo.

Assim, em 2007, a Microsoft provava a teoria dos seis graus de separação, usando, como fonte de dados, a imensa base de usuários que possuía em sua aplicação de mensagens instantâneas.

Quatro anos depois, em 2011, Yahoo e Facebook se juntaram para testar a teoria dos seis graus de separação, englobando cerca de 750 milhões de usuários, porém sem muito sucesso. Foi apenas em 2016 que o Facebook conseguiria um resultado ainda mais surpreendente. Para isso, precisamos do DeLorean novamente, desta vez para nos levar no tempo-espaço até o Vale do Silício:

1 HACKER WAY, MENLO PARK - SILICON VALLEY, 2016.

Em fevereiro de 2016, cientistas do Facebook publicariam os resultados de um experimento ainda mais grandioso que envolveu as 1,59 bilhão de pessoas ativas em sua rede social naquele momento. O artigo era intitulado como "Três graus e meio de separação" [Three and a half degrees of separation][3]. O estudo foi divulgado pelo Facebook como uma forma de homenagem ao "dia dos amigos" e mostrou que cada pessoa no mundo, ou pelo menos as que possuíam perfis ativos no Facebook, estariam conectadas a qualquer outra pessoa por uma média de 3,57 outras pessoas.

Também era evidenciado que os "graus de separação do Facebook" havia diminuído nos últimos cinco anos. Em 2011, em estudo análogo, pesquisadores de Cornell, ad Universidade de Milão e do Facebook computaram uma média de 3,74 graus de separação, Levando-se em consideração uma rede com 721 milhões de

---

[3] Disponível em: https://research.fb.com/blog/2016/02/three-and-a-half-degrees-of-separation/

pessoas naquele momento. Em 2016, com o dobro de pessoas usando a rede social do Facebook, foi possível perceber o quanto seus usuários cresceram mais interligados, encurtando assim a distância entre quaisquer duas pessoas no mundo.

O artigo mostrava que a maioria das pessoas no Facebook apresentava médias entre 2,9 e 4,2 graus de separação. A Figura 6.2 foi extraída do estudo divulgado publicamente e mostra a distribuição das médias de cada pessoa.

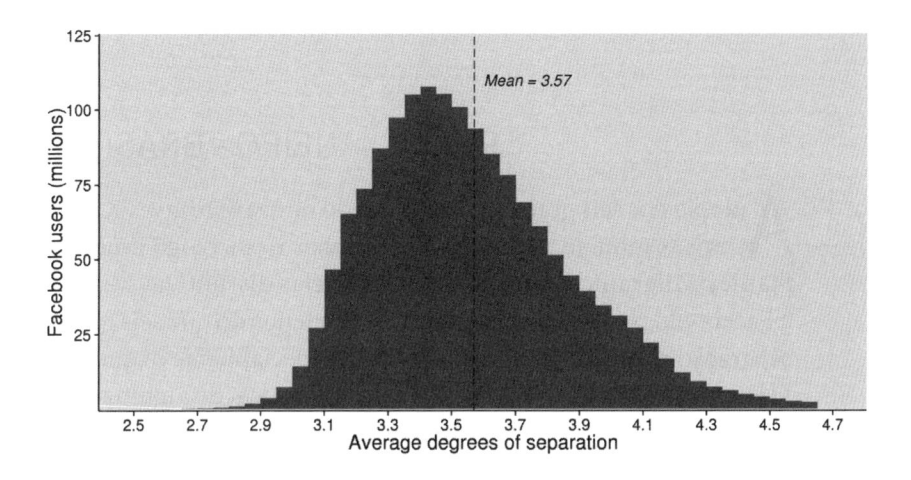

Figura 6.2 – Distribuição das médias dos graus de separação de cada pessoa.

No artigo, ainda era apresentado o grau de separação de Mark Zuckerberg, CEO e fundador do Facebook, que apresentava 3,17 graus de separação com as demais pessoas do mundo e Sheryl Sandberg, COO da empresa, que apresentava 2,92 graus.

A lógica, os critérios e o algoritmo utilizado para chegar aos resultados são descritos ao longo do estudo, o que mostra como era difícil a tarefa, devido a exponencialização das conexões na rede social:

> "Imagine uma pessoa com 100 amigos. Se cada um de seus amigos também tem 100 amigos, então o número de amigos-de-amigos será 10.000. Se cada um desses amigos-de-amigos também tem 100 amigos, em seguida, o número de amigos-de-amigos-de-amigos será 1 milhão. Alguns desses amigos podem se sobrepor, então precisamos filtrar as conexões exclusivas. Estamos a apenas dois saltos de distância e o número já é grande. Na realidade, este número cresce ainda mais rápido, uma vez que a maioria das

pessoas no Facebook tem mais de 100 amigos. Também precisamos fazer essa computação 1.600.000.000 vezes; ou seja, para cada pessoa no Facebook."

Os cientistas do Facebook concluem o estudo com a afirmação de que o mundo está mais conectado de perto do que poderíamos imaginar. Assim, nosso DeLorean pode estacionar um pouco em 2019 enquanto escrevo esse livro e a teoria do PeopleChain.

RIO DE JANEIRO - BRASIL, 2019.

A utopia dos seis graus de separação do húngaro Frigyes Karinthy transformou-se na teoria do professor e psicólogo americano Stanley Milgram, que foi comprovada pelas disruptivas Microsoft e Facebook. Na verdade, hoje estamos a menos do que seis graus de separação de outras pessoas do mundo. Especialmente daquelas que fazem parte de nossas comunidades, agrupadas, de alguma forma, por nacionalidades, idiomas, religiões, ligações a comunidades técnicas profissionais ou comunidades reunidas por hobbies ou lazer.

6.2 O PROBLEMA DAS SETE PONTES

Se você ainda não está convencido da teoria dos seis graus de separação, vamos partir para um lado mais científico: a teoria dos grafos, criada pelo matemático suíço Leonhard Euler. Mas, antes disso, vamos falar do problema que deu origem a ela: o problema das sete pontes de Königsberg.

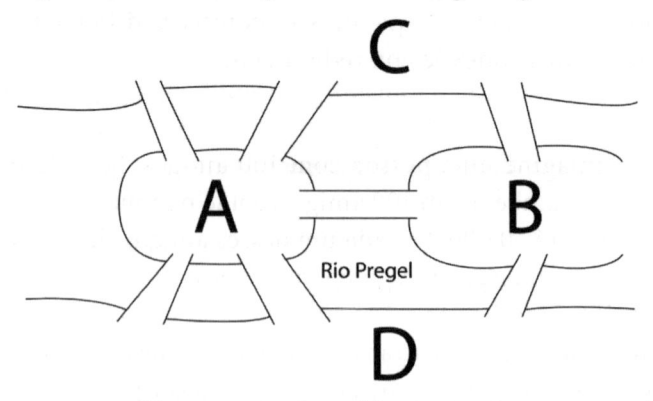

Figura 6.3 – O problema das Sete Pontes de Königsberg

Voltemos a 1736, quando Euler publicou seu artigo sobre o problema das sete pontes de Königsberg, O problema se baseou na cidade de Königsberg (atual Kaliningrado na Rússia), que era cortada pelo Rio Pregel, abrangendo suas duas margens e onde também havia duas grandes ilhas — Kneiphof e Lomse — que estavam ligadas entre si, assim como à parte continental na cidade nos dois lados do Rio. Todo este complexo era conectado por sete pontes [Figura 6.3].

Ainda no século XVIII, era discutido nas ruas da cidade a possibilidade de se atravessar todas as pontes, sem repetir nenhuma, num percurso por toda a cidade. O problema era conceber um passeio pela cidade que atravessaria cada uma dessas sete pontes uma vez e apenas uma vez. Foi criada uma lenda urbana popular sobre a possibilidade de tal façanha. Somente Euler, no ano de 1736, provou que não havia um caminho sequer que possibilitasse tais restrições.

Euler criou uma especificação lógica do problema sem ambiguidade, incluindo as premissas e restrições estabelecidas e, conseguiu provar, que o problema não tinha solução. A dificuldade que enfrentou foi o desenvolvimento de uma técnica de análise adequada e de testes subsequentes que estabeleceram essa afirmação com rigor matemático.

Mas o que Euler fez na verdade foi transformar os caminhos em conexões entre pontos da cidade, passando pelas duas ilhas e a parte continental nos dois lados do Rio. Cada ponte foi representada como uma aresta e cada margem da ilha como um nó ou vértice, ou seja, o ponto por onde os caminhos passavam. Muitos consideram que esta solução de Euler foi o primeiro grafo da história. Euler notou que só seria possível percorrer todo o caminho passando uma única vez em cada ponte se, e somente se, houvesse exatamente zero ou dois pontos de onde saíssem um número ímpar de caminhos. Uma vez que seria preciso um caminho para "entrar" e outro para "sair". Os dois pontos conectados pelo caminho referiam-se ao início e ao final do percurso.

A Teoria dos Grafos, originada a partir dos estudos de Leonhard Euler para o problema das Sete Pontes, é amplamente utilizada até os dias de hoje. Trata-se de um campo da matemática aplicada e computacional que descreve redes e conexões complexas. Os grafos permitem, por exemplo, definir a ligação entre todos os nós na cadeia de blocos das criptomoedas a partir do *blockchain*.

6.3 POSSO TE LIGAR AMANHÃ?

Vamos verificar agora que há algo mais importante que a quantos graus de separação você está de outras pessoas. O prestígio que se tem com outros é

CURIOSIDADES

Você sabia que J. J. Abrams (que fez uma rápida participação no filme *Seis Graus de Separação*) foi co-criador, diretor, roteirista e produtor executivo da mundialmente famosa série *Lost*, assim como *Missão Impossível, Star Trek* e os episódios VII, VIII e IX da série de filmes *Guerra nas Estrelas [Star Wars]*.

• • •

Euler e seu amigo Daniel Bernoulli foram adversários do nomadismo de Leibniz e da filosofia de Christian Wolff. Euler insistiu que o conhecimento é fundado em parte com base em leis quantitativas precisas, algo que o nomadismo e a ciência Wolffian foram incapazes de prover.

• • •

Você sabia que o endereço da sede do Facebook em Menlo Park é "1 Hacker Way". Em tradução livre esse endereço seria "Um jeito hacker" devido à grande admiração que Mark Zuckerberg tem pelos hackers e suas formas de atuar. Porém, destacando sempre que hackers não são profissionais de TI do mal, mas sim mentes brilhantes com alto poder e capacidade para encontrar soluções para problemas. O termo "Hackathon" vem da mesma ideia, ou seja, da realização de uma maratona hacker para encontrar boas soluções para problemas pré-definidos.

mais importante. Veja bem, você já ouviu uma pessoa dizendo para a outra num final de conversa, assim já saindo, indo embora, algo do tipo "posso te ligar amanhã?" (Talvez nos tempos atuais não se pergunte muito isso, tampouco algo como "posso te mandar um WhatsApp amanhã?"). Afinal, WhatsApp, para muitos, deixou de ser mensagens instantâneas e se tornou quase como um correio eletrônico, onde pessoas recebem dezenas/centenas de mensagens e respondem quando puderem. Não era raro até bem pouco tempo atrás ouvir a expressão "que horas posso te ligar amanhã?" Mas, na verdade, o que marca se você tem ou não uma conexão forte com outra pessoa, não é se você possui o número do seu telefone e sim o quão rápido ela te responde uma mensagem de WhatsApp, uma chamada telefônica ou um e-mail.

Para não estender demais nossa análise, eu estou fazendo referência ao WhatsApp como principal ferramenta de mensagens instantâneas entre pessoas no mundo, mas o mesmo conceito aqui utilizado se aplica ao Messenger do Facebook, WeChat, QQ Mobile, Skype ou Telegram como soluções de comunicação entre duas ou mais pessoas.

Há alguns anos, um amigo me contou que toda vez que alguém lhe perguntava "Que horas posso te ligar amanhã?", ele respondia: "A qualquer hora!" e a pessoa partia tranquila e feliz na crença de que, se houvesse necessidade, ela poderia ter acesso ao meu amigo a qualquer instante no dia seguinte. Mas isso não era verdade. Como ele estava sempre envolvido em projetos de grande impacto em um de seus maiores clientes, isso lhe exigia muitas horas de foco e não era possível atender o telefone facilmente. Pelo menos, não para qualquer pessoa. Certa vez eu notei que ele repetia "A qualquer hora!" para vários que o acessavam. Intrigado eu lhe perguntei "Cara, por que você diz isso? Você sabe que tem momentos que é quase impossível falar com você durante o dia!". E ele tranquilamente me explicou que a pergunta que as pessoas lhe faziam é que estava incorreta. Tratava-se de um problema de comunicação e não de disponibilidade por parte dele. Ele me disse: "Quando alguém me pergunta a que horas pode me ligar eu sempre digo: você pode me ligar a qualquer hora. Afinal de contas, o telefone é da pessoa, ela pode me ligar a hora que ela quiser. A questão é se eu vou atender ou não! Geralmente eu não atendo. Mas isso não a impede de ligar!". Nós dois rimos e desde então eu sempre me recordo disso e quando quero deixar algo acertado com ele eu faço a seguinte pergunta: "Cara, a que horas você pode me atender amanhã?". Nunca tive mais problemas para ter acesso a esse amigo!

Pessoas só dão prioridade ou estão disponíveis para outras se houver de fato um relacionamento próximo ou interesse mútuo em alguma ação. Se você tem centenas de pessoas em seu WhatsApp pode fazer o teste de que tipo de prestígio ou prioridade você tem com elas. Muita gente atualmente não responde mais de forma instantânea as mensagens que chegam em seu WhatsApp. Mas se você está aguardando uma resposta de uma vaga de emprego, se um cliente que você espera fechar um negócio lhe manda algo, ou se aquela pessoa que desperta o seu interesse há meses lhe manda um "zap", você não vai demorar nem um segundo para responder (ou pelo menos ler a mensagem nesse caso, afinal responder rapidamente aqui poderia dar muito na pinta de que você estaria interessado ou interessada!).

Em outras palavras, o que define o grau de conexão ou relacionamento forte que temos com nossa rede de contatos é o tempo em que elas nos respondem. Se você fizer um teste rápido com seus principais contatos, você certamente terá um grupo de pessoas, dezenas talvez, que irão lhe responder instantaneamente sempre que você mandar alguma mensagem ou atenderão o telefone prontamente se você ligar. Outras não lhe darão tanta prioridade e provavelmente algumas nunca lhe responderão. Aqui incluo mensagens que são enviadas a você publicamente em comentários de posts ou no privado no Facebook, Direct do Instagram, Twitter ou LinkedIn.

Na verdade, quando o assunto diz respeito às relações humanas, não é nenhuma novidade que algumas pessoas gozam de prestígio com outras enquanto outras nem tanto. Meu pai sempre dizia da importância de se conhecer o gerente do banco (ou melhor, dele te conhecer), o prefeito da cidade, pessoas de todas as partes e classes sociais. Se há algo valioso em nossas vidas é a relação que temos e cultivamos com as pessoas.

6.4 ENTRE FLORES E GATOS

Relações humanas devem ser cultivadas. Hoje, enquanto escrevo este livro, aos 43 anos de idade, eu tenho a clara visão do quanto é importante cultivar relações com cada pessoa. Amigos que passam muito tempo sem se falar ou encontrar pessoalmente vão perdendo os assuntos em comum e se distanciando. Isso também se aplica a primos, familiares, colegas dos tempos de faculdade ou de trabalho.

Há pessoas do seu laço de amizades que você convida para um almoço, um café ou para se encontrarem no final de semana e a pessoa acaba indo, mas se você nunca a convidar, ela também não terá a iniciativa. Esse tipo de relação unilateral mina as relações interpessoais e a torna cada vez mais fraca. Relações fortes são cultivadas como flores, pelos dois lados. Se você tem pessoas com quem não fala há muito tempo, mas que gostaria de permanecer próximos, mande mensagens para ela, mantenha algum vínculo, nem que seja por uma rede social e, de tempos em tempos, tente combinar um encontro presencial. A conversa olho no olho não tem preço. Não há videoconferência alguma que substitua um bom papo de café (suco, açaí ou chopp para os que preferem). Esta última frase foi escrita em 2019, quando sequer imaginaríamos que enfrentaríamos a pior pandemia da nossa história com o covid-19. Talvez em 2020 tenhamos uma noção diferente dos encontros por videoconferência. Uma vez que aprendemos a curtir lives de cantores e cantoras famosas sentados nos sofás de nossas salas, ou de realizar reuniões de família ou happy hours com amigos usando soluções como o Microsoft Teams, o Zoom, videochamadas no WhatsApp ou o Google Hangouts.

Se você tem amigos próximos e está cursando uma faculdade, mantenha essas relações, pois 10 ou 20 anos passarão rapidamente e você poderá perder o contato com eles. Especialmente se vocês viverem em cidades diferentes. Relações familiares também não fogem muito disso. É comum que primos muito próximos nos tempos de infância e adolescência acabem se afastando demais durante a vida adulta.

Mas o que de fato afasta ou esfria as relações interpessoais é a falta de interesses comuns. Quando você é criança e brinca com seus primos, há muitos interesses em comum. O mesmo se aplica a seus colegas de faculdade. Todos possuem objetivos específicos, mas ainda assim, há diversos assuntos e interesses em comum, o principal, por muitas vezes, seria conseguir um bom emprego, por exemplo.

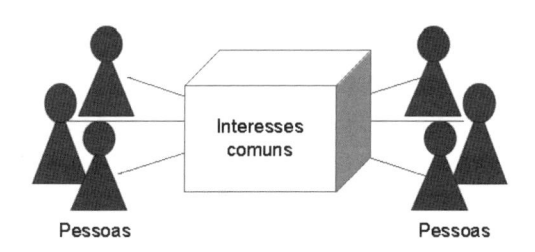

Figura 6.4 – O que une pessoas são os interesses em comum.

Quando você deixa de ter contato diário com algumas pessoas e não mantém pelo menos uma relação de troca de mensagens semanais, os interesses comuns com certeza vão desaparecendo. Pessoas mudam a todo instante e se interessam por outros assuntos e, deste modo, passam a se conectar ou relacionar com outras pessoas. Esse movimento das relações interpessoais é natural. Você não vai se manter próximo dos seus 10 melhores amigos dos tempos de faculdade. Com o evoluir dos anos, será mais que normal que muitos nunca mais tenham nenhum interesse em comum, enquanto alguns poucos permanecem conectados.

A Figura 6.4 ilustra a ideia de que, por exemplo, durante os tempos de faculdade, ou projeto que você desenvolva em equipe no ambiente de trabalho, você pode estar bem próximo de outras pessoas. Mas com o passar dos anos, se você não fez mais nada com essas pessoas e cada uma seguiu seu rumo, é natural que os interesses em comum dos tempos de faculdade, ou de projeto profissional, se tornem inexistentes e desapareçam. Talvez fique um ou outro, mas, certamente, cada um terá novos interesses que os conectará a outros grupos de pessoas.

Pessoas que eram grandes amigas no passado podem se reencontrar 20 anos depois e perceberem com cordialidade que não há nada mais que as conectam. Valores pessoais, ideais políticos ou religiosos, carreiras ou bichos de estimação. Se duas meninas eram melhores amigas durante a faculdade e, anos após se formarem, uma se casou e tornou-se mãe e outra permaneceu solteira e ama gatos, elas podem seguir grandes amigas ou simplesmente se afastarem pelo resto da vida. Mulheres que se tornam mães, naturalmente se aproximam de outras mães, querendo ou não. Afinal, se há um tipo de grupo agitado de WhatsApp atualmente, são os grupos de mães e pais dos filhos de uma determinada turma de uma escola. Da mesma forma, uma pessoa apaixonada por gatos, vai se aproximar de outras que também gostem do pequeno felino. Talvez as mulheres do grupo de mães não compartilhem muitos interesses em comum com outras que gostem de gatos. Especialmente, se seus filhos forem alérgicos a pelos de gatos!

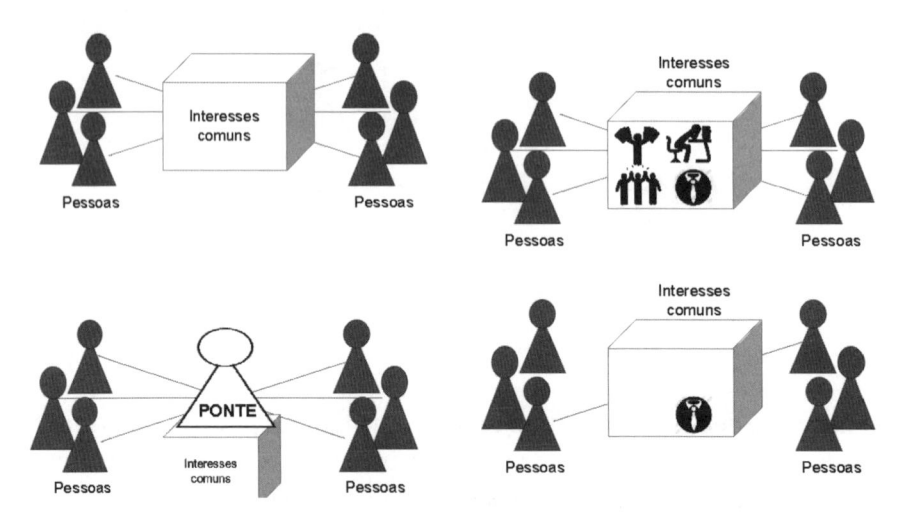

Figura 6.5 – Com o passar do tempo, os interesses em comum podem desaparecer.

Quando os interesses comuns vão desaparecendo, as conexões vão se apagando até que se rompem de fato. Da mesma forma, quando surgem novos interesses e estes unem um grupo de pessoas, novas relações podem surgir conectando pessoas antes desconectadas.

6.5 SEJA PONTE, NÃO ILHA

Além dos interesses comuns, pessoas ou empresas podem servir de ponte para conectar outras pessoas. Neste caso, mais do que o próprio interesse em comum que une duas ou mais pessoas, há uma outra entidade que está servindo de ponte para conectar os dois lados.

Um líder, de fato, é uma pessoa que consegue agrupar diferentes perfis em prol de um objetivo. E mesmo que, inicialmente, não houvesse interesses em comum entre diferentes pessoas, o bom líder conseguirá traduzir seu objetivo em realizações que se tornam de interesse comum a todos os que o rodeiam. Líderes são pontes! São conectores poderosos de pessoas.

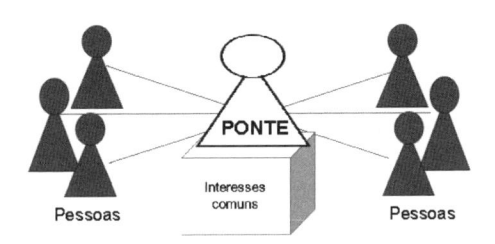

Figura 6.6 – Pessoas ou empresas podem ser pontes que conectam outras pessoas.

Como vimos no Capítulo 4 - *PEOPLECHAIN* – Observe o vão entre você e o resto do mundo, não é preciso ser um Lego para se conectar e também não existe apenas uma Figura Especial como o personagem Emmet do filme *Uma Aventura Lego*. Todos temos a capacidade de atuarmos como a Figura Especial (ou o Master Builder) e sermos pontes de fato. Se o vilão Senhor Negócios queria impedir que peças distintas se unissem, pois juntas elas poderiam mudar o sistema, é exatamente isso que queremos fazer: mudar o sistema! Se seguimos desconectados enquanto comunidade global, nada vai mudar. O mundo só vai mudar, de fato, se conseguirmos nos conectar, andar juntos e mobilizar mais e mais pessoas ao redor de interesses comuns para a melhoria do planeta.

Da mesma forma que pessoas podem se tornar pontes, empresas também podem buscar modelos de negócios que as tornem uma ponte entre diferentes grupos de indivíduos. Lembre-se do modelo do Uber analisado no Capítulo 4, relembrado aqui na Figura 6.7. O Uber, o Airbnb e outras empresas que possuem um modelo de negócio afim conectam pessoas com interesses complementares ao redor de uma causa. No caso específico do Uber, o interesse comum é pelo transporte de um ponto A para um ponto B, sendo uma pessoa com interesse de realizar a corrida como motorista e monetizar com isso, enquanto a outra tem o interesse em pegar a carona e pagar por ela.

O computador é um dos instrumentos criados pelo homem com maior capacidade de mudar o mundo. Se bem utilizado para muito melhor, porém como diria Tio Ben — o tio de Peter Parker (o Homem Aranha): "Com grandes poderes, vêm grandes responsabilidades". Caso as soluções de *software* desenvolvidas por meio dos computadores não sejam pensadas de forma responsável e ética, estas podem destruir ao invés de construir.

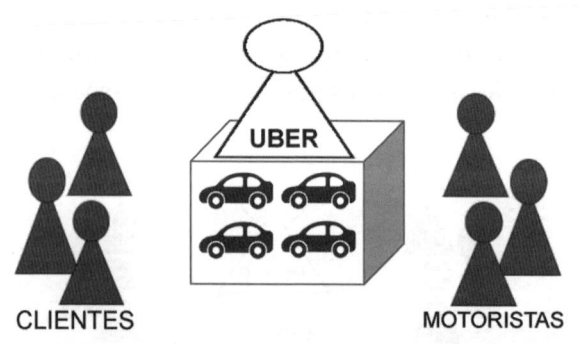

Figura 6.7 – Empresas como o Uber podem ser pontes que conectam pessoas com interesses comuns (ou complementares).

Agora o ponto que chamo a sua atenção aqui é que, mesmo sendo um equipamento superpoderoso desde seus primórdios nos séculos XVI e XVII, quando John Napier, Blaise Pascal ou Gottfried Wilhelm Leibniz criaram máquinas capazes de realizar contas matemáticas e, muitos as consideram os primeiros computadores, os computadores de fato, só começaram a revolucionar quando passaram a ser utilizados como meio de comunicação e, por consequência, de conexão entre pessoas. Antes da era da internet, o que se buscava era ligar máquinas em rede para que um usuário pudesse enviar mensagens a outros e, talvez, compartilhar poder de processamento e armazenamento. Após o advento da internet e sua popularização como meio de comunicação e, ainda, com a transformação de telefones móveis em *smartphones* com amplo poder de processamento e conexões de banda larga, hoje praticamente todos os habitantes adultos do planeta que vivem nas áreas metropolitanas possuem um computador em suas mãos.

E por mais que seja uma máquina milhares de vezes mais poderosas que as invenções de Napier, Pascal ou Leibniz, centenas de vezes mais poderosas que os computadores utilizadas pela Nasa na missão Apolo 11 em 1969 que levou o primeiro homem à Lua, ainda assim, sua maior função para seus bilhões de usuários é: conectar pessoas. Para muitas pessoas, Facebook é sinônimo de internet. Para outras, o telefone já nem serve mais para chamadas ou ligações telefônicas e sim para trocas de mensagens de texto, áudio e mídias por meio de um app como o WhatsApp, por exemplo.

Uma pessoa que é ilha, guarda apenas para si os conhecimentos que possui. Não costuma compartilhar nada, ou quase nada. Pessoas-ilhas acreditam que se compartilharem informações e conhecimentos com outros, poderão criar ameaças para elas próprias. Acreditam também que mantêm sua posição em suas carreiras, seja como empreendedor, seja como funcionário de uma empresa, pela informação ou habilidade que possuem. Estas pessoas-ilhas não querem mudar o status quo de forma alguma.

Durante muitos anos da minha vida profissional, eu acreditava que tinha a mente aberta por compartilhar conhecimentos com meus colegas de trabalho. Aprendia com os outros, fazia perguntas e também compartilhava tudo o que eu sabia. Porém, eu só fazia isso com o meu grupo de trabalho. Muitos anos mais tarde, quando estava prestes a completar 40 anos de idade é que me dei conta que havia perdido um tempo precioso de ter me conectado ainda mais com outras pessoas fora do meu circuito de trabalho. Eu poderia ter sido ponte e ter realizado muito mais. Pois, percebi que ao me tornar ponte, passei a conectar com outras pessoas e notei que havia muitos outros interesses em comum entre nós e que poderíamos abraçá-los e atuar em comunidade para encontrar solução de problemas que, sozinhos, nunca teríamos conseguido resolver.. Em menos de dois anos, minha carreira mudou completamente. Eu deixei de ser um profissional valorizado exclusivamente por ser funcionário de uma empresa, para ser um profissional com várias ações, líder de comunidade e com papéis distintos em diferentes frentes, "tudo ao mesmo tempo agora".

6.6 TRÊS PASSOS PARA TORNAR-SE PONTE

Para deixar de ser ilha e tornar-se ponte, basta que você passe a conectar com pessoas que não vem conectando. Pessoas que deixam de ser ilhas e tornam-se pontes. São aquelas que acreditam que compartilhando conhecimento e se unindo a outras pessoas em comunidades, elas podem crescer ainda mais. E o melhor, fazendo algo que ajude outros a crescerem também. As pessoas-pontes sabem que quanto mais elas compartilham o que sabem, mais aprendem e mais ampliam sua rede de *networking* e possibilidades de carreira e negócios.

1. DEFINA SEUS PROPÓSITOS TRANSFORMADORES

O primeiro passo para deixar de ser ilha é redefinir seus interesses. Muitas pessoas vivem numa rotina, que mais parece um loop infinito, to tipo: acordar-ir pro trabalho-voltar pra casa-dormir-curtir o final de semana-acordar-ir pro trabalho... Estas pessoas não parecem refletir sobre propósitos maiores ou como elas, enquanto indivíduos únicos, podem se abrir e conectar com outras pessoas para mudar o mundo, começando por sua própria comunidade. É preciso definir quais são os seus propósitos maiores. Aqueles que transformam, que mudam o *status quo* de verdade. A razão que faz pessoas acordarem bem cedo ou irem dormir bem tarde. Uma paixão que não precisa de um chefe cobrando para que as tarefas sejam realizadas.

A partir do momento que defini para mim mesmo, às vésperas de completar 40 anos de idade, que eu precisava fazer algo mais e, desta vez, não por mim, mas pela minha comunidade, eu dei o primeiro passo para deixar de ser ilha e me tornar ponte.

2. TENHA ATITUDE PARA CONECTAR COM PESSOAS

A definição do propósito é apenas o primeiro passo. Sempre devemos começar pelo propósito como vimos no Capítulo 1 – Comece com o Propósito. Mas se não houver atitude e espírito coletivo, não se chegará longe. É preciso ter a visão clara de que para se chegar longe é preciso ir junto a outras pessoas. Sozinho você pode ir rápido, mas junto você pode ir longe, já dizia um antigo provérbio africano.

Uma vez que você definiu seu propósito maior, vá atrás de sua realização! A atitude te fará mover na direção correta e fazê-lo, mesmo que com erros e acertos, você aprenderá muito e ainda se conectará com pessoas que poderão te ajudar. Quando saímos do nosso mundinho corporativo ou acadêmico, onde estamos cercados de iguais, conseguimos aprender coisas novas e conhecer gente diferente da gente que pode nos ensinar muito mais que muito professor ou gerente funcional.

3. CULTIVE SUAS RELAÇÕES

Relações humanas devem ser cultivadas. Quando você define um propósito maior e consegue reunir pessoas ao seu redor para ajudar a realizá-lo, há um risco de que, após um momento de empolgação inicial pelo movimento, pessoas vão se dispersando e perdendo o contato ou diminuindo sua paixão pela atividade. Isso acontece e é normal, afinal de contas há pessoas que buscam ou se unem a causas que possam apenas lhes beneficiar, sem se preocupar com o bem comum ou pelo interesse maior da comunidade. Essas pessoas sempre existiram e permanecerão entre nós por muito tempo.

Seja da forma que for, você como um líder, uma ponte e não uma ilha, deve se lembrar de conectar individualmente com membros de sua comunidade, de unir pessoas que podem se beneficiar mutuamente da relação entre elas e seguir engajadas na causa maior e, não deixar que seus membros tenham atitudes que afastem subgrupos das discussões mais importantes.

É preciso cultivar e manter uma comunidade diversa e, inclusive, como veremos em futuros capítulos, grupos com peças ou pessoas diferentes, geram soluções mais duradouras e com maior chance de sucesso. Se uma comunidade se deixa levar por um pequeno grupo de ideias parecidas em detrimento de todo o restante das pessoas, esta irá perder força e não chegará longe, mesmo que tenha chegado rápido a algum lugar.

RELATOS REAIS DE PROFISSIONAIS MAIS VALIOSOS

JUNTOS SOMOS MAIS FORTES

Quando comecei a trabalhar na área de tecnologia na década de 90, a internet ainda engatinhava e já era notável o impacto dos grupos de e-mail, canais de chat nas ferramentas de comunicação da época. Umas das coisas que sempre me chamava a atenção, porém, era o fato de que uma pergunta nunca ficava sem resposta. Mesmo quando não era respondida imediatamente, as contribuições ampliavam o leque de possibilidades, e, nesse momento, comecei a entender mais sobre o que era uma comunidade.

Na fase adulta, mergulhei de cabeça em comunidades técnicas, de maneira tímida ainda, mas certo do que buscava. Talvez esta tenha sido uma das minhas melhores decisões, isto porque foi por meio das comunidades técnicas que conquistei não só conhecimento, mas, acima de tudo, bons amigos e, dessa vez, com um horizonte muito maior. Poder interagir e conviver com qualquer pessoa do mundo à distância de apenas um clique era fantástico.

Em 2015, viajei de Salvador para São Paulo para participar de um grande evento de comunidade técnica, era o SQL Saturday SP. Foi o meu primeiro grande evento e fui cheio de expectativa pelo que poderia acontecer, a organização era impecável, proporcionando a participação de palestrantes reconhecidos mundialmente, entregando palestras de altíssimo nível e, quando vi estava ali com os autores de todos os artigos que acompanhava. Vi que poderia falar com eles, bater um papo, ainda que tímido, pois me sentia a uma distância enorme de cada um deles, afinal eu era só um participante. Ainda assim, esse dia foi marcante e um grande divisor de águas para mim, ao ponto de regressar para Salvador determinado a realizar o mesmo evento lá também, mesmo sem ter noção clara do trabalho que seria e da longa jornada que tinha pela frente.

O dia a dia mostrou que seria bem mais complicado e, no primeiro encontro da comunidade batizada na época como SQL Server Bahia, foram apenas cinco pessoas. O encontro foi marcado em um restaurante e três dos participantes eram amigos pessoais que foram porque eu havia prometido alguns chopes. Sem dúvida, ali começou a fase mais difícil dessa iniciativa, fase onde queremos largar tudo porque parece que nada do que fazemos está certo, no entanto, sempre acreditei que tinha um caminho a seguir e desistir seria a decisão mais fácil, mas não a melhor e mais correta. Se o pessoal de São Paulo conseguia fazer grandes eventos, eu iria conseguir na Bahia também.

O ano de 2016 foi bastante movimentado, tanto na minha vida pessoal quanto na minha vida profissional, pois, de um lado, eu estava começando a fazer mais e mais eventos em Salvador e isso exigia um esforço grande. Para a minha sorte, encontrei algumas pessoas nesse caminho que ajudaram além do esperado, por acreditar nos meus sonhos doidos de colocar definitivamente a Bahia no radar dos grandes eventos de tecnologia. Por outro lado, porém, havia a incerteza profissional já que eu tinha saído do meu trabalho. Aproveitei uma oportunidade para fazer um treinamento em São Paulo e durante esse treinamento, tudo mudou. Durante o treinamento, um amigo que conheci nas comunidades técnicas me indicou para uma oportunidade profissional na terra da garoa e, apesar do salário na época ser bastante modesto, vi uma brecha para poder crescer profissionalmente e me envolver mais ativamente com comunidades técnicas e conseguir ampliar a visibilidade da Bahia como um grande polo formador de mão de obra especializada e o desenvolvimento de novos palestrantes. Aquele foi um ano de muitas viagens para eventos e idas a Salvador para rever a família e poder realizar alguns encontros, sempre levando o que via e ouvia em São Paulo.

No dia 03 de setembro de 2016, com o apoio do SQL Bahia, grupo que havia fundado no ano anterior, realizamos a primeira edição do SQL Day Bahia. Um dia inteiro com palestrantes bem conhecidos da comunidade técnica, mas que até então nunca haviam estado em Salvador para entregar conteúdo. O evento foi no dia do meu aniversário e apostei todas as fichas no sucesso dessa iniciativa. Era uma aposta alta e mesmo com quase 400 inscritos, não tinha ainda a certeza de como tudo iria ocorrer. Para minha surpresa, às 18 horas, no encerramento, ainda tínhamos o auditório cheio e com cerca de 350 participantes ávidos por conhecimento que estavam fascinados com tudo o que estava acontecendo. Hoje, olhando para trás e pensando na loucura e correria que foi, faria tudo novamente, porque naquele dia tive a certeza que estava no caminho certo.

Se 2016, foi um ano fantástico, 2017 não poderia ser mais incrível! Pela primeira vez iria viajar para fora do país para um dos maiores eventos da comunidade de Dados da Microsoft, o Pass Summit e tudo era novidade e me perdia no pensamento por ter conseguido em tão pouco tempo dar passos tão largos. Mas tinha a certeza de que eram passos firmes e consistentes. O Summit é uma versão global do SQL Saturday, com uma duração de 4 dias, diversas palestras e presença dos maiores especialistas do mundo na área de dados da Microsoft. Mesmo sem falar muito bem inglês, fiz minha inscrição para assistir e para ser voluntário, sentia que também deveria retribuir um pouco, além do mais, sabia que. sendo voluntário, poderia conhecer os profissionais do Pass que nos auxiliam nos grupos locais.

Foi então que, no dia 1 de novembro de 2017, durante uma palestra no Pass Summit, recebo uma notificação de e-mail. Olhei, mas não acreditava no que lia, acabara de receber o e-mail de boas vindas do programa Microsoft MVP (Most Value Professional), um programa que premia profissionais por todo mundo que se destacam tecnicamente, que tem paixão por tecnologias Microsoft e lideram comunidades. Saí da sala imediatamente. Sentei-me em um banco e fiquei durante algum tempo lendo e relendo sem acreditar. Afinal de contas, ser nomeado MVP é, naturalmente, uma sensação fantástica, mas ser nomeado durante um dos maiores eventos de comunidade da tecnologia que você representa e ainda na minha primeira viagem para fora do País, era completamente insano. Quando dei por mim, simplesmente chorava e pensava em ligar para todo mundo que permitiu que aquilo acontecesse. Aqueles que me deram conselhos para me tornar um profissional melhor, que apoiaram todas as iniciativas loucas que tive. Foi um dia inesquecível e sempre que lembro, penso na responsabilidade enorme que carregamos com este título.

Ainda em novembro, logo após o Pass Summit, o SQL Bahia realizou a primeira edição do SQL Saturday em Salvador e o meu objetivo finalmente tinha sido alcançado. Foram quase 450 participantes divididos em três trilhas simultâneas, que lotaram as salas de aula sedentos por conhecimento. Durante todo o dia, conheceram mais sobre diversos produtos de maneira gratuita e ampliaram suas redes de contato. Foi um dia sensacional quando só recebemos críticas construtivas. Sem dúvida alguma, um dia histórico.

Mas se 2017 foi o ano de grandes mudanças, o ano de 2018 conseguiu superá-lo. Em março, eu havia sido convidado para trabalhar fora do país e, sem pensar muito, aceitei imediatamente por diversos motivos: primeiro, a oportunidade de me tirar da zona de conforto e depois porque queria ver como as comunidades técnicas funcionam além do Brasil. A mudança para Portugal era interessante porque, em teoria, temos muito em comum, mas quando cheguei, vi que que qualquer semelhança parava na teoria, já que nem o idioma é o mesmo, apesar de acreditarmos que sim. Além disso, os desafios em Portugal e talvez em outros países, são maiores sem dúvida, já que não notei o envolvimento das universidades nos eventos como vemos no Brasil. Consequentemente, o perfil dos participantes também é muito diferente. O fato de ser MVP não torna as coisas mais fáceis neste sentido. Há uma diferença na relação palestrante-participante em Portugal se comparada a relação que temos no Brasil, muito mais equilibrada e democrática.

Acredito que ser comunidade é maior que qualquer empresa ou negócio. Sempre priorizo o indivíduo que cede seu tempo para aprender um pouco mais ou fazer networking. Sou a prova viva do impacto positivo que uma comunidade pode ter. Se estou onde estou hoje e onde posso chegar é por ter sempre acreditado que juntos somos mais fortes. Talvez por isso tenha criado alguns desafetos também. Porque sempre vou defender meu posicionamento sobre nossa responsabilidade enquanto palestrante e referência. Somos vistos como privilegiados e devemos respeito a cada um dos que nos procuram e, mesmo morando em outro país, é possível manter contato seja virtual seja presencial com os membros que continuam no Brasil e em qualquer parte do mundo. Acabamos sempre levando para além do técnico, honramos as visitas no meio das férias e as pequenas oportunidades para um simples café. No final tudo se resume a isso, aproximar e estreitar os laços que nos unem.

Flavio Farias *é Services Engineer na Whymob em Lisboa (Portugal) e Microsoft MVP na categoria de Data Platform.*

SE VOCÊ QUER IR LONGE, VÁ JUNTO

Eu acredito que não possa falar das minhas histórias desde o nascimento ou teríamos que dedicar um livro completo para isso, assim, começo por 2007 quando eu tinha 20 anos e trabalhava no call center da Claro na cidade de Goiânia (Goiás). Eu não morava mais com meus pais, que estavam no Tocantins, morava com meus avós maternos. Não tinha ideia ainda sobre qual carreira seguir, mas gostava muito de tecnologia. Havia tentado vestibular na Universidade Federal de Goiás para Ciências da Computação, mas não passei nas duas tentativas. Como não tinha dinheiro para pagar a mensalidade em uma universidade particular, fui trabalhar na Claro e fiquei lá por quase dois anos.

Uma coisa eu sempre soube, gostava de navegar na internet. Sempre que eu podia, fugia para uma Lan House para navegar na internet, pois não tinha computador ou internet na casa dos meus avós. Era muito caro para nós na época. Eu não me lembro exatamente como aconteceu, mas eu decidi voltar a tentar entrar em uma universidade, dessa vez particular para facilitar o ingresso. Em 2008 comecei um curso Tecnólogo em Segurança da Informação na Faculdade Senac. Foi lá que conheci os professores mais apaixonados por tecnologias de toda a minha carreira: Lucília (Eletrônica e programação), Marisol (Redes e cabeamentos), Murilo (Aplicativos e sistemas operacionais), Fernando (Linux). Nessa época, eu saí do call center para investir na carreira em tecnologia após assistir algumas palestras de Microsoft MVPs como Nelson Kolarik, Álvaro Rezende, Rodrigo Kono e José Lino Neto (que era MSP na época). Eles mantinham uma comunidade chamada DevGoias.net e InfraSolucoes, foi meu primeiro contato com comunidade Microsoft em meados de 2008 e eu fiquei fascinada. Então, resolvi segui-los e ingressar na comunidade.

Como eu não era desenvolvedora, nunca fui, ajudava no DevGoias.net com organização de alguns eventos. Eu fazia pequenas coisas como formatar o conteúdo da newsletter e por aí vai. Sempre gostei mais de infraestrutura e, por isso, tentei conciliar o que eu gostava nas comunidades focadas em infra. Foi assim que me inscrevi para o programa S2B (Microsoft Student to Business), para estudantes que buscavam especialização e uma conexão direta com o mercado de trabalho. O programa tinha trilhas de desenvolvimento e infraestrutura, eu escolhi Infraestrutura e tive meu primeiro contato com SharePoint 3.0, SQL Server e fiquei mais próxima da comunidade InfraSolucoes e do Álvaro Rezende, que em 2009 era MVP de Windows Server and Client e um dos monitores do programa S2B. Terminei todas as etapas do programa, recebi o certificado e logo depois também fui nomeada MSP (Microsoft Student Partners).

Foi ali que realmente eu vi minha carreira começar, fiz alguns estágios enquanto estava na Universidade, até que o MVP Álvaro Rezende resolveu transformar a InfraSoluções em uma empresa de Soluções e me convidou para fazer parte do time. Trabalhei com Administrativo, SharePoint Portal e vendas. Fiz minha primeira palestra no mesmo palco que vi um MVP pela primeira vez! Depois disso, junto com meus colegas de empresa e comunidade, fazíamos diversas palestras locais e nas universidades de Goiás.

No começo de 2010, eu fui convidada pelo Fabio Hara para substituir o Álvaro em uma palestra de BPOS durante o Microsoft Roadshow em Belém e Natal. Nesse ano, fiz minha primeira viagem de avião. Com certeza, essa foi a oportunidade que faltava para mergulhar de cabeça nas atividades da comunidade Microsoft e também foi paixão à primeira vista por soluções de nuvem da Microsoft. No mesmo ano conheci o Fernando Andreazi, na época MSP, e fizemos a primeira semana de webcast do Technet. Tivemos uma audiência recorde de 600 pessoas online aprendendo sobre soluções SaaS (Software as a Service / Software como Serviço). Nessa época, meu blog bombava de artigos relacionados com comunidade Microsoft e também acabei fazendo trabalhos de revisão da revista online codificando.Net.

Como fiz bons contatos nas redes sociais com a comunidade técnica Microsoft, com toda convicção, posso afirmar que o networking é o melhor benefício de fazer parte de uma comunidade técnica. Faz bem para carreira de todos. Foi por conta dos contatos, viagens, eventos que surgiu uma oportunidade de mudar para Blumenau e trabalhar exclusivamente com SharePoint Server como especialista de produto. Eu não pensei duas vezes, mudei com duas malas para um estado que nunca estive e aproveitei a oportunidade até a última gota e, novamente, não deixei de lado o engajamento na comunidade técnica. A comunidade não nos traz apenas amigos ou parceiros de trabalho. Foi na empresa de Blumenau que conheci meu marido Marcos Freccia, que hoje também é MVP da Microsoft, em Data Platform. Por que não unir o útil ao agradável né? Aqui é família MVP, fruto da comunidade.

Depois de um ano e meio em Blumenau, conquistei, em janeiro de 2012, meu primeiro título como MVP de Office 365. Eu era a única mulher entre os 5 MVPs de Office 365 da América Latina. Ser mulher era um pequeno detalhe. Nunca deixei o gênero me atrapalhar, prezei sempre por mostrar meu trabalho e expertise muito além do fato de ser mulher. Creio que, por isso, nunca sofri preconceito e sempre fui muito bem recebida na área. A conquista do título de MVP me ajudou demais a abrir portas em diversas empresas e oportunidades.

Minha mudança para o sul do Brasil, meu foco maior trabalhando com SharePoint e na plataforma Office 365 foi um movimento muito sagaz na época. Era o início da onda de migração do ambiente local para nuvem, muitas empresas buscavam isso e aproveitei essa onda muito bem. No ano de 2012, com os amigos e o grupo que movia ações na comunidade office 365 do Brasil, resolvi criar treinamentos sobre a plataforma, já que isso era um gap, só se encontrava treinamentos em inglês. Com Fernando Andreazi, Felipe Moreno, Diogo Heringer e Mauricio Cassemiro fundamos, em junho 2012, o projeto Learning 365 que seguimos executando como projeto (e não empresa) por cerca de 3 anos. Depois disso, alguns dos amigos foram saindo e ficamos apenas Fernando Andreazi e eu, depois apenas eu. O projeto ainda existe até hoje, apesar de meu foco não ser mais 100% nele.

Hoje estou vivendo na Alemanha, onde cheguei em 2017, trabalhando com Microsoft 365, fato que mostra que a minha escolha em 2011 – de ter ido para Blumenau trabalhar com SharePoint - não deixa arrependimentos.

Sara Barbosa *é Office 365 Administrator na Schindler IT Services em Berlim (Alemanha) e Microsoft MVP na categoria de Data Platform.*

No próximo capítulo, discutiremos qual a sua obra e o que o torna único. A questão do individualismo e como integrar-se em comunidade de forma eficiente. Apresentaremos o poder dos meetups e dos hackathons para a formação de novos relacionamentos, conexões e comunidades. Veremos também como pessoas e empresas conseguem influenciar e causar impacto nas comunidades a seu redor por meio da interação com pessoas em eventos abertos.

TRÊS PONTOS PARA NÃO ESQUECER

- A Teoria dos Seis Graus de Separação não é mais uma utopia. Na verdade, já foi comprovada em diferentes épocas e, com a internet e as redes sociais, os graus de separação nem chegam a seis.

- A Teoria dos Grafos está relacionada a vários problemas complexos relacionados a conexões em rede e pode, por exemplo, ser utilizada para explicar o conceito de blockchain, conexões entre pessoas ou criptomoedas.

- Empresas e profissionais podem se tornar pontes que conectam pessoas.

TRÊS PONTOS PARA REFLETIR

- Você concorda ou acredita na teoria dos seis graus de separação?
- Você conhece ou já ouvir falar do Oráculo de Bacon? Acesse http://oracleofbacon.org/ e saiba mais.
- Você acredita que é ponte ou ilha?

ANNOTE AQUI

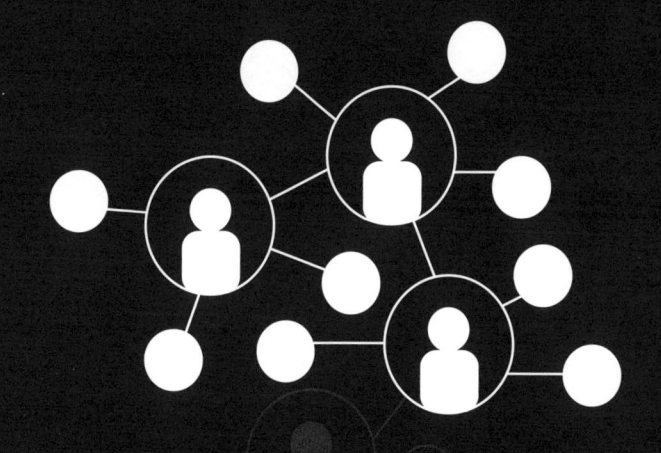

PARTE III

SEJA **VOCÊ** MESMO, MAS **NÃO SEJA** SEMPRE **O MESMO**

ATITUDE PARA TRANSFORMAÇÃO **PESSOAL, DIGITAL E SOCIAL**

(Conectando a Ágora Grega aos Meetups
e Julie Santiago a Malcom X)

♪ *"Preparar a nossa invasão
E fazer justiça com as
próprias mãos
Dinamitar um paiol
de bobagens
E navegar o mar da
tranquilidade
Toquem o meu coração,
façam a revolução."*

(Paulo Ricardo / Luiz Schiavon,
Rádio Pirata)

♪ *"To all those people doing lines
Don't do it, don't do it
Inject your soul with liberty
It's free, it's free."*

(Dolores O'Riordan
/Noel Hogan, *Salvation*)

PROPÓSITOS DO CAPÍTULO

Qual é a sua obra? O que o torna único no PeopleChain?

● ● ●

O poder dos meetups para a formação de novos relacionamentos, conexões e novas comunidades. Como influenciar e causar impacto nas comunidades a seu redor?

● ● ●

Como empresas e profissionais podem tirar proveito de hackathons e meetups?

Todos os dias, nós temos a chance de aprender coisas novas e conhecer outras pessoas com histórias e realidades distintas das nossas e que muito podem nos ensinar. Você tem total capacidade de transformar um dia comum e ordinário de sua vida em um dia especial e extraordinário. Vivemos um dia após o outro sem perceber o quão valioso o tempo pode ser ou como poderíamos de fato exponencializar esse tempo se estivermos caminhando juntos ao invés de sozinhos. Lembre-se do Capítulo 2 – "Revoluções Por Minuto" e dos pontos que mostrei a você como um apenas não exponencializa.

Neste capítulo, vamos analisar o poder do PeopleChain para nos interligar. Por que pessoas tão diferentes se unem em uma comunidade? Como um desconhecido pode mudar sua vida após conhecê-lo num *meetup* ou numa maratona *hacker*? Ou, ainda, por que você deve participar de *hackathons* e *meetups* mesmo que não sejam específicos de sua área de domínio? Além disso, eventos como esses podem gerar uma transformação pessoal para indivíduos que têm a atitude de aproveitar cada momento. A tecnologia da indústria 4.0 é capaz de não apenas implementar transformações digitais, mas também transformações sociais em comunidades que a permeiam.

Como a tecnologia precisa ser bem utilizada e pensada para o bem comum, não seja um idiota no sentido dos gregos como veremos a seguir. Seja um indivíduo único que traz ideias criativas e consegue implementá-las pensando no bem comum. Afinal, este capítulo também discute sobre qual é a sua obra, ou quais são as suas causas.

7.1 VOCÊ É ÚNICO OU UM IDIOTA?

Somos cerca de 7,53 bilhões de pessoas em todo o mundo e não há um ser humano sequer que seja idêntico a outro. Cada um de nós tem sua sequência específica de DNA que nos torna únicos. Se somos únicos de fato, eu lhe pergunto: qual a sua obra? Qual é o legado que você quer deixar para o mundo? Assim como a sequência de DNA que é única para cada ser humano, nossas impressões digitais também são únicas, a ponto de serem distintas inclusive entre gêmeos univitelinos. Essa característica, chamada de unicidade, faz com que as impressões digitais sejam adotadas em sistemas e serviços cognitivos como forma de identificação de pessoas. O corpo humano é tão incrível que as papilas de nossos dedos tomam forma ainda durante o tempo em que estamos na barriga de nossas mães, na fase de gestação, e nos acompanham até o último dia de nossas vidas, sem apresentar mudanças significativas. Essa propriedade é conhecida como imutabilidade.[1]

Por estarmos conectados a uma sociedade de "iguais" muitas das vezes perdemos nosso senso de individualismo. As comunidades da Grécia Antiga viviam sob algumas crenças. Uma delas dizia que toda pessoa ao nascer era presenteada pelos Deuses com sua vida e que se uma vida existia ela existia para completar alguma tarefa inacabada. Deste modo, um ser humano só estaria plenamente realizado e teria sentido de propósito em sua vida se finalizasse essa tarefa.

Enquanto as comunidades do Antigo Egito e Mesopotâmia pregavam a seus membros que as principais virtudes de cada um deveriam ser a subserviência, humildade e obediência aos seus líderes, na Grécia Antiga as principais virtudes eram o orgulho e a autorrealização. Foi graças a grande importância dado pelos gregos ao indivíduo que a comunidade da Grécia Antiga deu origem a Democracia. Na democracia, a soberania de um governo é exercida pelo povo, pregavam os gregos.

Porém, pode parecer que valorizando o indivíduo e o individualismo, dando poder ao povo, o Estado pode ser enfraquecido. Mas não era isso que acontecia. Os cidadãos da Grécia Antiga levavam a cidadania a sério, pois eles tinham bem definido dentro de si o conceito de comunidade. Os gregos respeitavam os regimentos para preservar e manter o bem comum e tinham a visão bem clara de que a comunidade era a grande mantenedora e aquela que nutria o "eu".

Indivíduos que não respeitavam as leis que regiam a convivência em comunidade eram chamados de *idhiótis* — uma pessoa que só estava preocupada com

---

[1] A impressão digital apresenta pontos característicos e formações que permitem a um perito ou um papiloscopista identificar uma pessoa de forma bastante confiável. Tal comparação é também feita por sistemas computadorizados, os chamados sistemas AFIS (Automated Finge print Identification System, em português Sistema de Identificação Automatizada de Impressão Digital).

seus afazeres privados. A palavra "idiota", mais utilizada em nossa sociedade moderna foi derivada do grego *idhiótis* e diz respeito aquelas pessoas que são pouco inteligentes ou não têm bom senso. Para os gregos, um *idhiótis* era aquele que não participava da vida em comunidade, ou seja, vivia apenas em torno de seu umbigo, preocupado com seu mundinho. Note que mesmo não tendo um significado tão pejorativo como o adjetivo idiota que empregamos atualmente, se você classificar um idiota como alguém que não tem bom senso, chegamos mais próximo ao seu ancestral *idhiótis*.

No Capítulo 5 – "Comunidades e o Bem Comum" definimos o bem comum e analisamos o quanto as sociedades mais desenvolvidas o preservam e debatem sobre ele, enquanto as sociedades mais pobres, ou menos desenvolvidas, focam no privado em detrimento do bem comum. Neste capítulo, notamos que idiotas são aqueles que não possuem bom senso, ou seja, não conseguem ter sabedoria o bastante para se adequar as regras e costumes da sociedade na qual estão inseridos. Não possuindo, portanto, inteligência de fazer bons julgamentos e escolhas e, assim, arcar com suas consequências.

Portanto, o que podemos aprender com os gregos é que, apesar do indivíduo estar no centro de tudo, isso se deve ao fato de que a história grega é pautada e bem definida sobre o pilar das comunidades desde sua essência. A palavra grega para designar uma comunidade é *polis*. A *polis* define o conceito de uma cidade-estado autossuficiente política e economicamente. A *polis* era a comunidade grega com grande valorização do orgulho, da autorrealização e do individualismo. Todos os indivíduos, exceto os *idhiótis*, participavam ativamente da comunidade e valorizavam o bem comum, não apenas seus bens privados. Ao mesmo tempo, cada indivíduo buscava suas vocações visando a autorrealização como seres únicos que eram.

7.2 TUDO AO MESMO TEMPO ÁGORA

Não há melhor maneira de discutir transformação social, senão usando como pano de fundo tudo que a história da Grécia Antiga tem para nos ensinar, por isso seguimos aqui com um pouco mais de cultura grega. Uma vez que o indivíduo era valorizado e que o regime democrático era pautado nas discussões populares, havia um espaço nas civilizações gregas da antiguidade chamado de *ágoras* onde o povo se reunia para discutir a coisa pública.

ATENAS - GRÉCIA, SÉCULOS XV A VI A.C.

• ÁGORA

As *ágoras* eram o correspondente a nossas praças ou espaços públicos onde pessoas se reuniam para debater, discutir e, por que não, protestarem contra algo ou alguém. Eram nas *ágoras* que o bem comum era discutido, as lideranças eram avaliadas e onde os primeiros pensadores compartilhavam suas ideologias para os mais jovens. As *ágoras* eram locais de reunião e onde havia uma grande troca de conhecimento entre pessoas e compartilhamento de informações por parte dos mais sábios.

Dando um salto de mais de dois mil anos na história, chegamos aos tempos modernos. Após muitas décadas onde vivemos uma cultura de grandes arquipélagos, conjuntos de ilhas que não se conectavam, chegamos em uma época onde os *meetups* são cada vez mais numerosos e já fazem parte da cultura de muitas empresas e profissionais.

Uma sociedade que vive isolada em arquipélagos não evolui e cresce tão rapidamente quanto aquela que está conectada entre si. Sociedades que construíram pontes para outras culturas e civilizações foram as que deram saltos mais expressivos em sua história. A conexão pode vir de várias formas, os portugueses, por exemplo, saíram na frente e dominaram os mares por algum tempo, fazendo com que pudessem chegar até outras comunidades na África e na América do Sul.

• MEETUP

O termo *meetup*, segundo o dicionário online Cambridge Dictionary, significa reunir-se com outra pessoa a fim de fazer algo juntos. O conceito de reunir-se com pessoas conhecidas (ou desconhecidas) para compartilhar conhecimento ou tentar resolver problemas em grupo vem dos tempos dos gregos. O que os cidadãos da Grécia Antiga faziam nas ágoras eram *meetups*. Eles só não haviam batizado esse encontro ou reunião como tal.

O conceito atual de *meetup* é um encontro ou reunião de pessoas para discutirem temas, trocarem conhecimento, de forma informal e com espaço para interações e *networking* entre seus participantes.

Diferentemente de palestras tradicionais, nos *meetups*, existem pessoas que compartilham conhecimento entre si em vias de duplo sentido. Mesmo que alguns *meetups* sejam compostos por pequenas palestras — ou *talks* — sempre existe uma informalidade na atmosfera e a certeza de que cada indivíduo ali presente tem algo a ensinar aos demais. Se num evento há três palestrantes a frente e dezenas de participantes sentados, nos próximos alguns destes participantes podem estar à frente dos demais como palestrantes. Mas, mesmo sentados, o clima de informalidade durante um *meetup* faz com que os palestrantes estimulem os participantes a interagirem e já esperam perguntas, interrupções e comentários pertinentes aos assuntos tratados em seus *talks*.

7.3 COMO EMPRESAS SE BENEFICIAM DE HACKATHONS E MEETUPS?

Para as empresas, nesta época, onde a relação de trabalho migra a cada instante do "trabalhar para" para o "trabalhar com", organizar *meetups* é uma excelente maneira de se conectar com a comunidade, apresentar seus valores, compartilhar conhecimento e conhecer novas pessoas. Mas quem seriam essas novas pessoas? Basicamente: clientes atuais ou em potencial, colaboradores atuais ou em potencial, parceiros atuais ou em potencial e, por que não, concorrentes atuais ou em potencial. Porém, este último grupo em menor escala.

Abrir suas portas ou patrocinar *meetups* é uma boa maneira de empresas divulgarem suas soluções ao mesmo tempo em que promovem debates entre profissionais de diferentes domínios de conhecimento e, sobretudo, geram impacto social na comunidade a seu redor. É super comum nos dias de hoje que empresas que possuem consciência de comunidade e do bem comum, realizem *meetups* com diferentes propósitos. Desde *meetups* para levar conteúdos técnicos para jovens e profissionais que estão no mercado (ou fora dele) buscando por mais conhecimento de qualidade e gratuito, até a *meetups* filantrópicos ou para geração de impactos sociais em parceria com ONGs ou instituições públicas de ensino. Há ainda, *meetups* que empresas realizam convidando moradores das comunidades vizinhas a empresa, onde durante o evento são realizadas palestras sobre diversos conteúdos, como, por exemplo, saúde, bem-estar, preocupação ambiental, *upcycling*[2] ou como a comunidade pode se integrar com a empresa e vice-versa.

Outra maneira bem interessante para empresas abrirem suas portas para um grupo seleto de indivíduos da comunidade e que lhe podem ser bem úteis é por meio da realização de Hackathon*s*, ou maratonas *hackers*. Enquanto uma maratona tradicional é definida como uma corrida de 42,195 quilômetros, em um Hackathon, em geral, temos um evento de 42 horas que compreende um *design sprint*[3] onde programadores de computador, outros profissionais de tecnologia da informação (TI), tais como analistas de sistemas, administradores de bancos de dados, designers gráficos, UX designers[4] e especialistas de negócio em geral estão envolvidos num processo colaborativo intenso e focado para a produção de um protótipo, também chamado de Produto Mínimo Viável (ou MVP, do Inglês *Minimun Viable Product*).

A definição de *hackathon* é uma maratona *hacker*. Porém, *hacker* aqui no bom sentido da palavra, ou como Mark Zuckerberg gosta de definir o termo *hacker* como alguém que tem mente aberta e criatividade para encontrar soluções incríveis para problemas do mundo real. Não há nenhum sentido pejorativo aqui na figura de hackers que quebram senhas ou invadem informações sigilosas de pessoas em suas máquinas pessoais ou conteúdos na nuvem.

As maratonas *hackers* podem ter diferentes propósitos, entre eles, podem se destacar:

- **Inovação interna de uma empresa**, por meio da geração de projetos que impactem diferentes áreas da empresa. Nesses casos, geralmente são definidos alguns objetivos de negócio e selecionados líderes de cada objetivo. Estes líderes são funcionários de algumas das áreas da empresa que buscam soluções inovadoras para seus problemas. Para um *hackathon* interno, seus organizadores precisam definir se os participantes serão apenas colaboradores da empresa ou também contará com um público externo. Além disso, diferentes áreas da empresa (e não somente áreas de tecnologia deverão participar). Um *hackathon* que conte com

---

2 Upcycling, também conhecido como reutilização criativa, é um processo de transformação de materiais descartáveis e descartados em produtos novos. Trata-se do novo feito do velho.

3 Um *design sprint* é um processo de cinco fases (dentro de um tempo específico pré-determinado) que usa o conceito de Design Thinking com o objetivo de reduzir o risco ao trazer um novo produto, serviço ou um recurso para o mercado. Foi desenvolvido por meio do trabalho independente por muitos designers.

4 UX designers são especialistas em interfaces ou User eXperiences — experiências do usuário — no sentido de como ou quão intuitivo será o protótipo ou a solução desenvolvida.

a presença de representantes da área de RH, Vendas, Marketing e de áreas funcionais específicas ao negócio ou ao ramo de indústria de uma empresa, será um evento muito rico de ideias e geração de soluções e *insights* criativos de fato.

- **A criação de projetos inovadores para resolver questões públicas ou da comunidade.** Neste cenário, temos os *hackathons* como eventos abertos ao público. Esses podem acontecer dentro de um espaço de *coworking*, em instituições acadêmicas, dentro de empresas ou em locais criativos, tais como pontos turísticos da cidade, uma praça pública ou, ainda, um estádio de futebol. Para um *hackathon* aberto, também é importante que se tenha previamente definido o seu propósito e objetivos, caso contrário, pode ser feito um evento muito bem organizado, mas os resultados esperados podem não ser atingidos. Com objetivos bem definidos, os participantes formarão seus grupos, durante ou previamente, e poderão seguir com a missão de desenvolver o protótipo resolvendo o problema do objetivo escolhido. Em eventos públicos, existe uma grande chance do surgimento de ideias nunca antes pensadas que podem, de fato, trazer bons *insights* para a gestão pública: Prefeituras, Secretarias Municipais, Diretorias de Escolas Públicas e de Empresas Públicas, incluindo saneamento, cultura, desenvolvimento econômico, transportes, saúde e segurança.

- **O desenvolvimento de códigos (ou projetos) de uma determinada tecnologia.** Neste cenário, as maratonas *hackers* serão formadas por profissionais ligados a uma tecnologia específica como, por exemplo, uma maratona com programadores em Node.JS, .Net, Python, Power BI, Unity, Java, Xamarin ou Java Script. Neste tipo de *hackathon* há uma grande troca de conhecimento e conteúdos bem específicos de uma tecnologia. Ao final, equipes apresentam resultados encontrados e todos saem ganhando.

- **O desenvolvimento específico de algum *app* ou solução.** É também possível a realização de uma maratona *hacker* com o intuito de se desenvolver e colaborar dentro de uma única aplicação. Neste caso, vários grupos se formarão e cada um atacará algum desafio da solução ou *app* a ser criado. Dependendo do número de participantes, é possível que se tenha mais de um grupo trabalhando num mesmo desafio (ou parte da aplicação), mas ao final os protótipos serão apresentados e, em alguns casos, são escolhidas as melhores soluções para cada desafio ou se aproveita o melhor de cada um.

- **Competição dos melhores protótipos desenvolvidos.** Vários *hackathons* têm cunho social e de integração entre seus participantes. Mas, por outro lado, há também eventos com uma pegada altamente competitiva e, nestes, o objetivo principal é obter e premiar melhores MVPs, que podem se enquadrar em diferentes categorias: melhor produto desenvolvido, *app* mais criativo, *app* com maior impacto social, *app* mais inovador, só para citar algumas. Nestes *hackathons*, podem ser convidados de um lado os desenvolvedores de *software* e mentores, assim como potenciais interessados e investidores que assistirão as apresentações finais. Na modalidade de *Hackathon* para inovação interna de uma empresa, também é possível imprimir um cunho competitivo e, esta pode envolver apenas colaboradores internos assim como se abrir para a comunidade de profissionais do mercado. Nestes casos, o pós-evento também é muito importante, pois é onde se dá a continuidade dos projetos (ou protótipos) criados durante a maratona *hacker* e onde são reforçados os acordos de interesse em uma determinada solução ou ideia apresentada.

7.3.1 A SELEÇÃO DE PARTICIPANTES PARA HACKATHONS

Um ponto fundamental para qualquer *hackathon*, independentemente dos seus objetivos, conforme os pontos que vimos anteriormente, trata-se do engajamento ou da inscrição dos participantes. Muitas vezes o que vai garantir o sucesso (ou fracasso) de um *hackathon* é a quantidade e qualidade de inscritos. Se o propósito é gerar protótipos de produtos (como sistemas ou *apps*) para uma determinada gama de desafios propostos (tanto públicos quanto específicos de uma empresa), é preciso que se tenha uma ampla participação de bons desenvolvedores de *software* e profissionais de tecnologia. Esse ponto é fundamental.

Durante esses últimos anos, desde 2014, eu presenciei o enorme crescimento de *hackathons* pelo Brasil e pelo mundo. Em alguns eventos, especialmente em regiões onde não havia uma grande gama de bons profissionais ou estudantes de Ciência da Computação, Sistemas de Informação ou faculdades afins, o *hackathon* não conseguiu atingir seus objetivos.

> "Não se preocupe com o fracasso, você só precisa estar certo uma vez."
>
> Drew Houston

Afinal, ideias não bastam. As ideias não valem mais do que dez por cento num processo criativo, os outros noventa são decorrentes da execução. Não raro, um empreendedor de renome e prestígio vem a público dizer que o grande fator por trás de seu sucesso é a persistência e transpiração.

Desta forma, um *hackathon* de sucesso começa atraindo e selecionando bons profissionais de tecnologia para que possam gerar produtos viáveis de qualidade e não fiquem apenas na superficialidade da ideia. Outro fato que despertará grande interesse na atração do público para participação em um *hackathon* é o local onde ele acontecerá. Toda empresa ou cidade pode (e deve) selecionar um local criativo e agradável de suas instalações ou território. Um local criativo certamente vai atrair a presença de bons profissionais, mesmo que não sejam da região onde acontecerá o evento.

7.3.2 HACKATHONS EM LOCAIS CRIATIVOS

Hackathons, liderados pelo poder público ou pela comunidade, devem ser planejados para acontecer em espaços onde realmente seja agradável e seguro de se permanecer por quase dois dias e que incentive um espírito criativo e colaborador. É importante fugir de lugares comuns como as salas de uma faculdade ou empresa, por exemplo. Para *hackathons* que acontecerão dentro de um campus universitário, por exemplo, por que não o fazer num espaço verde e aberto se as condições climáticas assim permitirem? Ou ainda, no restaurante ou cafeteria caso comporte o número de participantes. Quando se trata de um *hackathon* liderado pelo poder público, procure espaços na cidade que poderiam despertar o interesse dos participantes, como estádios de futebol, autódromos, pistas de kart, jardins botânicos, zoológicos, bibliotecas públicas ou centro de convenções.

Os *Hackathons*, sejam públicos ou privados, são também uma excelente oportunidade para *startups* em termos de ganho de visibilidade, aumento de conhecimento e aprendizado, geração de *networking*, divulgação de suas soluções e, por que não, conquista de prêmios. Afinal, muitas *startups* também nascem durante eventos como esse.

O outro lado dessa moeda é que empresas como Microsoft, Facebook, Google, Amazon e Accenture, só para citar algumas, realizam, frequentemente, *hackathons* internamente em suas sedes, subsidiárias e, externamente, em seus clientes. Muitas das vezes procuram por profissionais e *startups* que possam fazer parte de seu ecossistema criativo e inovador. Para as *startups*, a participação em *hackathons* é uma excelente oportunidade de se mostrarem para o mundo e começarem a fechar as primeiras parcerias estratégicas.

Algumas empresas realizam *hackathons* abertos ao público, permitindo que grupos sejam inscritos para participarem de sua maratona tecnológica. Um bom exemplo disso é a TV Globo, que, anualmente, realiza seu Hackathon Globo, sempre ao fim da temporada do Big Brother Brasil (BBB)[5]. Aliás, o ponto alto do *Hackathon* Globo, que atrai milhares de participantes de todo o Brasil, é o local onde o evento é realizado.

Aproveitando que o *reality show* ainda faz um grande sucesso perante o público, o time organizador do *Hackathon* Globo realiza seu evento nas dependências dos Estúdios Globo, dentro da casa onde anualmente é realizado o programa. A casa é uma atração à parte, pois muitos gostariam de ter a experiência de conhecer por dentro as dependências do BBB. A casa é devidamente adaptada para o evento. Em 2017, o evento chegou a sua terceira edição e teve duração de 33 horas ininterruptas, entre as 9h da manhã do dia 13 de maio até às 6h da tarde do dia 14. A premiação do evento, para o time primeiro colocado, contava com uma visita de três dias ao Vale do Silício, incluindo passagem aérea de ida e volta e hospedagem. Foi em 2017 que eu recebi o convite para participar pela primeira vez do *Hackathon* Globo (HG) e, repeti essa participação nos anos de 2018 e 2019. O que se percebe é o quanto a própria empresa aprende com esses eventos e, a cada ano, o HG se torna mais abrangente e profissional. Não apenas a área de tecnologia da empresa está ali, mas muitas áreas de negócios e, no caso de uma emissora, artistas e apresentadores de seus shows e programas também aparecem neste que já se tornou um megaevento.

Imagine como seria bacana se você pudesse participar não apenas do *Hackathon* Globo, mas de um *Hackathon* no Maracanã, ou na Cidade do Rock em tempos de Rock in Rio. Quem sabe um *hackathon* no Space Needle em Seattle ou dentro de um Parque da Disney. Por que não podemos realizar um *hackathon* envolvendo várias tribos e comunidades num megaespaço? Podemos sim, é só planejar e realizar bem o engajamento dos participantes.

---

[5] Big Brother Brasil (frequentemente abreviado como BBB) é a versão brasileira do reality show Big Brother, produzido e exibido pela Rede Globo. Sua primeira edição iniciou em 29 de janeiro de 2002, com uma segunda temporada sendo exibida no mesmo ano. A partir da terceira edição, passou a ser anual, sendo realizado normalmente de janeiro ao final de março ou começo de abril. O programa consiste no confinamento de um número variável de participantes em uma casa cenográfica, sendo vigiados por câmeras 24 horas por dia, sem conexão com o mundo exterior.

7.3.3 PROPRIEDADE INTELECTUAL EM HACKATHONS

Agora que discutimos vários aspectos importantes e positivos das maratonas tecnológicas, chamo a atenção para um dos pontos que devem ser observados e registrados na regra geral do evento para não haver pontos de discordância ao final: a questão da propriedade intelectual.

É imprescindível que, ao se definir e planejar um *hackathon*, seja considerado o fator de autoria das ideias, soluções e protótipos desenvolvidos durante o evento. Os organizadores devem registrar, nas regras gerais do *hackathon*, de quem será a propriedade dos subprodutos desenvolvidos durante todo o evento. Além disso, participantes ao se registrarem para participar da maratona devem aceitar as condições e regras gerais, caso contrário, ao final de um *hackathon*, por exemplo, cada participante pode se sentir dono do que produziu e levar para outras empresas (concorrentes) ou replicar em outros contextos (no caso de um evento público), etc. Esse tipo de situação pode terminar em processos e batalhas judiciais pela autoria do código, ou patente da ideia gerada durante um *hackathon*.

Para os eventos que oferecem uma premiação relevante, tais como valores monetários, produtos de valores mais altos ou viagens internacionais, também é superimportante que existam cláusulas claras nas regras gerais do evento sobre os critérios objetivos e subjetivos que possam existir durante a banca avaliadora das soluções desenvolvidas.

Portanto, todo *hackathon* deve ser bem planejado considerando pelo menos os seguintes fatores:

- Seleção de participantes que conheçam tecnologia.
- Definição de locais agradáveis e que possam atrair participantes.
- Definir as regras gerais do evento, incluindo um tópico sobre propriedade intelectual.

7.4 COMO PESSOAS SE BENEFICIAM DE HACKATHONS E MEETUPS?

Para pessoas físicas, os *hackathons* e os *meetups* têm um sentido muito mais amplo e transformador, podendo lhes proporcionar uma série de benefícios. Dentre os principais benefícios que um profissional, pode obter por participar de um *hackathon*, destacam-se:

- **Conhecer outras pessoas:** Um dos valores mais importantes de qualquer evento que você participa são as pessoas que você conhece (ou poderia conhecer). *Hackathons* e *meetups* são ótimas oportunidades para conhecer gente nova, com interesses afins, que podem se tornar ótimos parceiros para novos negócios ou pelo menos, uma nova amizade.
- **Estímulo para trabalhar em equipes diversas:** Se em seu ambiente de trabalho ou na faculdade você estava acostumado a se unir a seus colegas mais próximos para a realização de projetos, em *hackathons,* na maioria das vezes, você se encontrará em um grupo formado no início do evento com pessoas com formação, cultura e valores distintos dos seus e que, por algumas horas, estarão em sintonia pelo desafio a que estarão endereçando. Aprender a trabalhar em equipe já é um ponto positivo, aprender a lidar com pessoas diferentes de você e pensar no melhor para o grupo todo é algo superpositivo.
- **Respirar tecnologia e inovação:** Afinal, um *hackathon* não é só para profissionais de TI e qualquer pessoa que participe de um terá uma grande chance de aprender muita coisa sobre temas tecnológicos. Desde *chatbots* a operação com drones ou robôs humanoides até Power BI, ciência de dados e *Machine Learning*. Além das diversas tecnologias que podem lhe ser apresentadas durante um evento, há também uma imensa gama de metodologias, métodos e inovações que podem lhe despertar outras ideias e aprender a inovar é algo possível e que realmente impactam muitos participantes de primeira viagem.
- **Oportunidade para criar um novo negócio:** Durante os *hackathons* você estará trabalhando com outras pessoas para resolver um problema de acordo com os desafios propostos. Porém, não é raro que mesmo um grupo que não tenha saído vitorioso de um *hackathon*, saia do evento se sentindo como tal. Afinal, muitas pessoas encontram uma solução na qual irão investir ainda mais recursos após o *hackathon* e, assim, tornar o MVP em um negócio viável para si e seus sócios.
- **Aprender a superar desafios e trabalhar sobre pressão:** um *hackathon* não é brincadeira. Muitos conseguem se divertir durante o evento, não me entendam errado, mas trata-se de uma maratona de fato! Há uma restrição do tempo e existem cobranças, por parte de seu time, para que cada um execute bem a sua parte para que consigam gerar a melhor solução. Assim, todos precisam trabalhar com foco na superação de desafios, o que lhes exigirá uma superação pessoal. Algumas pessoas saem, de fato, transformadas, pessoal e profissionalmente, de um *hackathon*.

- **Obter reconhecimento e ganhar prêmios:** Durante um *hackathon*, não é só você que está tendo a oportunidade de conhecer empresas e pessoas, mas elas também de te conhecer e, de lhe reconhecer como um líder, como uma pessoa que sabe trabalhar em equipe ou sobre pressão, como alguém criativo e, assim, muitas portas podem ser abertas para você após o evento. Além disso, alguns hackathons dão ótimos prêmios de fato. Enquanto alguns prêmios são uma boa quantia de dinheiro, outros oferecem viagens para lugares como o Vale do Silício ou a oportunidade de participar de outros eventos importantes. Os prêmios podem ser, ainda, através mentorias de profissionais experientes ou a possibilidade de conhecer empresas ou lugares que você ainda não conhecia.

7.5 COMUNIDADES E AS REDES SOCIAIS

O conceito dos *meetups* e de agrupamento de pessoas em comunidades sempre permeou as *startups* do Vale do Silício e, assim como *startup*, não se trata de um termo novo, os *meetups* não são algo dos anos 2000, mas um conceito que já era parte da vida das tribos *hippies* da Califórnia que deram origem a muitas empresas de garagem como a Apple, por exemplo. Desde a década de 1960, jovens se reuniam em casas, garagens ou nas suas ruas para discutirem temas de interesse comum. Naquela época, não era incomum ver jovens reunidos ao redor de uma revista (artigo raro em muitas localidades) para aprender o que ali era apresentado. Ou ainda, ao redor de uma vitrola que tocava um LP dos Beatles ou dos Rolling Stones. Jovens definiam suas tribos e se reuniam periodicamente para troca de informações, ideias e apresentação de novidades para o grupo. Com o passar do tempo, foram se reunindo mais e mais, porém com o foco na criação de coisas novas. Era o início de fato dos *meetups*.

> "Quando você lidera com vulnerabilidade e transparência, as conexões são criadas."
>
> Julie Santiago

7.5.1. FACEBOOK COMMUNITY

As redes sociais alavancaram ainda mais os *meetups,* uma vez que facilitaram a forma como as pessoas passaram a se agrupar em comunidades online e definir uma tradição de encontros periódicos. O Orkut foi a primeira grande ferramenta de redes sociais a facilitar a criação de grupos de interesse e permitir que pessoas que não se conheciam se conectassem umas com as outras, porém com as quais compartilhavam um interesse em comum, fosse culinária, turismo ou coleção de figurinhas da Copa do Mundo. A partir daí, o Facebook aprimorou demais esse conceito e buscou, como parte de sua missão, ajudar pessoas a se organizarem em comunidades online.

Acessando a URL www.facebook.com/community você verá a seguinte frase: "A missão do Facebook é dar as pessoas o poder de construir comunidades e aproximar o mundo todo." [Em tradução livre].

> Facebook's mission is to give people the power to build community and bring the world closer together.

O *Facebook Community* permite ainda que pessoas se tornem integrantes de Círculos de Liderança de diferentes comunidades. O *Community Leadership Circles (CLC)* [Círculos de Liderança de Comunidades em tradução livre] são grupos [*chapters*] locais de administradores do Facebook que se reúnem regularmente para conectar e aprender uns com os outros.

Não é raro encontrar no portal do Facebook Community, mensagens de estímulo como "Torne-se um líder de Círculos de Liderança de Comunidades e se envolva com sua comunidade local." Ou ainda, "Lidere uma comunidade em sua cidade. Organize eventos pessoalmente, envolva-se com outros administradores locais e participe dos *workshops* de liderança suportados pelo Facebook." Definitivamente, não será por falta de um *start* ou um pontapé inicial que você não saberá por onde começar a criar sua própria comunidade.

Além disso, o Facebook também criou um Programa de Liderança de Comunidade: o *Facebook Community Leadership Program* (FCLP). Segundo o próprio site oficial menciona, o Facebook quer ser o pioneiro em mostrar como a tecnologia está capacitando líderes em todo o mundo para gerar ações de impacto e aproximar suas comunidades. Importante notar que este tipo de trabalho traz desafios únicos e requer uma mistura de visão, cuidado, dedicação e empatia. Encontrar os recursos certos e desenvolver habilidades de liderança para aumentar o impacto é um desafio constante para os líderes de comunidade, por isso o Facebook quer abordar essa necessidade. O programa de liderança comunitária do Facebook (FCLP) foi criado para atender às necessidades identificadas pelos líderes comunitários. Esta iniciativa global impacta pelo menos 100 participantes de todo o mundo, que recebem apoio, ferramentas, financiamento e a crença em si que líderes de comunidade precisam e merecem para liderar ainda melhor suas comunidades.

Umas das histórias listadas como cases de sucesso dos líderes de comunidade reconhecidos pelo Facebook é o da ex-trader da Bolsa de Valores de Wall Street

Julie Santiago, que lutou contra o vício, a depressão e a ansiedade que a levaram até a Síndrome de Burnout. Atualmente, Julie é mundialmente conhecida por seu trabalho junto a mulheres ambiciosas à beira do Burnout e publicou o livro *Awaken: 6 Sacred Steps to Remember Who You Are & Why You're Here*[6].

Mas o que levou Julie a ser reconhecida pelo Facebook foi o trabalho iniciado por ela em 2013, quando Julie criou um grupo no Facebook chamado Gratitude Circle. A ideia foi propor um desafio para os membros do grupo, para que, em 40 dias, eles registrassem algo pelo qual eram gratos: *"40-day Gratitude Challenge"*. Julie via nesse desafio uma maneira de pessoas se conectarem para postar diariamente coisas boas pelas quais eles foram gratos. Ao pedir aos membros que se comprometessem a fazer isso por 40 dias, ela queria ajudar cada pessoa a desenvolver uma prática regular. Todos os posts dos membros eram obrigados a começar com "Eu sou grato por", a fim de concentrar o tom e a experiência em gratidão.

O grupo cresceu muito desde que foi lançado, mas Julie continua realizando o "desafio de gratidão de 40 dias" a cada ano entre o dia de ação de Graças e o Natal. A comunidade oferece recursos gratuitos como perguntas e respostas ao vivo, sempre um tema diário relativo ao assunto, *templates* em branco de calendários para o desafio e meditações guiadas. A comunidade fica muito movimentada durante os períodos de desafio e em todo o resto do ano, o grupo funciona como um lugar de incentivo e inspiração, com foco na positividade e mudança de comportamentos que podem fazer mal as pessoas. Quando o grupo foi lançado em 2013, este possuía algumas centenas de membros. Hoje, o grupo conta com uma comunidade superior a 40 mil pessoas em todo o mundo, em grande parte mulheres com idades entre 35 e 55 anos.

Por fim, a plataforma proporcionada pelo Facebook e por seus líderes de comunidade deve se tornar um lugar seguro para que pessoas se conectem e iniciem diálogos em grupo, ou um espaço para conversações de qualquer tipo de tema, mesmo os mais difíceis.

7.5.2. MEETUP.COM

Um dos sites mais populares quando o assunto é criação e compartilhamento de eventos de comunidades é o meetup.com. O *Meetup* na verdade é uma plataforma para encontrar e construir comunidades locais. Pessoas usam o *Meetup* para conhecer outras pessoas, aprender coisas novas, encontrar apoio, sair de suas zonas de conforto e perseguir ou compartilhar suas paixões, juntos. A solução

---

[6] Mais detalhes em: https://juliesantiago.com/book/

nasceu em 2002, como resposta aos ataques de 11 de setembro de 2001 que destruíram as Torres Gêmeas do World Trade Center e deixaram a vizinhança novaiorquina com medo e menos propensa a se reunirem para discutir qualquer tema. Um de seus cofundadores, Scott Heiferman, afirmou que foi motivado pelo livro *Bowling Alone: The Collapse and Revival of American Community*[7] [*Jogando boliche sozinho: O colapso e renascimento da comunidade americana* em tradução livre], que trata da deterioração da comunidade na cultura americana.

Um dos propósitos exibidos no portal do *Meetup* destaca que o mundo real está chamando e convida usuários a se unirem a grupos locais para conhecer pessoas, tentar algo novo ou fazer mais do que você ama. Afirma ainda que *meetups* criam possibilidades. E é verdade! Se há uma forma de lhe tirar da zona de conforto, se sentir parte de um grupo que te ouve e fala para você, essa possibilidade surge por meio de *meetups*. Dentro ou fora da plataforma do *Meetup*!

> "The real world is calling Join a local group to meet people, try something new, or do more of what you love. Meetup creates possibilities."

Dentre os principais tópicos destacados pelo *Meetup*, há os grupos sobre aventuras ao ar livre *"Outdoor adventures"* que contam com quase 7 mil grupos ao redor do mundo. Ou ainda, os grupos de mulheres programadoras *"Women Programmers"*, com 335 grupos ou de fotografias de natureza *"Nature Photography"*, com 2.013 grupos em todo o mundo.

Os números do *meetup* são impressionantes, o portal impacta comunidades em 190 países e 2000 cidades em todo o mundo, com mais de 44 milhões de membros na plataforma distribuídos em, pelo menos, 330 mil grupos referenciando cerca de 84 mil eventos semanais. A motivação de seus cofundadores é a de que grandes coisas acontecem quando pessoas apaixonadas se reúnem. A missão da *Meetup*, segundo eles próprios, é ajudar as pessoas a crescerem e alcançarem seus objetivos por meio de conexões humanas na vida real.

7.5.3. SYMPLA

Uma alternativa brasileira para registro de eventos, tanto os gratuitos quanto os pagos, é o portal da Sympla. O portal se intitula uma plataforma inteligente

---

[7] *Bowling Alone: The Collapse and Revival of American Community*, publicado em 2000 por Robert D. Putnam.

para venda e gestão de ingressos e inscrições para eventos. A Sympla se propõe a fornecer tudo o que uma pessoa (ou comunidade) precisa para o sucesso de seus eventos. A plataforma foi fundada em 2012 por Rodrigo Cartacho tendo sua sede em Belo Horizonte.

Em 2015, a Sympla foi premiada como a *Startup* do Ano no Spark Awards, um prêmio realizado pela Microsoft e a Associação Brasileira de Startups (*ABStartups*). O *Spark Awards* é a principal premiação do ecossistema de *startups* brasileiros e reconhece as iniciativas e destaques do segmento de cada ano, premiando empresas que tiveram resultados expressivos, eleitas por milhares de votos populares. Em números gerais, a Sympla já vendeu mais de 4 milhões de ingressos, em duas mil cidades, considerando mais de 50 mil eventos realizados por 10 mil pessoas.

Por ser simples e de fácil acesso, a Sympla caiu no gosto de muitos líderes de comunidade pelo Brasil, que passaram a utilizar a plataforma tanto para seus eventos gratuitos quanto para os eventos pagos. Para os eventos gratuitos, a plataforma não cobra nada, para os pagos há uma taxa de conveniência que o organizador do evento pode optar por embuti-lo no preço do ingresso ou deixar separado para que os participantes façam o pagamento da taxa no momento em que adquirem o bilhete.

Assim como a Sympla, há diversos outros portais ao redor do mundo que auxiliam organizadores de *meetups* e qualquer outro tipo de evento em geral a controlar ingressos e registro de participantes. A Eventbrite[8], por exemplo, é a maior plataforma de tecnologia para eventos do mundo, presente em mais de 180 países e localidades.

7.5.4. INSTAGRAN, LINKEDIN, TWITTER, WHATSAPP, YOUTUBE E ETC

Plataformas de redes sociais, tais como o Instagram e o Twitter e até soluções que não nasceram com o propósito de formar comunidades como WhatsApp e YouTube, atualmente são utilizadas por milhões de influenciadores no mundo todo, de forma a cultivarem seus seguidores como uma comunidade. Os *smart influencers* [ou influenciadores espertos] já perceberam que, tratando o seu público, seus seguidores, como comunidade, é possível obter retornos

---

[8] Disponível em: http://eventbrite.com ou http://eventbrite.com.br

extraordinários. Os conceitos não mudam de ferramenta para ferramenta, o que muda é a forma de engajamento e como obter mais alcance e impressões.

O Instagram, por exemplo, não foi concebido para discussões em grupos ou comunidades, porém, pessoas, quando fazem um post com o objetivo de expressar uma opinião ou convocar outras pessoas, até conseguem gerar algumas discussões por meio dos comentários. Porém, trata-se de uma solução limitada no sentido de estabelecer discussões que permitam empoderar os membros da comunidade.

Com a missão de empoderar pessoas e com propósitos bem distintos do Instagram, o LinkedIn surgiu como uma plataforma de rede social profissional. Além disso, no LinkedIn é também possível seguir pessoas, porém o recurso mais utilizado por muitos é o de conectar com pessoas, assim é possível trocar mensagens privadas. Com o foco de gerar grupos e comunidades, a ferramenta permite que isso seja feito. Além disso, o LinkedIn costuma sugerir pessoas para você se conectar devido a estas pessoas terem estudado nas mesmas instituições que você estudou, estejam trabalhando na mesma empresa que você, ou ainda, pessoas que possuem muitos contatos em comum com você. No LinkedIn, como cada post ou artigo longo permite mais discussões e a formação de grupos de pessoas, a capacidade de se organizar comunidades é maior.

O Twitter possui um conceito parecido com o do Instagram. Uma plataforma que foi concebida para pequenos desabafos ou pronunciamentos públicos a partir de mensagens curtas, a solução pode até gerar alguns debates, porém, de forma parecida ao do Instagram, por meio de comentários sobre tweets realizados. Por outro lado, o Twitter é o pai das *hashtags*, as palavras, siglas ou pequenas frases sem espaços precedidas pelo símbolo # que acabam ditando tendências e gerando tribos de seguidores de *hashtags* específicas.

O WhatsApp nasceu e cresceu com o propósito de ser uma ferramenta de troca de mensagens entre duas pessoas. Assim como o Telegram que tem um propósito similar. Porém, quando disponibilizou a capacidade da criação de grupos, fez com que muitas comunidades fossem geradas: comunidades de família (quem não tem ao menos uma?), comunidades de mães (aqueles grupos que reúnem mães de filhos que compartilham a mesma turma no colégio!), comunidades de moradores de determinado condomínio (ou do bloco), comunidades de desenvolvedores .Net, comunidades de apaixonados por motos, enfim, uma infinidade de grupos com o propósito de discutir assuntos, compartilhar fotos e vídeos e trocar informações. À medida que os grupos foram se popularizando, para o sofrimento de muitos que não dão conta de tantos grupos a que pertencem, o WhatsApp teve um grande crescimento de usuários e tornou-se uma ferramenta bastante utilizada pela sua simplicidade e por ser amplamente usada por quase todo mundo.

O YouTube também não nasceu com o objetivo de reunir pessoas em grupos ou comunidades, porém, muitos youtubers começaram a se profissionalizar, a cultivar seu público e a tratá-los como uma comunidade. Canais do Youtube com o propósito de disponibilizar conteúdos sobre Excel, Power BI, desenvolvimento de *software*, arquitetura, culinária, viagens foram se tornando cada vez mais números e com uma média de seguidores cada vez mais alta. Seus organizadores mais espertos, vêm tratando e planejando seus conteúdos como líderes de comunidade de fato, passaram a definir encontros ao vivo frequentes e uma rotina de vídeos inéditos sempre a cada período de tempo — diário, semanal, duas vezes por semana, etc. Desta maneira, atraem e criam uma cultura para o grande público.

Alguns *youtubers* passaram a usar muito bem os espaços para comentários e estimular seu público a assinarem seus canais para, assim, conseguissem atingir a uma determinada marca de inscritos e ganharem o reconhecimento do próprio YouTube com uma placa de prata, ouro e diamante. Como criador de conteúdo é possível ganhar a placa comemorativa com o botão reproduzir de Prata para os que ultrapassam 100 mil inscritos em seus canais, Ouro para um milhão de inscritos e Diamante para 10 milhões de inscritos.

Porém, muito mais valiosas que as placas de reconhecimento recebidas por *youtubers* de renome, são as legiões de assinantes de um canal que, por si só, configuram-se uma comunidade de pessoas que podem interagir entre si em cada post ou novo vídeo do canal. Por essas e outras facilidades, emissoras de televisão tradicionais perderam muito espaço para o YouTube (como a plataforma de vídeos mais utilizada no mundo) e, por isso, tentam correr atrás desse prejuízo, investindo em projetos de *second screen* "segunda tela" em suas plataformas. O objetivo é tentar prender e estimular usuários a discutir ou debater determinado tema que está passando na "primeira tela" ou tela principal (the main screen) da TV naquele momento..

Há pelo menos uma década, desde 2010, os youtubers que mantêm canais assim como os perfis do Instagram com mais seguidores, são os que mais se valorizam para agências de publicidade e propaganda, uma vez que, ao declararem algo, ou criarem um conteúdo para uma determinada marca, essa mensagem atingirá a toda a sua comunidade e terá um valor humanizado e poder de influência e impacto muito maior.

> "I'm for truth, no matter who tells it.
> I'm for justice, no matter who it's for or against."
>
> Malcom X

CURIOSIDADES

Você sabia que algumas pessoas apresentam as pontas dos dedos lisas, o que caracteriza a chamada Síndrome de Nagali. Nestes nestes casos, a identificação é feita pela íris ou outra forma de identificação biométrica adequada. Em 2006, pesquisadores da Faculdade de Medicina de Haifa, em Israel, anunciaram ter descoberto que tal síndrome é decorrente do mal funcionamento de uma proteína conhecida como queratina 14. A utilização de impressões digitais para identificar pessoas existe desde a Antiguidade em diversos lugares, tais como Mesopotâmia, Turquestão, Índia, Japão e China, com o objetivo de autenticar documentos e selar acordos civis e comerciais.

•••

Segundo dados do próprio Google de janeiro de 2019, o Youtube possui 98 milhões de usuários no Brasil e foi uma das plataformas que mais cresceu nos últimos anos. Já o Facebook é a plataforma de rede social mais popular do mundo desde 2008 e, no Brasil, conta com cerca de 130 milhões de pessoas interconectadas. O WhatsApp responde por mais de 120 milhões de pessoas em todo o Brasil e o Instagram, que tem crescido muito desde 2016 e se tornado uma solução "mais jovem" que o Facebook, em janeiro de 2019 contava com 70 milhões de usuários. O Twitter registra, entre suas maiores comunidades por país, a comunidade de usuários dos Estados Unidos e, em segundo, a do Brasil, com cerca de 28 milhões de contas ativas. O LinkedIn possui 200 milhões de usuários em todo o mundo e, pelo menos, 29 milhões de brasileiros e, assim como o Instagram, tem crescido bastante entre os mais jovens.

•••

Você sabia que um dos hábitos preferidos dos gregos é conversar sentado à mesa tomando café? Mas não um cafezinho rápido de alguns minutos e sim longas horas de conversas, especialmente sobre o passado, ou tudo que temos no presente, graças aos gregos da antiguidade. Talvez fosse interessante poder pegar o nosso DeLorean e voltar aos tempos de Espartacus, mas se você encontrar um grego hoje, diga a ele que não precisamos mais voltar ao passado, mas criar agora o nosso futuro, pois hoje será passado quando o amanhã chegar. Mas um ponto inegável é que a história grega é muito rica e sempre nos ensina muito. Além disso, os gregos também são muito exigentes com café e, assim, os blends mais consumidos por lá nas melhores cafeterias são do Oriente Médio, da Colômbia e do Brasil.

7.6 QUARENTA TONS DE ATITUDE

Recordo-me de uma passagem da biografia de Malcom X, um dos maiores nomes da luta pelos direitos civis nos Estados Unidos, especialmente na luta pela causa contra o racismo e pelo movimento nacionalista dos negros norte-americanos. Umas das principais ações de Malcom X — que nasceu em 1925, batizado como Malcom Little e convertendo-se ao islamismo posteriormente — foi a criação da Unidade Afroamericana, que conseguiu conectar e mobilizar diferentes setores da sociedade, entre eles brancos e negros.

Malcom uma vez afirmou, "Eu sou a favor da verdade, não importa quem a diga. Sou a favor da justiça, não importa para quem ela é a favor ou contra." Foi assim que comecei a mudar meu pensamento pouco antes de completar 40 anos de idade. Até 2016, eu sempre seguia a receita de uma jornada de sucesso compartilhada pelas gerações dos meus pais, avós e compartilhada por meus amigos de geração X:

- Ser um bom aluno na escola (se possível, particular);
- Fazer uma boa faculdade (se possível pública);
- Conseguir um bom emprego (se possível numa grande empresa multinacional).

Porém, quando estava prestes a completar 40 anos de idade, eu comecei a refletir sobre o que faltava pra mim. O que mais eu precisava realizar para, de fato, me sentir realizado? Comecei analisando a situação ao meu redor naquele momento. Era uma época muito ruim da história recente do Brasil, que entrava em uma de suas maiores crises político-econômicas. Crise essa que atingiria seu ápice registrando cerca de 15 milhões de desempregados. Alguns seguem até os dias hoje sem emprego e, além desses, outra comunidade bastante afetada foi a de milhares de jovens formandos que obtinham seus diplomas e não conseguiam transformar essa conquista em um emprego. Assim, tornavam-se "Nem-Nems", nem estudam, nem trabalham. Muitos nem faculdade estavam conseguindo fazer (ou concluí-las), uma vez que para sustentar suas faculdades precisavam trabalhar (muitas vezes durante o dia) e, se não havia emprego, muitos estudantes tiveram que trancar seus estudos, o que engrossava ainda mais a massa de "Nem-Nems" pelo país.

Vi também muita gente que vivia em cidades do interior do Brasil procurar empregos em suas cidades e, como não conseguiam oportunidades nessas cidades, partiam para as capitais de seus estados (ou de estados vizinhos) para tentar a sorte. Um êxodo do interior que não era transformado em sucesso na capital, devido as minguadas oportunidades profissionais naquele momento.

Particularmente, naquela época acompanhei muitos que estavam vivendo no Vale do Paraíba, por exemplo, região do Sul Fluminense onde nasci. Devido à escassez de oportunidades por lá, eu via muitas pessoas se mudando para o Rio de Janeiro ou São Paulo em busca de emprego. A esperança da maioria destes desempregados que buscava recolocação ou o seu primeiro emprego, era a de que na capital a realidade seria diferente e haveria mais abundância de oportunidades. Porém, além de não oferecer estas sonhadas oportunidades naquele momento, o custo de vida numa cidade como Rio e São Paulo é muitas vezes mais alto que o custo de viver em cidades do interior, tais como Volta Redonda, Resende ou São José dos Campos. Assim, muitos que migravam para as capitais, não conseguiam se manter por mais que poucos meses (se tanto) e retornavam para o interior sem emprego e desanimados com a realidade de sua região.

Vendo tudo isso, eu sabia que era preciso fazer algo. Não dava mais para continuar me sentindo bem individualmente em minha carreira profissional, mas sem fazer nada pelas comunidades em que eu estava inserido de alguma forma. Os gregos dos tempos da Grécia Antiga definiram o termo *idhiótis* (que deu origem ao termo "idiota" como pode ser visto nesse capítulo), mas que teria um significado um menos pejorativo para eles. Os *idhiótis* eram pessoas que não participavam da vida em comunidade, ou seja, viviam apenas em torno de seus próprios umbigos, preocupados apenas com seus bens privados, não com o bem comum. Esse era meu sentimento à época, eu não queria permanecer como os *idhiótis*!

Sempre havia o sonho da mudança, a vontade de tornar realidade algo que, de repente, você sabe que todo mundo faz, mas parece que naquele instante, em 2016, só eu me sentia tão incomodado e com atitude para iniciar um movimento com um propósito maior. Pela primeira vez em minha vida, eu pensava em algo que não era para mim. Era preciso tornar isso em uma ação maior, mais ambiciosa, algo realmente inclusivo e que gerasse impacto socioeconômico para as pessoas. Especialmente para as pessoas da minha comunidade, os iguais a mim que nasceram e cresceram no interior e sonhavam com oportunidades numa cidade grande.

Após uma década trabalhando na maior empresa de software do mundo, eu precisava usar toda a minha experiência e networking a favor de minhas causas. Lembro-me bem que toda vez em que estava em minha cidade natal, Volta Redonda, e passava de carro próximo a sede de Prefeitura Municipal, eu me imaginava um dia batendo na porta do gabinete do prefeito para oferecer ajuda, de alguma forma, para impactar os mais jovens, compartilhando minhas experiências profissionais.

Eu gostaria de compartilhar conhecimento para jovens da minha cidade que, como eu, sonhavam com uma carreira de sucesso, mas não tinham a menor ideia do que o futuro lhes guardaria e como poderiam, de fato, chegar lá. Afinal, a receita das gerações passadas (ser bom aluno na escola e fazer uma boa faculdade) nem sempre era possível de ser atingida e, mesmo quando era o caso, estas duas etapas não se traduziam diretamente em conseguir um bom emprego. Afinal, o que era "chegar lá"? A definição de onde cada um quer chegar é algo muito pessoal e, de fato, não há uma única definição de sucesso.

Eu gostaria de usar meu crachá e, de alguma maneira, usar a Microsoft, para ajudar em minhas causas pessoais. Naquele momento, eu conversei com muitos colegas de dentro e de fora da Microsoft e enquanto uns aplaudiam, outros me questionavam. Como assim, "usar a Microsoft" ou "usar o seu crachá" para ajudar em suas causas? Para mim foi uma grata surpresa quando, em 2017, li o comentário de Satya Nadella na página 11 de seu livro *Hit Refresh* em uma edição especial para funcionários que recebemos. Em um comentário manuscrito de "orelha de livro" Satya registra

> "Instead of thinking of you working for Microsoft, think of how Microsoft can work for you."
>
> Satya Nadella,
> *Hit Refresh Employee* Edition, 2017

Em tradução livre: "Ao invés de pensar em você trabalhando para a Microsoft, pense em como a Microsoft pode trabalhar para você". Era isso! Exatamente isso que eu estava pensando em 2016. E comecei, de fato, pelo propósito. Meu objetivo era mudar a realidade de uma região do estado do Rio de Janeiro, conhecida como Sul Fluminense. Mas por que eu queria fazer isso? Porque eu queria ajudar pessoas a conseguirem oportunidades profissionais e, ainda, a pensarem em empreendedorismo como forma de saírem daquele cenário de crise. Se não há empregos... vamos criá-los!

Naquele momento, no final do ano de 2016, eu não imaginava o quanto conseguiria e nem onde chegaria com aquele movimento inicial. Mas eu tinha a certeza de que havia chegado o momento de fazer algo e, desta vez, não por mim, mas por meus ex-alunos que estavam se formando e não tinham empregos, por meus colegas de trabalho que perdiam seus empregos sem motivos específicos de performance, mas sim, pelo simples fato de que se os lucros não estavam nos patamares esperados, e, por isso, era preciso reduzir custos e, assim, vi, ao longo de 2016 e 2017 vários colegas não só de Microsoft, mas de grandes, pequenas e médias empresas de todo o Brasil perderem seus empregos. Clientes demitiam gente, parceiros demitiam gente, a Microsoft demitia gente.

Quando comecei a espalhar a ideia entre os amigos mais próximos, entre pessoas que assim como eu nutriam um sentimento de tristeza pelo momento atual do país e queriam de alguma forma ajudar a mudar este cenário, pude perceber que se engajariam na causa. Mas não por mim e sim porque era uma causa deles também. Especialmente, por acreditarem no propósito daquele movimento que eu estava iniciando e compartilhando com eles.

Assim a ideia inicial de fazer algo, inicialmente pelos meus conterrâneos, foi tomando corpo e conseguimos realizar um movimento em torno de uma comunidade inteira para formar um ecossistema sobre empreendedorismo, de forma inclusiva, para todos os que quisessem participar. Desta forma, nasceu o conceito do Vale Digital e do seu primeiro evento: o StartVR, sigla criada por mim junto a outras pessoas durante um brainstorming no intuito de estimular o empreendedorismo na era da economia criativa, por meio das startups. E o VR, que muitas das vezes é sigla abreviada de Virtual Reality [Realidade Virtual], aqui é empregada como sigla de Volta Redonda mesmo! O bacana do evento foi transformar uma utopia em algo concreto: unir o poder público, o poder privado, as instituições acadêmicas e a sociedade em prol de um objetivo transformador: mudar o mindset de pessoas para criarem empregos ao invés de buscar por eles.

O início de tudo foi com coordenadores de instituições acadêmicas da região, um a um eu comecei, com amigos leais e que compartilharam desde o momento zero do mesmo propósito, como o próprio Ricardo Abreu, fomos conversando e conectando os representante de cada uma das mais de dez instituições de ensino médio e superior da região para que estivessem conosco no evento.

Depois, veio o poder público e um dia recebi a ligação de um amigo que havia mostrado um artigo que eu publicara no LinkedIn sobre um tour no Vale do Silício que fiz em 2016 para o candidato a prefeito da cidade que havia sido eleito naquele ano. E foi assim que, pela primeira vez em minha vida, eu recebia uma ligação telefônica do prefeito da minha cidade (ou de qualquer cidade, na verdade!). A ligação era para me convidar para uma reunião com ele e o vice-prefeito eleito sobre os meus projetos.

Nos reunimos em dezembro de 2016, pouco antes do prefeito Samuca Silva tomar posse e, ao final do encontro, ficou combinada uma nova reunião em seu gabinete, após sua posse, em janeiro de 2017. No dia em que entrei (também pela primeira vez) em seu gabinete, eu me lembrei daquele sonho utópico de um dia bater as portas do gabinete do prefeito da minha cidade. Pois bem, ele estava sendo realizado... e não foi exatamente como eu pensei. Foi muito, mas muito melhor! Foi uma grande honra pra mim e um momento de virada em minha vida pessoal e profissional. Quando se faz algo cem por cento de propósito pelo propósito, você não consegue separar vida profissional e vida pessoal.

Em maio de 2017, eu consegui realizar, aliás eu não, nós conseguimos realizar um grande evento em Volta Redonda: o StartVR 2017, que contou com mais de 300 pessoas durante cada um dos dois dias do evento, além de mais de mil pessoas conectadas em nossa transmissão ao vivo feita pelo streaming do YouTube. Foram ainda 61 startups que se inscreveram para disputar os prêmios oferecidos para as melhores soluções.

Além do StartVR, fui atrás de outros eventos de renome para que fossem realizados em Volta Redonda. Tentei um TEDx sem sucesso à época, mas consegui o primeiro Startup Weekend de Volta Redonda (e da região Sul Fluminense). Durante o ano de 2017, ainda, publiquei dois livros e fundei duas startups, uma aqui no Brasil com foco social e outra no Vale do Silício, o primeiro app do mundo a usar a Realidade Aumentada para conectar pessoas. Não bastasse a realização de fazer algo pela minha terra natal, publicar dois livros e fundar duas startups, um evento especial aconteceria dentro da Microsoft para coroar este período. Até julho de 2017, eu ainda atuava na área de vendas de soluções da Microsoft e, por várias vezes, pensei em sair da empresa para dar foco total em minhas jornadas empreendedoras. Porém, o universo conspirou a favor e a Microsoft me ofereceu uma posição que convergiria meu propósito de compartilhar conhecimento e impactar pessoas, com uma nova função dentro da empresa. Eu recebi um convite para ser o líder da comunidade dos Profissionais Mais Valiosos ou Microsoft Most Valuable Professional (MVPs) do Brasil e, posteriormente, para toda a América Latina. Falarei um pouco mais sobre os MVPs no Capítulo 8 – "Profissional Rico, Profissional Pobre".

Mas esta obra não se trata de uma autobiografia em absoluto. O que você pode encontrar ao longo deste livro, são histórias e aprendizados de muita gente que conheci e observei ao longo destes anos e de como o PeopleChain e o método PLACE é uma ferramenta poderosa para agregar e conectar pessoas a seu redor ou ao redor de sua empresa. Para isso, teremos em mente sempre os cinco passos que nos levam do propósito ao Tamojunto como vimos no Capítulo 1 – "Comece com o Propósito".

RELATOS REAIS DE PROFISSIONAIS MAIS VALIOSOS

PASSADO, PRESENTE E FUTURO, CADA UM É ÚNICO!

Sempre que eu preciso escrever sobre quem eu sou, acho importante apresentar algumas outras pessoas. Sou neta da dona Ana, uma mulher incrivelmente forte que foi sequestrada quando tinha 8 anos de idade quando fugiu de um estupro. Para sobreviver, ficou até os 15 "trabalhando em casa de família", algumas vezes recebia salário, algumas vezes não. Por conta disso, ela nunca aprendeu a ler.

Quando minha vó fez 16 anos, minha mãe nasceu. Minha mãe tinha fobia a matemática. Repetiu de ano na escola, e sempre foi comparada com as pessoas que eram ditas inteligentes. De tanto falarem que ela era burra, ela aceitou e se via assim. O detalhe é que há dois anos nós viajamos para a Espanha, e no segundo dia em Barcelona ela comentou que entendia o que as pessoas falavam. Ela me esperou ir ao banheiro, e começou a conversar com o garçom do restaurante em Catalão! Neste dia, eu descobri que ela tinha uma incrível facilidade para aprender idiomas e isso nunca foi aproveitado. Com uma inteligência totalmente diferente, é uma pessoa incrível, maratonista e estudante de fotografia.

Meu pai chamava-se José, morreu há 13 anos. Ele era uma pessoa diferenciada. Morava nos fundos da casa da minha bisavó junto com a família dele. Eram extremamente pobres, e meu pai sempre dizia que compraria uma casa para os meus avôs. Era o tipo de pessoa que estudava dia e noite, era considerado o gênio da família. Com 16 anos passou em um concurso público e entrou na VASP (empresa estatal de aviação). Com 19, comprou a casa para os meus avôs. Com 23, foi meu pai e casou-se com a minha mãe. Ele era a perfeição técnica! Ele era o único negro no time de eletrônica da VASP, focado, respeitado, inteligente, politizado... Eu admirava o amor que ele tinha pelo trabalho e pelos aviões.

Quando eu nasci minha mãe tinha 16 anos e estava na sexta série. Quando minha bisavó me viu, ela perguntou se minha mãe me imaginava casando-se, e minha mãe disse que me imaginava entrando na faculdade. Sempre fui estudiosa, aprendi a ler com 4 anos e, mesmo não tendo audição do ouvido esquerdo, eu ia muito bem na escola.

Meus pais se separaram quando eu tinha 9 anos, a relação deles era complicada, embora se gostassem de uma maneira diferente. Quando eu tinha 16, uma das minhas tias disse que eu teria o mesmo destino da minha mãe. Não respondi, mas jurei para mim que eu teria o destino que eu quisesse.

Entrei na FATEC-SP, mas eu queria mesmo era ser fisioterapeuta! Até passei no vestibular, mas minha mãe não tinha dinheiro para a matrícula. No primeiro semestre, eu odiei, mas tinha uma certa facilidade. No segundo semestre, eu arrumei um estágio e ganhava mais do que a minha mãe que era copeira hospitalar, eu precisava ficar. Fui a primeira pessoa da minha família a entrar na faculdade, e a primeira a sair, como minha mãe desejou no dia em que me conheceu.

No meu primeiro estágio eu era desenvolvedora. Chorei muito no banheiro, porque muitas vezes eu não entendia o que eu precisava fazer. Eu não tinha para quem pedir ajuda, tinha medo se ser mandada embora porque não conseguia fazer tudo o que me pediam. A faculdade parecia não se encaixar no meu dia a dia. Quando o estágio acabou, meu chefe disse que eu era boa, mas era fraca. Tive outros estágios, e passei a estudar muito as minhas ferramentas de trabalho. Eu tinha uma enorme facilidade para fazer consultas, e assim quase que naturalmente descobri minha paixão por bancos de dados, e comecei a jornada das certificações,

Estudando fui conquistando o respeito do time que eu trabalhava. Até gostava de ser a única mulher. Nesta fase, eu endureci muito! Até que um dia, vi uma das meninas do time chorando no banheiro. Lembrei do quanto eu já havia chorado e o quanto aquele processo foi doloroso, porque eu não tinha com quem contar. Entrei na defesa da garota, enfrentei o time e decidi não aceitar mais aquele tipo de comportamento nos lugares onde eu estava. Mais do que isso, eu tentava estar disponível para ensinar o que eu sabia.

Pouco tempo depois decidi entrar no mestrado. Foi um processo bem intenso! Mas eu tive uma orientadora maravilhosa, que assim como eu, era apaixonada por bancos de dados. Com o mestrado eu descobri que eu não era tão boa tecnicamente como eu achava, aprendi que precisava ser mais humilde e apanhei muito na minha qualificação... Mas saí do processo viva! Defendi minha dissertação de Mestrado numa quarta-feira. No dia seguinte fui trabalhar e nada mudou! Passou um tempo e eu fui sentindo uma tristeza enorme, porque no meu trabalho, o mestrado não servia para nada.

Resolvi que queria voltar a dar aulas para fazer com que o mestrado tivesse sentido. Inscrevi-me como voluntária no Minas Programam para dar uma oficina de banco de dados. Quando a oficina acabou, eu tive a certeza de ter me encontrado, falando com aquelas mulheres. Descobri minha segunda paixão: as pessoas! Não parei depois desse dia, dei muitas palestras, cursos, oficinas workshops... Por outro lado, recebi abraços tão energizantes que não encontro palavras para descrevê-los.

Quando percebi que banco de dados não era uma das tecnologias que as pessoas mais gostam, decidi criar um blog para desenvolvedores iniciantes: o DB4Beginners.com. Descobri com o blog mais uma coisa que eu adoro: escrever pensando em ajudar as pessoas. Porque eu escrevia muito para que eu fixasse o que eu estava estudando, mas com o blog descobri uma nova maneira de estar próxima de pessoas que fisicamente estavam muito longe de mim.

Um dia, eu dei uma palestra na Microsoft e uma moça chamada Vanessa me deu uma pérola. Disse que desejava que eu continuasse brilhando e inspirando outras pessoas. Recebi uma mensagem de um rapaz que seria pai no mês seguinte. Ele me contou que havia conversado com a barriga da esposa falando sobre mim e disse que quando a filha dele nascesse, fazia questão de que ela me conhecesse, para saber que poderia ser o que quisesse. Foi uma das mensagens mais doces e importantes que eu já recebi. Uma vez uma criança olhou nos meus olhos e disse: "Hoje eu sou pobre e minha mãe não tem dinheiro, mas eu vou crescer, vou estudar e vou ser como você.". Eu sempre falo que vou diminuir o ritmo, mas lembro que tem pessoas que me veem como um espelho e, magicamente, eu arrumo forças para continuar. As comunidades trouxeram para a minha vida a motivação que me faltava.

Eu não acreditei quando ganhei o prêmio de MVP. Acreditem, foi uma das sensações mais incríveis da minha vida! Eu Danielle, mulher, negra, da periferia de São Paulo, deficiente auditiva recebi um reconhecimento de uma das maiores empresas do mundo. Era tão surreal que demorei um tempo para processar a novidade. O MVP deu uma visibilidade incrível para o meu trabalho com as comunidades e isso é fantástico! Moro em SP e quando fui para Belém havia várias pessoas que me conheciam!

Tive a oportunidade de palestrar no TEDxSP falando sobre dados. Meu desafio foi criar uma conexão com uma plateia que não é técnica, e eu atingi este objetivo contando o quanto eu desejava uma foto do meu pai, tirada com o meu celular, somente para que eu não esquecesse o rosto dele. A partir do meu desejo, falei sobre a importância e o crescimento dos dados. Foi mágico!

Tive minha primeira palestra internacional no MongoDB World, quando saí da minha zona de conforto porque iria palestrar em inglês. Em 2019, recebi outro reconhecimento da Microsoft, como Regional Director, e uma ligação que mudou muito meu modo de comunicação com as pessoas. Após alguns testes, fui convidada para ir para a Áustria gravar dois cursos para o LinkedIn Learning. Aprendi lições muito valiosas sobre meu modo de ensinar, sobre a minha voz, e até sobre a liberdade de trabalhar sem horários e sem pressão, apenas com a responsabilidade de entregar o melhor trabalho possível.

Os prêmios são maravilhosas conquistas! Mas muito além do que eles representam para mim, eles são a vitória da minha avó, da minha mãe, do meu pai.... e de tantas pessoas que como eu não tiveram a vida de conto de fadas, mas que continuam estudando e tentando. Se eu não tivesse recebido nenhum prêmio, mas tivesse recebido as mensagens, os abraços e os carinhos... Eu já teria a certeza de que fiz as melhores escolhas, e continuaria me achando uma pessoa de muita sorte, porque encontrei um propósito para a minha vida.

Danielle Monteiro *é Mestre em Engenharia da Computação, CEO da WDB Consulting, palestrante TEDx e Microsoft MVP na categoria de Data Platform.*

SAIA DA SUA ZONA DE CONFORTO!

Meu contato com computador começou logo cedo, pela curiosidade de como funcionava o movimento do mouse dentro da tela do PC, desde então não me separei mais da tecnologia. Desde que surgiu a nova era .NET Core, Microsoft Open Source, venho acompanhando toda a evolução de seu desenvolvimento, assim em 2016 senti o desejo de começar a contribuir com o projeto. Mas isso não seria uma tarefa fácil, pois meus conhecimentos passariam a ser avaliados por grandes especialistas, engenheiros do time da Microsoft. Seria apenas mais um desafio para mim, e enviei meu primeiro PR (pull request), que logo foi aceito, "uau, que felicidade". Um produto Microsoft com meu código agora! Isso disparou um gatilho em mim e comecei mais e mais a contribuir com o projeto. No final de 2016, recebi uma medalha e um pacote de café em grão, enviado pela .NET Foundation, em agradecimento a minhas contribuições. Por que o café? Ora, todo programador precisa de café! O reconhecimento significa muito e é uma peça fundamental na vida das pessoas, pois gera energia e motivação.

Até hoje, já enviei mais de 30 contribuições para o projeto do EntityFramework Core, sendo o único brasileiro ativo no projeto. Também escrevi outros códigos totalmente open source que compartilhei com a comunidade, assim todas as pessoas podem ter acesso aos códigos-fonte, que servem de base para estudos ou outros projetos.

Além de escrever conteúdos técnicos no MSDN e em meu blog pessoal, comecei a levar conteúdos técnicos para a minha região, realizando eventos e palestrando nas faculdades e escolas do Sergipe. Levei o Global Azure Bootcamp pela segunda vez para o estado de Sergipe e, em 2018, realizei um evento, até então um dos maiores que já existiram em meu estado, focado para desenvolvedores de software: o Developers Sergipe Summit. E foi um grande sucesso. A entrada do evento era trocada por um quilo de alimento não perecível. Toda a arrecadação foi doada para uma instituição de caridade.

Não é tecnologia, não é o que você ganha, sempre foi o que você dá aos outros. O quanto você aprende, as pessoas extraordinárias que conhece ao longo dessa caminhada, amigos que passam a ser irmãos, os feedbacks que colhemos. Saia da sua zona de conforto, estude! O mercado está te esperando. Se você ainda não tem os pré-requisitos certos, esforce-se um pouco mais, nada na vida é fácil, nada cai do céu. Levante-se, pegue um livro, ajude seus amigos da comunidade, escreva um artigo, compartilhe o que você sabe, o universo irá te devolver isso. Uma das maiores felicidades que tive foi ser nomeado Microsoft MVP. Fiquei emocionado, foi um reconhecimento incrível e sei que foi porque eu mereci, é isso que gosto de fazer.

Em 2019, palestrei no MVP Conf Latam e também ajudei na organização do evento. Ao final, indiquei uma instituição (a SAME - Lar de Idosos Nossa Senhora da Conceição) do Sergipe, para ser uma das cinco a receber a doação de 25 mil reais, para ajudar a manter o estabelecimento. Comunidade é isso: compartilhar. No que depender de mim, o Nordeste ainda será palco de grandes eventos de tecnologia. Tenho atitude e projetos para levar experiências incríveis para a comunidade de minha região.

> **Rafael Almeida** *é Arquiteto de Softwares de Itabaiana (SE), Microsoft MVP na categoria Developer Technologies, casado e pai de 2 princesas. É apaixonado por compartilhar conhecimento e contribuir em projetos Open Source no Github.*

No próximo capítulo, veremos o que fazem os profissionais mais valiosos do mundo, como conquistam sua riqueza e só a fazem crescer. Por outro lado, há também os profissionais pobres que seguem fazendo mais do mesmo e optando pelos caminhos errados que não levam a lugar algum. Como você pode se tornar um profissional mais valioso no futuro começando agora no presente.

TRÊS PONTOS PARA NÃO ESQUECER

- Para os gregos, um idiota (*idhiótis*) era aquela pessoa que não participava da vida em comunidade, ou seja, vivia apenas em torno de seu umbigo, preocupado com seu mundinho.

- Empresas podem se beneficiar de hackathons e meetups, especialmente para:
  - Inovação interna.
  - A criação de projetos inovadores para resolver questões públicas ou da comunidade.
  - O desenvolvimento de códigos (ou projetos) de uma determinada tecnologia.
  - O desenvolvimento específico de algum app ou solução.
  - Competição dos melhores protótipos desenvolvidos.

- Pessoas podem se beneficiar de *hackathons* e *meetups*, especialmente para:
  - Conhecer outras pessoas
  - Estímulo para trabalhar em equipes diversas
  - Respirar tecnologia e inovação
  - Oportunidade para criar um novo negócio
  - Aprender a superar desafios e trabalhar sobre pressão
  - Obter reconhecimento e ganhar prêmios

TRÊS PONTOS PARA REFLETIR

- Até que ponto as redes sociais criam plataformas ou ambientes seguros para pessoas se manifestarem e serem aceitas em comunidades?

- Em sua opinião, o mundo atual é melhor ou pior para a criação e discussão de temas em comunidades se comparado ao mundo da Grécia Antiga onde os gregos se reuniam nas àgoras?

- Você concorda que hackathons e meetups são eventos ganha-ganha para empresas e pessoas que os frequentam?

ANNOTE AQUI

PROFISSIONAL RICO
PROFISSIONAL POBRE

(Conectando Chaplin a Nietzsche
e Forrest Gump a Alice)

♪ *"Desde os primórdios,
até hoje em dia
O homem ainda faz, o
que o macaco fazia
Eu não trabalhava,
eu não sabia
Que o homem criava e
também destruía."*

(Ciro Correa / Jose Dos Reis / Marcelo Fromer / Sergio Britto, *Homem Primata*)

♪ *"I don't care if Monday's blue
Tuesday's gray and
Wednesday too
Thursday, I don't
care about you
It's Friday I'm in love."*

(The Cure, *Friday I'm In Love*)

PROPÓSITOS DO CAPÍTULO

Indivíduos são singulares, mas juntos podem desenvolver caminhos plurais. A definição de sucesso varia de pessoa para pessoa.

●●●

O que faz com que alguns profissionais se tornem mais valiosos que outros?

●●●

Como empresas podem recrutar e se beneficiar de uma legião de profissionais mais valiosos?

Os profissionais ricos ganham mais do que precisam e menos do que merecem. Este tipo de profissional, como veremos durante este capítulo, percebe que seu maior ativo são suas conexões e rede de *networking* de qualidade. Por outro lado, os profissionais pobres ganham mais do que merecem e menos do que precisam. Estão sempre na busca de mais dinheiro em detrimento de todos, inclusive de seu próprio senso de propósito. Ficam cegos pela corrida corporativa desenfreada por crescer na hierarquia e ganhar cada vez mais.

Este capítulo trata da capacidade que todos nós temos de nos tornarmos mais valiosos como profissionais, como pessoas, comunidades ou empresas. Como e por que você deve abrir seus olhos para àqueles que estão ao seu redor, pois essas pessoas são as primeiras que serão impactadas por tudo que você faça? De repente, quando você menos perceber, pode não estar mais olhando somente para seu mundinho e sim para um universo cheio de alternativas e pessoas diferentes de você, mas que, de algum modo, o complementam. A partir daí, você passa a notar que não consegue mais abrir mão deste senso de comunidade para o resto de sua vida. Pois você é parte do PeopleChain e o PeopleChain é parte de você.

Todos somos indivíduos singulares, sim, mas com uma capacidade infinita de mudar o mundo em que vivemos de diversas formas quando nos unimos e criamos possibilidades de caminhos plurais. Quando você se une a pessoas diferentes de você, seja por cultura, condição social, gênero, cor, credo ou orientação sexual, você tem uma grande chance de desenvolver soluções mais inovadoras e disruptivas, além de poder se transformar, de fato, em um profissional mais valioso.

8.1 INDIVÍDUOS SINGULARES, CAPACIDADES PLURAIS

Você já refletiu sobre sucesso? O que é sucesso para você? Há algumas variações sobre o tema em livros, revistas e matérias de jornal, porém é possível notar um denominador comum entre as pessoas de sucesso: a atitude e a determinação. É essa atitude que não permite que fiquem na passividade ou esperando pela sorte.

Muitos permanecem em estado contínuo de aguardo. Esperando aquela mão salvadora que abrirá as portas ou a virada da maré que lhes trará sorte. Thomas Jefferson, certa vez, declarou que descobriu que quanto mais trabalhava, mais sorte ele tinha. Acredito que seja bem por aí. Se você quer se destacar, tem que "aparecer para o jogo". Quando você se mostra, é proativo, parece que o universo conspira a seu favor. Mas, acredite, não é o universo, é você, que usou o maior presente que possui, o seu livre-arbítrio, e correu atrás de suas metas. Ao invés de Zeca Pagodinho com seu "deixa a vida me levar", estamos aqui mais para Geraldo Vandré: "Quem sabe faz a hora, não espera acontecer". Afinal, definitivamente, não basta ser bom naquilo que se faz ou ter um bom currículo, é preciso agir com paixão e atitude para se destacar.

Certa vez uma professora de mestrado entrou na sala no primeiro dia de aula e afirmou, em tom assertivo, que estava ali para dar aula apenas para 5 a 10% dos alunos. Afinal, segundo ela, os outros 90-95% não iriam tirar proveito mesmo do conteúdo que ela ensinaria. Por quê? Porque eram alunos medianos. A professora concluiu sua introdução explicando que, como se tratava de uma turma nova, ela ainda não sabia quem eram os 5-10% para os quais ela iria ensinar e, com isso, ela conseguia invocar uma atitude diferente em cada aluno que ali estava, pois ninguém queria estar no grupo dos 90-95% de medianos. No fundo, era isso o que ela queria: ter 100% dos alunos comprometidos e com uma atitude transformadora durante suas aulas!

É preciso ter uma postura empreendedora perante a vida. Em meu segundo livro *DISRUPTalks*, escrito com Juliana Munaro e Flávia Gamonar, defini que empreender não tem a ver com abrir seu próprio negócio, mas se apropriar dos seus negócios e ter uma atitude diferente diante dos desafios que chegam. Um bom exemplo disso é o da geração flux[1], pois esta não se refere ao fator idade,

---

1 "A geração flux é esta que convive neste mundo onde a única constante é a mudança e, devido a velocidade em que ocorre, em ciclos cada vez mais curtos, exige flexibilidade, adaptação e resiliência para produzir mesmo no caos. Os fluxers são profissionais empreendedores, a frente de seu tempo, que não temem ser demitidos ou fracassar na tentativa de fazer algo em que acreditam. São pessoas que precisam do senso de propósito para tudo o que fazem, apresentando um perfil inquieto, no bom sentido da palavra. Pessoas que percebem que há vários desafios atualmente e que, na verdade, estes são oportunidades de transformação e, desta forma, como agentes de mudança que são, querem agir. Afinal, a tecnologia em que estão inseridos, os fluxers, faz com que a mudança seja necessária, assim como a flexibilização, para se manterem relevantes a cada dia.", [Fonte: GAMONAR, Flavia ; JANNUZI, Glauter; e MURANO, Juliana. *DISRUPTalks – Carreira, Inovação e Empreendedorismo numa época de mudanças rápidas*. Editora Reflexão Business, 2017].

mas, sim, a postura que é demandada dos profissionais que iniciaram suas carreiras na era pós-internet.

O mercado de trabalho de 2020 é bem diferente do mercado de trabalho da década de 1980, que por sua vez já era bem diferente do mercado de 1940. Assim, é preciso tirar proveito da diversidade que temos hoje entre pessoas de gerações diferentes, assim como pessoas de níveis sociais distintos, cor ou crenças.

O que diferencia as pessoas de sucesso das outras que continuam batendo a cabeça contra a parede de vez em quando definitivamente não é a sorte. Trata-se, também, de um condicionamento feito por meio de educação empreendedora, de educação financeira e da construção de uma marca pessoal e profissional.

Quando se trata da carreira que escolhemos, é preciso refletir sobre o fato de que, por vezes na vida, parece que entregamos o destino nas mãos de estranhos. Ora, até atingir a fase adulta da vida, não somos donos de nós mesmos, mas dependentes de nossos pais. Desta forma, é possível que entreguemos o destino nas mãos de nossos pais, pois eles podem até errar, mas, caso o façam, estarão buscando o melhor destino para seus filhos, porém não é possível dizer o mesmo sobre os colegas de trabalho, os gerentes ou os políticos que nos governam, concorda?

Não cabe aqui nenhum tipo de julgamento ou discussões sobre se seus colegas de trabalho e superiores são pessoas más ou ruins. Estas pessoas não estão na posição que ocupam para procurar o melhor para você, correto? Portanto, é preciso ter domínio sobre a direção que você deseja tomar. Aonde você quer chegar? O que é objetivamente sucesso para você? Sucesso é ganhar um salário cada vez mais alto? Sucesso é ter equilíbrio entre vida pessoal e profissional? Sucesso é se sentir realizado com projetos e iniciativas que você empreende? É o impacto que seu trabalho gera na vida das pessoas? É o senso de pertencimento e propósito que você tem ao desempenhar sua função?

Para quem não sabe exatamente aonde quer chegar e que tipo de sucesso busca, qualquer caminho pode ser o certo. Por outro lado, há um grande risco de que todos os caminhos possam estar errados também. É preciso ter uma meta, uma diretriz. Uma vez que você definiu o seu maior propósito ou qual sua missão nesta vida, não desista. Vá em frente! O filósofo alemão Friedrich Wilhelm Nietzsche certa vez fez uma afirmação que todos nós deveríamos ler e reler de tempos em tempos nas nossas vidas. Assim disse Nietzche:

> "Demore o tempo que for para decidir o que você quer da vida mas, depois que decidir, não recue ante nenhum pretexto, porque o mundo tentará dissuadi-lo."
>
> Friedrich Wilhelm Nietzsche

Pensando assim, é necessário refletir sobre a diferença do verbo ser e do verbo estar. Note que a língua portuguesa mostra sua riqueza neste momento diante da língua inglesa e seu limitado verbo "*to be*", que define um único termo para os verbos ser e estar. Se você trabalha para uma empresa A ou B, isso não significa dizer que você seja da empresa A ou B, mas, sim, que você está na empresa A ou B. Há uma diferença enorme entre SER e ESTAR. Portanto, seja você mesmo, mas não esteja sempre no mesmo lugar e nem seja sempre o mesmo!

Quando você está no mercado de trabalho, você pode ganhar muitos rótulos de acordo com os cargos que ocupa ou ocupou. As posições e papéis que você desempenha durante sua carreira não podem se tornar limitadores para novos desafios ou metas que você possua. Infelizmente, os rótulos e preconceitos no trabalho são frequentes. É comum, por exemplo, que um profissional de marketing, em algum momento da carreira, se mover para uma nova área funcional, como a área de vendas por exemplo. Mas os responsáveis pela área de vendas, podem rotulá-lo como um profissional com perfil criativo, extrovertido, mas que talvez não possua estômago para assumir riscos, atuar sob pressão em relação a atingimento de metas e outros atributos esperados no perfil padrão de um bom vendedor. É comum que áreas de RH considerem que um vendedor não tenha a profundidade necessária para atuar numa área mais técnica. Rótulos existem, resta a você não se enquadrar neles e demonstrar que cada indivíduo é singular e pode desempenhar papéis e habilidades totalmente distintas em momentos distintos de suas carreiras. Cada pessoa tem uma história única de sucesso que, se bem contada, pode se transformar em um best-seller.

Não é possível ou aceitável que você viva sua vida, ou longos anos dela, como se estivesse cercado por dementadores. Por exemplo, quando começa a trabalhar em um ambiente corporativo. Na série de livros *Harry Potter* de J. K.

Rowling, os dementadores são criaturas que se alimentam das boas lembranças das pessoas e que podem até sugar suas almas com um beijo e um abraço. O único modo de derrotar um dementador é usando o feitiço *expecto patronum*, enquanto pensa em uma lembrança muito feliz de sua vida.

Evite dementadores em sua vida, por via das dúvidas, neste momento, se você estiver sentado (ou sentada) levante-se, encha o peito e solte um grito de *"Expecto patronum!"* bem alto aí neste momento! Xô dementadores! Xô profissionais pobres! Xô mediocridade.

Para continuar no mundo das histórias infanto-juvenis, há uma personagem que vem ao encontro do que estou defendendo aqui. Trata-se da coelhinha heroína Judy, do longa de animação *Zootopia*, produzido em 2016 pela Disney. No filme, Judy sofre preconceitos de raça e gênero desde pequena sob vários aspectos. Aliás, por se tratar de um filme com foco infantil, isso é retratado, com sutileza e maestria ao longo da história.

Judy, com muito esforço, consegue aprender e superar os desafios sob vários aspectos de sua carreira e, para coroar mais uma ótima produção dos estúdios Disney, a música-tema do filme se chama *Try Everything*, da cantora colombiana Shakira, e traz em sua letra a necessidade de se tentar de tudo e não desistir.

Não há templates ou perfis de carreira preconcebidos para "certas" pessoas. Cada ser humano é singular. É único. Não somos como outros seres do reino animal que agem por instinto ou precisam seguir seus bandos, pois assim seus ancestrais sempre o fizeram, como elefantes que precisam permanecer seguindo a manada para que não se tornem presa fácil no meio da savana.

> "Eu não vou desistir, não, não vou ceder. Até chegar no fim.
> Depois começarei de novo, apesar de eu estar na liderança. Quero tentar de tudo. Quero tentar, mesmo que eu possa falhar."
>
> Shakira
> ("Try Everything")

Não se esqueça jamais de que você tem livre-arbítrio para ser o que quiser ou estar onde quiser. É irônico como organizações colocam seus profissionais dentro de caixinhas, referentes a seus cargos, para depois de algum tempo, investir muito dinheiro em treinamentos que estimulem o pensamento criativo "fora da caixa". Não somos limitados ao que estamos desempenhando na função que fazemos. Somos interdisciplinares. Somos singulares como indivíduos, sim, mas com capacidades plurais.

8.2 RUN ALICE, RUN

Alice queria fugir da monotonia da vida ordinária e seguiu o coelho que a fez conhecer um mundo extraordinário e personagens únicos! Para Forrest Gump, a vida sempre foi como uma caixa de bombons, onde nunca se sabe com certeza o que vem dentro dela. Pelo menos essa era a filosofia ensinada por sua mãe e repetida por ele durante toda a sua vida.

> "Você poderia me dizer, por favor, qual o caminho para sair daqui?", perguntou Alice.
> "Depende muito de onde você quer chegar", disse o Gato. "Não me importa muito onde..." foi dizendo Alice.
> "Nesse caso não faz diferença por qual caminho você vá",
> "...desde que eu chegue a algum lugar", acrescentou Alice.
> "Oh, esteja certa de que isso ocorrerá!", conclui o Gato.[2]
> *Alice no País das Maravilhas*

A vida de Forrest definitivamente nunca seguiu um padrão. Sua história é repleta de escolhas aleatórias que o levam a diversos caminhos, na maioria das vezes de sucesso, para sua própria surpresa, outras por situações de apuros. Uma das reflexões filosóficas que se pode fazer da história de Forrest Gump, retratada no romance de Winston Groom de 1986 e no filme de comédia dramática de 1994, é que temos a capacidade de mudar o sentido de nossa vida a cada instante. Não há valores ou padrões preexistentes que selam o seu destino no momento em que você nasce.

Você já deve ter passado por momentos de dúvidas em sua vida sobre que caminho seguir em determinadas situações. Na verdade, essa reflexão já deve ter sido feita milhões de vezes por indivíduos ao redor de todo o planeta. Mas chamo a sua atenção aqui para o fator principal nas escolhas que você faz a cada ponto de interseção de sua vida: o caminho não escolhido! O importante é realmente seguir caminhando.

Engana-se quem pensa que se só há obstáculos ou problemas no caminho escolhido. Ou que talvez estes não existissem se outro caminho alternativo tivesse sido trilhado. Na verdade, os problemas que você enfrenta em um determinado caminho que escolheu certamente não estariam presentes em outro percurso que você tivesse trilhado. Mas não se esqueça que você teria outros

---

[2] Diálogo extraído de *As Aventuras de Alice no País das Maravilhas [Alice in Wonderland]* é a obra infantil mais conhecida de Charles Lutwidge Dodgson, publicada a 4 de julho de 1865 sob o pseudônimo de Lewis Carroll.

problemas! Não há um caminho perfeito. O que existe, sim, são caminhos mais bem pavimentados que outros, de acordo com os seus valores e propósitos. É preciso saber aonde você quer chegar. Você tem que ter bem claro a definição de sucesso que lhe cabe.

A cada escolha que você faz, um novo caminho se abre, e com ele, uma trilha onde você encontrará pessoas, obstáculos e recompensas que não cruzariam seu caminho se tivesse feito outra escolha que o levasse a uma rota diferente. Para Forrest, a vida lhe abria novos caminhos a todo momento e ele não olhava para trás ou para o caminho que não escolheu, mas se entregava ao novo e curtia o momento com dedicação e afinco. Em sua vida pode colecionar histórias, que contava para terceiros com orgulho e paixão.

Sobre a forma de levar a vida, talvez aqui valha uma reflexão puramente existencialista. Apesar da escolha no início do capítulo pela canção de Vandré — "Quem sabe faz a hora..." — ante a de Zeca Pagodinho — "Deixa a vida me levar..." —, aqui vale enaltecer a forma como Forrest levava a sua vida, como algo leve, como uma pena que se deixa flutuar de uma situação a outra e sempre tentando levar consigo aprendizados, experiências e, especialmente, pessoas. Enquanto isso Jenny, sua amiga/namorada, leva uma vida tensa a procura de um sentido maior em tudo e acaba não curtindo suas fases, momentos e as pessoas que cruzam seu caminho.

Vivemos uma época de big data, com muita informação disponível, ao mesmo tempo em que ninguém tem todas as informações, ou melhor, cada indivíduo tem um conjunto de conhecimentos finitos ou fragmentos de dados específicos. Ninguém tem o domínio completo fim a fim de uma determinada área de conhecimento ou situação. Quando conversamos e interagimos em nossas redes sociais, tanto no mundo físico offline, quanto no virtual online, conseguimos obter *inputs* e *insights* preciosos que complementam nossas ideias e projetos. Em muitos casos, preenchem *gaps* de conhecimento ou informação que temos.

As informações e conhecimentos que você adquire precisam de pessoas ao seu redor para se consolidarem, senão se perdem. Todas as pessoas que cruzam seu caminho são importantes e podem lhe trazer lições, informações e conhecimentos. Não há clichê aqui em afirmar que isso vale tanto para o faxineiro, o porteiro de sua empresa, quanto para a presidente da empresa, seus colegas ou o time de executivos para os quais você se reporta. Ganha mais quem trata todos de maneira igual e dedica atenção e tempo para conhecer um pouco mais das pessoas humanas por trás dos cargos que ocupam naquele momento.

Forrest Gump dedicou seu carinho, atenção e companheirismo para as pessoas que cruzaram seu caminho, fossem elas ricas e famosas ou não. Com isso, ele acumulou histórias que passaram por Elvis Presley, John Lennon, Martin Luther King Jr, John Kennedy, Mao Tse Tung assim como pelo tenente Dan e seu amigo e sócio Bubba. Forrest tem muito a ensinar a todos, especialmente aos profissionais pobres que seguem dedicando boa parte de seu tempo e foco apenas nos níveis hierárquicos que estão acima deles no organograma corporativo.

No Brasil, em 2020, ainda enfrentamos problemas com milhões de desempregados, milhares de lojas e salas comerciais fechadas pelas cidades e, ao mesmo tempo, convivemos com uma deficiência na experiência dos clientes em prestação de serviços de diversos setores. A quantidade de serviços mal prestados ou consumidores carentes de bons produtos ou estabelecimentos ainda é absurdamente grande. Há muitas oportunidades que podem e devem ser identificadas e endereçadas por pessoas comuns, como eu e você. Seja por vocação ou por necessidade, é possível transformar a nossa própria realidade e a das pessoas e comunidades que nos cercam.

No filme *Fome de Poder* [*The Founder*] sobre a história do McDonalds, o personagem principal, Ray Kroc (estrelado pelo ator Michael Keaton) afirma que "uma palavra: persistência" fez com que um vendedor de máquinas para *milk-shakes* de 52 anos conseguisse construir um império de fast-food com 1600 restaurantes em 50 estados americanos e cinco países. Sem mencionar a receita anual de 700 milhões de dólares, um marco gigantesco para a época. Ray afirmava que nada no mundo supera o poder de persistir.

> "Nada neste mundo supera a boa e velha persistência. O talento não supera. Não há nada mais comum que talentosos fracassados. A genialidade também não supera. Um gênio desconhecido é praticamente um clichê. A educação não supera. O mundo está cheio de idiotas educados. A persistência e a determinação são muito poderosas".
> Ray Kroc (*Fome de Poder – The Founder*)

Estes foram os princípios básicos que permitiram a ele chegar ao topo da montanha num ponto da vida em que a maioria dos homens estaria pensando em se aposentar. Ray soube dar foco nas pessoas e se conectar com pessoas brilhantes da história do McDonalds. Seja com os irmãos Rick e Dick James, fundadores da marca e criadores do processo Speedee, ou com os seus advogados e assessores que conheciam muito sobre o processo de franquias e o ajudaram a comprar todos os direitos da marca. Visto por alguns como raposa, por outros como visionário, o fato é que Ray Kroc conseguiu chegar mais longe, pois aproveitou sua rede do PeopleChain para imprimir seu propósito, liderança, atitude, comprometimento com o atingimento de suas metas e encadeamento do processo com seus franqueados!

Se você não está usando hoje os seus melhores talentos, com foco nos propósitos em que acredita, trabalhando com os que estão ao seu redor e se realizando, algo preciso mudar. Não é possível de se viver em meio a dementadores. É hora de se reinventar. Observe o gap entre você e o resto do mundo e inicie o seu P-L-A-C-E!

8.3 O HOMEM QUE CALCULAVA

Profissionais mais valiosos, ou ricos, são aqueles que possuem uma mentalidade de crescimento — *growth mindset*. São pessoas com sensibilidade humana para perceber zonas de conflito e buscar uma saída pautada pelo bom senso e no melhor para o bem comum. Nem sempre é possível que se tenha um ganha-ganha, de fato, numa relação, mas é importante que as partes envolvidas saiam satisfeitas e se sentindo respeitadas e valorizadas.

Certa vez, muito tempo atrás, um pastor de ovelhas chamado Beremiz Samir, nascido na antiga Pérsia, pastoreava suas ovelhas quando se deparou com três homens em acalorada discussão junto a um lote de camelos. Ao se aproximar para entender o que acontecia, Beremiz perguntou a eles o porquê da discussão, quando um deles explicou que eram irmãos e seu pai havia deixado 35 camelos de herança para eles. No testamento, havia uma regra, porém, que registrava a vontade do pai para a distribuição dos animais entre seus filhos: o mais velho deveria ficar com metade dos camelos, o filho do meio com um terço dos camelos e o mais novo com a nona parte. Porém, os homens discutiam, pois, a divisão não era exata, o mais velho deveria ficar com 17 camelos e meio, o segundo filho com 11,6 camelos e o mais novo com 3,8 camelos.

O impasse seguia até que Beremiz (também conhecido como o homem que calculava) lhes propôs uma saída: ele lhes emprestaria seu único camelo para que a conta ficasse inteira. Assim, o total de animais seria de 36 cabeças e, ao calcular a metade, o filho mais velho ficaria então com 18 camelos e não com 17 e meio (obtendo portando um lucro), o filho do meio ficaria com um terço ou 12 camelos ao invés de 11,6 (novamente com lucro) e o mais novo com a nova parte ou 4 camelos (lucro diante dos 3,8 originalmente calculados). Todos ficaram satisfeitos com a solução, uma vez que ganharam mais do que havia sido registrado no testamento de seu pai.

Ao final, Beremiz se despediu dos três irmãos e, além de recuperar seu camelo de volta, ganhou mais um por ter ajudado a resolver aquele impasse. Se você notar bem, ao somar 18 camelos com 12 e mais 4, essa conta será de 34 camelos. Como os homens estavam inicialmente com 35, sobrou um que foi dado de presente ao homem que calculava.

Muitas situações de conflitos podem ser resolvidas se tivermos uma mentalidade de crescimento e buscando entender o melhor para cada envolvido na disputa. Profissionais ricos conseguem ter uma visão como a do homem que calculava, minimizando disputas e, mesmo sem visar o lucro inicialmente, muitas das vezes saem ganhando. Mas, como veremos a seguir, os profissionais mais valiosos não trabalham pelo dinheiro, mas por ativos muito mais valiosos.

A história mencionada anteriormente é do livro *O Homem que Calculava: aventuras de um singular calculista persa*, um romance infanto-juvenil do fictício escritor Malba Tahan (heterônimo do professor brasileiro Julio César de Mello e Souza). Neste livro, publicado pela primeira vez em 1938, ele narra as aventuras e proezas matemáticas do calculista persa Beremiz Samir na Bagdá do século XIII.

8.4 PROFISSIONAIS RICOS NÃO TRABALHAM PELO DINHEIRO

Os profissionais ricos ganham mais do que precisam e menos do que merecem. Os profissionais pobres ganham mais do que merecem e menos do que precisam. Aqui definimos profissionais ricos como aqueles profissionais mais valiosos que estão no mercado e a riqueza que possuem ou seus ganhos não se tratam apenas do retorno financeiro, ainda que existam e tenham um peso grande em suas vidas.

Profissionais ricos têm consciência de que seu principal ativo na vida não é o valor de seus contracheques ou o conhecimento que adquiriram ao longo de suas carreiras, mas sim, as pessoas que conhecem e conheceram durante toda a sua jornada profissional, ou até antes dela, na época de suas vidas acadêmicas. Sim, o seu principal ativo são as pessoas que você conhece agora, que conheceu no passado e que conhecerá ao longo dos caminhos que escolher trilhar.

Quando li em 1999 o livro *Pai Rico, Pai Pobre*[3] de Robert Kiyosaki e Sharon Lechter, muitos *insights* se despertaram em minha mente e alguns conceitos passaram a fazer mais sentido para mim, como por exemplo a definição que ele dá para ativos e passivos. Enquanto o dicionário trazia definições complicadas demais para explicar a uma criança, para o pai rico, a definição de ativo era "algo que põe dinheiro no seu bolso" e passivo era "algo que tira dinheiro do seu bolso"[4] e complementava: "Se quer ser rico, simplesmente passe sua vida comprando ativos. Se quer ser pobre ou pertencer à classe média, passe a vida comprando passivos."

---

[3] KIYOSAKI, Robert T. e LECHTER, Sharon L. – *Rich Dad, Poor Dad*. TechPress Inc, 1997.

[4] *Pai Rico, Pai Pobre*, primeira edição. p.65.

Em nossa carreira, não é apenas o aspecto financeiro que conta, mas podemos usar sim o fluxo de ativos e passivos proposto pelo pai rico para gerar uma boa analogia aqui referente a nossas carreiras profissionais. Pode ser que até certo momento no início de sua carreira você trabalhe com um foco muito grande em seu salário no final do mês, mas chegará um momento que você não irá se motivar mais somente pelo quão grande é o seu contracheque. Quando este dia chegar, haverá uma série de outros fatores que você enxergará como ativos que te fazem ganhar tempo em sua vida. No Capítulo 2 – "Revoluções Por Minuto" vimos que o tempo é o seu recurso mais valioso, portanto, nada mais intuitivo do que derivar uma definição para os seus ativos profissionais como sendo tudo aquilo que lhe faça ganhar tempo e passivos profissionais, aquilo que lhe faça perder tempo.

Como se pode observar na Figura 8.1, há ativos profissionais que conquistamos durante nossa carreira que nos fazem ganhar tempo, ou seja, recuperar ou poupar nosso recurso mais valioso. Por outro lado, há também os passivos profissionais que nos fazem perder tempo.

Quando você conhece pessoas que possuem uma mentalidade de crescimento, que durante conversas lhe trazem boas ideias, ou pontos de vista que você não havia pensado, estas, com certeza, farão parte de seus ativos e serão os seus ativos mais valiosos! Há outros ativos que lhe farão ganhar tempo, como, por exemplo, fazer parte de comunidades e o conhecimento e as habilidades que você adquire com o passar do tempo. As experiências que você vai acumulando também lhe permitirão ganhar tempo, pois tornam-se aprendizados. Os *meetups*, palestras e treinamentos que você tenha participado também lhe trarão economia de tempo.

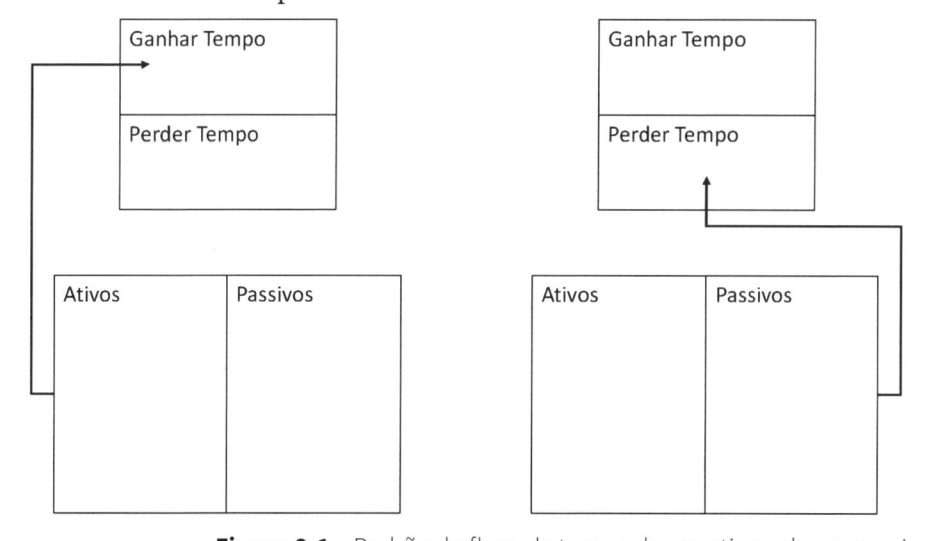

Figura 8.1 – Padrão do fluxo de tempo de um ativo e de um passivo.

De forma análoga, há também os passivos profissionais que lhe tomam um tempo precioso demais que não voltará nunca em sua vida, portanto é preciso estar muito atento a eles. Entre os principais passivos que podem nos tirar tempo temos a participação em reuniões sem propósitos para você. Na verdade, para bom aproveitamento de uma reunião é preciso que somente pessoas diretamente relacionadas a ações ou atitudes necessárias, estejam ali presentes. Além disso, todos os participantes necessários, de fato, para a reunião devem receber a agenda prévia, bem como as expectativas relativas aos objetivos daquele encontro entre pessoas. Reuniões podem ser um dos principais passivos que lhe tomarão tempo.

Da mesma forma, desde que entraram de vez em nossas vidas em meados da década de 1990, os e-mails passaram a nos tomar um tempo diário muito precioso e, em especial, por que você recebe conteúdos que não queria receber ou, no ambiente corporativo, você é envolvido em *threads* de e-mails nas quais você não precisa estar. Só é necessário incluir pessoas no email caso você espere dela alguma ação ou queira dar visibilidade para ela de um tópico do qual ela também tenha interesse e queira saber, do contrário o que se tem é SPAM[5].

Ganhar Tempo	
Perder Tempo	

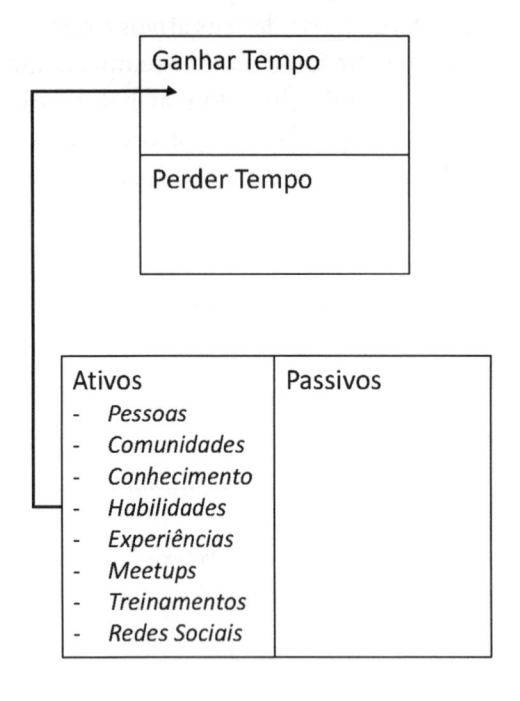

Ativos	Passivos
- *Pessoas* - *Comunidades* - *Conhecimento* - *Habilidades* - *Experiências* - *Meetups* - *Treinamentos* - *Redes Sociais*	

Figura 8.2 – Fluxo de tempo de um profissional rico.

---

5 O termo Spam pode ser um acrônimo derivado da expressão em inglês "Sending and Posting Advertisement in Mass", traduzido em português "Enviar e Postar Publicidade em Massa", ou também Stupid Pointless Annoying Messages, que significa mensagem ridícula, sem propósito, e irritante.

A falta de capacitação, traduzida como desconhecimento técnico de algum assunto, ou falta de habilidade e experiência, também é outro passivo que fará com que você gaste mais tempo na execução de algo. Se você precisa entregar um projeto sobre o impacto da internet das coisas para a geração de cidades inteligentes e não tiver o menor embasamento técnico sobre o tema, com certeza a falta de capacitação tomará seu tempo. Por outro lado, caso você receba um projeto sobre a impressão 3D no reparo de peças automobilísticas e você for um expert no assunto, isso será um conhecimento (ativo profissional) que te fará ganhar tempo.

Outro passivo profissional importante que tira tempo de todos é a falta de foco. A falta de foco pode durar alguns minutos do seu dia, ou alguns dias do seu mês. Pode haver uma série de pontos que lhe tiram o foco, entre elas as redes sociais e dementadores com os quais você convive. Redes sociais são recursos que devem ser utilizados com muito cuidado, uma vez que escondem armadilhas que tirarão seu tempo sem que você perceba. Não é difícil perder dezenas de minutos numa rede social sem que você adquira nenhum novo conhecimento, habilidade ou experiência. Por outro lado, as redes sociais também podem ser um ativo precioso se bem utilizado para que, por exemplo, você comunique ou dê visibilidade em massa de algo que esteja fazendo.

Existe também uma categoria de pessoas, como vimos no início deste capítulo que no mundo de Harry Potter eram chamados de dementadores. Aquelas pessoas que nos sugam, que tiram nossas forças ou vontade de fazer algo com um objetivo maior. Essas lhe tomam um tempo precioso e podem gerar ruídos com ou sobre você que também lhe farão perder tempo para nada. O segredo aqui é identificá-los e se afastar logo dos dementadores. Aliás, olhe para os lados agora, pois pode haver um deles perto de você! Espero do fundo do meu coração que não tenha nenhum por aí, mas em todo caso: *"Expecto patronum!"*

Na Figura 8.3 você pode observar o fluxo de tempo de um profissional pobre. Os profissionais ricos não trabalham pelo dinheiro, mas sim por um propósito maior que os faça sentir que estão ganhando tempo ou fazendo algo útil em suas vidas. Portanto, valorizam cada experiência, conhecimento, habilidades e, principalmente, as pessoas que passam por seus caminhos. O adjetivo "rico" aqui utilizado foi apenas uma analogia que fiz ao livro de Kiyosaki, mas no fundo não trata de riqueza financeira, mas sim, riqueza de propósito e experiências de vida. Daqui para a frente vamos chamá-los de profissionais mais valiosos.

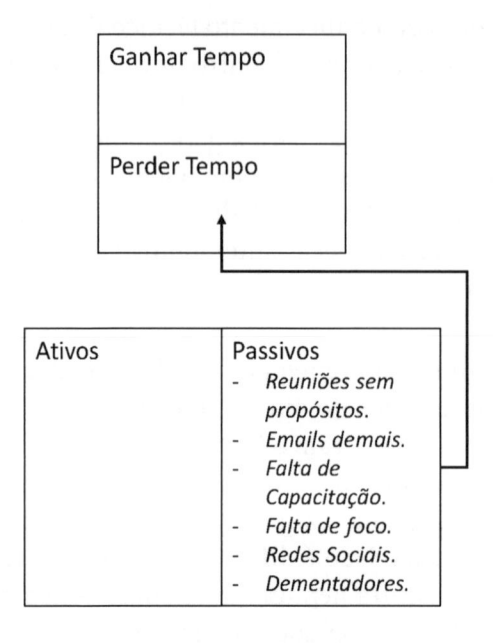

```
┌─────────────────┐
│  Ganhar Tempo   │
├─────────────────┤
│  Perder Tempo   │
│        ▲        │
└────────┼────────┘
         │
┌─────────┬───────────────┐
│ Ativos  │ Passivos      │
│         │ - Reuniões sem│
│         │   propósitos. │
│         │ - Emails demais.
│         │ - Falta de    │
│         │   Capacitação.│
│         │ - Falta de foco.
│         │ - Redes Sociais.
│         │ - Dementadores.
└─────────┴───────────────┘
```

Figura 8.3 – Fluxo de tempo de um profissional pobre.

Se você tem filhos ou crianças com as quais convive, faça um teste. Observe a reação delas e quanto tempo dura a excitação por ganhar um presente que você tenha lhes dado e compare com a excitação quando você não lhe dá um objeto, mas lhe proporciona uma experiência. Seja sentar-se no chão com ela para brincar por alguns minutos, quem sabe uma horinha, seja um passeio onde você converse e mostre coisas ao redor delas que talvez elas não conhecessem. Eu mais uma vez aposto cada centavo dos direitos autorais deste livro que a criança perde o clímax do brinquedo novo muito mais rápido do que o de uma experiência quando brinca ou passeia com um adulto (ou outras crianças).

8.5 O *PEOPLECHAIN* DOS PROFISSIONAIS MAIS VALIOSOS

O *PeopleChain* que nos mantém conectados nada tem a ver com o conceito da MATRIX[6] popularizado após o filme homônimo de 1999. No longa, protagonizado por Keanu Reeves e Laurence Fishburne, os seres humanos estão

---

[6] Filme *The Matrix*, 1999 - O filme descreve um futuro distópico no qual a realidade, como percebida pela maioria dos humanos, é, na verdade, uma realidade simulada chamada "Matrix", criada por máquinas sencientes para subjugar a população humana, enquanto o calor e a atividade elétrica de seus corpos são usados como fonte de energia. O ciber criminoso e programador de computador Neo aprende esta verdade e é atraído para uma rebelião contra as máquinas, que envolve outras pessoas que foram libertadas do "mundo dos sonhos".

conectados a um sistema que lhes faz acreditar na realidade que vivem e a não querer sair dela. Fishburne vive o enigmático personagem Morpheus, que é para Neo (personagem vivido por Reeves) tal qual a lagarta é para Alice (no país das maravilhas), uma espécie de oráculo que faz afirmações muito aplicáveis a nosso mundo real.

> *"Você precisa entender, a maioria destas pessoas não está preparada para despertar. E muitas delas estão tão inertes, tão desesperadamente dependentes do sistema, que irão lutar para protegê-lo."*
>
> .:.
>
> *"Cedo ou tarde, você vai aprender, assim como eu aprendi, que existe uma diferença entre:*
>
> CONHECER o caminho e TRILHAR o caminho."
>
> Morpheus (*Matrix*)

A maioria das pessoas não está preparada para despertar e perceber a realidade ou a diferença entre o que as protege e o que as deixa refém. Uma das lições mais simples e talvez a mais brilhantes que podemos tirar de *Matrix* (ou *Alice no país das maravilhas*) é relativa aos caminhos. Afirmar que se conhece um caminho é bem diferente de percorrê-lo e aprender a curtir a jornada e a se conectar com as pessoas que cruzam com você.

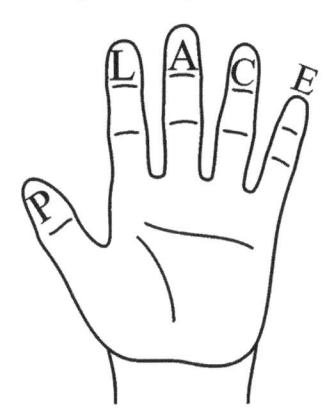

Figura 8.4 – Propósito, liderança, atitude, compromisso e empatia.

Os profissionais mais valiosos usam o *PeopleChain* e o método P-L-A-C-E para tirarem o melhor proveito de suas redes. Na verdade, este tipo de profissional já aprendeu que a melhor forma de ganhar algo da comunidade é não pedindo, mas oferecendo. Já conheci muita gente que se aproximou de mim apenas para pedir. Você pode observar que tanto nas redes sociais como pessoalmente há pessoas que só entram em contato contigo para pedir algo. O foco é totalmente nas necessidades delas. Muitas das vezes, essas pessoas se unem a uma comunidade com o mesmo foco e se frustram por não criarem laços mais fortes com os outros membros.

Os profissionais mais valiosos sabem começar pelo propósito, perguntando-se por que estão ali ou por que devem se unir a uma ou outra comunidade. Buscam o propósito em tudo o que fazem e, se não o encontram param de fazer, assim como Forrest Gump para de correr após acreditar que não fazia mais sentido fazer aquilo e, assim como começou... do nada, para tudo e volta para casa. É preciso parar de fazer coisas que você não vê propósito e não precisa de um bom motivo para isso, simplesmente pare. Se perguntarem para uma criança por que parou ela diria: "Por que não estou mais com vontade." Ponto final.

Enquanto os profissionais pobres não identificam as verdadeiras lideranças, os profissionais ricos percebem as pessoas que têm algo a lhes ensinar e, por isso, investem um tempo para ótimas conversas no café, pedem conselhos e solicitam mentorias. Da mesma forma, não importa o quão novo você seja ou em que estágio da sua vida profissional você esteja, você pode identificar líderes que quer seguir e pode liderar pessoas em movimentos e ações. Sempre há algo que você pode ensinar para pessoas que não tiveram as mesmas experiências e caminhos que você. Lembre-se das capacidades e caminhos plurais que podemos apresentar como uma comunidade de indivíduos singulares.

No Vale do Silício, há a Singularity University (SU)[7] com o propósito de preparar líderes globais e organizações para o futuro. Mas se você pensa que o foco da SU está apenas num indivíduo singular, você se engana, o foco está na exploração de oportunidades proporcionadas por tecnologias disruptivas (ou exponenciais), mas que possam ser conectadas com um ecossistema global. Pois é este grande ecossistema global que define o futuro e está resolvendo os problemas mais urgentes do planeta.

Na primeira vez que visitei o Museu do Amanhã[8], no centro da cidade do Rio de Janeiro, fiquei bastante impressionado com o Cubo da Vida, presente na segunda parte da exposição principal do museu, onde era retratada

---

[7] Singularity University está disponível em: https://su.org/

[8] O Museu do Amanhã é um museu de ciências aplicadas que explora as oportunidades e os desafios que a humanidade terá de enfrentar nas próximas décadas a partir das perspectivas da sustentabilidade e da convivência. Inaugurado em dezembro de 2015 pela Prefeitura do Rio de Janeiro, o Museu do Amanhã é um equipamento cultural da Secretaria Municipal de Cultura, que opera sob gestão do Instituto de Desenvolvimento e Gestão (IDG). Disponível em: https://museudoamanha.org.br/

a complexidade do DNA, a exuberância da Mata Atlântica e os ecossistemas microbianos que cada um de nós carrega. Nesta ala, era exibido um vídeo onde eu li e filmei:

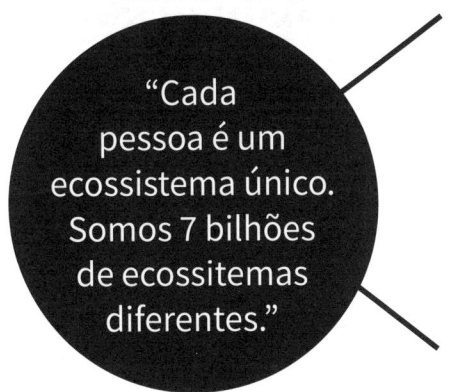

> "Cada pessoa é um ecossistema único. Somos 7 bilhões de ecossitemas diferentes."

Segundo Thaís Cerqueira e Henrique Lins de Barros, profissionais da Equipe de Conteúdo do Museu do Amanhã, todos temos um ecossistema interno, portanto, cada ser humano pode ser considerado um ecossistema em si. Nosso corpo possui uma enorme quantidade de organismos invisíveis, microscópicos, que são essenciais para nós. Na verdade, todos nós, humanos, como todos os outros seres, estamos em permanente mutação, evolução e interação com o ambiente em que vivemos. Somos uma sociedade de diferentes seres vivos que convivem em equilíbrio, um equilíbrio dinâmico, mutável e elástico. Os profissionais mais valiosos percebem a riqueza na diversidade e estão sempre a busca de uma convivência em equilíbrio com os outros. Lideram e sabem ser liderados. Possuem a atitude de executar ações, afinal permanecer no mundo das ideias não leva a lugar algum, é preciso decidir se você toma a pílula vermelha ou a azul!

Ao escolher o caminho, você precisa se conectar com as pessoas e obter comprometimento delas para que estejam junto a você numa determinada missão ou percurso que esteja trilhando. Desta maneira, você percebe que faz parte de um grande ecossistema e que é preciso se conectar e encadear pessoas que lhe agreguem conhecimento, cultura e experiências na sua rede de *PeopleChain*.

8.6 PROFISSIONAIS POBRES SÃO FAKE ACTORS

Enquanto os profissionais mais valiosos são makers, fazem as coisas acontecer, criam conteúdos inéditos, os profissionais pobres são fake actors, querem

CURIOSIDADES

Friedrich Nietzsche viveu entre 1844 e 1900, época do Império Alemão. Foi um filósofo, crítico cultural, poeta e, definitivamente, um influenciador. Porém, sua obra é bastante complexa e de interpretações não tão simples. Para muitos, a ideologia de Nietzsche sobre a igualdade, promovida no Cristianismo e na Democracia, suprime a diversidade natural dos seres humanos, e objetiva a domesticação e docilização do rebanho humano para facilitar sua dominação. Talvez a curiosidade deste capítulo, coubesse também nos pontos para refletir, afinal, Nietzsche é sempre um autor para reflexões.

●●●

Muitos confundem Charles Chaplin com seu principal personagem — Carlitos, ou o Vagabundo — criado em 1914. Charles Spencer Chaplin nasceu em 16 de abril de 1889, na Inglaterra, e morreu em 1977, na Suíça. Filho de artistas, Chaplin começou a trabalhar aos seis anos e só parou pouco antes da morte, totalizando 81 anos de carreira artística e uma vasta obra superimportante até os dias de hoje.

●●●

É possível encontrar algumas referências de *Alice no país das maravilhas* no filme *The Matrix*. O protagonista de Matrix é Neo, um profissional de TI que trabalha como hacker durante a noite, seria como a personagem Alice. Um dia, ele recebe uma estranha mensagem em seu computador, ordenando que siga o Coelho Branco. O Coelho Branco é aquele personagem misterioso sempre apressado que Alice seguiu e a fez cair no buraco que levava a sua toca, na verdade conduzindo a menina para um mundo de possibilidades, questionamentos e caminhos. No caso de Neo, dois conhecidos tocam na sua porta e o convidam para uma festa e Neo vê uma tatuagem de um coelho branco no ombro da mulher e resolve acompanhá-los. Na festa, ele conhece Trinity, uma famosa hacker que tem andando à sua procura, que lhe apresenta a Morpheus. Morpheus, inclusive, compara Neo a Alice, alguém prestes a descer a toca do Coelho e descobrir um novo mundo. Em suas mãos, Morpheus lhe mostra dois comprimidos diferentes: um azul e um vermelho. Oferece a Neo dois caminhos possíveis: se tomar o azul, irá acordar na sua cama e pensar que tudo não passou de um sonho, mas se tomar o vermelho, no entanto, irá conhecer toda a verdade, porém não poderá voltar atrás. Aliás Morpheus é para Neo uma espécie de Oráculo, assim como a Lagarta é para Alice.

aparecer ou se beneficiar à custa de outros, são replicadores ou plagiadores de conteúdos criados por terceiros. Os profissionais pobres querem parecer que fazem, são pessoas que compram seguidores e vivem de aparências. Seus castelos estão sobre a areia da praia e basta a maré virar um pouco que vem uma primeira onda mais forte e leva tudo, destrói a bela imagem do castelo que parecia construído sobre a rocha.

Reputação é algo que se leva anos para construir e poucos instantes para se destruir. Quando um profissional se torna autoridade ou referência no assunto, sua visibilidade aumenta muito e ele passa a ser admirado, seguido e lido por muito mais gente. Muitos dos profissionais mais valiosos são, de fato, líderes de comunidade e com uma imensa rede de seguidores em suas redes sociais. E são seguidos por serem formadores de opinião, especialmente porque geram ou criam conteúdos inéditos.

Se você identifica um fake actor — pessoas que querem parecer algo que não são de fato — é preciso se afastar delas. Desde que me tornei ponte e deixei de ser ilha, o universo de pessoas que conheci se expandiu demais. Enquanto até meus 40 anos eu convivia profissionalmente com colegas de trabalho, clientes e parceiros, depois desse tempo eu abri meu universo e conheci muita gente de todas as partes, idades, gêneros, formações e culturas. Desde alunos de uma ONG da comunidade de Costa Barros no Rio de Janeiro até as mentes mais brilhantes do Vale do Silício ou profissionais de todas as áreas, especialmente aqui no Brasil. No início, parece que todo mundo é do bem e alguns trazem consigo histórias lindas e de superação. Muitas são reais. Outras não.

Infelizmente, existe no mundo pessoas que, ao invés de utilizar seu tempo na criação de algo que vá preencher seu senso de realização pessoal ou profissional, utilizam seu tempo para criar uma imagem daquilo que não são, ou o que é pior, para denegrir a imagem de outros que estão criando algo positivo. Esses são os profissionais pobres. Não encontrei um adjetivo melhor aqui, afinal quando vemos alguém pobre financeiramente a primeira reação que temos talvez seja a de pena. Esses profissionais pobres, não são, necessariamente, pobres de recursos monetários, mas sim de espírito, de propósito de alma humana.

Conheci e conheço muitos profissionais que, inclusive, são financeiramente ricos, porém se tornaram cegos e não percebem o valor de transformar um dia ordinário em extraordinário. Para estes, os dias extraordinários são aqueles quando eles conseguiram fechar um contrato ou firmaram um acordo que lhes renderá um bônus maior. Enquanto isso, seus filhos estão em casa passando horas no Youtube com conteúdos que eles não deveriam estar assistindo. Estes profissionais costumam viajar muito também e, quando retornam, trazem na bagagem muitos presentes para as crianças que adoram ganhá-los e curti-los por alguns minutos até os largarem em caixas cheias de brinquedos que se acumulam em seus quartos. O que eles queriam mesmo era seu pai (ou sua mãe) ali mais tempo presente.

Estes profissionais pobres também se parecem um pouco com o coelho do mundo de Alice, estão sempre atrasados. Atrasados para uma reunião super-mega-hiper importante, ou para realizar uma atividade que seus superiores pediram e são incapazes de parar alguns minutos do seu dia para, por exemplo, receberem um jovem em sua empresa, para tomarem um café e conversarem. Estes profissionais pobres não percebem valor em fazer nada que não vá lhes trazer retorno financeiro (imediato). Pergunte a um deles se eles sabem o nome da moça que serve o café no escritório todos os dias ou o nome de qualquer outro profissional que estejam diariamente em seu caminho e, muitas das vezes lhe prestam algum serviço. Um profissional pobre não saberá... nunca teve tempo para conversar e conhecer um pouco mais das pessoas que estão ali ao seu redor, pois em sua Matrix só existem os seus superiores, clientes ou parceiros que lhes tragam ou que possam lhes trazer algum benefício pessoal ou profissional. Não oferecem nada! Muitos, inclusive, só sugam e te fazem sentir mal quando você precisava de um elogio ou um incentivo: são como os dementadores.

Figura 8.5 – Coelho do mundo de Alice.

8.7 INFLUENCIADORES E LÍDERES DE COMUNIDADE

Enquanto os profissionais mais valiosos compartilham o que sabem, influenciam, querem impactar outros a seu redor, os profissionais pobres criam "egossistemas" ao invés de ecossistemas. Querem criar castelos de areia ao redor de seus egos enormes. Buscam pessoas a seu redor que sejam apenas replicadores de tudo o que pensam ou dizem. No fundo, não querem uma comunidade para aprender e crescer com ela, o que eles buscam seria algo parecido com as claques — pessoas para aplaudirem seus feitos ou rirem de suas piadas ou ironias, muita das vezes carregadas de preconceitos e infâmias.

Influenciadores não são pessoas que possuem uma grande rede de seguidores. Até porque podem ter comprado seguidores (acredite, é possível e tem gente que faz isso). Ter uma grande rede de seguidores não o torna um influenciador. O que de fato faz com que um profissional se torne um influenciador é a capacidade que ele desenvolve de criar conteúdo ou exprimir sua opinião e, com isso, impactar outras pessoas e fazê-las perceber algo que não percebiam ou mudarem de opinião em última instância.

Um líder de comunidade é um influenciador. Por outro lado, um influenciador não necessariamente é um líder de comunidade. Pelo menos como você pode imaginar um líder de comunidade. Os profissionais mais valiosos já perceberam que suas redes de seguidores são como comunidades que eles lideram. Tratando-os como comunidades, gerando conteúdo genuíno e empoderando membros da comunidade, estes só tendem a crescer como pessoa, como profissional e, por consequência, também fazem sua rede de seguidores crescer.

Assim como não há uma fórmula única de sucesso, também não existe uma receita de bolo para se tornar um influenciador. Por exemplo, alguns profissionais geram excelentes conteúdos em vídeo e mantêm seus canais no YouTube, utilizando essa ferramenta como sua principal rede social. Para esses, os assinantes [subscribers] de seus canais que clicam no "joinha" (👍) e já apertaram o "sininho" (🔔) são a sua comunidade principal. Eles criam conteúdos pensando na comunidade, interagem com a comunidade e não apenas influenciam a comunidade, como também são influenciados por ela. Sabem tirar proveito de uma comunicação em via dupla.

O mesmo pode ser aplicado para os profissionais que preferem a criação de artigos no LinkedIn, Facebook ou em seus blogs pessoais. Trate seus seguidores como a sua comunidade e ela lhe abrirá novos caminhos e oportunidades. Sabendo utilizar bem cada plataforma, é possível liderar comunidades em todas as soluções, não apenas no Facebook ou LinkedIn, mas no YouTube, no Instagram, no Twitter e até no WhatsApp.

Mas há ainda outras soluções que já caíram no gosto de muitas comunidades e equipes funcionais, como, por exemplo, o Slack e o Stride (conhecido anteriormente como HipChat que também é dona do Trello). Como o foco aqui não são as soluções que mudam muito com o passar do tempo, mas com os conceitos que permanecem desde que a raça humana passou a ser mais sapiens, voltemos a análise humana e de hábitos.

8.8 POR TRÁS DE UMA SELFIE

Você já notou que há algumas pessoas que se incomodam quando você posta uma selfie de um evento que organizou onde aparece após uma palestra que deu? Pois bem, não se importe com isso. Certa vez, um profissional mais valioso me disse algo que não esqueci jamais. Ele afirmou que são poucos os que conseguem ver o que está por trás de uma selfie. Quase ninguém vê, por exemplo, que uma pessoa ficou até altas horas da noite preparando conteúdos para a sua palestra, depois no dia seguinte acordou super cedo para ir até o local do evento que, em muitas das vezes, não era na mesma cidade e foi preciso percorrer um longo percurso. Por vezes, há a necessidade de pegar um voo para estar naquele local. Além disso, este palestrante paga suas despesas com dinheiro do seu próprio bolso e não será remunerado por estar ali compartilhando conhecimento. Nada disso é visível numa selfie. Além disso, após a selfie (e sua publicação numa rede social) ainda há um longo caminho de volta. Como diriam alguns memes que circulam pelo Brasil e viraram uma hashtag "isso a Globo não mostra".

Não sai na capa da revista (ou em seu post) todo este trabalho, mas apenas a selfie ou a foto final com os participantes de um evento. Quando você ver em seu feed outra foto desta natureza, saiba que por trás dela há muito trabalho, muita transpiração e muito propósito, liderança, atitude e comprometimento para gerar conexões e encadeamento de pessoas.

Se você é uma destas pessoas que de vez em quando posta suas selfies, não se importe com likes ou comentários, faça isso por você, pelo senso de dever cumprido e da missão de impactar pessoas e dar visibilidade sobre o que tem feito. Rocky Balboa, personagem épico e clássico vivido por Sylvester Stalone, também tem algo a nos ensinar neste capítulo estrelado e repleto de cultura:

> "Não se lembrarão de você, se lembrarão da sua reputação.
> ∴
> Ninguém deve nada a ninguém. Você deve a si próprio.
> ∴
> Nem você, nem ninguém baterá tão forte quanto a vida. Não importa o quão forte você bate, mas sim, quantos golpes você aguenta levar e permanecer de pé. Assim é a vida!"
>
> Rocky Balboa

O que está em jogo quando você posta uma selfie não é o que os outros vão achar dela, mas o que você acha da foto e de tudo que esteve por trás dela. Sua reputação com as pessoas que estiveram lá presencialmente com você estará inabalada e são elas que importam no final do dia, não as que te seguem nas redes e viram sua foto.

Profissionais pobres usam algo que você disse, fez ou escreveu fora de contexto para tentar lhe prejudicar, profissionais mais valiosos estão sempre procurando fazer e criar coisas ao invés de criticar outros que fazem algo. Talvez você já tenha percebido que há uma certa mediocridade no mundo e por isso é importante notar que enquanto há pessoas criando coisas, tentando empreender ou criar algo novo (que chamo aqui de profissionais ricos), também existem aquelas personas com perfis de idade acima dos trinta anos, que ainda vivem na casa de seus pais (pois não possuem renda ou maturidade para morarem sozinhos), que ficam trancados no seu quarto e somente postando comentários maldosos ou criticando pessoas nas redes. Estes são os profissionais pobres. Pobres de espírito, de personalidade e sem uma mentalidade de crescimento.

8.9 FORAS DE SÉRIE

No Capítulo 9 analisaremos as empresas mais valiosas do mundo. Mas é preciso lembrar que uma empresa valiosa é formada por profissionais com muito talento. Verdadeiros fora de série. Pessoas de fato acima da média. Tudo é relativo às pessoas, você concorda? Vamos entender agora o que torna uma pessoa em um profissional mais valioso ou um fora de série.

O que é preciso para ser um fora de série em alguma área de atuação? Malcolm Gladwell, autor do livro *Outliers [Fora de Série]*, afirma que para se tornar um fora de série é preciso que se tenha, pelo menos, dez mil horas de prática em algo. Só assim seria possível obter um nível de excelência de destaque em alguma atividade. O autor cita alguns casos, tais como Bill Gates, os Beatles, Wolfgang Amadeus Mozart, entre outros famosos que se tornaram profissionais fora de série, pois investiram mais de dez mil horas de prática em suas respectivas atividades. No estudo, Gladwell sugere que, para obter esse nível de excelência, seriam necessárias cerca de três horas por dia ou vinte horas por semana, portanto, dez anos para se tornar um fora de série, de fato.

Há uma metáfora muito usada em projetos de software pelos profissionais de TI, para negociarem prazos com seus clientes, que diz o seguinte: "Uma mulher grávida gera um bebê em nove meses, mas não adianta colocar nove mulheres grávidas que elas não farão um bebê em apenas um mês". Se a análise bem elaborada de Malcolm Gladwell diz que, em média, para se tornar um fora de série é preciso de cerca de dez anos de prática, mesmo que se faça o dobro de horas por dia ou por semana, pode não se atingir um nível de excelência num período inferior.

Usei aqui a expressão "pode não se atingir", o que abre margem para "por outro lado, é possível atingir também". Sim, acredito que seja possível acelerar a proficiência em algo num período bem inferior a dez anos, seja um segundo idioma que você queira aprender, seja no esporte, na música, na programação, em jogos eletrônicos ou em alguma metodologia. Mas perceba que aqui não estou falando de aprender algo, mas sim de aprender e se tornar bem acima da média, se comparado a outros que também possuem proficiência na mesma técnica.

Vejamos um exemplo de um brasileiro fora de série. Seu nome é Oscar Daniel Bezerra Schmidt, ou simplesmente Oscar Schmidt, que é o maior pontuador (ou cestinha) da história dos jogos olímpicos, com 1.093 pontos, e, sobretudo, o maior pontuador entre jogadores de basquete de todos os tempos, com 49.737 pontos. Oscar, apelidado de "mão santa", devido a seus tiros certeiros de três pontos e arremessos incríveis, nunca aceitou bem esse apelido, uma vez que sabia do esforço em treinamento extensivo diariamente que ele fazia para se tornar um excelente arremessador. Portanto, não se tratava de ajuda divina, mas sim de muito suor, dedicação e treino. Ainda no esporte, corroborando essa tese, Bernardinho — um dos técnicos de vôlei mais vitoriosos do mundo — autor do livro *Transformando suor em ouro*, afirma que: "Quanto mais você sua no treino menos sangra no campo de batalha".

Não dá para queimar etapas, por outro lado, também só depende de você! Este é o ponto principal aqui. Quando se trata de crescer na carreira, muitos querem a glória num prazo de tempo muito curto. A boa notícia é que todos têm essa chance, cada vez mais, graças ao poder que a tecnologia nos dá. Porém é preciso investir horas e horas sobre sua carreira para que você se torne um profissional mais valioso, um fora de série, em sua ou em uma nova área de atuação.

RELATOS REAIS DE PROFISSIONAIS MAIS VALIOSOS

APROVEITANDO OPORTUNIDADES E EXPERIÊNCIAS

Várias coisas do que obtive e conquistei levaram tempo e dedicação, e, por incrível que pareça, não puderam ser compradas ou trilhadas. Elas simplesmente aconteceram. Devo tudo isso ao trabalho que fiz e tenho feito na comunidade técnica. Já são mais de 16 anos de atividade e até hoje ainda tenho uma certa dificuldade de explicar um pouco dessa atuação com pessoas externas ao ciclo de conhecimento, compartilhamento e cooperação.

Tudo começou em 2003 quando a internet era bebê e a tecnologia .NET ainda era extremamente nova (tínhamos naquela época o .NET 1.0 e nem havia saído o estável 1.1). Na época, um estudioso desenvolvedor asp3 apaixonado na web, recebi o direcionamento da empresa que eu trabalhava para realizar uma palestra de .NET na semana da computação da universidade em que eu estudava. Naquele momento eu nunca tinha feito uma palestra na vida, mal conhecia o .NET e muito menos saberia o que era uma comunidade.

Estudei como um louco e "comi com farofa" todas as páginas do livro de .NET da Wrox (na época, livros eram a mais forte base de estudo). Pois bem, a minha primeira palestra da vida foi realizada e logo após, por publicação das vias de comunicação da universidade, caiu em um "radar" da INETA (International .NET Association) e recebi um convite para participar de um evento privado na Microsoft Brasil, em São Paulo. Logo eu, que mal tinha dinheiro e muito menos condições de viajar sozinho para um lugar muito distante da minha realidade. Mas era pra ir à Microsoft! Lembro como se fosse hoje do poder da decisão, de tirar das economias o dinheiro da passagem, de pedir para amigos de infância para ficar na casa por uns dias, de pegar um ônibus 12 horas de Goiânia até São Paulo e de me virar para achar a Microsoft. Foi um marco.

Naquele dia, no 31º andar da Torre Norte do CENU em São Paulo, eu conheci várias outras pessoas que tinham mais ou menos o mesmo perfil e o mesmo momento em que eu me encontrava. Eram pessoas de várias partes do Brasil. Do Ceará ao Rio Grande do Sul. Ficamos envolvidos durante dois dias com uma série de informações e troca de experiências. Foi incrível. Eu mal sabia, mas naquele momento estávamos iniciando o que seria o início da comunidade .NET no Brasil.

Depois desse encontro, totalmente energizado, tudo se transformou. Realizei o meu primeiro grande evento em parceria com a Microsoft (Developer Days 2003) e tivemos mais de 350 participantes, vários patrocinadores pessoas de outras cidades, estudantes e empresas. BOOM! O meu click de comunidade tinha virado. Eu participava de uma lista de e-mails com as pessoas que conheci no evento, elas estavam no mesmo mindset de trocar experiência do que eu fazia em Goiânia e ver acontecer em outras cidades do Brasil, foi algo de extremo valor.

No mesmo ano, criei um grupo de usuários da tecnologia .NET que se chamava DevGoiânia. Isso me fez reunir e me conectar com pessoas que estudavam e trabalhavam com a tecnologia na minha cidade. Formamos um grupo para estudar e discutir a tecnologia. Isto cresceu de tal forma que tínhamos apoio do governo, de universidades e de empresas, além da própria Microsoft. Programas como Células .NET ajudou e levou informação para muitos alunos em várias pontas do estado. Até hoje encontro pessoas que hoje atuam na profissão graças à injeção de pura tecnologia que tiveram naquela oportunidade.

No final de 2004, pela minha forte atuação próxima à estudantes de computação e universidades, sempre levando a tecnologia .NET, a Microsoft me reconheceu como Microsoft Student Ambassador. Um programa interno que reconhecia estudantes de destaque e dava, ao mesmo tempo, oportunidade de crescimento profissional. Na época, éramos três no Brasil, nos anos seguintes onze, até que o programa se transformou no que hoje é o Microsoft Student Partner, que tinha o mesmo objetivo, porém com atuação global.

Segui durante anos fazendo eventos, reuniões, workshops, organizando grandes eventos, tais como Student-To-Business, The Spoke Road Show, VSLaunch e participando de grandes atividades como Imagine Cup, Copa de Talentos, entre outras que transformaram pessoas.

Em 2008, tive outro grande momento. Fui reconhecido como MVP (Microsoft Most Valuable Professional). Desde então, me tornava mais profissional e com um reconhecimento mundial da maior empresa de software do planeta. Continuei com a atuação que eu já fazia, porém mais focado na comunidade de profissionais e grandes projetos. Com isso, tive a oportunidade de fazer a minha primeira viagem internacional, aproveitando também para conhecer os Estados Unidos que ainda era um sonho muito, mas muito distante. O mais importante: eu estava indo para a "nave mãe", para onde tudo começou, para a terra do Bill Gates, estava indo para a Microsoft. Em mais de um momento tudo explode e encaixa novamente. Eu estava a milhares de quilômetros distante de casa, fora do meu país, interagindo com pessoas de outros países, falando sobre a mesma tecnologia que eu trabalhava. Estava junto de pessoas que pensavam e trabalhavam como eu. Era meu primeiro contato com a comunidade internacional. Transformador.

Nunca mais parei. Eu sempre quis mais e sempre que me dediquei eu obtive. Conectei-me com pessoas, fiz amizades além do conhecimento e da tecnologia que conversávamos. Isto me rendeu ótimos amigos, belas histórias que jamais esquecerei. Uma dessas, em um momento, me conectei com a Betsy Weber por meio do Glauter Jannuzzi (que foi ponte) e tive um convite para me apresentar em uma das reuniões de MVP, no Grand Central Tech em Nova Iorque. Inimaginável! No ano seguinte, estava eu lá novamente, em Nova Iorque, em um jantar exclusivo comigo e com outros MVPs da região, onde, após uma noite de vinho e bom papo, fui caminhando conhecer o escritório da Microsoft em plena Times Square que ocupa oito andares no coração da Big Apple. Noite incrível, experiência impagável.

Nas minhas experiências, poderia contar várias histórias. Mas nada vai superar a experiência de ir pro Japão. Ou melhor: palestrar no Japão. Falar de tecnologia para quem domina a tecnologia. Por mais que eu queira escrever ou mostrar uma foto ou mesmo um vídeo, nada vai demonstrar o que senti. Fiz amigos do Japão em 2015, durante o MVP Summit — um evento anual que ocorre na sede da Microsoft em Redmond e é exclusivo para os MVPs. Fui muito bem recebido do outro lado do mundo. Fizeram-me sentir em casa. Quando pisei no imponente escritório da Microsoft em Tokyo, eu me senti em 2003, chegando na Microsoft Brasil. Euforia e emoção. Foram duas palestras em dois dias e momentos impagáveis. Assim como o jantar de recepção que ganhei no final do primeiro dia, quando fecharam metade de um restaurante e fui brindado na mesa com um saudoso "Kampai" feito pela querida Rie Moriguchi, da Microsoft Tokyo. Rie era par do Glauter, que nos conectou.

Mas minhas jornadas não pararam por aí. Eu acabei viajando todo o Brasil e pra outra parte desse mundo, me conectando e falando de tecnologia. Ainda tive oportunidade de palestrar no México em um dos maiores eventos de tecnologia da Microsoft: o Ignite.

Analisando tudo que aconteceu em minha vida, parece que tive sorte ou foi tudo muito fácil. Mas há de se pagar um preço. Eu costumo dizer que participar da comunidade técnica não é para quem quer, é para quem gosta. Vai te tomar tempo e não vai te dar dinheiro. Mas a longo prazo é altamente recompensador e vai te dar recompensas impagáveis. O valor agregado é altíssimo. E mesmo se tudo der "errado", você vai ter ganhado muito conhecimento. O que já te torna, um profissional diferenciado.

Hoje, trabalho da forma que sempre quis. Tenho uma empresa totalmente digital e com time todo remoto. Dou a responsabilidade de tudo isto para o efeito que a comunidade e todo esse trabalho me proporcionou. Tanto para os negócios que surgem, como para a atuação ou até mesmo para a forma como contrato. Não consigo imaginar algo diferente.

Enfim, eu, jamais poderia pensar, em nenhum outro momento da minha vida, que tudo isto que contei (e outras coisas que não contei) poderiam acontecer. Em 2003 (quem diria), quando muitos me chamavam de louco por estar "trabalhando de graça" (sim, era assim que se via alguém engajado na comunidade técnica), que chegaria tão longe. Quando me vejo no ostracismo, eu me cobro a fazer o que eu fazia no início, com a mesma intensidade. Até mesmo porque eu mal posso esperar o que vem pela frente. Só preciso dizer: obrigado comunidade!

__Rodrigo Kono__ é especialista em projetos de software e digital business, É fundador da Kono IT e Microsoft MVP na categoria de Developer Technologies.

COMMUNITY FEEDBACK

(A COMUNIDADE RETROALIMENTA)

Contribuir com comunidades técnicas é algo que venho fazendo desde 2011, logo após concluir uma Pós-Graduação em Engenharia de Software. Na ocasião, me questionava como encontrar motivação para seguir estudando novas tecnologias e temas da minha área de atuação (Desenvolvimento de Software).

E essa atuação em comunidades nasceu bem por acaso... Para o trabalho de conclusão de curso (TCC) precisaríamos elaborar um artigo técnico, abordando algum tema relevante àquela época dentro da Engenharia de Software. Corria o ano de 2010 e as tecnologias de cloud ainda estavam em seus primórdios.

O orientador de curso à época propôs que eu produzisse um artigo sobre o Windows Azure (primeiro nome do Microsoft Azure), visto que eu já atuava profissionalmente em projetos que empregavam .NET e outras tecnologias Microsoft.

Uma vez concluído o TCC, este orientador sugeriu que eu contatasse alguma editora técnica e submetesse o artigo para publicação. Havia pouquíssimo conteúdo em português sobre o Azure. Aí surgiu a primeira dificuldade: como conseguir isso sem conhecer ninguém do ramo? Nesta época, conheci o Eduardo Fuerte, um grande amigo que tenho desde então e que conseguiu, por meio de seus contatos, me indicar para uma editora para a publicação deste artigo. O artigo acabou sendo o primeiro de muitos. Escrever conteúdos técnicos é uma atividade que me traz grande satisfação, um hobby com o qual passo horas e, às vezes, até mesmo madrugadas relatando minhas experiências com uma nova tecnologia ou resolvendo um problema do dia a dia. É a melhor maneira que encontro para estudar, fixar conteúdos e pesquisar por novos temas.

Meu trabalho como autor técnico foi também a porta de entrada para que eu palestrasse em diversas comunidades e eventos de tecnologia. Inicialmente em São Paulo capital, mas hoje sempre que posso vou para diversas cidades do interior paulista ou até mesmo a palestrar em outros estados.

Muitos me perguntam o que ganho com isso? É difícil mensurar financeiramente, mas obviamente que consegui uma boa rede de contatos e acesso a excelentes oportunidades profissionais. Em 2015 e 2016, viriam dois reconhecimentos dos quais me orgulho imensamente: participar do MTAC (Multi-Platform Technical Audience Contributor) e ingressar no programa MVP (Most Valuable Professional) da Microsoft. Pode parecer simplório de minha parte, mas a sensação foi como da e conseguir um grande feito no esporte (infelizmente nunca fui um grande futebolista ou jogador de basquete de alto nível...).

Ao me tornar MVP, pude, pela primeira vez, viajar para fora do Brasil, conhecendo o campus da Microsoft nos arredores de Seattle, tendo inclusive acesso a lendas de tecnologias com as quais trabalho. Para alguém com origem humilde e que começou a trabalhar ainda na adolescência é certamente uma vitória, quando parei para pensar o que acontecia ao meu redor pude afirmar: consegui!

Claro que nem tudo é dinheiro, vaidade ou ego...

Embora não imaginasse no princípio a dimensão que meu trabalho em comunidades atingiria, é extremamente gratificante (chego a ficar atônito às vezes) o apoio que encontro para fazer tudo isto. Pessoas que leem meus posts já me pararam no metrô, em rodoviárias ou na rua para agradecer. Já demonstraram gratidão por conseguir uma oportunidade profissional melhor! Isto vale para mim muito mais do que qualquer bem material. Passei por problemas familiares nos últimos anos e, toda vez que algo assim acontecia ou acontece, eu encontro forças para continuar e seguir também com minha vida pessoal/profissional. Uma verdadeira injeção de ânimo!

Por mais que esse relato esteja em primeira pessoa e possa até soar como egoísta ao enaltecer tantas coisas, tenho total consciência de que a ajuda de entes queridos e amigos da comunidade foi e é fundamental ainda na minha vida. Até problemas de timidez superei (embora ainda não seja a pessoa mais extrovertida do mundo) participando de comunidades técnicas.

Participar do programa MVP da Microsoft (em que o Glauter hoje é nosso Lead aqui no Brasil/América Latina) me abre portas, mas também me trouxe grandes amigos que estiveram presentes e me ajudaram em momentos pessoais muito difíceis para mim. São amizades que certamente levarei para o resto da vida.

Tenho que lembrar aqui de outras pessoas a que devo muito em toda esta história (além do Eduardo Fuerte e do próprio Glauter): meus pais, minha irmã, Larissa, Joel, André, Luiz Carlos, Thiago Adriano, Milton, Ewerton, Thiago Bertuzzi, Ericson, Ewerton, Everaldo, Sulamita, Dani, Robson, Cynthia e Jackson. A comunidade técnica me retorna com motivação e a gana por evoluir, tanto pessoal quanto profissionalmente. Por meio desse incentivo, tenho o impulso necessário para produzir conteúdo e apresentações não só de qualidade, mas que ajudem a outras pessoas de fato.

***Renato Groffe** é engenheiro de softwares sênior na AON Risk Solutions e Microsoft MVP nas categorias Microsoft Azure e Developer Technologies.*

No próximo capítulo, você conhecerá a jornada que levou as empresas a se tornarem as mais valiosas do mundo desde a década de 1970 até os tempos atuais.

Como é importante o papel do líder da empresa que segue o P-L-A-C-E pra conectar todo o ecossistema e como a cultura de uma empresa é criada por meio das ações das pessoas que nela trabalham. Você conhecerá a tríade: CULTURA-IDEIAS-AÇÕES e poderá analisar detalhes das viradas da Apple e da Microsoft, passando por muitas outras empresas das mais valiosas do mundo. O denominador comum talvez seja o poder destas organizações em se conectarem com as comunidades de clientes, parceiros e, até concorrentes, como você verá no Capítulo 9 – "As Empresas Mais Valiosas do Mundo".

TRÊS PONTOS PARA NÃO ESQUECER

- Uma vez que você tenha escolhido um caminho, siga em frente. Não se engane pensando que só há obstáculos ou problemas neste caminho e que talvez estes não existissem se outro caminho tivesse sido escolhido. Na verdade, você não teria estes problemas mesmo, mas teria outros.

- Os Profissionais Mais Valiosos sabem que não devem trabalhar apenas pelo salário, mas por experiências que tenham propósito e lhe proporcionem conhecer e conviver com pessoas que lhes complementem.

- Lembre-se que, apesar da grande maioria das pessoas do mundo serem boas, há também aquelas que, ao invés de utilizar seu tempo na criação de algo visando buscar seu senso de realização, o utilizam para criar uma imagem daquilo que não são, ou o que é pior, a denegrir a imagem de outros que estão fazendo.

TRÊS PONTOS PARA REFLETIR

- Um líder de comunidade é um influenciador. Por outro lado, um influenciador não necessariamente é um líder de comunidade. Pelo menos como você pode imaginar um líder de comunidade. Você se vê como um influenciador?

- Você acredita que hoje está seguindo caminho que está alinhado com seu propósito? No lugar de Neo (de Matrix) você tomaria a pílula azul (do conforto) ou a vermelha (de um mundo de possibilidades distintas do que vive atualmente)? Você acredita que atualmente está livre ou refém daqueles ou daquilo que te protege (como o seu salário)?

- Reputação é algo que se leva anos para construir e poucos instantes para se destruir. Reflita não apenas neste ponto do livro, mas em cada momento, especialmente os de atrito, pois um post numa rede social ou um email enviado no calor de uma discussão ou nervosismo pode mudar sua reputação para sempre.

ANNOTE AQUI

AS EMPRESAS MAIS VALIOSAS DO MUNDO

(Conectando Jack Welch a Steve Jobs
e Sundar Pichai a Satya Nadella)

♪ *"Vou te pegar na sua casa,
deixa tudo arrumado
Vou te levar comigo pra longe
Tanta coisa nos espera,
me espera na janela
Vou te levar comigo."*

(Bruno Gouveia / Miguel Cunha,
Vou te levar comigo)

♪ *"He got the action,
he got the motion
Yeah, the boy can play
Dedication, devotion
Turning all the night
time into the day."*

(Mark Knopfler, *Walk of Live*)

PROPÓSITOS DO CAPÍTULO

O que levou empresas a se tornarem
as mais valiosas do mundo?

•••

Como uma pessoa pode transformar uma
empresa e tirá-la de uma rota decrescente
para uma rota de crescimento exponencial?

•••

O poder do PeopleChain para criar uma
jornada de mentalidade de crescimento dentro
uma empresa e a seu redor no ecossistema
de parceiros, clientes e até concorrentes.

O que torna uma empresa ou um profissional mais valioso aos olhos do mundo? O que leva uma empresa a se tornar a mais valiosa do mundo? Você pode ter certeza que não é do dia para a noite que um profissional se torna mais valioso ou uma empresa passa a figurar entre as mais valiosas do Brasil ou do mundo. Tudo é uma questão de metas traçadas e seguir caminhos, ou uma jornada até lá.

Neste capítulo, veremos como empresas conseguem se tornar as mais valiosas do mundo. O que as levou ao topo ou que tipo de ações foram executadas para elevar seu valor e sua percepção aos olhos do mercado. Da mesma forma, veremos o lado pessoal, como um profissional pode se tornar mais valioso. Que tipo de ações ou atividades um profissional deve fazer para se valorizar para a comunidade local e global?

9.1 AS EMPRESAS MAIS VALIOSAS DO MUNDO

No ano de 1975 nascia uma empresa que, um dia, se esbarraria com muitas outras, mas em especial com quatro outras empresas, uma nascida logo no ano seguinte, em 1976, outras duas, cerca de vinte anos depois em 1994 e 1998 e, finalmente, a caçula quase três décadas depois da primeira, em 2004. Mas o que levariam estas cinco empresas a se tornarem as mais valiosas do planeta em 2019/2020? O que elas têm em comum e por que a mais velha do grupo desempenha um papel fundamental na história das outras?

Você sabe exatamente de quais empresas estou falando?

Testes seus conhecimentos e registre na Figura 9.1 as cinco empresas mais valiosas do mundo, em sua opinião, atualmente (sem a consulta da Internet!). E confira se você acertou na sequência deste capítulo.

1	
2	
3	
4	
5	

Figura 9.1 – Sua lista das 5 empresas mais valiosas do mundo.

Mas antes de chegar ao presente, vamos revisitar rapidamente o passado. Para isso, precisamos do nosso DeLorean (Capítulo 1) para nos levar até 1975. Naquele ano e nos que o sucederam, se você abrisse os jornais ou revistas de economia, encontraria recorrentemente uma lista das 10 empresas mais valiosas que não variavam muito. Veja na Figura 9.2 a lista das 10 empresas mais valiosas do mundo naquela época.

1	Exxon Mobil
2	General Motors (GM)
3	Ford Motor
4	Texaco
5	Mobil
6	Chevron Texaco
7	Gulf Oil
8	General Electric (GE)
9	IBM
10	ITT Industries

Figura 9.2 – Lista das 10 empresas mais valiosas do mundo em 1975. [Fonte: Fortune 500[1]]

Não é preciso ser especialista em economia para perceber que em meados da década de 1970, as empresas de energia, baseadas no petróleo e as montadoras de automóveis, dominavam o mercado mundial, como você pode ver na tabela da Figura 9.2. Desta lista, as sete primeiras eram empresas ligadas a petróleo ou automóveis, somente as últimas três estariam fora desses nichos de indústria, entre elas a oitava colocada GE do setor elétrico e de componentes para aeronaves, assim como a décima, a ITT Industries, que fabricava componentes aeroespaciais e também para a indústria de energia. Além dessas, a IBM aparece como a nona mais valiosa e a única ligada a tecnologia.

---

[1] Disponível em: https://archive.fortune.com/magazines/fortune/fortune500_archive/full/1975/

Entre as sete empresas mais valiosas de 1975, havia cinco — Exxon Mobil, Texaco, Mobil, Chevron Texaco e Gulf Oil — ligadas ao setor de combustíveis derivadas do petróleo e duas — GM e Ford — do setor automobilístico. Talvez isso explique o enorme interesse dos Estados Unidos e de diversos outros países no petróleo disponível no mundo que levaram a alguns conflitos nas décadas seguintes. O maior deles foi a Guerra do Golfo no Iraque que durou de agosto de 1990 a fevereiro de 1991.

O mundo era outro, de fato, se comparado aos tempos atuais, não havia internet, computação em nuvem, impressão 3D, drones ou criptomoedas. A economia não era criativa e nem compartilhada. Conceitos de *upcycling* não eram conhecidos, mas a camada de ozônio já sofria com a poluição gerada pelos carros movidos a petróleo. O mundo ainda não conhecia ou falava de carros elétricos, Elon Musk tinha apenas quatro anos de idade em 1975, mas já devia assistir um conhecido desenho animado da época: os Jetsons. Não, o mundo ainda não conhecia a família Simpsons[2], mas já conhecia bem a família Jetsons[3] e seus carros voadores, robôs, relógios que permitiam a realização de videoconferências e, a melhor invenção de todas para mim: as esteiras rolantes que estavam presentes em todas as casas (até hoje espero por esse futuro, mas pelo menos me lembro dele quando passo por uma esteira rolante em aeroportos pelo mundo). Para fechar o loop aqui de famílias famosas, os Flinstones[4] também já eram bem conhecidos à época, mas utilizavam carros movidos a força dos pés de seus motoristas, portanto, não nos ajuda muito nesta análise.

Novamente pegaremos o DeLorean para nos levar a década de 1990, mais precisamente para 1996, quando O Financial Times liberou seu primeiro ranking mundial das empresas mais valiosas. No ranking da Figura 9.3, duas décadas após o primeiro que analisamos (de 1975), tivemos a escalada exponencial da GE para assumir o topo, como a empresa mais valiosa do mundo. O que mais se discutia sobre gestão corporativa na década de 1990 era como os processos enxutos, aplicando o programa de

> "Controle o seu próprio destino ou outra pessoa o fará."
> Jack Welch

---

2 Os Simpsons [The Simpsons} teve seu primeiro episódio lançado em 17 de dezembro de 1989 e está até hoje sendo produzido e conquistando prêmio e recordes.

3 Os Jetsons [The Jetsons] teve seu primeiro episódio lançado em 23 de setembro de 1962 e o último em 12 de novembro de 1987.

4 Os Flinstones [The Flinstones] teve seu primeiro episódio lançado em 30 de setembro de 1960 e o último em 1 de abril de 1966.

qualidade de Seis Sigma[5] criado pela Motorola, podiam ser eficazes e eficientes. Uma empresa eficaz é aquela que faz o que deve ser feito, que entrega o resultado exato ou produz a solução com a qualidade e padrão esperados. Uma empresa eficiente é aquela que tem processos e mecanismos de produção adequados para produzir o que é esperado. Nem sempre uma empresa eficaz é eficiente e nem sempre uma empresa eficiente é eficaz.

Um dos grandes responsáveis pela liderança da GE foi seu CEO Jack Welch. Jack presidiu a empresa por duas décadas, de 1981 a 2001, neste período fez com que o valor da empresa se valorizasse 4.000% pela redução da burocracia e simplificação na comunicação entre ele e todos os funcionários da empresa. Welch defendia que líderes não deviam fugir das situações que exigem uma tomada de decisão segura. Afinal, a falta de decisão prejudicaria não só a empresa, mas também todos os seus funcionários, que, por vezes, alguns líderes tentavam proteger. Welch sempre foi muito direto e franco em suas comunicações. Ele afirmava que a falta de franqueza impedia o fluxo de ideias criativas, a agilidade e não permitiam que seus funcionários contribuíssem para a empresa com todo o seu potencial.

Na GE de Jack Welch, predominava um clima informal, um ciclo aberto de feedbacks e uma relação honesta entre líderes e liderados. Jack pregava uma cultura corporativa sólida e uma equipe consistente para atingir os propósitos, que precisavam estar claros e bem definidos na missão da empresa. Welch soube aplicar o método P-L-A-C-E para:

- **P**: começar com o propósito de ser uma empresa eficaz e eficiente;
- **L**: liderar os funcionários da GE com franqueza e comunicação clara.
- **A**: imprimir a atitude necessária nas tomadas de decisões mais duras;
- **C**: comprometer-se e exigir comprometimento de todos ao seu redor;
- **E**: encadear os profissionais da empresa em busca de tornar a GE a empresa referência no mundo.

---

5 Seis Sigma (ou Six Sigma em inglês) é um conjunto de práticas originalmente desenvolvidas pela Motorola para melhorar sistematicamente os processos ao eliminar defeitos. Um defeito é definido como a não conformidade de um produto ou serviço com suas especificações. Seis Sigma também é definido como uma estratégia gerencial para promover mudanças nas organizações, fazendo com que se chegue a melhorias nos processos, produtos e serviços para a satisfação dos clientes.

1	General Electric (GE)
2	Royal Dutch Shell
3	The Coca-Cola Company
4	Nippon Telegraph and Telephone (NTT)
5	Exxon Mobil

Figura 9.3 – Lista das 5 empresas mais valiosas do mundo em 1996. [Fonte: Finantial Times[6]]

No ranking de 1996, a empresa holandesa Shell aparecia na segunda posição como empresa mais valiosa do mundo e a Exxon Mobil, que era líder em 1975, agora aparece na quinta posição. Em terceiro lugar, aparece a Coca-Cola e em quarto, a empresa japonesa de telecomunicação NTT.

Nos anos seguintes, o que se viu foi uma alternância do topo entre GE e a empresa que mais crescia à época: a Microsoft. A GE seguiu líder do ranking das empresas mais valiosas do mundo até 1998, quando foi superada pela Microsoft. Era a primeira vez que uma empresa de tecnologia atingia o topo do ranking. A Microsoft permaneceu na primeira colocação até o ano 2000, quando a GE retomou o seu lugar e se manteve até 2002, quando novamente, a empresa de Seattle recuperou a primeira posição. A GE voltou a ser líder em 2003 e permaneceu no topo até 2006, quando foi superada pela Exxon Mobil e, desde então, não voltou mais ao topo.

Em 2004, ano de fundação de uma das cinco empresas mais valiosas atualmente, que mencionamos no início deste capítulo, o ranking mundial mostrava um grupo bem mais diversificado de empresas de diferentes setores. A GE seguia líder, o setor de óleo e gás ainda seguia forte com três representantes: Exxon Mobil, Shell e BP. A Microsoft seguia como a única empresa de tecnologia entre as 10 mais valiosas do mundo, enquanto duas empresas do setor financeiro também figuravam no ranking: o Citigroup — em quarto lugar — e o Bank of America em décimo. Duas empresas de saúde e bem-estar também apareciam: a Johnson & Johnson em sétimo e a Pfizer, em nono. Wal-Mart era a sexta colocada como a única empresa do varejo a figurar entre as 10 mais valiosas do mundo em 2004.

---

6 Financial Times, January 1997.

1	General Electric (GE)
2	Exxon Mobil
3	Microsoft
4	Citigroup
5	The British Petroleum Company (BP)
6	Wal-Mart
7	Royal Dutch Shell
8	Johnson & Johnson (J&J)
9	Pfizer
10	Bank of America

Figura 9.4 – Lista das 10 empresas mais valiosas do mundo em 2004. [Fonte: Financial Times]

A partir de 2006, a Exxon voltou ao topo do ranking das empresas mais valiosas após 31 anos e seguiu alternando-se entre a primeira e a segunda colocação com a chinesa PetroChina, também do setor de óleo e gás, até 2012. O ano de 2012 é um marco para a nossa análise das empresas mais valiosas, pois foi em 2012 que a Apple apareceu como empresa mais valiosa do mundo, onde permaneceu até 2018. Aqui cabe uma análise um pouco mais profunda sobre a economia criativa e a história da empresa americana de Cupertino, na Califórnia.

> "A inovação distingue um líder de um seguidor."
> Steve Jobs

9.2 A ECONOMIA CRIATIVA DA MAÇÃ MORDIDA

Enquanto as empresas de óleo e gás predominavam entre as maiores do mundo, a economia mundial era voltada para a produção eficiente e eficaz da GE de Welch, por vezes ultrapassada em valor de mercado pela Exxon e sempre acompanhada de perto por Shell, BP, PetroChina e Chevron. Era uma época onde o petróleo era chamado de "o ouro negro". Por mais que se soubesse que esses recursos não eram infinitos, as grandes empresas do setor de óleo e gás seguiam extraindo e produzindo petróleo como se não houvesse amanhã.

Com a chegada da segunda década do novo milênio, o mundo começou a falar de economia criativa. Como as *startups* emergidas do Vale do Silício se tornaram as empresas mais valiosas do mundo? Os holofotes do mundo produtivo e da economia deixariam para trás as empresas de óleo e gás e apontavam para as empresas de tecnologia. Empresas que conseguiam criar um produto a partir de uma ideia. E este produto não era finito, poderia ser infinito, afinal as ideias são abundantes e infinitas. Era o início do fim da economia da escassez. Todos comentavam e estudavam mais e mais sobre economia criativa. Idealizar algo e depois conceber uma solução, essa era a beleza do processo produtivo, que passava a ser chamado de processo criativo. Algumas metodologias, tais como o Seis Sigma da Motorola e utilizado pela GE de Welch, assim como o sistema enxuto do Lean da Toyota, ainda eram estudados e aplicados, porém, já perdem espaço para métodos ágeis no desenvolvimento de *software* como *SCRUM*. O *Design Thinking* e o *Business Model Canvas* cresciam em adoção no mundo todo também, não apenas em grandes empresas, mas nas *startups* que voltavam a se multiplicar décadas depois das primeiras *startups* dos anos 1960 e 1970.

Agora, o que quero destacar aqui para você é que apenas na era da economia criativa, uma empresa que estava à beira da falência, pode se reerguer e se tornar a empresa mais valiosa do mundo. Além disso, ela pode chegar em níveis que nem seus líderes mais otimistas poderiam imaginar: esse foi o caso da Apple.

Em 1997, a Apple estava a ponto de fechar suas portas após acúmulos de insucessos desde o lançamento do extraordinário microcomputador Apple II. Uma das empresas pioneiras do Vale do Silício estava sendo dizimada pela Microsoft e sua imensa comunidade de parceiros no mercado de computadores pessoais. Após cortar uma em cada três posições em todo o mundo, a Apple permanecia em um estado calamitoso e, segundo Jobs revelou anos mais tarde, estava a 90 dias de fechar suas portas definitivamente.

Porém, a Apple, que havia sido fundada em 1976, receberia uma ajuda crucial para sua retomada e a ajuda viria de sua grande rival até então: Microsoft. Bill Gates entra no circuito e, após anos de disputas competitivas e jurídicas com Steve Jobs, decide ajudar a Apple a permanecer viva. Um bom líder reconhece outro e Gates via em Jobs uma mente genial que fazia com que ele (e a Microsoft) também crescesse. Assim, concorda em investir 150 milhões de dólares na empresa de Cupertino e, como forma de agradecimento, Steve Jobs publicamente lhe agradece dizendo "Bill, obrigado. O mundo é um lugar melhor agora." [*"Bill, thank you. The world's a better place."*]. Este diálogo foi registrado na capa da revista Time de 18 de agosto de 1997 que exibia Steve Jobs agradecido a Gates por ter salvado a Apple.

Catherine Clifford, colunista de empreendedorismo da CNBC, publicou que "Quando a Microsoft salvou a Apple: Steve Jobs e Bill Gates mostraram que eliminar a concorrência não é a única maneira de ganhar."[7] Na verdade, para a Apple, era uma oportunidade que poderia ser aproveitada ou não, mas uma coisa era certa: era necessária uma mudança de mentalidade.

O *mindset,* até então, era extremamente competitivo contra a Microsoft, ou seja, a mentalidade era a de que para a Apple ganhar, a Microsoft precisava perder. Esse pensamento levou a empresa de Jobs a beira da falência. Foi o próprio Jobs que esclareceu estes pontos e afirmou que, a partir desse momento, a Apple decidiu tirar seus olhos da Microsoft e passou a olhar para si própria, era preciso que a Apple voltasse as suas origens criativas. A identificação da Microsoft e de Gates como inimigos era tão grande dentro da Apple que quando Jobs anunciou o investimento que salvaria a empresa durante uma conferência em Boston e falou com Bill Gates que apareceu numa imagem enorme no telão atrás dele, a audiência vaiou Gates.

O investimento feito pela Microsoft na Apple não era um ato de filantropia de Gates, mas sim uma maneira de também abrir frentes para desenvolver seus *softwares* para a plataforma Mac, ao mesmo tempo, em que a Apple concordava em retirar sua ação na justiça que acusava a Microsoft de copiar seu sistema operacional. Um acordo de fato pensando no bem comum e com mentalidade de crescimento que, como podemos ver hoje, seria muito benéfico para ambas as empresas.

A visão de que concorrentes também podem ser parceiros salvou a Apple e a colocou numa rota de crescimento nunca vista antes em nenhuma empresa. Era de fato uma virada milagrosa do mundo dos negócios a ser estudada por décadas. A Apple simplesmente saiu da beira da falência em 1997 para se tornar a empresa mais valiosa do mundo em 2012 e a primeira empresa com valor de mercado acima de um trilhão de dólares na história. Esse marco foi atingido no dia 2 de agosto de 2018. Só a economia criativa poderia permitir uma virada dessas!

Mas o que levou a Apple a se tornar a empresa mais valiosa do mundo? Destaco três pontos principais:

- A mentalidade de crescimento sob a liderança de Steve Jobs.
- A inovação disruptiva marcada especialmente pelo lançamento do iPod (em 2001), do iPhone (em 2007) e do iPad (em 2010).
- A visão de clientes como uma comunidade.

---

[7] Fonte CNBC. Disponível em: https://www.cnbc.com/2017/08/29/steve-jobs-and-bill-gates--what-happened-when-microsoft-saved-apple.html

Jobs aplicou os passos do método P-L-A-C-E de forma sistemática na nova Apple pós-97:

- **P:** definiu o propósito de voltar a ser a Apple criativa que marcou seus primeiros anos;
- **L:** liderou a empresa para permitir que as mentes mais brilhantes tivessem condições de criar;
- **A:** teve atitude para mudar o status quo;
- **C:** exigiu comprometimento de todos os profissionais que lá estavam em reerguer a Apple;
- **E:** garantiu sua sucessão por meio do encadeamento das pessoas para formar um time de liderança forte que o ajudaria muito nessa trajetória. Com destaque para a participação de Tim Cook, como COO[8] e, posteriormente, CEO da Apple.

Até os dias de hoje, você pode notar a paixão com que alguns clientes fiéis da Apple se referem à marca e aos seus produtos. Definitivamente, não é uma relação tradicional entre clientes e fabricante. Os usuários de iPhones, iPads, Apple Watches ou qualquer novo lançamento da Apple são fiéis e apaixonados pela empresa. Eram seguidores fiéis de Jobs e até hoje formam imensas filas em cada dia de lançamento de um novo produto. Além disso, há muitos profissionais que criaram comunidades, blogs, fóruns e grupos de usuários para discussões sobre Apple e seus produtos. É como muitos brincam, quase uma seita religiosa.

O ponto a ser notado aqui é como uma figura humana — como a de Jobs para a Apple, ou a de Welch para a GE — consegue passar uma capacidade de liderança e credibilidade administrativa que é percebida pelo mercado e pelas pessoas. A Apple soube utilizar isso muito bem a seu favor e ao tratar seus clientes como uma tribo ou uma comunidade, a relação com a marca só poderia ficar mais forte mesmo. Clientes compram produtos originais, mesmo pagando preços por vezes mais alto que produtos similares da concorrência, não

> "Nossa indústria não respeita a tradição. Ela só respeita a inovação."
>
> Satya Nadella

---

[8] Chief Operation Officer.

abrem mão da Apple e registram esse orgulho usando camisas, colando os adesivos, que acompanham cada produto, em seus carros, motos e laptops.

9.3 THE BOOK IS ON THE CLOUD

Em 1994, Jeff Bezos estava analisando as melhores possibilidades para fixar a sede do que seria a Amazon. Dentre as possíveis cidades, ele chegou a uma *short list* que incluía Nova Iorque e Seattle. Bezos escolheu Seattle. A justificativa era a grande quantidade de profissionais qualificados que havia por lá. A grande maioria destes profissionais trabalhava para a Microsoft.

A Amazon nasceu como uma empresa de comércio eletrônico, conseguiu superar o estouro da bolha das empresas pontocom (.com) por volta do ano 2001 e seguiu forte no novo milênio se consolidando como um *marketplace* gigante. A Amazon viu suas ações despencarem de 107 dólares para apenas sete dólares, no auge da bolha. Mas após investimentos em inovação e modernização de seu parque tecnológico, a empresa percebeu que poderia alçar voos maiores que os do comércio eletrônico e se lançou na computação em nuvem de forma pioneira. Em 2006, nascia a AWS: Amazon Web Services.

Satya Nadella, atual CEO da Microsoft, afirmou algumas vezes que a indústria de tecnologia não respeita tradição, somente inovação. O sucesso da AWS comprova essa tese. A empresa tornou-se pioneira em oferecer serviços de infraestrutura como serviço. Ao invés de grandes, pequenas e médias empresas comprarem computadores servidores, *storages* e outros equipamentos, elas agora tinham a alternativa de comprarem serviços em nuvem.

> "Se você construir uma grande experiência, os clientes contam uns aos outros sobre isso. O marketing boca a boca é muito poderoso."
> Jeff Bezos

O sucesso foi tão grande que fez com que não apenas Jeff Bezos ultrapassasse Bill Gates como o homem mais rico do mundo, como também levou a Amazon a ser a segunda empresa do mundo, após a Apple, a atingir o valor de mercado de um trilhão de dólares em 4 de setembro de 2018. Neste dia, suas ações, que chegaram a valer apenas sete dólares no pós-bolha, fechou ao valor de 2.039 dólares e 51 centavos. A Amazon tornava-se a empresa mais jovem da história a atingir o valor de um trilhão de dólares, com apenas 24 anos. A Apple, fundada em 1976, havia conseguido esse feito um mês antes, quando já tinha 42 anos.

9.4 ORGANIZANDO A INFORMAÇÃO DO MUNDO

O Google, como empresa, sempre quis atrair e englobar pessoas ao seu redor numa grande comunidade global e começou da forma correta: definindo um propósito forte em sua missão. A missão do Google sofreu alguns ajustes ao longo do tempo, mas segue apresentando um propósito massivo e transformador: "Organizar a informação do mundo e torná-la universalmente acessível e útil."

A empresa, fundada por Larry Page e Sergey Brin em 1998, foi muito além do buscador de internet. O Google soube aproveitar o momento de transição da tecnologia móvel e, se a Microsoft chegou a dominar mais de 90% dos computadores pessoais em todo o mundo, que rodavam o sistema operacional Windows, o Google, aproveitou as oportunidades que o levariam a dominar o sistema operacional dos dispositivos móveis.

Segundo os dados da StatCounter Global Stats[9], o Android — sistema operacional para dispositivos móveis do Google — está presente em mais de 76% dos *smartphones* do mundo todo. Enquanto o iOS — da Apple — possui 22% do *market share*. [Figura 9.6]

O Google soube aproveitar a mudança de paradigma do mercado e alcançou bolsos e corações de usuários fiéis a sua plataforma. Enquanto os usuários do iOS defendem maior qualidade e facilidade de uso, os usuários Androids querem mais domínio sobre o sistema operacional para personalizarem e definirem as configurações de seus equipamentos como mais lhe agradam. Como empresas mais valiosas, tanto Apple como Google, conseguem abraçar e atender muito bem a suas comunidades, mas no que diz respeito a comunidades o Google foi mais além.

MOBILE OPERATING SYSTEMS	PERCENTAGE MARKET SHARE
Android	76,08%
iOS	22,01%
KaiOS	0,81%

Figura 9.5 – O Market Share Mundial de sistemas operacionais para dispositivos móveis - julho de 2019

Uma comunidade iniciada no Japão com o nome de Google Developer API Expert foi ganhando visibilidade quando, em julho de 2012, o Google a rebatizou

---

[9] Disponível em: https://gs.statcounter.com/os-market-share/mobile/worldwide

de Google Developers Expert[10] (GDE) e estruturou melhor um programa que estaria disponível para desenvolvedores de *software* de todo o mundo. O GDE é um programa global que nasceu com o propósito de reconhecer indivíduos especialistas e líderes de comunidade em uma ou mais tecnologias do Google. Os líderes do programa buscam profissionais que contribuem e apoiam ativamente os ecossistemas de desenvolvedores e *startups* em todo o mundo, ajudando-os a criar e lançar aplicativos altamente inovadores.

Com sua forte atuação na comunidade de desenvolvedores de *software* e *startups*, o Google ampliou ainda mais seu ecossistema de profissionais e pessoas interessadas na plataforma Android. O Google ainda lançou em 2011 o seu programa para *startups* chamado *Google for Startups* – inicialmente conhecido como *Google for Entrepreneurs* [Google para Empreendedores]. O programa engloba mais de 50 espaços de *co-working* e aceleradoras em 125 países, oferecendo lições práticas [*hands-on lessons*] para os aspirantes a empreendedores e startupeiros.

O programa *Google for Startups* é o principal apoiador do *Startup Weekend*. O *Startup Weekend (SW)* foi fundado em 2007 no estado do Colorado, nos Estados Unidos. No primeiro evento, a ideia foi juntar cerca de setenta empreendedores para que, em um final de semana, ou cerca de 54 horas, tentassem criar uma *startup* em modo operacional. O slogan oficial do SW é *"learn, network, startup"*, algo como "aprenda, trabalhe em equipe e crie uma startup", em tradução livre.

O modelo logo se espalhou para várias cidades dos Estados Unidos e do mundo. Em 2010, os organizadores do evento mudaram seu formato para uma organização sem fins lucrativos e se mudaram para Seattle. O modelo continuou se expandindo e, em 2016, já se contabilizava mais de mil cidades ao redor do mundo que organizaram um *Startup Weekend*.

A proposta oficial do SW é: "Em apenas 54 horas, você vai experimentar altos e baixos, diversão e pressão que fazem parte da vida de uma *startup*. Enquanto você aprende a criar uma empresa real, você vai conhecer os melhores mentores, investidores, cofundadores e patrocinadores que estão prontos para lhe ajudar a começar. Sua comunidade está aqui para ajudá-lo!".

Os participantes do *Startup Weekend* são conhecidos como guerreiros do final de semana ["*weekend warriors*"]. O evento atrai palestrantes, *coaches*, painelistas (de renome na indústria de tecnologia ou da comunidade local de *startups*) e vários patrocinadores e empresas. Espírito de compartilhamento, trabalho em equipe e pensamento criativo fazem com que a missão de planejar e criar uma *startup* que esteja operacional seja possível. Além da missão original, um

---

[10] Disponível em: https://developers.google.com/

grande ganho para todos os guerreiros do final de semana é a experiência de *bootcamp* ["acampamento"] e o enorme *networking* gerado.

Em 2017, após entrar em contato com os organizadores oficiais eu solicitei a realização do primeiro *Startup Weekend* para a região Sul Fluminense e, este foi realizado em agosto daquele ano, alguns meses após o StartVR que havia sido o primeiro evento do Vale Digital, como vimos no Capítulo 7 – "Atitude para a Transformação Pessoal, Digital e Social". Não há dúvida alguma que, ao dar grande foco e investir na comunidade, o Google se valorizou demais como empresa, tornando-se uma das cinco empresas mais valiosas do mundo atualmente. Como você pode observar a seguir na empresa fundada por Page e Brin. Rebatizada como Alphabet em agosto de 2015 e contando com a liderança do CEO indiano Sundar Pichai, passou pelo método P-L-A-C-E com louvor.

> "Pequenos grupos de pessoas podem provocar um impacto realmente enorme."
> Larry Page

- **P**: o Google definiu bem cedo o seu propósito massivo de organizar toda a informação do mundo e torná-la acessível e útil para todos.
- **L**: a empresa liderou comunidades para engajar desenvolvedores de *softwares* e empreendedores ao redor da plataforma móvel do Android.
- **A**: o Google teve a atitude para buscar novas oportunidades de ação e hoje é muito mais do que um site de buscas.
- **C**: a empresa soube comprometer não apenas seus funcionários, mas também seu ecossistema de parceiros e a comunidade técnica.
- **E**: os programas para reconhecimento de especialistas — *Google Developer Experts* — assim como de fomento ao empreendedorismo — *Google for Startups* — fazem com que a empresa tenha pessoas conectadas com ela e, estas, influenciam outras.

9.5 ENCONTRANDO SIGNIFICADO PARA O TRABALHO

Muitos não entenderam quando em outubro de 2007, dois meses antes de eu iniciar minha jornada na Microsoft, a empresa de Seattle investiu 240 milhões de dólares no Facebook. A conjuntura de 2007 era bem diferente da atual. Naquela época, Microsoft e Google disputavam o tempo todo as ações na grande rede, quase sempre com vitórias para a Microsoft e estávamos apenas no início da onda

CURIOSIDADES

Por mais expressivos que sejam os valores de aquisições das gigantes de tecnologia durante as últimas décadas, estas não figuram entre as aquisições mais caras entre empresas já realizadas. A compra do LinkedIn por 26,2 bilhões de dólares, por exemplo, aparece apenas na trigésima oitava posição[1]. Atrás da compra da RedHat pela IBM que pagou 33,4 bilhões e bem atrás das aquisições da EMC Corp pela DELL (quase 70 bilhões), da Disney que comprou a 21st Century FOX (85,1 bilhões) e da Dow Chemical que comprou a DuPont por 130 bilhões de dólares.

•••

A Apple tornou-se a primeira empresa de capital aberto a valer mais de um trilhão de dólares. A Amazon tornou-se a segunda empresa com valor de mercado trilhionário. Ambas oscilaram após atingirem esse valor de mercado e em setembro de 2019 não estavam mais sobre esse patamar. Apenas a Microsoft aparece como empresa com valor de mercado superior a 1 trilhão de dólares.

•••

Satya Nadella e Sundar Pichai são dois bons exemplos de indianos que se tornaram líderes de grandes corporações como CEO, a frente de Microsoft e Google, respectivamente. Mas eles não são os únicos. Você sabia que outros indianos lideram grandes empresas do mundo? Como exemplos, posso citar Shantanu Narayen — CEO da Adobe, Ajay Banga — CEO da MasterCard, Rajeev Suri — CEO da Nokia e, até pouco tempo, Indra Nooyi foi CEO da Pepsi (onde esteve por 12 anos na liderança da empresa).

---

[1] Fonte: Top M&A deals worldwide by value (larger than $20 billion) from 2011 to 2020.

mobile, haviam comentários e artigos sobre a "Web 2.0" onde as redes sociais teriam papel de destaque e, assim, o Facebook tinha um *valuation* de 15 bilhões de dólares. O que, para muita gente, seria um valor extremamente alto para uma solução de rede social que contava, à época, com 50 milhões de usuários ativos e tinha apenas 3 anos de idade.

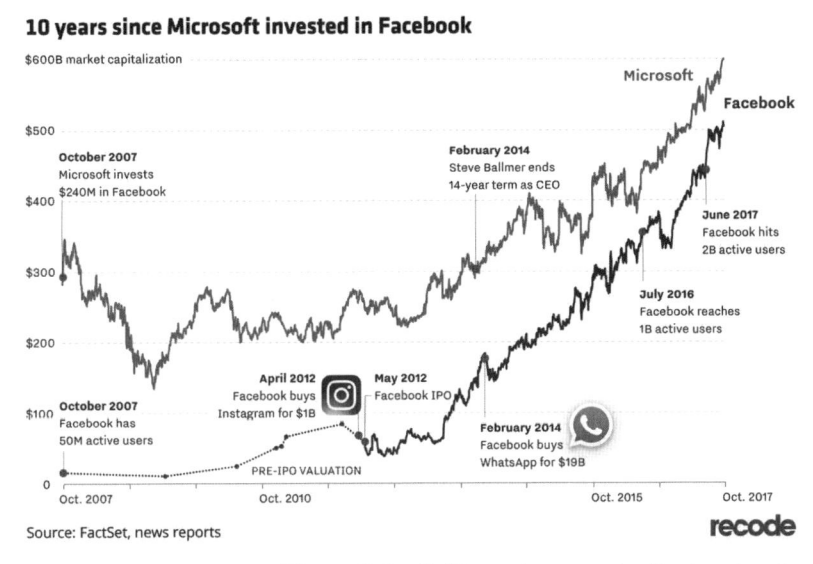

Figura 9.6 – Gráfico sobre a evolução do valor de mercado de Microsoft e Facebook após a parceria de 2007.

Numa análise feita pelo portal Recode[11], após dez anos de investimento, tanto a Microsoft quanto o Facebook, se valorizaram demais como empresas. Apenas para falar da posição de 2017 — dez anos após o investimento feito pelo Microsoft — pode-se notar que o Facebook multiplicou 40 vezes seu número de usuários ativos, atingindo a marca de dois bilhões, assim como multiplicou por 30 seu valor de mercado, passando a valer 508 bilhões de dólares em 2017.

A jornada da Microsoft não foi diferente neste período entre 2007 e 2017, mas vamos analisar um contexto um pouco mais profundo neste sentido, já que eu pude acompanhar esta história por um ângulo bem privilegiado desde que iniciei minha jornada na empresa no dia 10 de dezembro de 2007.

---

11 A Recode - uncovering and explaining how our digital world is changing — and changing us — pertence ao grupo Vox Media, formado por um grupo de jornalistas que tem como missão trazer mais contexto para um mundo com muitas informações, mas com pouco contexto.

Antes disso, é hora de revisitar a sua lista das 5 empresas mais valiosas da atualidade, que registrou na Figura 9.1. Volte no início deste capítulo e dê uma olhada. Agora compare com a lista completa da Figura 9.8.

1	Microsoft
2	Amazon
3	Apple
4	Alphabet (Google)
5	Facebook

Figura 9.7 – As 5 empresas mais valiosas do mundo. [Fonte: Financial Times]

Recorde de nossa análise geral sobre as empresas mais valiosas do mundo, iniciada em 1975, ano de fundação da Microsoft e um antes da fundação da Apple, passando por 1996 — dois anos depois da fundação de Amazon e dois antes da fundação do Google — e chegando a 2004, ano de fundação do Facebook. Em agosto de 2019, as 5 empresas mais valiosas do mundo são de tecnologia.

Se analisarmos a lista mais completa, considerando as 10 empresas mais valiosas do mundo, encontraremos mais uma de tecnologia: a chinesa Alibaba Group — gigante de comércio eletrônico e iniciante em computação em nuvem, que ocupa a sétima posição. Outra empresa chinesa, a Tencent, ocupa a oitava posição. A Tencent é uma *holding* que investe em diferentes setores, assim como a sexta colocada Berkshire Hathaway de Warren Buffet. Fechando a lista, a Johnson & Johnson de saúde e bem-estar – em nono – e o JPMorgan Chase, do setor financeiro. Note que, na lista de 2019, não figura nenhuma empresa de óleo e gás entre as dez empresas mais valiosas do mundo. O mundo muda e muda rápido.

9.5.1 TRAGA SEU PRÓPRIO DISPOSITIVO PARA TRABALHAR

Depois de ter chegado ao topo como empresa mais valiosa do mundo em 1998, 99 e novamente em 2002, a Microsoft só voltaria ao lugar mais alto no ranking de corporações públicas por valor de mercado, baseado no estudo do Finantial Times, no último trimestre de 2018. Mas o que levou a Microsoft ao lugar de empresa mais valiosa do mundo após quase duas décadas repletas de lançamentos, mudanças de paradigmas e inovações disruptivas? O mundo em 2002 estava se acostumando com o iPod (lançado em 2001), ainda não conhecia o iPhone (que só seria lançado em 2007) tampouco o iPad (lançado somente em 2010). A realidade de 2002 era bem diferente da realidade de 2018. Naquela época, ainda havia uma grande separação entre dispositivos que pessoas usavam em casa — para a vida particular ou entretenimento — daqueles dispositivos usados no mundo corporativo, para propósitos profissionais.

> "Não há segredo. Eu trabalhei muito duro em minha ideia para torná-la o melhor possível. Depois, fui atrás de porta em porta e a mostrei para 1200 pessoas. 900 me disseram não, 300 pessoas mostraram algum interesse. Apenas 85 pessoas realmente fizeram alguma coisa, 30 deram uma olhada mais séria e 11 me tornaram um multimilionário."
>
> Bill Gates

A Microsoft já havia perdido o *timing* inicial da internet por volta de 1994 e 95, fazendo com que a empresa tivesse que se reinventar e correr atrás do tempo perdido para incorporar recursos da grande rede em seus produtos, especialmente da família Office. A colaboração e a integração de Outlook, Word, Excel, PowerPoint com soluções de comunicação unificada, valorizaram seus produtos e colocaram novamente a empresa numa espiral de crescimento. O que era um conjunto de produtos, tornava-se uma família com foco em produtividade e ambiente moderno de trabalho [*modern workplace*]. Anos mais tarde, uma nova onda viria: a disputa em Mac versus PC, batalha que foi vencida pela Microsoft durante anos, até que a Apple foi inovadora e disruptiva e lançou o conceito de tablet: o iPad.

Voltando a dezembro de 2007, no início de minha jornada como funcionário da Microsoft, passei quase um mês em Redmond, no campus, onde fica a sede da empresa, e visitei várias áreas e projetos que estavam sendo desenvolvidos (ou incubados) pela área de pesquisa e inovação da empresa. Um deles era de um dispositivo que parecia um caderno, porém você o abria e havia uma tela de dez polegadas de um lado e do outro uma capinha, que poderia se tornar um teclado. Era um tablet, porém, não tinha esse nome ainda. Também vi uma grande mesa *touchscreen* onde era possível abrir programas de computador e jogos eletrônicos, sem a necessidade do teclado, essa mesa era chamada de *Surface*. Aqui caberia a pergunta: "Mas por que a Microsoft não lançou um tablet antes de 2010 então (a frente da Apple), se já tinha essa tecnologia pronta?"

Historicamente quando uma empresa está dominando o mercado e possui um produto que é sua vaca leiteira[12], ela dificilmente vai "matar" ou desacelerar essa frente, afinal há muita disputa de forças e políticas em qualquer empresa líder de mercado. Assim, como o PC vinha ganhando *market share* frente ao Mac e a empresa apostava que novos *notebooks* e *netbooks* seguiriam ampliando a base do sistema operacional Windows, não havia por que lançar algo que pudesse fazer com que a empresa perdesse o foco ou uma fatia do mercado. Isso ocorre e seguirá ocorrendo, por que mais que o próprio Bill Gates já tivesse afirmado que era preciso tornar seus produtos obsoletos antes que a concorrência o fizesse, a Microsoft só foi perceber que os tablets não seriam uma marolinha ou modinha, anos após a Apple lançar o primeiro iPad.

Os tablets começaram a roubar fatias de mercado [*market share*] dos PCs, que passavam a apresentar números decrescentes de vendas pela primeira vez. Enquanto isso, os tablets seguiam crescendo mais de dois dígitos percentuais ano sobre ano. Outro fenômeno passou a acontecer: CEOs, CIOs e outros executivos e tomadores de decisão de empresas, passaram a levar seus tablets pessoais para dentro das companhias e queriam que neles, rodassem suas aplicações de negócio. Naquele momento, cresciam artigos e visões sobre o conceito de BYOD – *Bring Your Own Device* (algo como, Traga Seu Próprio Dispositivo) para o trabalho. Era a simplificação das coisas, ao invés de ter seu dispositivo doméstico e ao chegar na empresa você usar o seu computador corporativo, o mundo estava mudando e tornando mais fácil a vida de qualquer pessoa ou profissional. Assim, seria possível, trazer um tablet para a empresa e baixar seus e-mails nesse, ou levá-lo para reuniões. Da mesma forma, era possível, tarde da noite, no sofá da sua casa, você abrir a ata da última reunião ou submeter suas despesas de viagens para reembolso. Assim, todas as empresas que desenvolviam *softwares* para PCs tiveram que abrir seus olhos para que suas aplicações passassem a rodar também nos tablets.

---

12 Matriz BCG

Em outubro de 2012, a Microsoft lançaria seu primeiro tablet híbrido com o nome de *Surface*. A empresa lançava para o mercado sua série de computadores pessoais com telas *touchscreen* e quadros interativos que rodavam o sistema operacional Windows. Em 2013, a Microsoft comprou a linha de *smartphones* Lumia da Nokia para fortalecer sua base e evoluir seu Windows Mobile para a série de *smartphones Windows Phone*. Nessa época, a empresa já falava massivamente de Computação em Nuvem (esta onda ela não deixaria passar como a da Internet), assim, a empresa foi seguindo sua jornada para investir cada vez mais no novo — a nuvem — tornando seus produtos tradicionais *on premises*[13], cada vez mais obsoletos ou tornando-os híbridos, ou seja, parte de suas capacidades rodavam localmente nos servidores ou computadores [*on premises*], e parte rodava em nuvem.

9.5.2 A EMPATIA DA EMPRESA MAIS VALIOSA DO MUNDO

Sem dúvida alguma, o grande marco da retomada do crescimento exponencial da Microsoft foi sua transição de comando realizada em 4 de fevereiro de 2014, durante um evento chamado "Meet the CEO" quando o indiano Satya Nadella foi anunciado como o terceiro CEO da Microsoft, após a era Ballmer e o período em que Gates esteve à frente da empresa. Satya chegava à posição mais alta da empresa e trazia consigo valores e visões de mundo bem distintos de seus antecessores.

Satya Nadella, rapidamente, conquistou os funcionários da Microsoft com sua simplicidade, humildade e empatia ao se posicionar. Mas suas conquistas não foram apenas internas, elas se estenderam também aos clientes, parceiros de negócio e até aos tradicionais concorrentes da empresa. Uma de suas grandes quebras de paradigma aconteceu no dia 16 de setembro de 2015 quando, durante a *Dreamforce* — uma conferência de vendas da *SalesForce* — tirou do bolso um *iPhone* e o apresentou a todos como um *smartphone* especial, ou como ele chamou: um iPhone Pro (de profissional), pois pela primeira vez ele apresentava ao mundo todo os aplicativos Microsoft rodando na plataforma iOS da Apple. Não apenas, Outlook, Word, Excel e Powerpoint, mas também o Skype e os recém-lançados Power BI, Dynamics 365, OneNote, OneDrive e Sway. Era uma grande lição de humildade, empatia e inteligência que Satya dava ao mundo: de transformar seus concorrentes em parceiros, antes que o seu negócio precisasse disso. Esse dia marcou mais um acontecimento importante na jornada

---

[13] Softwares on premises.

que faria com que a Microsoft quadruplicasse seu valor de mercado desde o momento em que Satya chegou à posição de CEO da empresa até o momento em que escrevo este livro.

Em termos de liderança, Satya apresentava um estilo bem diferente de seu antecessor Steve Ballmer. Enquanto Ballmer era um motivador nato, que sempre contagiava a plateia com sua energia, suando e falando em voz alta, ao mesmo tempo usando sua ironia em algumas respostas sobre concorrentes e mercado, Satya falava com um tom de voz baixo, sempre tratando as perguntas e pontos colocados por todos com seriedade e, desta forma, foi conquistando seu espaço dentro e fora da Microsoft com humildade e empatia.

> "Nossa indústria não respeita tradição, só respeita inovação."
> Satya Nadella

"Na era atual de transformação digital, todas as organizações e todos os setores são parceiros potenciais. Vejamos, por exemplo, o mercado de táxis e a indústria de entretenimento. Noventa por cento dos usuários do Uber esperam menos de dez minutos por um motorista, em comparação com 37% dos motoristas de táxis que conseguem chegar nesse tempo. A Netflix custa a seus expectadores 21 centavos de dólar por hora de entretenimento em comparação com 1,61 dólar por hora com o antigo modelo de locação de vídeos da Blockbuster. Esses são apenas alguns exemplos mais claros de transformação digital, mas isso está acontecendo em todos os setores. Estimamos que o valor dessas transformações na próxima década será de cerca de 2 trilhões de dólares."

(Aperte o F5, Satya Nadella)[14]

A Microsoft passou a aparecer mais e mais em comunidades *Open Source*[15] e, não raro, o líder da empresa aparecia a frente de cartazes com os dizeres "Microsoft ♥ Linux" ou "Microsoft ♥ *Open Source*". Por mais que muitos membros das comunidades não Microsoft ficassem com o pé atrás no início, pouco a pouco foram percebendo que este movimento era genuíno e inteligente e não algo com intenções malignas escondidas. A empresa seguiu investindo na diversificação de suas soluções e, em fevereiro de 2016, a Microsoft anunciou a compra da Xamarin — uma *startup* que ajudava desenvolvedores de *software*

---

[14] Páginas 133-134. *Aperte o F5*, tradução de *Hit Refresh* de Satya Nadella, publicado no Brasil pela Benvirá.

[15] Comunidades colaborativas para desenvolvimento e compartilhamento de código aberto de software.

a implementar seus apps apenas uma vez e permitir que estes rodassem em qualquer plataforma ou sistema operacional de *smartphones*. Em junho daquele mesmo ano de 2016, a Microsoft comprou o LinkedIn por expressivos 26 bilhões de dólares e, em 2018, após formalizar suas intenções em junho, a Microsoft concluiu a aquisição do GitHub — uma plataforma de compartilhamento de códigos de *software* — por 7 bilhões e meio de dólares.

Enquanto alguns se preocupavam, outros aplaudiam e a Microsoft de Satya e dos anos 2020 se tornava uma empresa bem diferente da Microsoft da década de 1990 e início deste terceiro milênio. A empatia vencia o medo, a Microsoft tornava-se e se manteria como a empresa mais valiosa do mundo com foco no ecossistema ao invés de apenas em si mesma. Satya passou pelo P-L-A-C-E e mostrou ao mundo a importância de se fazer algo junto e não isoladamente.

- **P**: redefiniu o propósito e a missão da Microsoft para empoderar pessoas e empresas ao redor do planeta para fazerem mais com a tecnologia e o poder da transformação digital;
- **L**: liderou internamente um movimento com todos os funcionários e conseguiu mudar a cultura da Microsoft que ampliou a importância da diversidade e inclusão de forma sistemática.
- **A**: teve atitude para mudar o status quo de uma das empresas mais valiosas do mundo e que precisava retomar sua espiral de crescimento. Da mesma forma, também teve atitude para interromper os investimentos e trabalhar na plataforma de *smartphones* Windows Mobile por acreditar que o DNA da empresa estava mesmo no *software*;
- **C**: ao se comprometer com causas como os impactos da transformação digital e como profissionais poderiam se reinventar ao perderem empregos de funções antigas, Satya dava exemplo e obtinha o comprometimento de todos dentro e fora da Microsoft;
- **E**: com humildade, Satya encadeou pessoas ao seu redor. A empatia demonstrada por ele conquistou o mercado, o que levou as ações da empresa a se multiplicarem por quatro em pouco mais de cinco anos. Após o lançamento de seu livro *Hit Refresh*[16], Satya tornou sua jornada profissional ainda mais visível por muitas pessoas e sua legião de fãs aumentou. Com isso, a comunidade passou a respeitá-lo, de fato, como uma pessoa extremamente humana e que conseguiu mudar a imagem de uma empresa tratada por muitos como imperialista e opressiva.

---

[16] Lançado no Brasil como *Aperte o F5 – A transformação da Microsoft e a busca de um futuro melhor para todos*, Benvirá, 2018.

9.6 MUDANÇA DE CULTURA ORGANIZACIONAL

A cultura de uma empresa é feita por ações que seus funcionários praticam. Estas ações estão relacionadas às ideias e aos planejamentos que são desenvolvidos. Todos os planejamentos de uma empresa estão relacionados as suas metas e estratégias. As estratégias de uma empresa são desenvolvidas a partir de seu propósito maior, ou a missão da empresa. Todo líder de uma empresa é responsável por definir as estratégias de suas equipes para atingir as metas estabelecidas ou esperadas pelos acionistas ou donos da empresa.

É fundamental que os líderes e gestores das empresas tenham uma visão clara de que é preciso começar pelo propósito, como vimos no primeiro capítulo deste livro, e de que as metas de uma empresa só serão atingidas se houver comprometimento, engajamento de seus funcionários. A mudança de liderança pode (e deve) impactar a cultura de uma empresa. Quando os funcionários de uma empresa são empoderados, estes compartilham ainda mais do senso de responsabilidade pelos resultados e farão parte da busca pelo propósito maior da empresa. Com isso, executarão ações diferentes e irão pensar e influenciar outros a também pensarem diferente. Novas ideias surgem e a cultura da empresa vai se transformando.

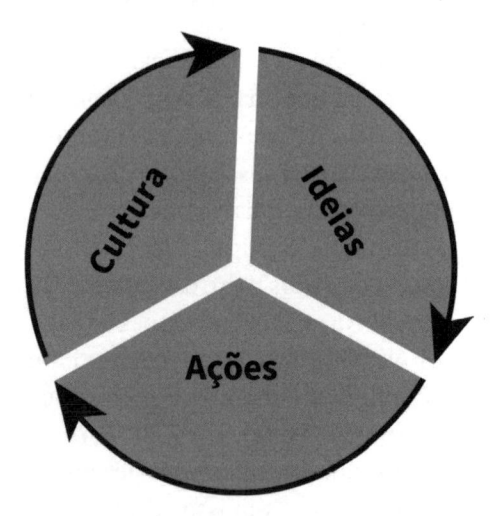

Figura 9.8 – Ciclo da mudança cultural

Uma empresa só desenvolverá uma cultura inovadora se permitir que seus funcionários desenvolvam novas ideias e executem ações neste sentido. Muitas vezes, empresas pagam treinamentos terceirizados para seus colaboradores, onde consultores externos trazem conceitos de *Design Thinking* e estimulam o pensamento "fora da caixa", mas ao retornarem para suas funções do dia a dia da empresa, os funcionários não têm espaço para implementar nada criativo. Lembre-se da tríade: Cultura – Ideias - Ações. A junção destas três palavras pode formar um ciclo virtuoso ou viciado. Se uma cultura não muda, novas ideias não surgem e as ação seguem executando mais do mesmo. Por outro lado, se novas ideias são estimuladas (e permitidas de fato), daí novas ações serão executadas e, com isso, a cultura vai se alterando e adequando as novas realidades.

É preciso viver num mundo que ninguém precisa dizer para outros a pensarem fora da caixa. Afinal, nenhum ser humano (*homo sapiens*) vive encaixado ou enquadrado numa caixa para ter que pensar fora dela. Se você está numa empresa que te faz sentir dentro de uma caixinha, sem espaço para se manifestar e sugerir novas ideias, mostre esse capítulo para seus líderes! Compartilhe que as empresas mais valiosas do mundo só chegaram nos patamares que estão hoje, depois que mudaram sua cultura para dar mais poder e liberdade criativa a seus funcionários e não por controlarem mais e mais cada um.

9.7 AS EMPRESAS MAIS VALIOSAS E AS COMUNIDADES

Ao longo de todo este capítulo, você deve ter notado o quão importante é o papel de um líder. Além disso, é importante notar também que por trás de cada trajetória de crescimento, havia a preocupação deste líder em conectar ou reconectar sua empresa com a grande massa: a comunidade.

A jornada de crescimento da Apple transformou clientes e usuários em fãs. Google e Facebook usam o poder das multidões a todo instante, de forma explícita ou tácita, mas possuem modelos de negócios que são baseados em dados de cada um de nós. A jornada da Microsoft para voltar a ser a empresa mais valiosa do mundo passa pela transformação de concorrentes em parceiros, de empoderar parceiros e funcionários e, redefinir sua missão para que o sucesso da empresa seja alcançado por meio do sucesso de seus clientes.

Uma empresa se torna mais valiosa quando se conecta com a comunidade a seu redor. Um ciclo de inovação aberta fará com que uma empresa, ao abrir suas portas, possa conhecer opiniões e visões distintas de diferentes perfis e, caso saiba tirar proveito disso, alcançará patamares de crescimento que talvez nem seus acionistas mais otimistas pudessem imaginar. É preciso inovar e rápido numa época de mudanças rápidas onde a única constante é a mudança. Uma empresa não inova da noite para o dia, mas é preciso começar e a maneira certa de iniciar é de forma conectada com a comunidade.

RELATOS REAIS DE PROFISSIONAIS MAIS VALIOSOS

INTELIGÊNCIA (NÃO) ARTIFICIAL (DE) PROPÓSITO

Muitos me perguntam qual a minha formação e como me tornei líder de Comunidade da Fábrica de Startups, uma aceleradora portuguesa. Trabalhando com tecnologia, finanças e sempre procurando aprender, posso afirmar que o ser humano já vem como um software embutido que produz uma inquietude de vivermos sozinhos ou isolados.

Começo minha carreira em TI e até hoje, sou amante de tecnologia. O começo foi prestando suporte à usuários e tendo que entender a necessidade de cada um. Chego na auditoria e continuo tendo que falar com os colaboradores, fazendo com que sigam as políticas e os procedimentos, identificando não conformidades e negociando ações corretivas para elas. A carreira e as oportunidades de melhores receitas me levam até a área financeira e, novamente, vejo a necessidade de interagir com pessoas dos diversos departamentos corporativos e com perfis variados. Trabalhando com planejamento e orçamento, também, observo a necessidade de falar com toda a empresa, buscando sempre adequar a necessidade de recursos e acompanhar sua evolução/aderência ao orçamento e reportando à diretoria.

De uma forma geral, sempre tive a oportunidade de lidar diretamente com o nível decisório nas empresas que trabalhei. Para lidar com tomadores de decisão, existe toda uma forma de comunicar, majoritariamente sendo conciso e assertivo. Por outro lado, sempre me comuniquei também com os colaboradores que produzem e estão em campo: "a fábrica das empresas" (ainda não é a Fábrica de Startups).

Caso eu identificasse uma necessidade de ajudar aqueles que trabalhavam comigo, eu produzia manuais ilustrativos, explicava o processo ou desmistificava o excesso de estrangeirismos, que é quando utilizam expressões ou palavras estrangeiras no lugar da nossa língua mãe, o Português. Por exemplo: quando alguém falava que teríamos que fazer um cash call e alguém não entendia, eu explicava ou literalmente traduzia, que não tinha nada a ver com cachecol e que era simplesmente pedir (call) dinheiro (cash).

Criei, muito sem perceber, uma inteligência (não artificial) de adaptar facilmente a comunicação para alinhar à necessidade de todos envolvidos, seja ao comunicar uma definição orçamentária ou para levar desafios observados pelos colaboradores, conectando pessoas e gerando valor nestas conexões. Depois de anos, fui aprender que todos temos uma habilidade da inteligência emocional chamada "empatia", que é se colocar no lugar do outro, de sentir o que o outro sente. É o tal software interno dos seres humanos e que todos podem exercitar. Em meio à esta descoberta, surgiu o convite de trabalhar na Fábrica de Startups, uma aceleradora de Portugal que leva inovação para grandes empresas por meio das startups. Nesse setor de negócio, existe uma função muito importante que é desenvolver o ecossistema empreendedor, conectando pessoas, academia, fundos de investimento, corporações, empreendedores e startups. Garantir que haja um ambiente e iniciativas que causem o maior impacto possível a todos os envolvidos.

Outra coisa que aprendi foi o que é o tal "propósito". Nunca consegui descrever um cargo reunindo tudo que eu era e que estaria alinhado aos meus valores de vida de fato! Habilidade de conectar indivíduos, buscando a equidade e reduzindo a desigualdade entre as pessoas, potencializando o desenvolvimento do grupo e, consequentemente, de cada indivíduo. É engraçado que, no primeiro momento, enquanto converso com uma pessoa, eu começo a procurar no celular ou começo a rir, pois, a cada frase, eu já estou navegando mentalmente na minha rede, buscando uma forma de colaborar com aquela pessoa, seja apresentando a alguém, uma empresa ou oportunidade.

Hoje vejo que, de fato, temos uma rede trabalhando para o bem e que só precisamos ser autênticos, não apenas no sentido de saber o que buscamos, mas o que podemos oferecemos e sermos mais um conector, facilitando, de alguma maneira, a vida em comunidade. Cada encontro que nasce a partir das conexões que crio, vibro, me emociono, me revigoro, fico feliz, pois fui capaz de colaborar de alguma forma com alguém que passou por mim ou falou comigo.

Para as mesmas pessoas que me perguntam como eu me tornei Community Manager (Gerente de Comunidades), eu digo que, apesar de vir do mundo competitivo em que algumas unidades de negócio, dentro da mesma empresa não se entendem, o que me move é a colaboração. Gosto de ver as pessoas surpresas quando lembro de uma situação do passado dela ou quando a chamo pelo nome ou lembro exatamente da situação que nos conhecemos. Conhecer as histórias de cada um, respeitando suas trajetórias, aprender coisas novas todos os dias e aproximar pessoas que possam se ajudar é o meu dia a dia. É tratar os outros como eles gostariam de ser tratados.

Foi por meio destas conexões que reencontrei um colega de trabalho, que hoje o admiro pelo trabalho, propósito e pelo ser humano (que me deu a honra de contar um pouco da minha nova história, aqui em seu livro). Ao se tornar um Community Manager, você não apenas ajuda pessoas, mas também é muito ajudado e o exercício da gratidão também é constante. Agradeço aos meus mestres, claro Deus e meus pais, como também ao Hector Gusmão que me convidou para a Fábrica de Startups e ao Glauter pelo convívio e convite para dar esse depoimento. Se eu tivesse que dar uma dica para ser um bom líder de comunidade, eu diria: dê atenção e cuide das pessoas!

Alexandre Caruso *é Líder de Desenvolvimento de Comunidades na Fábrica de Startups S/A.*

UMA DÍVIDA ETERNA COM A COMUNIDADE

Era 2009, com 18 anos e iniciando a faculdade, eu estava no segundo período quando surgiu um sorteio para participar de um workshop sobre desenvolvimento de sites. Fiz minha inscrição na hora e acabei sendo contemplado com mais dois ou três colegas de classe. Devia ter pelo menos uns 20 ou mais alunos de diversas turmas distintas.

O professor era um homem excepcional, chamado Edwillian Maia, já falecido. Devo minha carreira toda ao que ele me passou em uma daquelas tardes enquanto acontecia o workshop gratuito. Ele, sempre disponível para aconselhar os novatos como eu, que mal sabiam escrever uma linha de código, passava muitas orientações sobre carreira, experiências e tipos de profissionais do mercado. Até hoje eu não sei criar nem um site dos mais simples, porque meu foco acabou indo para outra área de tecnologia, devido a uma das frases ditas por ele.

Em uma daquelas tardes quentes, ele compartilhou algo que eu demoraria anos, talvez décadas, para entender. Passou para a turma o perfil, que na visão dele, algumas áreas de TI possuíam. Isso me fez ter uma visão muito abrangente de que área eu gostaria de trilhar, bem diferente da proposta do workshop. E segui nesse caminho que me trouxe o retorno, o respeito e a admiração que ele disse em poucas palavras naquele dia. Nunca esquecerei.

Essa pequena história serve para explicar minha admiração aos que dedicam tempo para compartilhar com outras pessoas suas experiências, técnicas ou não. Para isso, as comunidades de TI são referência. Desbravar uma determinada tecnologia ou sistema, provavelmente será possível com documentações disponíveis na internet, inclusive pelos próprios fabricantes. Mas as experiências não são tão simples de serem compartilhadas. Às vezes, uma frase, uma história ou até mesmo um conceito, podem ser a diferença entre uma boa e uma péssima conferência. Acredito muito no compartilhamento de experiências e no networking.

Quantas vezes saí de casa para assistir um conteúdo que, teoricamente, eu já conhecia. Mas a experiência do palestrante muitas vezes fez a diferença e isso já era mais que o suficiente para justificar viagens a outros estados ou países.

Em 2009, eu morava em São João de Meriti (RJ) e estudava em Paracambi, a 55 km de distância. Cidade carente da baixada fluminense com renda média de 1,9 salários mínimos, apenas 13,5% de pessoas ocupadas (segundo o IBGE de 2017) e PIB per capita de 20 mil reais. Meu sonho era poder trabalhar logo e assim conseguir prover um local melhor para os meus parentes. Munido com as experiências compartilhadas pelo meu professor no workshop, segui atrás da carreira que julguei me trazer um retorno maior e em menos tempo. O networking e a troca de experiências, aliadas ao estudo profundo de determinadas tecnologias, me fizeram crescer rapidamente na carreira e, em poucos anos, eu já liderava equipes que atuavam para grandes corporações, com entregas sempre bem avaliadas. Muito desse desenvolvimento se deu por conseguir avançar rapidamente por meio de "atalhos" criados e compartilhados por outros desbravadores.

Hoje, dez anos depois, sou sócio em uma das maiores consultorias especializadas em tratamento de dados do país, atuando diretamente em dezenas de corporações, com atuação dentro e fora do Brasil e para realizar o sonho de sair da Baixada Fluminense, hoje moro em São José dos Campos, cidade com renda média de 3,7 salários mínimos (o dobro de SJM), 30,8% (quase o triplo de SJM) dos moradores empregados formalmente e PIB per capita de pouco mais de 53 mil.

Para chegar até aqui, foram muitas e muitas noites não dormidas, migrações e manutenções em Datacenters. Mas o principal foi ter ideias e insights, com senioridade e maturidade, que vieram na sua maioria de troca de conhecimento em eventos que participei. Pensar fora da caixa fica muito mais fácil quando se tem outra cabeça injetando conhecimento/experiência ao seu lado.

Para retribuir a essa dívida eterna, hoje sou um palestrante assíduo de diversos eventos e comunidades técnicas. Além disso, coloco minha assinatura na organização de alguns eventos que criei ou coordeno. O mais emblemático é o From Zero To Hero, um evento que visa levar conhecimento sobre determinadas tecnologias para todos os níveis de conhecimento. Impactando pessoas que, assim como eu no começo, não conhecem de determinado assunto, mas sem esquecer dos que já são experts e precisam de novas ideias e caminhos.

Minha dívida com comunidades se acumula a cada novo evento/workshop/discussão que vou, seja como palestrante/organizador ou como participante. Sempre há algo para aprender ou alguém para conhecer.

Igor de Paula *é líder do PASS Chapter no Rio de Janeiro, organizador do evento From Zero to Hero e Microsoft MVP na categoria de Data Platform.*

No próximo capítulo, veremos o que é preciso e pode ser feito para virar sua própria mesa e se tornar um profissional mais valioso. Até que ponto é possível reinventar sua carreira. Como o *PeopleChain* pode lhe ajudar a se tornar um profissional mais valioso? Finalmente, veremos como a Educação na Era da Economia Criativa e Compartilhada deve ser diferente daquela ensinada na Era Industrial. Que habilidades e atitudes são esperadas de profissionais atualmente e como se educar de maneira diferente?

TRÊS PONTOS PARA NÃO ESQUECER

- O que torna uma empresa mais valiosa é sua visão de mundo e como o mundo a vê.

- Mudar a cultura de uma empresa não é tarefa simples. Mas com liderança e atitude, isso é possível. Recorde os exemplos de Jack Welch, Steve Jobs e Satya e perceba que ações eles implementaram a frente de GE, Apple e Microsoft, para tornar suas empresas as mais valiosas do mundo.

- A cultura de uma empresa é criada por meio das ações das pessoas que nela trabalham. As ações são derivadas das ideias. As ideias são geradas a partir da cultura. Assim, temos um ciclo: CULTURA-IDEIAS-AÇÕES. Apenas idealizar não muda uma cultura, é preciso de atitude. É preciso de ação.

TRÊS PONTOS PARA REFLETIR

- Por que tantos indianos estão à frente de grandes empresas globais?
- O que é preciso para ser líder de uma grande corporação (ou de uma comunidade)?
- Qual a importância da cultura, da empatia e da humildade quando se tem poder?

ANNOTE AQUI

PARTE IV

QUANDO **A GENTE** MUDA, O MUNDO **MUDA** COM A GENTE

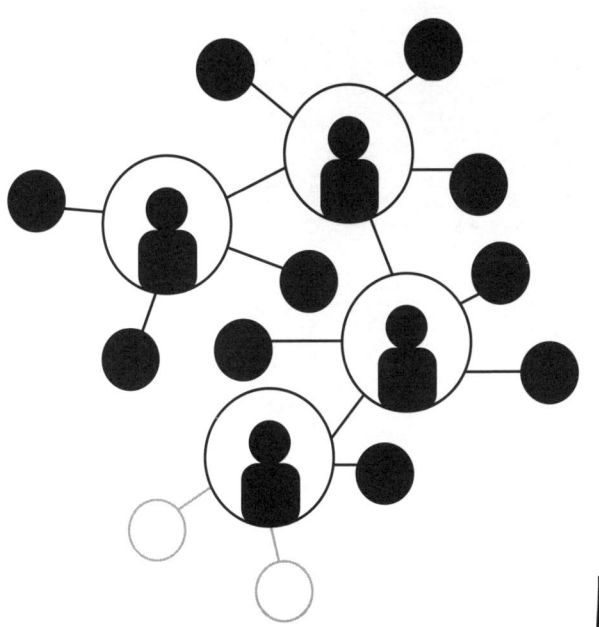

VIRANDO A **PRÓPRIA MESA**

(Conectando Bruno Fontes a Alexandre Costa
e Thayná Patrício a Equipe Jaguar)

♪ *"Não precisa de dinheiro
pra se ouvir meu canto
Eu sou canário do reino e
canto em qualquer lugar.
Em qualquer rua de
qualquer cidade
Em qualquer praça
de qualquer país
Levo o meu canto
puro e verdadeiro
Eu quero que o mundo
inteiro se sinta feliz."*

(Carvalho Zapata, *Canário do Reino*)

♫ *"Seems like everybody's got a
price I wonder how they sleep at
night When the sale comes first
And the truth comes second Just
stop for a minute and smile.
.:.
It's not about the money,
We don't need your money
We just wanna make
the world dance."*

(Jessie J, *Price Tag*)

PROPÓSITOS DO CAPÍTULO

O que é preciso e pode ser feito para virar sua própria mesa e se tornar um profissional mais valioso?

•••

Como o PeopleChain pode lhe ajudar a reinventar sua carreira e tornar-se um profissional rico?

•••

A Educação na Era da Economia Criativa e Compartilhada deve ser diferente daquela ensinada na Era Industrial. Como estudantes e profissionais podem e precisam se educar de maneira diferente.

Eu sempre fui apaixonado por livros e comecei bem cedo a procurar o que havia disponível em minha casa para ler. Um dos primeiros que li, depois do *Menino Maluquinho* de Ziraldo e de outros que ganhava de minha avó paterna, foram livros de negócios do meu pai. Enquanto na escola eu era obrigado a ler livros que não despertavam nem um pouco a minha curiosidade ou vontade de seguir lendo suas histórias, em casa eu encontrava alguns títulos interessantes.

Em casa depois do *Menino Maluquinho*, do Ziraldo, e *Dom Casmurro* de Machado de Assis, fui acumulando outras leituras. Lembro-me que com 11 anos eu peguei um livro que meu pai estava lendo e passei a ler junto com ele. O título do livro me chamou a atenção: *Virando a Própria Mesa*. Comecei a ler e ia perguntando a meu pai algumas coisas que eu não entendia, mas eu gostava da história. Neste caso, a história de um jovem de 28 anos que herdara uma empresa familiar e que tentava imprimir um choque de cultura na própria empresa: a Semco. É com este título do livro de Ricardo Semler, publicado em 1988 pela editora Best-Seller, que inicio este capítulo. Minha virada de mesa não tem a ver com a de Semler, mas aconteceria em minha carreira pouco antes de eu completar 40 anos.

10.1 MOTIVAÇÕES PARA A VIRADA

Por que uma pessoa viraria a própria mesa? Sua vida segue bem dentro dos trilhos, ou melhor nas trilhas que você gostaria de seguir? Afinal, trilho sugere um caminho que você não pode sair dele nem por um minuto, já uma trilha você pode fazer alguns desvios, mas seguir nela na maior parte do tempo para chegar ao destino desejado. Quando alguém sugere uma grande virada de mesa é porque existem motivos para isso, nada mais óbvio aqui. Sejam motivos pessoais, ou desejo de mudança de empresa, carreira ou mesmo a mudança de uma determinada região ou cidade.

O fato é que em algum momento de sua vida você já deve ter desejado ou vai desejar virar sua própria mesa e passar a fazer algo bem diferente daquilo que vinha (ou vem) fazendo. Apesar de eu não ser uma pessoa da geração Y ou Z, eu sempre tive uma inquietude ou, como prefiro, uma atitude de mudança. Sempre me vi como um agente de mudança por onde quer que tenha passado, seja em família, nos tempos de escola ou nas empresas em que trabalhei ou fui sócio.

> "O saber a gente aprende com os mestres e os livros.
> A sabedoria se aprende é com a vida e com os humildes."
> Cora Coralina

A vontade de virar a própria mesa para uma pessoa com meu perfil, ansioso, é algo constante. Sempre busquei fazer algo por propósito. Se era para ler um livro, seria bom estar motivado com a história. Se era para participar de uma reunião, faria sentido saber o resultado esperado e a contribuição de todos ali presentes. Se tem algo que sempre me incomodou (e segue me incomodando até os dias de hoje) são reuniões (ou eventos de dias inteiros) para motivação da equipe ou exposição de assuntos que não foram bem pensados ou não se convergem num propósito único da companhia ou da área.

Se por um lado sempre tive um perfil de agente de mudanças, por outro, também mantive um senso de responsabilidade e profissionalismo muito grande. É importante saber respeitar hierarquias no ambiente corporativo ao invés de ter uma atitude intempestiva, largar tudo e "chutar o balde". Temos que planejar cada etapa da nossa carreira, tal qual se faz um programa de academia para malhar partes do seu corpo. Chamo isso de *Career Fitnees*. Você deve sempre pensar grande ao mesmo tempo em que traduz sua grande meta final em pequenos passos que podem ser dados naquela direção.

Confesso que até hoje me pergunto sobre o dilema de Alice (ou de Neo) das pílulas azul ou vermelha. Dependendo do momento da minha vida eu tomaria a vermelha sem pensar duas vezes, em vários outros a azul. Acredito que esse sentimento não seja somente meu, mas da grande maioria das pessoas. Mesmo que eu conheça pessoas que sempre tomariam apenas a azul: aquela que mantém as coisas seguras e tranquilas como estão. Por outro lado, conheço algumas pessoas que tomariam sempre, mas sempre mesmo, a pílula vermelha: aquela que abre um mundo novo de possibilidades e nos tira de nossa zona de conforto. Quando saímos da zona de conforto, podemos obter aprendizados ainda maiores. E você, em que momento está de sua vida? Nos momentos em que optamos pela pílula vermelha é que a virada de mesa acontece.

De forma geral, para uma pessoa sair da inércia e buscar uma nova trilha, ela precisa estar motivada a buscar algo que lhe traga um senso de realização maior. Este senso pode sim ser financeiro, sem problema ou culpa alguma. Por outro lado, pode ser também algo totalmente oposto onde o que se busca é impactar, influenciar, produzir algo que torne o mundo em que vivemos um lugar melhor para todos.

Você já deve ter ouvido a definição de louco como sendo aquela pessoa que faz a mesma coisa sempre e espera resultados diferentes. Portanto, se você espera uma grande mudança em sua vida e se considera uma pessoa normal, é preciso fazer algo diferente. Esperar que algo do ambiente externo lhe mude é mais complicado, pois você não teria as rédeas de seu destino. É mais fácil você mudar e perceber como a sua mudança pode impactar o ambiente externo. Sim, de fato, quanto a gente muda, o mundo muda com a gente.

Quando eu passei a me abrir mais para o mundo. Publicando e compartilhando conhecimento, participando de palestras e aceitando convites para conversas de cafezinho, a minha vida mudou completamente. Meu capital social cresceu de forma exponencial. Conheci pessoas de todas as partes, todos os setores, culturas e classes sociais. Aprendi algo novo com cada uma delas. Mesmo com aquelas que acreditamos que não há nada para aprender, quando você se predispõe a ensinar algo a elas, você também aprende mais e melhor. Mas analisando bem, sempre há algo que se possa aprender com um outro ser humano.

Em 2016, eu refleti demais sobre completar 40 anos de idade e o que eu poderia fazer, de diferente, do que eu vinha fazendo para poder realizar o *"give back"* para a comunidade ao invés de iniciar outras ações com o foco em mim mesmo. O *give back* aqui seria pensar em como eu poderia retribuir a minha comunidade, tudo aquilo que ganhei durante minha carreira. Quando me abri, eu pude aprender com jovens que tinham sonhos e ambições bem diferentes dos meus. Aprendi com adolescentes de comunidades carentes que com menos de 18 anos já viviam situações de risco que eu nunca havia vivido e conheci histórias únicas de pessoas que conseguiam transformar vidas ordinárias em extraordinárias. Tudo isso só teve início quando eu virei a minha própria mesa.

> "Feliz aquele que transfere o que sabe e aprende o que ensina."
> Cora Coralina

10.2 DEIXANDO DE SER ILHA...

Um profissional torna-se uma ilha no momento em que perde o contato com a comunidade de pessoas que estão fora do *inner circle*, ou o círculo de pessoas que convive diariamente como, por exemplo: colegas de trabalho, clientes e parceiros de negócios. Se você ainda não está na fase profissional e ainda é um aluno, o seu círculo interior se refere a pessoas mais próximas de você, talvez de sua classe. Por outro lado, você poderia estar se conectando com pessoas de outras turmas do seu mesmo colégio e com pessoas de outros colégios também.

Fazer parte de diferentes comunidades ou ecossistemas é algo saudável para todos nós. Participar de atividades esportivas, dedicar-se a grupos de estudos para se aprender um instrumento musical, pintar quadros ou programar computadores torna-se tão importante quanto frequentar as escolas tradicionais das décadas de 1970 e 1980. Não incluo aqui as décadas de 1990 e seguintes, pois foi durante a década de 1990 que a internet se popularizou no Brasil e no mundo, permitindo que várias pessoas se conectassem com outras independentemente de geografia ou cultura. Se você não viveu essa década, você não teve a chance de entrar numa "sala de bate-papo" (ou chat) para se conectar com outros pessoas que compartilhavam algum interesse como o seu.

Mesmo com toda a conectividade global proporcionada pela grande rede e pelas plataformas de rede social, pessoas seguem isoladas ou se sentindo sozinhas e, o pior, sem perspectivas de mudanças ou de oportunidades. Este é o momento de olhar para o lado, de buscar outras perspectivas e pessoas que possam lhe oferecer a pílula vermelha e abrir seus olhos para um mundo novo de possibilidades.

Aqui menciono um outro conceito relativo a relações humanas ou comunidades, o conceito de oferecer antes de pedir, ou "give first". É sempre melhor oferecer algo a outros do que ter a necessidade de pedir. Quando você está proativamente oferecendo algo a comunidade, no momento em que você tiver alguma necessidade, talvez nem precise pedir, ela lhe dará muito mais, mesmo que você não perceba isso naquele momento. Muitas vezes pessoas estão tão obcecadas em conquistar algo que não percebem as diversas oportunidades que passam a seu lado e que poderiam abrir caminhos melhores que aquele que está sendo trilhado.

Como falamos em capítulos anteriores, não se trata de acreditar que você não vá ter problemas em um determinado caminho. Qualquer caminho que você trilhar vai te apresentar obstáculos e problemas. Esses só serão diferentes dos problemas dos outros caminhos. O importante é se manter em movimento, mas também estar atento as pessoas que cruzam o seu caminho e lhe oferecem oportunidades de mudar totalmente de rota.

Quando eu percebi que meu ciclo de *networking* estava se limitando a clientes, parceiros de negócios e colegas de trabalho, passei a olhar para fora e tomei a decisão de publicar um livro, *Espírito de Startup*, onde meu objetivo não era ensinar algo para meus clientes, parceiros ou colegas e sim para meus ex-alunos dos tempos em que era professor da faculdade de Sistemas de Informação. Também incluía em meu público-alvo todos aqueles que participavam de minhas palestras. Não há nada melhor que a prática para você se tornar bom em algo e, quanto mais palestras eu dava, melhor me sentia diante do público, na preparação dos meus slides do PowerPoint e no controle da ansiedade para falar mais devagar e estar atendo a plateia.

Todo ser humano gosta de se sentir útil. A cada palestra que eu dava e recebia *feedbacks* positivos, eu me motivava ainda mais a fazer outras e atingir outros públicos, ou aquele mesmo público, mas com outros conteúdos. Certa vez, uma ex-aluna me comentou sobre achar interessante como minhas palestras eram tão bacanas e motivadoras mesmo que meus slides não tivessem um padrão definido ou não seguissem aquelas recomendações padrão de melhores práticas de apresentação. E eu entendi que o meu ponto forte não era o PowerPoint, mas sim a paixão com a qual eu subia no palco para falar do tema que havia preparado. Vivemos uma vida tão curta que não vale a pena sermos mornos. Sempre acreditei que é preciso se automotivar para motivar outros e eu adorava dar palestras. Não era uma questão de ego, apesar de haver aqui uma grande armadilha, mas sim uma questão de se sentir útil de fato para os outros.

Durante o ano de 2017, eu percebi que havia deixado de ser ilha, pois me conectava semanalmente com diferentes grupos de pessoas e a partir daí criei uma meta para mim mesmo: deixar de ser ilha e me tornar ponte. Afinal, quando mais eu conhecia pessoas diferentes de mim, mas eu percebia que muitas delas não precisavam de mim, ou que eu não poderia ajudá-las tão bem quanto outras pessoas que eu também conhecia e que poderiam ajudá-las mais e melhor que eu. Eu havia me tornado uma ponte entre pessoas. Como Judy Robinett chama: um *power conector*. Dois episódios, por exemplo, me marcaram muito neste ano.

> "O grande segredo para a plenitude é muito simples: compartilhar."
> Sócrates

10.3 SOMOS TODOS PONTES

O ano de 2017 começou bem diferente para mim. Ainda em férias, mas planejando e conectando com muita gente para a realização de um grande evento na cidade onde nasci: Volta Redonda. Era o nascimento do Vale Digital e o evento se chamava StartVR. A ambição era conectar o poder público, o privado, as instituições acadêmicas e a sociedade em prol de um movimento sobre empreendedorismo e *startups*. Foram meses planejando, recebendo alguns "nãos", outros "talvez", alguns convites ignorados, mas muitos "sim" também.

> Olá,
> Boa tarde. Sou Solange Martin,
> Trabalhei vários anos em indústria, atualmente iniciei uma nova carreira, mais por amor do que por dinheiro, crendo que algo de espetacular possa ser descoberto, neste mundo das diferenças, físicas, mentais, intelectuais, porém todos humanos e com potenciais únicos.
> Conheci um jovem surdo cego. Isso mesmo: surdo e cego, que está cursando Ciência da Computação na Federal de Angra. Ele quer conhecer mais, ir além e mostrar que a deficiência para ele e só um detalhe. Ele deseja conhecer um lugar de tecnologias, acho que você seria um parceiro ideal. Será que podemos marcar um encontro com esse jovem?? Conversei com ele pelo telefone e pude ver o quanto ele é especial. Talvez façamos algo novo e juntos!!!!
> Mensagem recebida em 2 de fevereiro de 2017 pelo LinkedIn.

Durante a divulgação do StartVR de 2017, recebi uma mensagem pelo LinkedIn de uma tradutora intérprete de Língua Brasileira de Sinais Especialista (LIBRAS) que me fez um pedido: que eu pudesse me conectar com um menino surdo cego que tinha o sonho de conhecer alguém que trabalhasse numa grande empresa. Eu a respondi no mesmo dia perguntando mais informações e seguimos em contato até que pude conhecer o Bruno Fontes de Oliveira.

Em 2013 ele havia conseguido junto com o Ministério Público Federal entrar com uma ação contra a sua faculdade em Angra dos Reis onde fazia tecnologia em sistemas de computação pedindo que deficientes recebessem material didático adequado. Em matéria publicada naquele ano pelo portal G1[1], Bruno reclamava:

---

[1] Disponível em: http://g1.globo.com/rj/sul-do-rio-costa-verde/noticia/2013/07/mpf-entra--com-acao-publica-contra-faculdade-em-angra-dos-reis-rj.html

"O meu curso tem videoaulas, só que essas não são adaptadas. Aí eu tenho que ficar ouvindo, o tempo todo, o professor dizendo 'olha o slide, olha a figura destacada em verde e amarelo'. Independentemente da cor, para mim não vai fazer diferença nenhuma, porque eu não estou vendo a figura.".

É preciso ter e agir com empatia, diversidade e inclusão. Sem essas qualidades, uma pessoa não se transforma ou se torna um profissional mais valioso. Me conectei com Bruno e nos tornamos amigos até que durante o StartVR tive a oportunidade de conhecê-lo pessoalmente. Também conheci a Solange Martin que foi a ponte desta conexão. Ele acompanhou todo o evento ao lado da irmã que narrava para ele alguns dos slides que eram projetados enquanto os palestrantes apresentavam suas ideias. Bruno me ensinou demais na prática sobre ter empatia. Quando eu o perguntei qual era o seu sonho, ele prontamente me respondeu:

"Ter mais autonomia, especialmente para desenvolver *softwares*.".

E quando eu o questionei sobre como ele fazia para se achar no teclado do computador, ele respondeu:

"Eu só consigo me localizar devido a este alto relevo embaixo das teclas F e J.".

Desde o momento que o Bruno me disse isso, eu nunca mais me esqueci de pensar em pessoas com deficiência visual, toda vez que uso meu notebook e olho para estas teclas eu penso no Bruno e nas pessoas que não enxergam que conheci.

Desde que conheci o Bruno conto sua história para todos e um dia, minha amiga Juliana Munaro, apresentadora do Pequenas Empresas e Grandes Negócios da TV Globo — que conheci durante o StartVR de 2017, após convidá-la pelo LinkedIn — me conectou com uma *startup* de São Paulo que desenvolvia aplicativos para cegos: a t-access. A missão da t-access é incluir as pessoas com e sem deficiências, planejando e executando serviços de testes e acessibilidade, criando *softwares* para prover autonomia às pessoas e realizando treinamentos voltados para o negócio específico do cliente. A história da startup é bem bacana. A empresa foi fundada em junho de 2011 por três mulheres de TI, entre elas a Virgínia Chalegre, com quem eu falei. Juliana foi ponte entre mim e a Virgínia, CEO da *startup*. Eu fui ponte entre ela e o Bruno.

Quase um ano depois disso, eu me tornei líder dos MVPs da Microsoft no Brasil e havia um deles que também era cego: o Alexandre Costa. Uma das primeiras coisas que pensei ao conhecê-lo foi: "Preciso conectá-lo com o Bruno". Afinal, o sonho do Bruno era ter mais autonomia para aprender a desenvolver *softwares* e o Alexandre Costa era não apenas um profissional que fazia isso, mas ele era MVP premiado e líder de movimentos relativos à acessibilidade. Fui ponte mais uma vez. São pequenos atos que realizamos em nossas vidas que nos tornam profissionais mais valiosos. Por que não dizer, seres humanos mais valiosos. A sensação de poder ajudar alguém é algo que você não deve trocar por dinheiro algum!

Eu já falei em outras ocasiões sobre o primeiro StartVR que mudou minha vida ao fazer com que eu fosse atrás de pessoas que eu conhecia e de pessoas que eu não conhecia, com alguma ligação ou sem nenhuma relação com a cidade de Volta Redonda. Fiz algo pela comunidade e colhi muito mais do que esperava, até porque eu não esperava colher nada para mim... Queria gerar um movimento, o fomento pelo empreendedorismo para evitar o êxodo de jovens de uma cidade do interior para a capital do estado.

Especialmente no mundo pós-covid-19, espero ver mais e mais o movimento contrário do que temos visto nos últimos 50 anos. Ou seja, mais empresas e profissionais saindo das grandes capitais, superlotadas de pessoas e automóveis, para cidades do interior que estejam a uma ou duas horas dessas grandes metrópoles. As cidades menores podem oferecer mais qualidade de vida, custos imobiliários e mão de obra mais barata e, ao final, todos saem ganhando. Afinal, a crise provocada pela pandemia do covid-19 acelerou a adoção do home office e, por consequência, da adoção de ferramentas de videoconferência como o Teams da Microsoft ou o Zoom.

Foi durante o StartVR que eu Ricardo Abreu lançamos o livro *Espírito de Startup*. Após o evento, passei a divulgar o livro em minhas redes sociais e, em especial, no LinkedIn. Certa vez, uma menina chamada Thayná Patrício, que eu não conhecia, comentou um em post perguntando se eu poderia lhe doar um exemplar do meu livro. Ao ver aquele comentário inusitado eu perguntei sobre seu propósito e pedi que me enviasse uma mensagem privada para conversarmos a respeito.

Ela me contou que era de Itaguaí, município da região portuária do estado do Rio de Janeiro, que ela tinha um sonho de criar um projeto e levar até a escola pública na qual ela havia estudado e onde percebeu que muitas de suas amigas, por volta dos 16 anos, engravidaram e iniciaram uma vida pré-adulta com mais dificuldades devido a maternidade. Ela queria mudar aquela realidade. Ela tinha em mente um projeto e ela só queria uma ajuda. Eu prontamente respondi que lhe daria, sim, um exemplar do meu livro com prazer e perguntei se ela queria que eu a enviasse o livro pelo correio ou gostaria de vir buscá-lo e, ao mesmo tempo, conhecer o escritório da Microsoft, no centro do Rio.

Eu lembro da reação dela quando lhe fiz essa pergunta, ela disse:

"Eu posso ir no escritório da Microsoft?", e eu respondi afirmativamente que sim, que ela poderia vir numa data que combinássemos e eu estaria aqui para recebê-la e conversarmos, além de lhe entregar um livro autografado.

Ela não hesitou e preferiu essa opção. Marcamos uma data e, antes de chegar esse dia, seguimos conectados e eu lhe perguntei sobre qual era seu sonho. Desde 2013, quando eu ainda dava aula para a Faculdade de Sistemas de Informação, eu costumava perguntar isso para alguns alunos. Eu queria entender quais eram os sonhos de jovens de 18, 19 anos nos tempos atuais e comparava com os meus sonhos quando eu tinha essa idade. A partir daí, sempre que converso com alguém individualmente num papo durante um café, eu faço essa pergunta. Você também pode fazer isso, pergunte a algumas pessoas sobre seus sonhos e você poderá descobrir coisas que nunca imaginou. Isso vale para a presidente da sua empresa e também para a moça que serve o café. Eu faço isso, com a Tânia presidente da Microsoft Brasil e também com a Jaqueline, que trabalhava na copa no escritório do Rio e, que por exemplo, já me confessou que tem grande interesse em fotografia, faz cursos e quer cursar faculdade de marketing. Se eu não perguntasse eu nunca saberia.

Voltando a história da Thayná, quando lhe perguntei sobre seu sonho, ela me respondeu que era fazer algo com robótica. Ela havia feito um curso de automação industrial e era apaixonada por robôs. No momento que ela me disse isso, minha mente trabalhou rápido. Eu não era mais ilha, era ponte e me lembrei de uma equipe de robótica que conheci durante a Campus Party em São Paulo que por uma grata coincidência eram de Volta Redonda e tornaram-se grande parceiros durante o StartVR 2017. Logo após a conversa com a Thayná, liguei para o Professor Helton Sereno, do Instituto Federal do Rio de Janeiro. Contei para ele que havia uma menina que era apaixonada por robótica e viria na Microsoft para pegar um livro comigo e conversar e, eu adoraria conectá-la com seus alunos e a Equipe Jaguar, umas das equipes de robótica mais vencedoras do país, já tendo conquistado alguns títulos, não apenas no Brasil, mas também em outros países. O professor disse que sim, poderia enviar alguns alunos na data que eu havia combinado com a Thayná.

Eu tive que me segurar muito para não contar a ela, mas queria fazer uma surpresa. Proporcionar uma experiência, criar aquele momento "uau" e me sentir bem fazendo isso. E assim aconteceu... Naquela manhã de um dia de setembro em 2017, a Thayná chegou a Microsoft e fizemos uma reunião com alguns alunos da Equipe Jaguar, que a receberam super bem e estavam felizes de estar ali também. Antes de começarmos a troca de conhecimento, eu fiz uma pequena palestra para eles e, a partir daí, os jovens alunos do IFRJ apresentavam suas técnicas e soluções para a Thayná, que fazia perguntas e estava superinteressada. Entre o time da Jaguar, havia uma aluna chamada Letícia Tempone que compartilhou muito conhecimento com a Thayná. Ao final, convidamos os funcionários do escritório da Microsoft para assistirem à apresentação dos robôs. Paramos o escritório!

O resultado daquela manhã foi que a entrega do livro ficou em segundo plano. A menina que havia me pedido um livro ficou muito feliz e saiu da Microsoft com muita coisa na bagagem, especialmente a conexão com a Equipe Jaguar e com os alunos que participaram naquele dia. Alguns meses depois eu já percebia o progresso que a Thayná conseguia fazer com o seu projeto, batizado de Robotic e, em menos de um ano após esse encontro, ela conseguiu realizar a primeira onda do seu projeto, na escola pública que ela queria e sendo reconhecido pela prefeitura de sua cidade. Fui ponte entre a Thayná e a equipe Jaguar, fiquei feliz por isso, mas foi o seu propósito de transformar, sua liderança e atitude de fazer, o comprometimento pessoal e também de pessoas ligadas a educação da escola que ela conseguiu encadear que tornaram possível o impacto gerado pelo Projeto Robotic da minha amiga Thayná.

> "A simplicidade é o último grau de sofisticação."
> Leonardo da Vinci

Todos os dias temos a oportunidade de ser ponte entre pessoas que podem estar isoladas uma das outras como ilhas. Seja ponte, não ilha. Muitas vezes você pode querer fazer algo grandioso para mudar o mundo, mas talvez isso não seja feito da forma que você imagina. Você pode mudar o mundo por meio de outras pessoas que você impacte e que estarão expandindo uma grande corrente do bem.

10.4 O PODER DO PEOPLECHAIN NA REINVENÇÃO DE CARREIRA

Se há uma área pela qual sou extremamente interessado, essa é a Educação. Antes dos 20 anos, eu sonhava em fundar uma escola no futuro. Quando o futuro chegou (e eu nem vi isso acontecer), eu percebi que o tempo havia passado, mas minha paixão pela Educação, não. Foi assim que nasceu a Atitude Infinita, minha *startup* social, uma organização não governamental (ONG) sem fins lucrativos com foco em transformar a educação.

Por ser filho de uma professora, eu sempre discuti a educação com minha mãe. Avaliava os colégios pelos quais passei e alguns professores que se destacavam. Mas sempre senti falta de outros tipos de conhecimento que não faziam parte da grade curricular padrão do MEC. Ao mesmo tempo, sempre procurei aproveitar as oportunidades que tive. Até a quarta série primária (atual quinto ano do ensino fundamental), eu passei por um colégio por ano, incluindo escolas públicas e particulares. A partir do quinto ano, eu me firmei num colégio que gostava muito e só saí ao me formar no Curso Técnico em Informática. Este colégio estava longe de ser um dos melhores da cidade, sua fama era oposta até, mas foi nele que aprendi Espanhol e, principalmente, Informática.

Em 1986, eu tive o privilégio de estudar num colégio que abriu uma turma de informática para ensinar programação em linguagem BASIC. Eu tinha nove anos de idade e me apaixonei pelos computadores. O colégio montou o melhor laboratório de informática da cidade: com pelo menos uns 12 computadores Apple II. Eu queria descobrir quem era o engenheiro responsável por criar aquela máquina tão maravilhosa que eu pedia para meu pai comprar uma, mas o custo era altíssimo e proibitivo àquela época. Pelo menos para uma família de classe média como a minha.

Anos mais tarde, eu descobri que o principal responsável pela criação do Apple II era Steve Wozniak. Há alguns fatos curiosos sobre a minha história com a Apple e Steve Woz. A Apple foi fundada no mesmo ano que nasci e Steve faz aniversário no mesmo dia que eu. Você se recorda que durante o planejamento para o StartVR, eu havia conhecido muita gente nova em minha vida. Entre elas, conheci um colecionador de computadores de todas as épocas, marcas e países. Marcos Velasco tornou-se um amigo desde 2017 e um dia fui visitar sua casa, em especial, o porão onde ficavam os computadores. Pedi a ele que durante o evento do StartVR, ele levasse um Apple II para que eu pudesse tirar uma foto com ele. Afinal, uma das frustrações que tenho era a de não ter uma foto sequer daquela turma de informática de 1986 no laboratório de informática do Colégio Volta Redonda.

Assim foi feito, Marcos levou e tirei uma foto. Na verdade, não foi só uma, pois meu amigo Ricardo Abreu também quis tirar uma e, como estávamos divulgando o *Espírito de Startup*, tiramos uma foto juntos segurando o Apple II. Um registro aqui: eu o conheci nesta mesma turma do curso de informática de 1986, assim como o amigo que me conectou ao Marcos Velasco, chamado André Neves. Todos fazem parte do meu *PeopleChain* e tem sua parcela de importância e influência em minha vida.

Alguns meses mais tarde, naquele mesmo intenso ano de 2017, eu estava com dois sócios fundando uma *startup* no Vale do Silício: o Flirtar — o primeiro app de relacionamento que fazia uso de realidade aumentada e inteligência artificial para conectar pessoas — e, durante uma conversa ou outra, um dos meus sócios contou que havia se encontrado certa vez com Steve Woz e havia mantido contato com ele. Eu o pedi para enviar ao Steve a foto que tirei com o Ricardo durante o StartVR segurando o Apple II e ele me disse: "Por que não envia você mesmo?". Eu fiquei super empolgado com a ideia e pensei que não custava tentar... Quem sabe um dia ele responderia.

Então, numa tarde de sábado frio e chuvoso de 24 de junho eu enviei um email para o criador do computador pelo qual eu era apaixonado desde os nove anos de idade. Neste correio eletrônico, eu anexei algumas fotos, entre elas uma foto onde apareço, junto com Ricardo Abreu, segurando o computador que transformou a minha vida: o Apple II.

> On Jun 24, 2017, at 4:12 PM, Glauter Jannuzzi wrote:
> Mr. Woz,
> I hope you are doing well.
> The pictures were took last April when I made an open keynote speech in an event here, in Rio de Janeiro, and I took Apple II to the stage with me! :-)
> It is a great pleasure and an honor to be able to tell you this even if by e-mail.
> You are the ONE who brought a massive transformative purpose to my life since I was 9 years old.
> THANK YOU! JANNUZZI, GLAUTER

No Capítulo 6 - Utopia Disruptiva: Seis Graus de Separação – vimos que desde que a internet se popularizou, a teoria dos seis graus de separação já havia sido provada e, com o poder das redes sociais, não são necessárias nem seis pessoas que estariam nos separando de qualquer outro ser humano nesse planeta. Entre mim e o Woz, só havia um. Para minha surpresa e grande deleite e orgulho, Woz me respondeu menos de 10 horas depois de eu ter enviado o email:

> On Jun 25, 2017, at 12:49 AM, kaıuzow evets wrote:
> Fantastic to see!
> Glad that you are keeping the good tech spirit alive!
> Best,
>   Woz

Agradecido e honrado, eu o enviei uma segunda mensagem apenas para lhe dizer que eu havia me tornado ponte ao descobrir um propósito muito maior em minha vida: compartilhar conhecimento e impactar outras pessoas. Alguns dias depois, ele retornou com sua humildade e empatia de sempre:

> On Jun 29, 2017, at 2:48 PM, kaıuzow evets wrote:
> Thank you for your generous words and for your discovery of purpose and your path. That was my personal intent more than anything else.
> Best,
>   Woz

Enquanto estava escrevendo esta parte deste livro, resolvi enviar uma nova mensagem a Steve Woz, apenas para lhe informar que eu lançaria um novo livro onde usaria a nossa conexão para motivar outras pessoas sobre o *PeopleChain*. Enviei um email para ele às onze horas e nove minutos da noite (23h09) do horário do Brasil. Segui escrevendo o livro e, quando estava perto de encerrar as minhas atividades, resolvi fechar meu Outlook, quando novamente sou surpreendido: Woz já havia me respondido! Dessa vez, em pouco mais de uma hora. Incrível e surpreendente até para este autor que escreve para tentar lhe convencer de que é possível. Eu não sou nem um pouco diferente de você ou especial. Ou melhor, somos todos especiais. Somos todos pontes!

> On Sep 5, 2019, at 12:16 AM, kaıuzow evets wrote:
> Glad to hear that!
> Keep up your great work!
> Best,
>   Woz

Motivado pela resposta tão rápida de Woz, lanço aqui um desafio entre nós, se você está lendo esta parte do meu livro neste momento, me envie um Direct pelo Instagram (@glauterj) e depois me diga quanto tempo levei para lhe responder. Tente também fazer isso com aquelas pessoas que você admira ou gostaria de conectar e você poderá tirar suas próprias conclusões sobre o poder do *PeopleChain*.

Se menos de seis pessoas nos separam de qualquer outro indivíduo no mundo, o que te impede de acessar (ou pelo menos tentar) alguém que possa transformar sua vida? A resposta é: nada! Nada te impede de tentar. É preciso atitude. Por outro lado, não imagine que todas as pessoas (ou a maioria delas) terá a mesma humildade de Woz, mas não custa tentar. Se você enviar algo para alguém, para agradecer e não pedir, há uma grande chance dela te responder. Caso você faça isso e a pessoa não te retorne, pior para ela. Você fez sua parte. O *PeopleChain* tem um poder tão grande que vou tentar aqui simplificar a minha virada de mesa em poucos parágrafos.

Em agosto de 2016 eu estava prestes a completar 40 anos quando comecei a refletir sobre como eu poderia impactar mais a minha comunidade. Comecei a compartilhar conhecimento, primeiro no LinkedIn, depois publicando um livro. Para isso, fiz um tour pelo Vale do Silício de onde voltei cheio de informação e ideias. Retornando ao Brasil, convidei um amigo para ser coautor do meu primeiro livro e mostrei meu artigo para alguns amigos.

Poucos meses depois disso, eu estava sentado num escritório com o Prefeito de minha cidade natal, que havia sido eleito, com ele estava o seu Vice-Prefeito. Após este encontro, iniciamos discussões sobre impactos na comunidade e, após sua posse, lá estava eu reunido no Gabinete do Prefeito com alguns de seus Secretários Municipais. Após realizar um grande evento para conectar o poder público, o privado, as instituições acadêmicas e a sociedade em torno de um movimento empreendedor e com grande foco em tecnologia e inovação, eu participei de alguns eventos de lançamento do meu livro e, durante um deles, na FNAC da Avenida Paulista em São Paulo, fazíamos um café empreendedor para lançar o livro e contávamos as motivações que tínhamos sobre nossa comunidade da região Sul Fluminense, quando, para minha surpresa, havia na plateia uma pessoa que coordenava as trilhas de comunidades da Campus Party e nos convidou para palestrar nas edições seguintes.

Quanto mais eu fazia ações pela comunidade, mais oportunidades e convites chegavam a mim e acabei fundando duas *startups* naquele ano e sendo convidado para lançar um segundo livro, que acabei desenvolvendo com outras duas pessoas que conheci no *PeopleChain*: nascia o *DISRUPTALKS – Carreira, Inovação e Empreendedorismo numa época de mudanças rápidas*. Lancei dois livros no mesmo ano!

Na Microsoft eu seguia no time de vendas e, ao passo que encontrava propósito no que fazia em minhas ações empreendedoras, eu ia perdendo um pouco o senso de propósito de "apenas" ajudar clientes em cenários de transformação digital e, com isso, eu conseguia sim ganhar dinheiro. Não havia do que reclamar. Porém, quando você faz algo pelo bem de outros, o universo conspira a favor e, assim, eu recebi o convite para ser Líder de Programas de Comunidade da Microsoft e liderar a seleta comunidade de MVPs no Brasil. Era o ganho que faltava para eu ter certeza de que eu estava fazendo a coisa certa e, desta vez, convergiria os esforço de dentro e fora da Microsoft.

A comunidade passava a me ver diferente. Colegas de trabalho, parceiros de negócios e clientes viam em mim um outro profissional. Autor de livros e empreendedor, fui convidado para participar de *Hackathons* da Globo — aquele na casa do Big Brother — assim como por meio de um MVP que trabalhava no mesmo prédio da Rádio CBN, cheguei ao programa da Adriane Galisteu (Papo de Almoço) assim como do programa do Milton Jung (Mundo Corporativo). Ambos deram ainda mais visibilidade ao *DISRUPTalks* e abriram mais portas para palestras e, com isso, o livro vendia mais e mais. Meu propósito com os livros não era ganhar dinheiro, mas compartilhar conhecimento e gerar mais visibilidade para histórias de pessoas que transformavam o mundo e que eu tive o privilégio de conhecer. Como foi o caso do pipoqueiro Valdir de Curitiba, que escreveu o prefácio do meu primeiro livro, assim como do amigo Luiz Quinderé, que escreveu o prefácio de minha segunda obra.

Dei entrevistas para as maiores redes de TV abertas e algumas fechadas, portais especializados em tecnologia do Brasil e do mundo. Lancei uma *startup* social no Brasil e uma *startup* comercial no Vale do Silício em 2017. A festa de lançamento do Flirtar foi num hotel em Hollywood, o SkyBar at the Mondrian Los Angeles. Durante o evento, dei entrevistas e conversei com vários influenciadores como atrizes de Hollywood, lembro-me de uma conversa com Chloe Bridges demonstrando meu app e outra com a irmã de Miley Cyrus, Brandi Cyrus, que estava por lá também, além de dezenas de outras pessoas. Isto gerou muitos posts e repercussão para a nossa *startup*. Nesse momento o ego pode inflar mais do que você está preparado para controlá-lo e isso se torna um grande risco, pois pode lhe afastar de seu propósito maior.

As fotos, as repercussões em diversas mídias servem de fato para uma coisa: para você mostrar para sua mãe com orgulho. Se preferir para seu pai ou seus filhos, esposa, enfim. Servem para você se orgulhar e mostrar para família e amigos. Tirando esse contexto, podem ser uma grande ameaça para seguir sua trajetória de mentalidade de crescimento e não desviar do seu sonho. O meu era e segue sendo o sonho de impactar a minha comunidade do Sul Fluminense, do Brasil e, desde outubro de 2018, da América Latina. Uma vez que, no final de 2018, eu recebi um desafio ainda maior, liderar não apenas os MVPs do Brasil, mas de toda a América Latina.

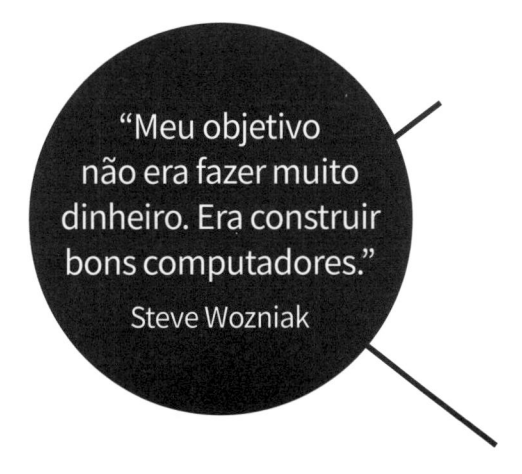

> "Meu objetivo não era fazer muito dinheiro. Era construir bons computadores."
> Steve Wozniak

Esta frase anterior merece um *feedback*. Você conseguiu atingir seu objetivo Woz, obrigado mais uma vez por ter criado o Apple II! Quanto ao primeiro objetivo (de fazer muito dinheiro) também creio que você conseguiu, mas não foi o foco e sim a consequência por ter construído algo tão extraordinário para a época quanto a segunda geração do computador pessoal da Apple.

10.5 A EDUCAÇÃO NA ECONOMIA CRIATIVA

Temos um grande desafio na Educação atualmente: não podemos esperar que jovens estejam preparados para os desafios do mercado de trabalho em 2020 se damos a eles a mesma educação que era ensinada nas décadas da era industrial do século passado.

A Educação destes novos tempos precisa estar pautada em valores que vão muito além de habilidades humanas, exatas e biomédicas. Não se trata mais de somente ensinar alunos a trabalharem em equipe na escola. É preciso incluir discussões e conteúdos sobre inovação, atitude empreendedora, diversidade, inclusão e empatia. Se numa classe específica de uma escola moderna você tem 90% ou mais de alunos brancos, como é possível esperar que estes alunos consigam entender que a diversidade é importante para a sua vida futura? Do mesmo modo, como podemos ainda ter escolas com turmas exclusivamente masculinas ou femininas?

Não é escopo deste livro a discussão sobre igualdade de gêneros, mas sim de afirmar que quanto mais diversa e inclusiva for uma equipe, mas chances elas terão de realizar algo que impacte positivamente um número maior de pessoas. Isso vale para projetos de escola, para *startups* (que nascem cada vez mais cedo durante a vida acadêmica) e para empresas.

10.5.1 BASE NACIONAL COMUM CURRICULAR (BNCC)

No Brasil, um ótimo ponto de virada foi dado pelo Ministério da Educação (MEC) ao concluir a versão final da Base Nacional Comum Curricular BNCC em abril de 2017. Conforme definido na Lei de Diretrizes e Bases da Educação Nacional (LDB, Lei nº 9.394/1996), a base deve nortear os currículos dos sistemas e redes de ensino das Unidades Federativas, como também as propostas pedagógicas de todas as escolas públicas e privadas de Educação Infantil, Ensino Fundamental e

Ensino Médio, em todo o Brasil[2]. Mas afinal, o que a BNCC trouxe de mudança significativa na educação?

Basicamente a BNCC potencializa políticas educacionais importantes que, em conjunto, potencializam a redução das desigualdades entre indivíduos, garantindo os direitos de aprendizagem para todos. As diretrizes incluídas na nova base nacional curricular impactam várias fases do aprendizado: desde a elaboração dos currículos locais, passando pela formação inicial e continuada dos professores, confecção de material didático, avaliação até o apoio pedagógico aos alunos.

Competências Gerais Da Educação Básica:

1. Valorizar e utilizar os conhecimentos historicamente construídos sobre o mundo físico, social, cultural e digital para entender e explicar a realidade, continuar aprendendo e colaborar para a construção de uma sociedade justa, democrática e inclusiva.
2. Exercitar a curiosidade intelectual e recorrer à abordagem própria das ciências, incluindo a investigação, a reflexão, a análise crítica, a imaginação e a criatividade, para investigar causas, elaborar e testar hipóteses, formular e resolver problemas e criar soluções (inclusive tecnológicas) com base nos conhecimentos das diferentes áreas.
3. Valorizar e fruir as diversas manifestações artísticas e culturais, das locais às mundiais, e também participar de práticas diversificadas da produção artístico-cultural.
4. Utilizar diferentes linguagens — verbal (oral ou visual-motora, como Libras, e escrita), corporal, visual, sonora e digital —, bem como conhecimentos das linguagens artística, matemática e científica, para se expressar e partilhar informações, experiências, ideias e sentimentos em diferentes contextos e produzir sentidos que levem ao entendimento mútuo.
5. Compreender, utilizar e criar tecnologias digitais de informação e comunicação de forma crítica, significativa, reflexiva e ética nas diversas práticas sociais (incluindo as escolares) para se comunicar, acessar e disseminar informações, produzir conhecimentos, resolver problemas e exercer protagonismo e autoria na vida pessoal e coletiva.
6. Valorizar a diversidade de saberes e vivências culturais e apropriar-se de conhecimentos e experiências que lhe possibilitem entender as relações

---

[2] Fonte Ministério da Educação do Brasil (MEC). Disponível em: http://basenacionalcomum.mec.gov.br/abase

próprias do mundo do trabalho e fazer escolhas alinhadas ao exercício da cidadania e ao seu projeto de vida, com liberdade, autonomia, consciência crítica e responsabilidade.

7. Argumentar com base em fatos, dados e informações confiáveis, para formular, negociar e defender ideias, pontos de vista e decisões comuns que respeitem e promovam os direitos humanos, a consciência socioambiental e o consumo responsável em âmbito local, regional e global, com posicionamento ético em relação ao cuidado de si mesmo, dos outros e do planeta.
8. Conhecer-se, apreciar-se e cuidar de sua saúde física e emocional, compreendendo-se na diversidade humana e reconhecendo suas emoções e as dos outros, com autocrítica e capacidade para lidar com elas.
9. Exercitar a empatia, o diálogo, a resolução de conflitos e a cooperação, fazendo-se respeitar e promovendo o respeito ao outro e aos direitos humanos, com acolhimento e valorização da diversidade de indivíduos e de grupos sociais, seus saberes, identidades, culturas e potencialidades, sem preconceitos de qualquer natureza.
10. Agir pessoal e coletivamente com autonomia, responsabilidade, flexibilidade, resiliência e determinação, tomando decisões com base em princípios éticos, democráticos, inclusivos, sustentáveis e solidários.

As dez competências gerais da educação básica devem ser aplicadas a todas as fases acadêmicas, desde a Educação Infantil, passando pelo Ensino Fundamental e chegando ao Ensino Médio. As competências gerais da Educação Básica foram concebidas com o propósito de garantir uma formação humana integral que permita à construção de uma sociedade mais justa, democrática e inclusiva. É um bom começo. Porém, para garantir o sucesso e a melhoria na educação de fato, é preciso que a BNCC seja interpretada e instalada corretamente em escolas públicas e particulares por todo o país.

Visando simplificar as dez competências propostas na BNCC para a educação básica para que você perceba os valores fundamentais nela descritos, destaco a seguir as competências sob minha interpretação pessoal derivada do texto original do MEC:

Valores das competências gerais da educação básica

1. Conhecimento do mundo físico, social, cultural e digital.
2. Resolução de problemas e criação de soluções.
3. Valorização de manifestações culturais locais e globais.

4. Uso de linguagens para entendimento mútuo (incluindo libras).
5. Protagonismo no domínio de tecnologias digitais.
6. Valorização da diversidade.
7. Promoção dos direitos humanos e cuidados com o bem comum.
8. Cuidados com a saúde física e emocional.
9. Empatia, resolução de conflitos, respeito mútuo e cooperação.
10. Autonomia pessoal e coletiva com ética, democracia e inclusão.

Acredito sem sombra de dúvidas de que essa base curricular traz, em sua essência, diretrizes que são adequadas a nossa época atual de 2020 e adiante. Não há espaço mais para escolas das decorebas, mas sim um ensino que valorize conhecimento da história do mundo, não apenas o físico, mas o digital. Incluindo também conhecimentos culturais e de nossa sociedade.

Desenvolver indivíduos que saibam resolver problemas ou que possam identificar maneiras e criar soluções que endereçem alguma dor de um grupo de indivíduos é um ótimo ponto de partida para a vida produtiva. Seja ela dedicada a uma empresa como funcionário, seja para o empreendedorismo. Na época atual, não podemos permanecer formando bons técnicos ou bons empregados apenas, mas sim, gerarmos líderes de comunidade e empreendedores. Quando unimos esta competência à que prega o domínio de tecnologias e protagonismo para a criação de soluções que impactem a vida pessoal e coletiva, chegamos a algo que venho defendendo há alguns anos: ensinar empreendedorismo, tecnologia e inovação nas salas de aula de forma contínua. Empreendedorismo se ensina sim. É preciso formar novos talentos não apenas para serem funcionários de empresas, mas para que sejam fundadores de empresas.

As competências que pregam a valorização da diversidade, a valorização de manifestações culturais, tanto locais quando globais, unidas as competências que pregam a empatia, respeito mútuo, cooperação e a que defende a autonomia pessoal e coletiva passando pela ética, a inclusão e democracia, também estão totalmente em acordo com o que acredito e vejo aplicado nas empresas mais valiosas do mundo: valores humanos, respeito às diferenças de raça, gênero, escolhas e culturas.

Finalmente, a promoção dos direitos humanos universais, a defesa do bem comum e o cuidado não apenas com a saúde física, mas também com a saúde mental, endereçam uma realidade com a qual convivemos nos dias de hoje: milhões de pessoas pelo mundo, de todas as idades, que convivem com cenários de depressão e síndromes de *Burnout*. Como vimos no Capítulo 3 – "Você S/A – Sem Atrito", a Síndrome de *Burnout* afeta cerca de 300 milhões de pessoas em todo o mundo.

CURIOSIDADES

Você sabia que Steve Wozniak criou seu primeiro "computador" ainda nos tempos de escola? Quando estava no nono ano do ensino fundamental, ele apresentou um dispositivo para a feira de ciências de seu colégio. O "computador" ajudava o usuário a nunca perder um jogo da velha.

• • •

Em se tratando de acessibilidade, temos atualmente uma série de tecnologias assistidas ou que visam prover acessibilidade a pessoas com deficiência, para que possam utilizar os recursos oferecidos por um computador. Entre elas, destacam-se ferramentas que habilitam leitores de tela (para ajudar deficientes visuais), teclados virtuais para pessoas com deficiência motora e sintetizadores de voz para pessoas com dificuldade de fala.

• • •

Você sabia que o KINECT — sensor de movimentos desenvolvido pela Microsoft para seu console de games XBOX que permite aos jogadores interagirem com os jogos eletrônicos sem a necessidade de um controle, mas com seu corpo e suas mãos — foi desenvolvido por um brasileiro? Seu nome é Alex Kipman, nascido em Curitiba, atualmente Alex lidera o desenvolvimento da área de realidade misturada na Microsoft em Redmond. Quanto ao KINECT, o dispositivo possui uma câmera RGB e sensor de profundidade que permite detectar 48 pontos de articulação do nosso corpo, uma precisão nunca antes conseguida por nenhum outro equipamento.

Portanto, qualquer escola que implemente todas as dez competências da BNCC com pessoas que consigam de fato incorporar e passar estes valores humanos, bem como com especialistas que possam compartilhar o conhecimento tecnológico necessário, estará formando profissionais mais valiosos. Profissionais que terão todas as bases fundamentais para se tornarem ricos, no sentido de riqueza discutido no Capítulo 8 - "Profissional Rico, Profissional Pobre". A BNCC é uma ótima oportunidade para alunos e professores virarem suas próprias mesas e tornarem-se mais valiosos. Escolas públicas e privadas devem estimular e perseguir as dez competências para implementarem a virada de mesa que a educação requer.

O mundo que vivemos precisa de excelentes profissionais, especialistas ou generalistas, mas com valores humanos fundamentais que passem por diversidade, inclusão, acessibilidade e empatia. No Capítulo 11 – "Comprometimento: Que Mundo é Esse?" e no Capítulo 12 – "Empatia e encadeamento: Conectando Ilhas" lhe apresento mais informações e reflexões sobre valores humanos, éticos, profissionais e como tornar-se uma pessoa física ou jurídica mais valiosa com empatia e aplicando a diversidade e inclusão em suas ações e iniciativas.

RELATOS REAIS DE PROFISSIONAIS MAIS VALIOSOS

O P2P E O PODER DA COMUNIDADE

Comunidade (do termo latino communitate) é um grupo de indivíduos que compartilham algo[3]. Definição perfeita, mas a meu ver, simplista e aquém do tamanho de possibilidades que surgem quando dedicamos energia e tempo para atuar junto a este grupo de indivíduos com algum interesse comum.

Em setembro de 2013, criei uma comunidade chamada Planilheiros, dentro da rede corporativa da empresa que eu trabalhava, com o objetivo de compartilhar o conhecimento sobre os desconhecidos suplementos de BI do Excel (Power Query, Powerpivot, Power View) e, consequentemente, encontrar profissionais para formar uma comunidade onde o ganho de produtividade por intermédio destas ferramentas fosse o pensamento comum.

Ao final daquele dia, a comunidade estava criada, numa rede social que acabara de começar, sem muitos usuários cadastrados, em uma plataforma com suas limitações. Comecei a me questionar: "O que me diferenciaria das outras duas

---

[3] Definição retirada do *Novo dicionário da língua portuguesa.* 2ª edição. Rio de Janeiro. Nova Fronteira. 1986. p. 444.

comunidades que eu encontrei em minha busca prévia?", "O que me faria acessar esta comunidade?", "Qual a motivação para me inscrever nesta comunidade e seguir?".

Todas as respostas que encontrei me levaram a soluções que passavam por uma palavra: CONTEÚDO. O que fazer em um local onde não há nada que acrescente ou que não possua a resposta de uma dúvida que tenho? Parece óbvio não é mesmo?

As semanas seguintes foram "insanas", criei um fórum de discussão dentro da comunidade, e fiz papel de "doido", uma vez que eu criava os tópicos com as dúvidas e eu mesmo respondia. Precisava gerar o conteúdo mínimo para quando acessada, ter assunto que prendesse a atenção do visitante e, ao mesmo tempo, estimulasse-o a contribuir e interagir.

Após este período, havia chegado a hora de divulgar a iniciativa, fui até o meu gestor contar sobre a novidade e pedir autorização para colocar um chamado no painel que ficava na copa seca (uma TV que rodava um Powerpoint), pois se as pessoas não sabem que existe, não acessam. Infelizmente não logrei êxito, (não gastarei o tempo precioso do caro leitor relatando os motivos alegados pelo gestor), e imediatamente pensei na comunidade de Macaé, no marketing boca em boca. Todavia, para que isso aconteça, precisava do conteúdo (agora existia) e de pessoas consumindo/gerando conteúdo (incipiente ainda). A essa altura o Planilheiros contava com cerca de 1.000 seguidores, mas, sem qualquer menção sobre os suplementos de BI, até então o assunto girava em torno do famoso PROCV, VBA e tabela dinâmica. Resolvi criar um curso presencial sobre o tema SSBI e divulguei na própria comunidade a disponibilidade para ministrar esse tipo de conteúdo uma vez que acumulava até o momento 13 turmas (entre Excel e Contratos) e 230 horas em sala de aula. Junto a isso, após ouvir um colega da gerência que insistia para que eu gravasse uma videoaula, pois ele acreditava no poder da minha didática, resolvi aprender a gravar vídeos e, em 22 de agosto de 2014, levei o primeiro vídeo para a comunidade.

O que foi o dia seguinte? Diversos e-mails, comentários, mensagens solicitando a continuação e quando seria o próximo. Wow, um vídeo sem edição avançada (foi meu primeiro, feito no Windows Movie Maker), bem básico sobre fundamentos de Excel... como aquilo fez tanto sucesso? Peguei gosto pela coisa e gravei 20 vídeos até dezembro daquele ano, sem esquecer das 7 turmas de SSBI ministradas, (Vitória, Macaé, São Paulo, Salvador e Rio de Janeiro) todas agendadas na área de eventos da comunidade, com a anuência do novo gestor que me liberava para ajudar outras áreas da companhia. O interessante é que os alunos destas turmas, ao final, iam na comunidade comentar sobre o treinamento, sobre o quanto agregava valor nas rotinas diárias. Olha o boca em boca surgindo novamente, pelos vídeos publicados na comunidade e pelos cursos presenciais.

Em uma destas turmas, em São Paulo, veio a oportunidade de auxiliar uma equipe, de outra área e diretoria que não a minha, na construção de uma solução para apresentar dados consolidados nível Brasil para a gerência executiva. Me recordo de ter passado parte da madrugada desenvolvendo a solução, pois o prazo era curto, e precisávamos entregar. Tudo correu bem, a solução foi entregue e muito elogiada pela Gerente Executiva que, inclusive, me convidou para participar da apresentação da solução. Semanas depois ganhei o segundo prêmio formal na empresa.

Com a repercussão gerada, o número de convites para ajudar outras áreas e ministrar treinamentos se tornou uma rotina, já em 2015 divulguei novamente a disponibilidade de aplicar o mesmo treinamento, culminando em 32 novas turmas ao longo do ano, mais 800 horas em sala de aula.

A comunidade começou a crescer exponencialmente e como tratava-se de conteúdo interno, não era possível acessar as aulas externamente. Sempre recebi diversas solicitações de disponibilizar as aulas também no YouTube, para que os familiares e amigos daqueles que já consumiam o conteúdo, tivessem acesso ao material.

Dia 23 de julho de 2015, surge o canal /PlanilheirosBrasil no YouTube, sem nenhuma pretensão que não a de compartilhar o conhecimento com mais pessoas que, porventura, buscassem aquele tipo de conteúdo. Em outubro, se sentava à cadeira de uma turma presencial, Janderson Ruy Lacerda e, ao final deste curso, surgia a parceria Garcia e Ruy do Planilheiros.

Começo 2016 com as duas comunidades (YouTube e rede social interna), ganhando vida própria com demandas específicas, mas exposição semelhantes, posso afirmar que o navio da minha carreira começou a virar rapidamente para outra direção, com o impulso de uma nova ferramenta que chegava ao mercado brasileiro: o Power BI.

Lembro-me a primeira vez que abri o software e, rapidamente, percebi que os suplementos de BI do Excel (Power Query, Powerpivot e Power View) formavam o Power BI, com o mesmo DAX e o mesmo M utilizados no SSBI do Excel. Se não fui o primeiro, fui um dos primeiros canais no YouTube a trazer videoaula sobre Power BI, em português-br, ainda em janeiro de 2016.

Rapidamente adicionei este conteúdo aos treinamentos, visto que o poder da ferramenta e o ganho de produtividade que ela traz para o analista de negócio é indiscutível. A aceitação por parte dos alunos foi plena e imediata! Me tornei instrutor da Universidade Corporativa dentro da empresa, graças a visão de dois profissionais ímpares que encontrei na caminhada (Patrícia Silva e Robson Cruz Silva) aos quais sou eternamente grato.

Se dentro da empresa, o aumento de profissionais capacitados e trabalhos desenvolvidos para diversas áreas (além da minha) era uma constante, no mercado a demanda por cursos presenciais e consultorias sobre o tema começaram a ganhar força. Além da rotina de trabalhar de segunda à sexta de 8h às 18h, gravar os vídeos (sempre após o expediente, em meus horários de lazer) e disponibilizar gratuitamente para as comunidades, surgem as atividades nos finais de semana para atender o mercado.

Domingo, primeiro dia do ano de 2017, eu estava deitado à tarde assistindo filme com minha esposa, quando peguei o celular para verificar as novidades e encontro um e-mail da Microsoft comunicando que fui reconhecido com o Award anual Most Valuable Professional – MVP na categoria de Data Platform.

O início de 2019 foi incrível, pois além da função que ocupo desde então, também aconteceu a visita do CEO da Microsoft, Satya Nadella, ao Brasil para abertura de um evento de Inteligência Artificial em São Paulo, além de outros compromissos de negócio. Eis que sou informado que o Satya reservara alguns minutos para conversar com 10 MVPs brasileiros (ao todo somos cerca de 120 profissionais de mercado premiados) e eu havia sido um dos indicados. Foi rápido, mas uma oportunidade única que um cara que dedica tempo há 6 anos ajudando a comunidade jamais pensou em ter.

Rumo ao final do ano, uma rotina extremamente corrida, contando com mais de 90 trechos aéreos (2019) entre o trabalho como Consultor na empresa e eventos externos. Este ano, gravei videoaulas na sala de embarque do aeroporto e quartos de hotel, afinal sempre há uma brecha para compartilhar alguma novidade, aliás, peço desculpa pela qualidade do áudio das aulas gravadas no aeroporto, espero que entendam.

O melhor dessa história toda, com toda certeza, são os depoimentos virtuais e reais que recebo de como o conteúdo da comunidade, capacitações, palestras que ajudaram tantas pessoas, em diversos lugares dentro e fora país. São promoções de cargo, aprovação na disputa por vagas de emprego, início de novos negócios, conquista de clientes importantes, oportunidades fora do país, histórias de vida que foram de alguma maneira transformadas devido ao trabalho desenvolvido nesta comunidade. É emocionante e gratificante receber esse feedback, independente da maneira como ele chega (e-mail, inbox, eventos ou pessoalmente), pois certifica, credita, ratifica que, ao investir em comunidade, teremos a sensação de que compartilhar conhecimento é uma via de mão dupla, onde todos ganham.

Concluo com alguns números atualizados sobre o impacto que consegui com minhas duas comunidades:

- Comunidade Interna na minha empresa: 125 turmas, 3.210 horas de aula, 1.749 profissionais capacitados e 12.371 inscritos na comunidade (a maior da empresa).
- Comunidade Planilheiros: 70 turmas, 1.120 horas de aula, 2.083 profissionais capacitados, 44 palestras, 12 eventos de comunidade organizados (~2 mil pessoas).
- Números no YouTube: 4.778.237 views, 86.314 inscritos, 190.355 likes / 1.616 dislikes, +300 vídeos publicados e 27.275.701 minutos de exibição do conteúdo (51 anos e 314 dias).

Ahhh Comunidade... Veja só onde você me trouxe! Sou profundamente grato por todas as portas que se abriram, profissionais com os quais tive o prazer de trabalhar, principalmente aqueles que me ajudaram na caminhada, outros que tive a honra de ajudar de alguma maneira, lugares que visitei, e, principalmente, por tudo que está por vir. Já dizia Paulo Freire: "A educação muda as pessoas, as pessoas transformam o mundo". OBRIGADO COMUNIDADE, juntos somos mais fortes! #DicaDoGarcia #SomosPower #Planilheiros

> **Fernando Garcia** é criador do canal Planilheiros, consultor sobre Gestão de Dados e Soluções Analíticas para Suprimentos da PETROBRAS e é Microsoft MVP na categoria de Data Platform.

DE HOBBIES ÀS COMUNIDADES, ASSIM FIZ MINHA CARREIRA.

Nasci em Baurú, interior de SP, sou filho de mecânico e muito hiperativo. Desde pequeno aprendi o ofício do meu pai Herbert Johansen, o ajudando na oficina até os 18 anos.

Quando fui escolher minha faculdade, estava entre Biologia e Comunicação digital. Como meu hobby era tecnologia, acabei focando na carreira digital, pois visava um estágio para este mercado, que estava em alta em 2006.

Ao concluir minha pós-graduação em Gestão de TI, em 2010, comecei a publicar artigos técnicos e a participar mais ativamente de eventos de tecnologia nas capitais. Nos anos que seguiram, comecei a fazer parte do Grupo de Trabalho de Acessibilidade e a publicar artigos nas Conferências do W3Cbr. Com meu networking aumentando, tive a ideia de organizar um evento em minha própria cidade, para trazer o que via nas capitais para um evento no interior. Ali nascia o Frontinterior em 2012, que foi um sucesso!

Em 2013, decidi mudar os rumos de minha carreira e me mudei para São Paulo, procurando trabalhar com startups. Entrei como Front-end na startup Eventials, que, na época, era acelerada pela Locaweb. O lado mais impressionante disso tudo foi que trabalhei dentro da empresa Locaweb, que tinha uma infraestrutura incrível e profissionais excelentes. Foi lá que reencontrei amigos de eventos, comunidades e expandi ainda mais meu networking. Neste mesmo ano, publiquei um artigo internacional onde o criador da Web estaria lá: Sir Tim-Berners Lee! Como fui o único brasileiro que publicou neste evento, fui bem amparado pela comissão organizadora. Como seria minha primeira palestra em inglês (e nunca tinha feito algo do tipo antes), utilizei o tempo a meu favor fazendo networking e "treinando" a conversação. Chegando no dia da apresentação, apresentei com segurança na frente dos presentes. Minha participação me rendeu convites na época até para fazer mestrado na Universidade de Southampton na Inglaterra, porém não consegui recursos para a bolsa de estudos.

Como tive a oportunidade de conhecer o Rio de Janeiro por uma ótica diferente, acabei me apaixonando pela cidade e, de quebra, despertei o interesse em trabalhar por lá. Durante um evento internacional, fui entrevistado pelo ex-CTO do

Queremos/WeDemand, que, na época, era acelerado pela 21212, recebi uma oferta para ser o Front-end do time. Aceitei e me mudei para o Rio de Janeiro.

Permaneço no Rio desde 2014, passei por empresas como Queremos, Hotel Urbano, Campus Party, Webradar e TV Globo. Lembro que quando cheguei aqui conhecia poucas pessoas que eram conhecidas de eventos que participei e que se tornaram amigas e mentores. Logo que cheguei por aqui, senti falta de eventos na cidade, que era algo bem diferente do que eu via em São Paulo, onde frequentava meetups toda semana. Vi aqui a oportunidade de fazer networking e de organizar algo novo.

Foi quando, junto com outros amigos de comunidade, organizamos um evento chamado FEMUG-RJ, um meetup itinerante dentro das empresas com o fim de unir a comunidade dentro do Rio, Niterói e cidades da Baixada Fluminense. O propósito era grande e a parceria com outras comunidades como Rio.CSS/JS começou a aumentar. Para conectar toda essa gente, criamos um grupo de Telegram chamado DEVRJ, que hoje conta com mais de 650 desenvolvedores do Rio e adjacências.

Em 2016, participei da Hackathon Globo, mas o projeto do time não ganhou. Porém, fui contratado para a TV Globo para criar esta cultura dentro da área de P&D/Inovação da empresa. Trabalhei como Community Manager com a missão de promover a cultura de inovação na área por meio de eventos/iniciativas internas como newsletters, meetups mensais e roadshows semestrais. Ao mesmo tempo que eu abria as portas da Globo para muita gente, também era convidado a palestrar em muitos eventos. Já foi palestrante em eventos do Sebrae BH e Curitiba, na SET, na Casa Firjan, na Globosat, na Microsoft, no Encontro Brasileiro de Administração e em universidades como UFRJ, UVA, UFF, UERJ, USC, UNESP entre outras. De 2017 a 2019, fiz parte da comissão organizadora dos Meetups e Hackathon Globo. Hoje faço parte do movimento Juntos Pelo Rio, que é um grupo de cariocas com a ideia de trazer eventos e melhorar o ecossistema de tecnologia para a cidade e também atuo como mentor técnico da Hacking Rio.

A mensagem que deixo é que networking é tudo em nossas carreiras. Saber criá-lo, cultivá-lo, quantificá-lo e qualificá-lo é essencial para nosso futuro. Estas conexões têm o potencial de transformar nossas vidas tanto no espectro profissional quanto no pessoal.

Richard Johansen *é Community Manager, coorganizador do Devbeers RJ, fundador do Frontinterior e coorganizador do Hackathon Globo de 2017 a 2019 e demais eventos de comunidades da TV.*

No próximo capítulo analisaremos melhor que mundo é esse que vivemos atualmente e quais aspectos são fundamentais para a geração de comprometimento entre indivíduos e empresas com as maiores causas da nossa sociedade.

TRÊS PONTOS PARA NÃO ESQUECER

- Para uma pessoa sair da inércia e buscar uma nova trilha, ela precisa estar motivada a buscar algo que lhe traga um senso de realização maior.

- Nada lhe impede de tentar se conectar com pessoas que você acredita que poderiam te ajudar a virar sua própria mesa ou transformar sua vida. Lembre-se que menos de seis pessoas te separam de qualquer outro indivíduo no mundo. Tenha atitude.

- A BNCC é um ótimo conjunto de competências que pode sim virar a mesa e transformar a educação brasileira. Para isso é preciso que todas as competências (e outras mais que possam ser derivadas) sejam implementadas na prática diária das escolas. Professores e alunos que incorporarem estas competências serão e formarão profissionais mais valiosos.

TRÊS PONTOS PARA REFLETIR

- O que vale mais em 2020: um diploma universitário ou habilidades e competências práticas adquiridas, por exemplo, por meio da participação de meetups, assistindo canais técnicos do Youtube e praticando?

- Se o tempo é o nosso recurso mais precioso, por que não o utilizar para ações que tenham convergência com os seus propósitos ao invés de desperdiçá-lo com atividades repetitivas que não agregam nada à sua vida?

- Você acredita que pode oferecer algo a outras pessoas e a sua comunidade local (ou global)?

ANNOTE AQUI

COMPROMETIMENTO: QUE MUNDO É ESSE?

(Conectando Vince Lombardi a Ayrton Senna
e Tânia Cosentino aos MVPs)

♪ *"A gente não pode ter tudo
Qual seria a graça do
mundo se fosse assim?
Por isso, eu prefiro sorrisos
E os presentes que a vida
trouxe pra perto de mim"*

(Ana Vilela, *Trem-Bala*)

♫ *"There comes a time, when
we heed a certain call
When the world must
come together as one
There are people dying, oh,
and it's time to lend a hand to life
The greatest gift of all"*

(M. Jackson, Lionel Richie, *We are the World*)

PROPÓSITOS DO CAPÍTULO

Apresentar os aspectos relevantes do comprometimento pessoal e profissional a causas e atividades.

•••

Por que profissionais pobres não se comprometem e as empresas mais valiosas buscam causas maiores para defender?

•••

Comprometimento e Empreendedorismo.

Neste capítulo, vamos discutir a quarta fase do método P-L-A-C-E: o "C" de comprometimento (ou compromisso). Quais são os fatores ou aspectos que fazem pessoas e empresas se comprometerem com algumas causas? O que é de fato comprometimento? Que mundo é esse que vivemos atualmente e o que difere do mundo de algumas décadas atrás?

> *"Compromisso é o que transforma uma promessa em realidade.*
> *São as palavras que falam ousadamente de suas intenções.*
> *E as ações que falam mais alto que as palavras.*
> *Compromisso é sobre encontrar tempo, quando não há.*
>
> .:.
>
> *Compromisso é o material de que é feito o caráter.*
> *É o poder de mudar a face das coisas.*
> *É o triunfo diário da integridade sobre o ceticismo."*
> - Abraham Lincoln -

11.1 ROMPENDO PRECONCEITOS

Nosso DeLorean vai nos levar agora até a década de 1960 em uma pequena cidade do estado de Wisconsin, chamada Green Bay, localizada a 180 km ao norte de Milwaukee. A cidade de Green Bay é um porto localizado na baía homônima, que é uma extensão do Lago Michigan. Naquela época, Green Bay tinha uma população de 62 mil habitantes. Uma pequena cidade, com pensamentos e culturas rígidas e interioranas dos Estados Unidos. Um lugar que no verão pode apresentar temperaturas de até 25°C e no inverno atinge temperaturas extremamente baixas, chegando aos 10°C negativos.

Os Estados Unidos da década de 1960 viviam uma época de corrida espacial, especialmente numa concorrência com a União Soviética. A década começa com o lançamento do primeiro satélite meteorológico realizado pelos Estados Unidos em abril de 1960. No mesmo ano, a IBM lança o primeiro computador eletrônico com disco rígido, o RAMAC 305. No ano seguinte, em 12 de abril de 1961, os Estados Unidos assistem atônitos o russo Yuri Gagarin tornar-se o primeiro homem numa viagem espacial ao redor da terra. Em 1963, enquanto fazia uma visita à Dallas, o presidente J. F. Kennedy é assassinado brutalmente enquanto desfilava em carro aberto ao lado da primeira dama Jacqueline Kennedy Onassis. Um ano depois, a IBM lançaria o seu primeiro chip de computador. Numa década marcada por conflitos bélicos e ideológicos, os Estados Unidos rompem relações diplomáticas com Cuba e o movimento hippie cresce e ganha força com o propósito de paz e amor.

O mundo assiste alguns episódios de golpes militares. Em 31 de março de 1964, no Brasil, um golpe militar tira do poder o presidente João Goulart e inicia uma era de ditadura militar que se estenderia pelas duas décadas seguintes. Num momento de grande ebulição cultural e discussões ideológicas, reflexões sobre guerra e paz, crescimento de movimentos libertários, surgia também a maior banda de rock de todos os tempos: The Beatles.

Você pode imaginar que uma pequena cidade dos Estados Unidos, como Green Bay, ainda tivesse uma mentalidade muito fechada em relação a hábitos e pensamentos. De fato, isso acontecia. Mas nesta cidade, também havia um time de futebol americano, chamado Green Bay Packers. A história deste time, assim como da cidade e de toda a liga de futebol norte-americano — conhecida como NFL — seria muito impactada com a chegada de um novo treinador para o time em 1959. Seu nome era Vince Lombardi que, após alguns anos como treinador assistente do New York Giants, tinha sua primeira grande oportunidade como o treinador principal de um time.

Vince Lombardi entrou para a história como um dos treinadores mais vitoriosos de toda a NFL, levando o time de Green Bay a três finais consecutivas e a cinco finais em sete anos de disputa. Era simplesmente uma trajetória crescente de sucesso que transformou um dos piores times da liga de futebol americano, em um time respeitado e vencedor que acumulou uma série de glórias na década de 1960.

Lombardi liderou o time dos Packers a conquistar as duas primeiras edições do Super Bowl (recorde-se da análise dos 30 segundos mais caros para anúncios pagos na televisão que discutimos no Capítulo 2 – "Revoluções Por Minuto") em 1966 e 1967. John Eisenber publicou, em 2009, o livro intitulado *That first season: how Vince Lombardi took the worst team in the NFL and set it on the path to glory,* onde conta o início da trajetória do treinador a frente do time dos Packers.

Embora tivesse um estilo disciplinador e, por vezes, até apresentando um comportamento rude, Vince Lombardi tinha uma mente aberta que apresentava valores muito à frente de seu tempo. Antes de mais nada, ele criou um ambiente que permitia a jogadores de diferentes raças, crenças e opções a se comprometerem com o time em busca dos melhores resultados. Vince se comprometeu com a causa dos Packers, demonstrando liderança e atitude para criar uma atmosfera de diversidade de inclusão.

Foi o primeiro treinador a criar um ambiente favorável a jogadores gays, permitindo que fizessem parte do elenco, sem que sofressem retaliações ou fossem impedidos de desempenhar suas funções como atletas profissionais. Lombardi ainda desafiaria as leis de Jim Crow que determinavam a segregação racial forçada no Sul dos Estados Unidos. Rompeu totalmente as barreiras de raça e cor no futebol, afirmando certa vez que para ele não havia jogadores brancos ou negros, mas sim jogadores "verdes Packer" em uma alusão ao nome do time Green Bay Packers. Tudo isso numa época conturbada, que seria marcada, entre outras coisas, pelo assassinato do ativista pelos direitos civis Martin Luther King Jr. em 4 de abril de 1968.

Vince Lombardi não foi apenas um líder e vencedor no esporte, mas um ser humano que fez a diferença em seu tempo e até hoje é lembrado como um dos grandes personagens e líderes da história. Infelizmente para o mundo, em 1970, ele sofreu uma morte súbita devido ao câncer. Imediatamente foi reconhecido e entrou para o *Pro Football Hall of Fame* (o hall da fama do futebol americano) e teve seu nome associado ao troféu mais importante do esporte nos Estados Unidos, o Super Bowl. Você deve se lembrar daquele evento que tem o tempo de televisão mais caro do mundo, onde empresas chegam a pagar 5,25 milhões de dólares por 30 segundos de publicidade. Pois bem, o troféu do Super Bowl foi concebido pela Tiffany & Co e, inicialmente, era chamado de *"World Professional Football Championship"*, porém, foi renomeado oficialmente em 1970, em memória e homenagem a Vince Lombardi.

A década de 1960 ainda teria outros acontecimentos importantes para marcar a história do mundo, se o Super Bowl é o evento mais caro da televisão atualmente, foi

> "O que faz um time funcionar, uma empresa funcionar, uma sociedade funcionar, uma civilização funcionar é o comprometimento individual a um esforço conjunto."
>
> Vince Lombardi

em 25 de junho de 1967 que ocorreu a primeira transmissão de televisão via satélite. Em 1969 seria enviado o primeiro e-mail da história entre computadores localizados em áreas distantes por meio da ArpaNet, que havia sido criado em abril daquele mesmo ano. A ArpaNet seria o embrião da Internet. Pouco depois, em 20 de julho de 1969, o homem chega à Lua, pela missão Apollo 11. Uma década repleta de acontecimentos que impactaram demais o mundo atual. Uma década que deve ser lembrada pelo comprometimento de pessoas, tal como Vince Lombardi, e suas atitudes que permitiram a integração racial, que não permitiram que o racismo ou o preconceito atrapalhasse um propósito maior e o compromisso em fazer a coisa certa. Lombardi e seus atletas não apenas fizeram a coisa certa, mas fizeram bem feito e por isso serão lembrados eternamente.

11.2 COMPROMISSO E DEDICAÇÃO

No Capítulo 8 – "Profissional Rico, Profissional Pobre" abordei o tema sobre os profissionais fora de série e utilizei o exemplo de Oscar Schmidt para exemplificar que horas de dedicação formaram o "mão santa", que de santa não tem nada e poderia ser melhor definido como "mão treinada". Para nos manter no esporte, eu poderia tranquilamente ter citado outro exemplo de um vitorioso do Brasil: Ayrton Senna da Silva.

Para aqueles que, como eu, vivenciaram toda a trajetória vitoriosa de Senna, desde seu início na pequena equipe da Toleman em 1984, até sua trajetória única de conquistas na McLaren de 1988 a 1993, onde conquistou diversas vitórias e bateu dezenas de recordes até então. Senna conseguiu tornar popular a Fórmula-1 (F1) no Brasil. As manhãs de domingo eram repletas de alegria, pois cada brasileiro se sentia um vencedor ao assistir um piloto arrojado e comprometido com a vitória segurando a bandeira do Brasil, enquanto fazia sua volta da vitória, após cruzar mais uma vez a linha de chegada na primeira colocação.

Se você não viu Senna correr, talvez não saiba de um fato curioso sobre ele. Por muitas corridas, Senna não estava com o melhor carro em termos de tecnologia e performance, como nos anos em que as Williams cresciam com amortecimento inteligente e outras inovações que ainda não estavam nas outras equipes. Senna vencia muitas das vezes "no braço", por seu talento e, não raro quando havia previsões ou chance de que chovesse durante as corridas, os fãs de Senna, como eu, vibravam por antecipação. Pois sabíamos que na chuva, ele era imbatível. Mas por que Senna era melhor que todos os outros na chuva? A resposta é simples: comprometimento!

Durante sua fase de piloto de kart, Senna perdeu algumas corridas após rodar em pistas que estavam escorregadias devido à chuva. Isso fez com que o jovem Ayrton se comprometesse em tornar-se bom na pista molhada e, com determinação e foco, toda vez que chovia perto da casa onde Senna morava com sua família, ele corria para treinar na pista molhada. Muitas e muitas horas de prática, levam uma pessoa a se tornar um fora de série. Senna tornou-se fora de série correndo com pistas molhadas!

Num mundo de hoje repleto de pessoas "mais ou menos" ou de gente morna, é preciso que você se veja como alguém que pode ser mais valioso ao invés de mais ou menos. Seja bom naquilo que você se propõe a fazer. Tenha compromisso em ser bom. Este comprometimento é com você mesmo. Seja uma pessoa boa, mas não perca seu tempo provando isso. Faça por você e por seus propósitos, não pelos outros.

Ter comprometimento envolve dedicar-se a algo. Você pode se comprometer com uma causa, pode se comprometer em fazer algo que impacte outras pessoas, ou ainda, pode se comprometer com outra pessoa. Quando nos comprometemos com algo de fato, é preciso ter a consciência de que há um compromisso firmado que nos obriga a fazer algo. Neste momento em que escrevo este livro, estou abrindo mão de algumas horas de meu sábado à noite, pois tenho obrigações a cumprir com a Alta Books. Pessoas medíocres se comprometem com causas e não conseguem cumprir. Estes são os profissionais pobres. Seja um profissional rico, comprometa-se com algumas causas e dedique-se a cumpri-las.

> "No que diz respeito ao empenho, ao compromisso, ao esforço, à dedicação, não existe meio termo. Ou você faz uma coisa bem-feita ou não faz."
>
> Ayrton Senna

Senna foi e sempre será lembrado como um grande vencedor. Talvez o maior de todos que passaram pela F1, mesmo que outros tenham conquistado mais títulos e batido seus recordes posteriormente.

11.3 COMPROMISSO COM A COMUNIDADE

Durante muito tempo eu fui um profissional que só tinha compromisso comigo mesmo. Minha carreira, meu sucesso, minhas promoções e como eu poderia seguir numa trajetória de crescimento. Quando perto dos 40 anos de idade eu passei a me comprometer com outras causas, como impactar a minha comunidade de Volta Redonda, ou impactar meus ex-alunos de Sistemas de Informação, por meio de publicações que despertassem neles o interesse pelo empreendedorismo, passei a me tornar um profissional mais valioso.

O compromisso com a comunidade pode ser traduzido como a dedicação que um profissional tem para com outras pessoas com as quais está conectado. Líderes de comunidade planejam, organizam e se conectam com muitas pessoas para realizar *meetups* e eventos em geral. Todos que já organizaram um evento, sabem do grande trabalho e esforço que são necessários para o sucesso dos mesmos. Poucos imaginam quantas horas são necessárias para a realização de um *meetup*, um *hackathon* ou de um *summit* de qualidade. Todos podem ver e criticar uma selfie tirada ao final do evento por um de seus organizadores, mas apenas os profissionais mais valiosos têm a real noção do esforço que foi dedicado para que aquela foto fosse possível.

Os profissionais mais valiosos sabem e acreditam que precisam seguir fazendo pela comunidade, sem pedir nada em troca, pois conhecem os benefícios de estar inserido nestes grupos e ecossistemas e sabem exatamente que irão colher muito mais do que podem imaginar, caso tivessem em busca de um objetivo específico. Como já afirmei no Capítulo 2 - "Revoluções Por Minuto", todo o tempo dedicado a ações em comunidade será exponencializado e retornado àqueles que o investiram e se comprometeram em fazer algo pelo bem comum.

A comunidade permite que pessoas compartilhem conhecimento, troquem informações, realizem parcerias, gerem oportunidade e façam negócios. Enquanto alguns membros de comunidade acreditam que uma comunidade não possa visar lucro entre operações de seus membros, outros percebem que para se tornarem autossuficientes e sustentáveis é preciso e importante gerar negócios na comunidade. Quanto mais fortes forem os profissionais e as empresas presentes numa comunidade, mais forte ela será e mais recursos terá para expandir-se e trazer novos conhecimentos para seus membros.

Abraham Lincoln até os dias de hoje é lembrado como um dos presidentes mais importantes dos Estados Unidos e uma das maiores figuras políticas do século XIX. Em seu governo, liderou o país durante um de seus períodos mais sangrentos, que englobou a Guerra Civil Americana. Lincoln tinha um grande compromisso com a comunidade americana: reunificar o país. Feito que ele conseguiu realizar durante seu governo, mesmo em meio a tantos conflitos bélicos e de interesses. Os Estados Unidos foram reunificados sob liderança do Presidente Lincoln. Mas havia algo mais a ser feito que marcaria de fato seu legado, indo muito além do fato de ter sido o décimo sexto presidente eleito dos Estados Unidos.

Abraham Lincoln conseguiu a aprovação da décima terceira emenda constitucional, que emancipava todos os escravos nos limites do território nacional e marcava a abolição da escravatura no país. Em um de seus discursos, Lincoln definiu de forma bem direta o que era compromisso para ele, afirmando que, o compromisso é o que transforma uma promessa em realidade. Lincoln foi um grande líder e seguiu honrando seu compromisso com a comunidade norte-americana até seu assassinato em 1865, quando tinha apenas 56 anos.

11.4 PROFISSIONAIS POBRES NÃO SE COMPROMETEM

Você deve conhecer aquelas pessoas que não se comprometem com nada no trabalho. Aquelas pessoas que nunca levantarão seu dedo indicador para insinuar que gostariam de liderar uma ação. Estes são profissionais pobres, sem espírito de liderança ou de comunidade. Vivem na mediocridade e, por vezes, riem da própria ignorância. São aqueles que perdem tempo no café com fofocas ou apontando falhas de outros que estão fazendo enquanto o profissional pobre apenas segue participando e "ajudando", mas não se compromete com nada.

É importante reforçar novamente aqui, assim como fizemos no Capítulo 8 – "Profissional Rico, Profissional Pobre" que a definição de profissional pobre no contexto do *PeopleChain* é daqueles que não usam o potencial de sua comunidade para tornar-se mais valioso. Profissionais pobres são *fake actors* que preferem gastar parte de suas economias, investindo em imagem pessoal do que em fazer algo com propósito e que gere um impacto na sociedade.

Por outro lado, os profissionais mais valiosos estão sempre a busca de mais comprometimento e retornos cada vez maiores. Já conversei com muitos organizadores de eventos para a comunidade que me disseram o quão desafiador e cansativo era

> "A qualidade da vida de uma pessoa é diretamente proporcional ao seu compromisso com a excelência, independentemente do campo de atuação escolhido."
>
> Vince Lombardi

tudo aquilo e que, talvez aquele fosse o último. Afinal já não estavam mais com o mesmo pique de tempos atrás. Mas, passado o evento (ou ainda durante o evento), contagiados pelo público presente, os *feedbacks* positivos e o olhar de cada palestrante e participante, ganham uma dose extra de energia e já saem do evento pensando no próximo! Muitos usam uma expressão "é a nossa cachaça" referindo-se a algo que gostam de desfrutar e que se ficarem sem, sentirão falta.

11.5 ANTES DE PEDIR, OFEREÇA

A cada palestra que dou sobre *PeopleChain* ou comunidades em geral, há sempre muita gente que me procura ao final do evento e, posteriormente, nos *inbox* ou *directs* das redes sociais para um papo mais privado e, invariavelmente, pelo menos 90 por cento das pessoas estão interessadas em pedir algo. São raras as exceções de pessoas que me procuram para, iniciar o relacionamento, oferecendo algo ao invés de pedir alguma coisa. Não posso deixar que ressaltar que há sim algumas pessoas que, ao conhecerem um pouco mais sobre a minha ONG Atitude Infinita — a qual gosto de me referir como uma *startup* social — me procuram para oferecer apoio e trabalho voluntário.

> "Há maior felicidade em dar do que em receber."
> Jesus Cristo

Porém, queria chamar a sua atenção aqui para que você passe a pensar e agir diferente da grande maioria das pessoas. A melhor forma de você iniciar um relacionamento com alguém que não possui uma conexão é se aproximar dessa pessoa para oferecer algo e não para pedir. Quando você se aproxima de uma pessoa com o foco inicial de pedir algo a ela, há uma chance muito maior de que nenhum laço de relacionamento seja gerado entre vocês.

Desde que passei a me envolver com comunidades, compartilhar conhecimento, participar de *meetups* e ministrar palestras, muitas pessoas me procuram — antes, durante e depois dos eventos. Minha forma de exercitar o *give back* para a comunidade é, ouvindo e permitindo que estas pessoas se conectem a mim. Algumas eu ainda convido para um café comigo para que eu possa lhes dar um pouco mais de atenção. Não raro, eu percebo que muitas delas se aproximam do Glauter com interesses exclusivamente em conseguir algo da Microsoft. Ora, não há nenhum problema em me conhecer e querer saber se a Microsoft poderia ajudar em alguma causa ou se existe algum programa de apoio a *startups*, estudantes ou professores, a questão aqui é a maneira que isso é revelado.

O subtítulo do meu primeiro livro *Espírito de Startup* é *Tudo ao Mesmo Tempo Agora*, frase inspirada em referência ao álbum musical dos Titãs lançado em 1991. O "tudo ao mesmo tempo agora" se refere ao fato de que muitas pessoas nos dias de hoje, possuem mais de um chapéu. Em meu caso, como funcionário da Microsoft, empreendedor social, palestrante e autor de livros. Acredito que ter mais de uma atividade profissional o torne ainda mais valioso desde que não existam conflitos de interesses entre uma atividade e outra e desde que você se comprometa a fazer o que deve ser feito em cada uma.

Meu principal compromisso profissional desde 2007 vem sendo com a Microsoft, uma vez que assinei meu contrato de trabalho com a maior empresa de *software* do mundo e, nos dias de hoje, a empresa mais valiosa do planeta. Portanto, antes de qualquer atividade que eu venha a realizar como palestrante ou empreendedor, eu tenho o meu compromisso firmado com a Microsoft. Em meados de 2017, após uma década na empresa e já tendo passado pelas áreas de Tecnologia, Serviços e Vendas, eu cogitei a deixar a empresa para me dedicar exclusivamente às minhas *startups* e a carreira de autor. Porém, ao receber o convite para liderar a comunidade de MVPs no Brasil inicialmente e, num segundo momento expandir minha liderança para todos os MVPs da América Latina, eu aceitei de imediato e reafirmei meu compromisso com a empresa.

Minha grande motivação para seguir comprometido com a Microsoft foi a posição que eu ocuparia de *Community Program Manager*, atuando com os profissionais mais valiosos que, assim como eu, lideravam comunidades e tinham um grande propósito de compartilhar conhecimento, impactar pessoas e transformar o mundo de alguma forma. Além disso, naquele mesmo ano de 2017, todos os funcionários da empresa receberam um exemplar exclusivo do livro publicado pelo Satya, *Hit Refresh – Employee Edition*. Neste exemplar, há partes do livro grifadas em amarelo pelo próprio autor e alguns comentários adicionais em manuscritos feitos também por ele.

Para minha grande satisfação e certeza de que eu havia tomado a decisão correta em permanecer comprometido com a Microsoft, deixando algumas ações pessoais em paralelo de lado naquele momento, veio quando li o comentário registrado na página 11 de seu livro:

> "Instead of thinking of you working for Microsoft, think of how Microsoft can work for you."

Em tradução livre, Satya comenta: "Ao invés de pensar em você trabalhando para a Microsoft, pense em como a Microsoft pode trabalhar para você." Era uma frase totalmente oposta a famosa sentença de John F. Kennedy quando ele diz "Não pergunte o que seu país pode fazer por você. Pergunte o que você pode fazer por seu país." Talvez a frase de Kennedy fosse necessária naquele momento da história americana. Para mim, a frase de Satya caiu como uma luva a meus propósitos e causas com as quais eu estava comprometido.

É incrível como um CEO pode mudar a cultura, a missão e o *mindset* de uma empresa de forma tão rápida. Pouco antes de ler o livro de Satya, eu publiquei alguns artigos fazendo referência ao ex-funcionário da Microsoft e empreendedor social John Wood, que criou a sua *startup* social no ano 2000. Wood fundou a ONG *Room to Read*, com o compromisso de levar livros e cultura a comunidades carentes da Ásia e África. Sua jornada desde que deixou uma posição executiva na Microsoft até a implementação de sua *startup* está descrita no livro *Saí da Microsoft para mudar o mundo*[1].

Em meus artigos, eu usava a capa do livro de Wood como referência — o que deixava muitos colegas assustados, pois ao verem a foto de capa da obra de John Wood, achavam que eu estava saindo da Microsoft — mas quem lia o artigo entendia o que eu queria dizer. Meus pontos principais defendiam o uso dos nossos crachás para nossas causas maiores. No meu caso particular, eu havia decidido permanecer na empresa e começava a refletir em como poderia usar meu crachá da Microsoft para abrir portas e dar sequência nas minhas atividades com a comunidade. Especialmente nas comunidades e ecossistemas de *startups* brasileiras.

---

1 *Saí da Microsoft para mudar o mundo*, John Wood, Ed. Sextante, 2006.

A certeza de que eu poderia e deveria seguir usando o crachá da Microsoft para fazer muito mais pelas minhas causas maiores e com mais comprometimento ainda à empresa, veio desde o momento em que li o comentário na página 11 do livro *Hit Refresh*. Obrigado Satya! #tamojunto

11.6 AS EMPRESAS MAIS VALIOSAS E SUAS CAUSAS

Pequenas empresas, grandes causas. Empresas de todos os tamanhos ou naturezas, incluindo as *startups*, que possuem um carácter de empreendimento temporário, podem e devem estar associadas a algumas causas. O mundo atual não é como o mundo de 1960. No mundo de 2020, ter posicionamento e defender algumas causas é visto como um diferencial não apenas para profissionais, mas também para empresas.

Exemplos como o da campanha da rede de *fast food* Burger King contra o voto em branco e pela conscientização, veiculada durante as eleições gerais[2]. Ou a campanha "Color Trend" da Avon, que defendia a causa LGBT. Mesma linha utilizada pela Shell que veiculou uma campanha onde a estrela era uma caminhoneira trans. Outras empresas brasileiras, entre elas a Schneider Eletric, o Banco do Brasil, O Boticário, a PWC e a Petrobras Distribuidora, afirmaram compromisso com a igualdade de gênero relacionadas ao movimento HeforShe (Eles por Elas) da Organização das Nações Unidas (ONU) durante encontro no início do ano de 2018.

Com a visibilidade sobre ações globais que temos atualmente, consumidores podem deixar de adquirir produtos de determinada marca, caso descubram que esta faz uso de trabalho infantil, ou que causam algum efeito danoso ao planeta. Por outro lado, consumidores também podem e têm consumido mais produtos de marcas que defendam causas socioambientais.

"Ser grande é abraçar uma grande causa."
William Shakespeare

As indústrias que contribuem para a economia de baixo carbono têm ganhado espaço e visibilidade, mesmo num momento em que algumas partes do mundo parecem retroagir. Grandes empresas têm demonstrado a preocupação com a substituição de energia suja e escassa por fontes

---

[2] Veja mais em: https://economia.uol.com.br/noticias/redacao/2019/06/23/marcas-posicionamento-valores-sociais-politica-tendencia.htm

de energias limpas e renováveis. Assim, utilizam tecnologias que contribuem com o bem comum e reduzem o aumento da poluição do ar, do efeito estufa e do aquecimento global, que tem crescido nas últimas três décadas. Mesmo as empresas de tecnologia que disponibilizam serviços em nuvem para o mundo todo e, para isso, estão construindo, renovando ou expandindo diariamente imensos datacenters, estas se preocupam em criar gerações de datacenters cada vez mais autossuficientes e sustentáveis, com o menor impacto ao meio ambiente e fazendo uso de energia limpa.

Um conceito de TI Verde (ou *Green* IT), a "Tecnologia da Informação Verde" tornou-se uma tendência mundial voltada para a redução do impacto dos recursos tecnológicos no meio ambiente. Empresas estão investindo e deverão investir mais e mais em *upcycling*, técnica também conhecida como reuso, que se trata de um processo de transformação do velho em algo novo, fazendo uso de produtos descartados ou que não são mais utilizados e criando novos produtos a partir desses.

Sejam quais forem as causas, as empresas que manifestarem suas bandeiras por causas como redução do preconceito, igualdade de gênero, apoio a crianças carentes, melhoria da qualidade de vida dos idosos, cuidados com o meio ambiente ou qualquer outra causa que atraia pessoas por compartilharem dos mesmos propósitos, estarão à frente das empresas que fazem o básico: comprar matéria-prima de fornecedores, vender aos clientes, comprar produtos, vender produtos. Marcas medíocres desaparecerão. Apenas os mais comprometidos sobreviverão.

ELES POR ELAS (#HEFORSHE)

Segundo a ONU, de setembro a dezembro de 2014, o movimento ElesPorElas (HeForShe) foi assunto de mais de 1,2 bilhões de conversas em mídias sociais, atingindo todos os cantos do globo. Se o grande objetivo era garantir o compromisso de 1 bilhão de homens no apoio a igualdade de gênero e o empoderamento das mulheres, este foi conquistado.

O movimento se iniciou com uma simples mensagem positiva e evoluiu até o envolvimento mais profundo pela adoção de medidas específicas que contribuam para a mudança social. Os homens que aderem ao movimento são contados pelas ativações *on-line* e de tecnologia de telefones móveis, além da participação em eventos.

O propósito do movimento ElesPorElas é ampliar o diálogo sobre os direitos das mulheres e acelerar os progressos para alcançar a igualdade de gênero.

Segundo a ONU, isto só será obtido por meio de uma reformulação da igualdade de gênero, fazendo que esta deixe de ser uma questão exclusiva das mulheres para se tornar uma questão que exija a participação de homens e mulheres, beneficiando toda a sociedade nos âmbitos social, político e econômico. Desde o início do ano de 2019, faço parte de um grupo que lidera o movimento ElesPorElas (HeforShe) de forma global na Microsoft.

Antes de chegar a Microsoft em 2019, Tânia Cosentino exerceu o cargo de presidente da Schneider Electric na América do Sul, onde estimulou o desenvolvimento de soluções diferenciadas e sustentáveis, além de integrar o Conselho Consultivo de Diversidade & Inclusão. Devido ao seu engajamento e compromisso, a Schneider ganhou reconhecimento nas áreas de clima organizacional, inovação, diversidade e inclusão com ênfase no empoderamento feminino. Por seu trabalho, Tânia se tornou líder do programa HeForShe da ONU Mulheres e da Iniciativa do Pacto Global da ONU.

Tive um imenso prazer de conhecer a Tânia num episódio um tanto curioso. Na véspera do evento Microsoft AI+ Tour, que aconteceria em São Paulo, eu tinha uma agenda de reuniões com o time de Marketing e Comunicações no Microsoft Technology Center (MTC). Como descrevi no Capítulo 2 – "Revoluções Por Minuto", eu havia conseguido uma agenda com o CEO da Microsoft e no dia anterior, todos que tinham um slot na agenda do Satya se reuniriam para deliberações finais.

Cheguei ao prédio do MTC, entrei no elevador e ao apertar o 17 percebi que alguém se aproximava para entrar no mesmo elevador. Segurei a porta e percebi que era a nova presidente da Microsoft Brasil, Tânia Cosentino, recém-anunciada a todos nós por email e em comunicados públicos. Como eu ainda não havia encontrado com ela pessoalmente, minha primeira reação foi confirmar.

"Tânia?" e ela consentiu afirmativamente.

"Sim, sou eu.".

> "Pode-se induzir o povo a seguir uma causa, mas não a compreendê-la."
> Confúcio

Como costumamos ensinar a jovens empreendedores e *startup makers* sobre *elevator pitch*[3], um *pitch* (espécie de discurso rápido) deve conter uma breve introdução sobre quem você é e o que você faz. Mesmo sendo um discurso bem curto — o tempo que

---

[3] Disponível em: https://www.thebalancecareers.com/elevator-speech-examples-and-writing-tips-2061976

o elevador sobe — este deve ser atraente o suficiente para que a pessoa que esteja com você possa se interessar de alguma forma por você ou suas ideias.

Enquanto o elevador subia do térreo até o décimo sétimo andar do prédio onde ficava o MTC da Microsoft, eu fazia meu *pitch elevator* para a nova presidente da Microsoft Brasil, como disse a ela no fim, de forma descontraída. Em um intervalo de tempo inferior a 2 minutos, pude me apresentar, explicar em uma frase o que eu fazia na Microsoft, onde ficava e como eu acreditava que poderia impactar mais os resultados da empresa junto com os MVPs. Em uma frase lhe afirmei que estava comprometido em impactar mais e mais os resultados da empresa. Ainda tive tempo para sacar da mochila um exemplar do meu livro e lhe entregá-lo, afinal eu o havia trazido especialmente para ela. Eu previa a oportunidade e estava preparado e comprometido.

Desde aquele primeiro momento, seguimos construindo uma parceria saudável entre a Tânia, eu e os MVPs. Após a última reunião que eu tinha com ela e os demais colegas de Microsoft Brasil, pedi a Tânia um momento para tirarmos uma selfie, pois eu gostaria de apresentá-la aos MVPs e ela, como sempre, consentiu com humildade e empatia.

11.7 COMPROMETER-SE É SIMPLES, BASTA QUERER

Tudo o que se passou naquele dia 12 de fevereiro de 2019, durante a agenda que tive com Satya Nadella e os MVPs eu lhe apresentei no Capítulo 2 – "Revoluções Por Minuto", mas o que veio depois é que demonstra o comprometimento de uma verdadeira líder. Tânia me pediu a lista dos nomes e e-mails de cada um dos MVPs que estavam no encontro com o nosso CEO. Ela queria apenas enviar uma mensagem individual a cada um, agradecendo a participação naquele dia. Um simples gesto que conquistou os MVPs.

Parece óbvio, mas muitos líderes se esquecem que tudo é relativo as pessoas. Ou que a vida é feita de pequenos gestos e atos. Tânia soube aproveitar isso e, em resposta, recebeu diversos convites como o convite feito pelo MVP João Benito, um dos organizadores do MVPConf, o maior evento de MVPs do mundo, para que Tânia fizesse um *keynote* para o público presente. O convite foi aceito e Tânia firmou de vez seu compromisso com todas as comunidades técnicas durante o evento. Enquanto muitos

> "Para mudar nossos hábitos, primeiro temos que assumir o compromisso profundo de pagar o preço que for necessário."
> William James

líderes não percebem o poder das comunidades (e do *PeopleChain*), aqueles que se comprometem com a comunidade, conseguem obter resultados mais sólidos e sustentáveis. Na comunidade, existem profissionais de todos os perfis, desde freelancers até donos de empresas ou funcionários de empresas clientes ou parceiros de negócio. Portanto, investir tempo e dedicação à comunidade é uma ação inteligente.

O comprometimento demonstrado pelo líder de uma empresa é sempre muito bem recebido por todos os membros da comunidade, foi assim com Satya Nadella, ao se tornar CEO da Microsoft e conquistar não apenas clientes e parceiros, mas também com muitos ex-concorrentes que se tornaram novos parceiros. Está sendo assim com Tânia Cosentino como *General Manager* da Microsoft Brasil. À sua maneira, Tânia vem conquistando funcionários, clientes, parceiros e toda a comunidade técnica.

11.8 COMPROMETIMENTO E EMPREENDEDORISMO

Desde que deixei de ser ilha e me tornei ponte, participando de eventos como palestrante, compartilhando conhecimento e conectando com pessoas, eu aprendi muita coisa nova. Dentro ou fora da minha área de atuação, as informações e conhecimentos que eu seguia adquirindo me tornavam sem dúvida um profissional mais valioso. Durante uma palestra que dei na Câmara de Diretores Lojistas de Volta Redonda, em 2019, ouvi de muitos empreendedores com quem conversei que uma de suas principais dores, em seus respectivos negócios, era a falta de comprometimento de seus funcionários.

É perceptível em muitos estabelecimentos comerciais, a "síndrome de balconista" que afeta alguns profissionais. Quantas vezes você já manifestou algum descontentamento a uma pessoa que lhe atendia numa loja comercial e ouviu a expressão "Desculpe, mas eu não posso fazer nada."? Esse é o primeiro sintoma que demonstra que um profissional deva estar com a síndrome de balconista. Essa síndrome faz com que o profissional que está ali atendendo os clientes, não se sinta capaz de entender seus pontos e, de forma racional, tentar lhe ajudar de fato.

Enquanto os donos do negócio não estão o tempo todo a frente de suas lojas, seus funcionários também não se sentem empoderados a resolver as questões dos clientes. Basta um pedido ou uma dúvida um pouco fora do padrão e pronto, lá vem a resposta padrão da síndrome de balconista. Mas até que ponto é falta de empoderamento dos funcionários por parte do "patrão" e até que ponto é falta de atitude e compromisso por conta dos funcionários?

CURIOSIDADES

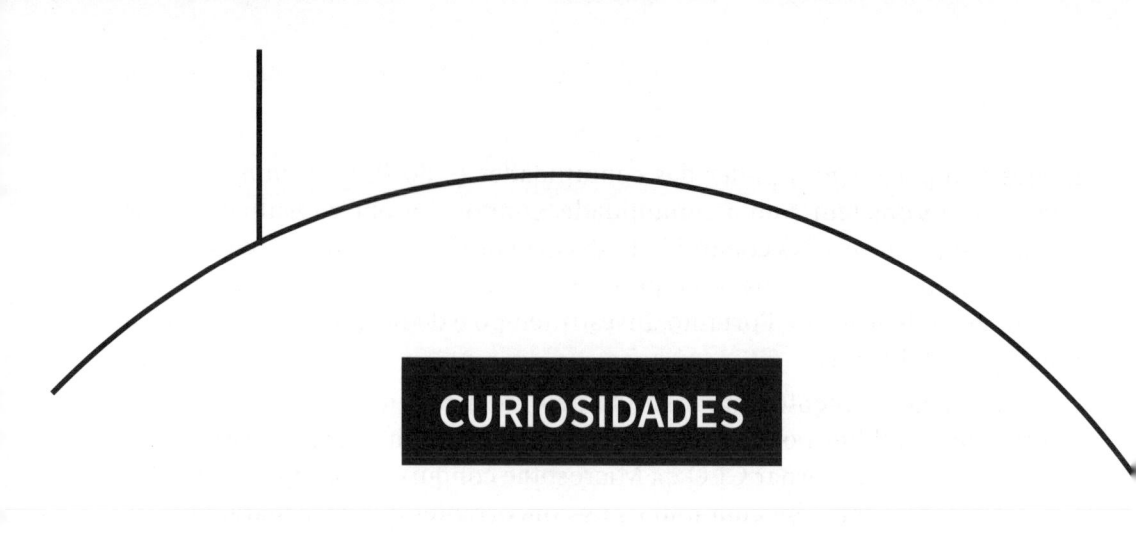

Você sabia que Abraham Lincoln estudou apenas 18 meses em uma escola, sendo que o seu livro mais lido era a Bíblia. Lincoln foi autodidata e formou-se em Direito. Assim como Albert Einstein e Steve Jobs, não frequentou o ensino regular.

●●●

Com seu estilo disciplinador, ao mesmo tempo, inclusivo e incorporando valores de diversidade, Vince Lombardi nunca teve uma temporada perdida como treinador principal na NFL.

●●●

Sempre que vencia uma corrida, Ayrton Senna pedia a alguém uma bandeira do Brasil, que ele fazia questão de erguer durante a volta da vitória. Essa atitude, que se tornou uma marca registrada do piloto, surgiu quase como uma espécie de provocação: a origem foi no GP dos EUA (Detroit) em 1986, quando Senna venceu o francês Alain Prost (que chegou em segundo). No dia anterior (sábado), a França havia eliminado o Brasil na Copa do Mundo de futebol, nas cobranças de pênaltis.

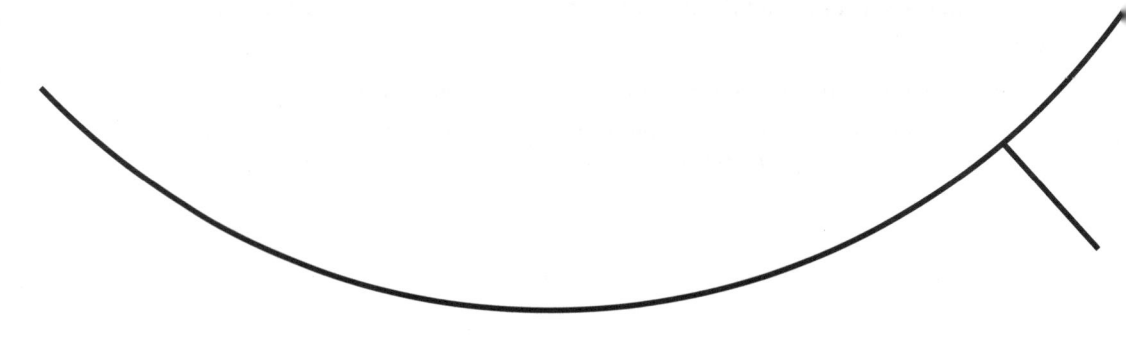

Um ponto que venho apresentando e ressaltando há algum tempo em minhas palestras é que empreendedores são donos de negócios, mas não necessariamente donos de negócios são empreendedores. Além disso, há muitos funcionários, empregados de pequenas, médias e grandes empresas que são empreendedores internos. Possuem visão de modelos de negócio, experiência prática, propósito, liderança, atitude e comprometimento em criar e empreender no âmbito interno da empresa onde atua. Além disso, são capazes de engajar e encadear outros colegas de trabalho: são profissionais comprometidos.

Todo empreendedor sonha com profissionais comprometidos cuidando de seus negócios. Profissionais que vistam a camisa da empresa para a qual trabalham e se sintam parte do sucesso (ou fracasso) das ações da empresa. Para se obter comprometimento de seus funcionários, o empreendedor, dono ou sócio de um negócio deve, antes de mais nada, seguir os cinco passos do método P-L-A-C-E.

- **P:** muitos empreendedores pecam pela falta de comunicação ou diálogo com seus funcionários. Um empreendedor deve estar conectado com seus funcionários, ter um diálogo aberto com eles e compartilhar claramente os objetivos e propósitos da empresa naquele momento. Como o mercado é bastante dinâmico, recomenda-se que, pelo menos a cada três meses, sejam realizadas reuniões entre líderes e liderados. Comunicados por email também são importantes e, em caso de pequenos negócios, uma conversa franca e direta entre patrão e colaboradores. Estas reuniões periódicas servem para reforçar os propósitos da empresa, que podem mudar de tempos em tempos para responder a novas necessidades dos clientes ou reforçar o DNA da empresa.

- **L:** nenhuma empresa sobrevive sem liderança. A liderança que chamo atenção aqui a todo instante não é apenas do dono do negócio, mas de gerentes, coordenadores, supervisores e de cada profissional que se sinta empoderado e possua um espírito empreendedor. Se você trabalha para alguém, no contexto de um negócio, pense naquilo que faria, caso se tornasse o dono deste negócio. O que você mudaria? Você já disse isso para seus líderes? Justifique.

- **A:** ideias são importantes desde que saiam do papel. Uma ideia não vale mais que 10 por cento na conquista do sucesso por parte de um profissional ou uma empresa. É necessário que se tenha atitude de fazer, sem ela, nada vai mudar. A atitude é o grande fator que difere aqueles que criam o seu futuro daqueles que "deixam a vida me levar vida leva eu".

- **C:** o comprometimento começa com o exemplo do empreendedor. Uma empreendedora que não dê exemplos, não obterá o comprometimento necessário por parte de seus funcionários. Para que se conquiste o compromisso de seus profissionais, para que pensem nos problemas de seu negócio e proponham soluções, é mandatório que se comunique claramente e empodere cada colaborador. A atitude de dar mais autonomia e poder para seus funcionários, sempre deve vir acompanhada de maior comprometimento por parte deles. Caso você pense que não pode dar mais poder, pois não confia 100 por cento em seus funcionários. Volte ao início e repense o grande propósito de seus negócios para ter a seu redor, ou dentro de sua empresa, pessoas em quem você confie. Sua empresa deve funcionar sobre uma atmosfera de confiança, sempre!

- **E:** Empatia e encadeamento são aspectos que se implementam por meio de uma jornada, a cada ação, a cada comunicado. Comunicar e dar *feedback* com empatia resultará em maior comprometimento e engajamento. Neste ponto, é sempre importante refletir sobre diversidade e inclusão, quanto mais inclusiva e diversa for sua equipe de colaboradores, maior a chance de que as soluções de seus problemas estejam ali dentro de sua empresa. Mas é preciso que todos tenham voz e possam emitir suas opiniões de forma aberta e sem retaliações. O comprometimento vem na mesma proporção que você empodera aqueles que trabalham com você.

RELATOS REAIS DE PROFISSIONAIS MAIS VALIOSOS

INVISTA NO ECOSSISTEMA

Em meados do ano 2000, a Microsoft criou um concurso chamado IT Hero, onde eram solicitados casos de implementação das tecnologias Microsoft relacionadas a interoperabilidade. Imediatamente, submeti um projeto que eu havia desenvolvido e que, posteriormente, tinha virado um livro, *Usando Terminais sem Hard Disk*. Passaram-se alguns meses e, por fim, chegou o resultado tão esperado: agora eu era um IT Hero! Nesse momento, eu percebi que, embora eu estivesse tão distante dos grandes centros, isso não iria me impedir e muito menos "me diminuir" perante os que estavam nas maiores cidades do país.

Após ser premiado no concurso na categoria Interoperabilidade, muitas portas se abriram, e foi aí que me foi apresentado a tal "comunidade", algo que até aquele momento eu nem sabia o que era, como funcionava e muito menos, como eu iria fazer parte de tudo isso.

A Microsoft realizava anualmente um evento para a comunidade chamado Community Zone, onde os líderes de comunidades mais influentes eram convidados e, um dia, eu fui convidado. Meu primeiro pensamento foi: como eu aqui de Santo Ângelo fui convidado para ir lá em São Paulo participar de um evento de comunidade? O que eu fiz para merecer isso? A partir deste convite, comecei a pesquisar os gaúchos que faziam parte dessa comunidade para ver se tinha alguém da minha região, mas o mais próximo que encontrei foi um membro de Porto Alegre.

Cheguei em São Paulo e fui apresentado para a "comunidade". Ali eu comecei a entender o real sentido de todo esse processo, ou seja, o que é uma comunidade, o que "esses caras" fazem, o que eles ganham em troca e por que muitas vezes deixam de ficar com suas famílias para estarem ali. Voltei para Santo Ângelo motivado, já pensando qual seria o nome da minha comunidade, e claro, depois de ser premiado em um concurso sobre Interoperabilidade, resolvi chamar a minha comunidade de Interop.

No princípio da comunidade Interop, eu realizava alguns pequenos eventos, o que eu chamava de Live Show, onde a gente mostrava algumas tecnologias Microsoft e como colocar tudo aquilo para funcionar. Comecei a realizar palestras da comunidade Interop pela região e, aos poucos, novos membros foram surgindo, alguns queriam palestrar e outros apenas participar ativamente da comunidade.

Como na região onde eu vivia, não havia muitos eventos, resolvi então criar o Interop Day, um evento com o objetivo de disseminar as novas tecnologias para profissionais de TI, fossem eles desenvolvedores de software, administradores de infraestrutura, estudantes ou entusiastas, sempre com foco em interoperabilidade, tirando proveito de tecnologias Microsoft e Open Source, mas com um pilar importantíssimo que se tornou uma marca: a solidariedade.

Pensei em como a nossa comunidade poderia impactar na vida das pessoas? A resposta que encontrei foi que a cada palestra ou evento organizado pela comunidade Interop, os participantes levassem um quilo de alimento não perecível. Queríamos, com isso, contribuir também com a sociedade. Isso foi se tornando uma tradição, logo na primeira edição do Interop, nós conseguimos arrecadar 300 quilos de alimentos e, em toda a sua história, o Interop já arrecadou mais de 20 toneladas de alimentos nos 11 anos de existência.

Ser líder dessa comunidade é algo que muito me orgulha, mas para quem está de fora e não entende o que é uma comunidade, pode se questionar ou achar que eu estou "perdendo meu tempo". Mas o ponto principal é que ajudar uma comunidade é muito mais que fazer parte de um clube. Trata-se de um ecossistema de aprendizagem. Aí está o grande valor, afinal estamos sempre em constante aprendizado e em busca de novos desafios.

Certa vez, reencontrei um profissional que havia feito um treinamento comigo (na comunidade). Estávamos num evento para profissionais de uma multinacional na PUC em Porto Alegre, nos tornamos amigos e o convidei para dar uma palestra no Interop Day em Santo Ângelo. Ele não aceitou de pronto e me confidenciou mais tarde que nunca havia dado uma palestra para grandes audiências. Anos se passaram, ele passou a fazer parte da família Interop, também foi reconhecido pela Microsoft como MVP, criou uma comunidade dentro da empresa em que trabalha e hoje realiza palestras até fora do Brasil. Há muito valor agregado na comunidade. Mas o fato é que nem todos enxergam dessa forma. Muitos veem isso como trabalho e sendo assim, só querem realizar algo se houver retorno financeiro direto.

No ano de 2018, o Interop completou 10 anos e ininterruptamente nessa década, realizamos, sempre no mês de maio, o Interop Day, que atualmente reúne, aproximadamente, 600 participantes em uma cidade que tem a população de 80 mil habitantes. Ou seja, a nossa comunidade movimenta 0,75% da população (levando em consideração que nem todos trabalham com tecnologia), o que para nós é algo sensacional.

Além do evento anual que ocorre aqui no interior do Rio Grande do Sul, começamos a realizar no final do ano uma edição na capital Porto Alegre. Mas com o passar dos anos, começamos a ter solicitações para realizar o evento em outros estados do Brasil, com São Paulo, Belo Horizonte, Curitiba entre outros. Em 2016, durante o jantar de encerramento do Interop Day, surgiu uma nova ideia, ou posso dizer que seria quase um sonho: realizar o Interop On The Road.

Imagine um motorhome gigantesco, cheio de palestrantes saindo do Sul do país e indo até São Paulo realizando palestras técnicas em Universidades onde parava. Mas por onde vamos começar algo assim? Realizei diversas pesquisas atrás do melhor motorhome do Brasil e fui encontrá-lo na cidade de Blumenau/SC. Peguei um ônibus na estação rodoviária de Santo Ângelo até Blumenau para conhecer o ônibus e chegando lá fiquei encantado com o que vi. Acredite, ali eu senti que o sonho poderia ser realizado. Alugamos o "mega" motorhome, adesivamos com as marcas do Interop e de seus patrocinadores e saímos do Sul até São Paulo num período de uma semana pelas estradas brasileiras. Foi de fato um sonho que conseguimos realizar. Costumo dizer que, na vida nada se faz sozinho, e a comunidade Interop sempre foi um time, hoje ela é muito mais, é uma família.

A essa altura eu já havia sido premiado como Microsoft MVP e me sentia incomodado com o fato de o grupo de MVPs da Microsoft não ter um grande evento presencial no Brasil. Em 2013, meu grande amigo João Paulo Clemente, que era o MVP Lead à época, criou o primeiro MVP Virtual Conference, onde tive a oportunidade de ajudar a organizar e fazer parte daquela história. Mas só no final do ano de 2017, durante o MVP Community Connection, que pensamos e questionamos o porquê os MVPs brasileiros não tinham um evento presencial nacional. Afinal juntos formávamos um "exército" muito forte. Tratamos de pensar no modelo e logo veio à mente o conceito de organização de uma grande feira, onde geralmente são constituídas as comissões. Com base no modelo, começamos a convidar as pessoas que iriam compor toda essa organização.

Definimos uma meta de organizar um evento para mil pessoas. Mas aí veio a pergunta: como vamos atingir esse número no primeiro ano de evento? Ninguém conhecia o evento. A resposta veio com a matemática: na época havia cerca de 100 MVPs no Brasil, se cada MVP convidasse 10 pessoas, chegaríamos no número que buscávamos: 1000 participantes. Definida a meta, partimos para o "campo de batalha", mas precisávamos ainda do elemento motivação. O que mais motiva uma pessoa do bem? Simples, ajudar pessoas que mais necessitam. Daí saiu o outro ingrediente para engajar todos os MVPs que foi a doação dos ingressos arrecadados para instituições de caridade. Por fim, o elemento mais valioso: o comprometimento de todos para que esse evento saísse do sonho e virasse realidade! Ali nascia o MVPConf – o maior evento de comunidades Microsoft do Mundo. Em 2018, primeira edição do evento, tivemos cerca de 1200 participantes, em 2019, a meta dobrou e os resultados foram ainda mais e expressivos: 2200 participantes, 203 palestras e 163 palestrantes. Fizemos história. Eu não, nós!

__André Ruschel__ mora em Santo Ângelo, região das Missões, interior do Rio Grande do Sul, é Diretor e Pesquisador em Computação Forense, Empreendedor e inventor do computador de papelão Thineco. É membro da HTCIA (Associação de Investigação Criminal de Alta Tecnologia) e Microsoft MVP na categoria de Cloud and Datacenter Management

QUANDO A GENTE MUDA, O MUNDO MUDA COM A GENTE

Em 2006, eu fiz amizade com alguns lutadores de Jiu Jitsu. Naquela época, eu já assistia a eventos de luta e ficava fascinado com esta arte marcial. No entanto, eu ainda frequentava a faculdade no período noturno e trabalhava durante o dia, mas já tinha me decidido que um dia eu iria me matricular em uma academia para praticar esta arte assim que possível. Após concluir minha faculdade, iniciei no Jiu Jitsu sem grandes planos, apenas queria praticar alguma atividade física, pois desde minha infância eu sempre pratiquei esportes.

Joguei futebol pelas escolas que estudei e alguns para alguns clubes durante minha adolescência. Sem eu saber, tinha me matriculado no Jiu Jitsu e isso, talvez, tenha sido uma das melhores decisões de toda a minha vida, que não apenas faria um bem apenas para a minha saúde, mas para todas as outras áreas de minha vida.

Por volta de 2007, nascia o grupo DotNet Architects (DNA), fundado e liderado pelo meu colega de programa Microsoft MVP, Giovanni Bassi. Eu já acompanhava o trabalho do Giovanni nos artigos que ele escrevia, e, ao me juntar ao DNA, pude conhecer (mesmo que virtualmente) diversos profissionais com conhecimento avançado sobre a plataforma .NET (Elemar Junior, Eric Lemes, Victor Cavalcante, Antonio Zegunis entre tantos outros).

Pouco tempo depois, surgiu o evento DNAD (DotNet Architects Day), onde a proposta era trazer as pessoas do virtual para o mundo real e discutir sobre arquitetura em um dia inteiro. Participei de diversas edições, e o que me chamava a atenção era o fato de alguns profissionais conhecerem profundamente diversos temas que tinham acabado de ser lançados, ou pelo menos, era o que eu achava. Por volta de 2009, surgiu um evento inovador o The Developers Conference. A proposta desse evento era juntar diversas comunidades em um mesmo local, e, inicialmente, você podia trafegar entre as trilhas para assistir palestras que mais lhe agradavam. Não por coincidência, o The Developers Conference cresceu a ponto de ter diversas edições por ano (São Paulo, Porto Alegre, Belo Horizonte, Recife entre outras regiões) e se tornar um evento que ocupa praticamente a semana inteira. Eu já participei de diversas edições e já fiz de tudo: fui ajudante, palestrante e recentemente organizador de trilha.

Deixe-me voltar um ponto no tempo para quando comecei a palestrar em eventos técnicos. Alguns anos após os primeiros DNADs, a empresa que eu trabalhava recebeu um convite para efetuar o lançamento do Visual Studio 2012 (ferramenta usada para criar softwares) na Microsoft. Recebemos alguns powerpoints internos da Microsoft com algumas das novidades e aquilo me fez perceber que estar próximo da Microsoft, me faria receber o conteúdo antecipadamente.

Minha palestra no lançamento do Visual Studio foi, de longe, a pior que eu já fiz na vida! Embora eu conhecesse o conteúdo, tivemos uma limitação de tempo, e o que era para ser apresentado em 45 minutos, foi feito em 10. Saí de lá com uma lição: estar preparado para imprevistos de todos os tipos em minhas futuras palestras.

Algumas semanas depois, recebemos outro convite para palestrar em uma semana de tecnologia para universitários. Desta vez, eu ensaiei tanto e previ diversos cenários que estava confortável em qualquer situação. Para esta palestra, escolhi apresentar sobre o "Windows Azure", uma plataforma de computação da Microsoft que estava ganhando visibilidade no mundo todo.

Durante minha preparação para esta palestra, estudei muito sobre o tema e notei que havia muito mercado e demanda. Resolvi apostar pesado e passei a dedicar meus estudos apenas neste tema. Algum tempo depois desta palestra, passei a trabalhar em uma empresa com dois profissionais que faziam parte do programa Most Valuable Professional da Microsoft. Estes profissionais eram figuras carimbadas em eventos Microsoft, e sempre traziam conteúdo atualizado que pouca gente tinha acesso na época. Novamente reparei que estar próximo a Microsoft, daria acesso a conteúdo antecipadamente. Literalmente seria como "ver o futuro" antes dele acontecer.

Passei a frequentar cada vez mais eventos, e a palestrar com mais frequência. Quase sempre sobre o tema Windows Azure, que em 2015, passou a ser Microsoft Azure. No mesmo ano, escrevi o primeiro livro sobre Microsoft Azure publicado em português, pela Editora Casa do Código. Para o prefacio, convidei o Giovanni

Bassi, pois foi com ele que aprendi as primeiras coisas sobre Azure em 2011. O Giovanni havia viajado para Redmond (sede da Microsoft) para realizar um treinamento sobre o tema, e reproduziu o mesmo em sua recém-fundada consultoria.

Também em 2015, após anos de contribuição, fui reconhecido pela Microsoft como MVP na categoria Microsoft Azure. Passei a integrar um grupo de profissionais apaixonados por tecnologia e por difundir conhecimento. O programa MVP foi um grande divisor de águas na minha carreira. No fim de 2015, eu passei por um stress emocional muito grande a ponto de ir parar no hospital para tratar de uma gastrite nervosa. Por uma feliz coincidência, o universo me presenteou com uma oportunidade de emprego na Nova Zelândia.

A maior empresa de tecnologia do país, e principal parceira Microsoft da região, estava à procura de um especialista em Microsoft Azure. Entrevistaram diversos candidatos (do mundo todo), até que chegou a minha vez. Na época, eu não estava acostumado com o sotaque "kiwi" e tive muita dificuldade com a entrevista em inglês. No entanto, toda a parte técnica eu tirei de letra. Graças ao conteúdo privilegiado e minhas diversas palestras, eu sabia absolutamente tudo que eles me perguntaram.

Passados alguns meses, me mudei para a Nova Zelândia. Eu não conhecia ninguém além dos entrevistadores e de minha esposa que embarcou comigo nessa aventura. Logo no segundo dia, eu fui atrás de uma academia de Jiu Jitsu, pois eu sabia que havia uma grande chance de eu conhecer outros brasileiros ali. Sempre que eu comento sobre o Jiu Jitsu as pessoas fazem uma cara de "mas você não tem cara de ser briguento".

Pois é, muita gente tem essa impressão errada sobre o Jiu Jitsu, mas a beleza e a essência dessa arte marcial, é que ela me faz ser uma pessoa melhor. Seja superando meus limites, adquirindo novas habilidades, praticando algo que eu já sei com o objetivo de aprimorar minha memória muscular, melhorando meu condicionamento físico, liberando o estresse acumulado entre tantas outras coisas que eu poderia citar. Da mesma maneira, aplico esses aprendizados em minha vida fora do tatame.

Durante o período que morei e trabalhei na Nova Zelândia, tive a oportunidade de palestrar algumas vezes em eventos locais, e também de conhecer MVPs de lá. Não importa a região, o sentimento é o mesmo: profissionais com paixão por aprender e divulgar tecnologia e que estão em constante aprimoramento.

Após um ano morando e trabalhando na Nova Zelândia, minha esposa e eu resolvemos voltar para o Brasil por motivos pessoais. Por sorte, logo comecei a trabalhar (uma semana depois de minha volta), e isto me ajudou com a adaptação ao voltar para o Brasil. Nesta mesma época, fui convidado para ser professor de MBA no curso de Arquitetura .NET da FIAP para ensinar sobre Microsoft Azure.

Cinco meses após meu retorno ao Brasil, fui contratado por uma empresa norte-americana. Levou, aproximadamente, um ano e meio até eu me mudar de fato.

Novamente fui atrás de comunidades técnicas (meetups e eventos na Microsoft) e academias de Jiu Jitsu. Como estou a 10 horas do Brasil, vou continuar participando e frequentando eventos técnicos, pois além de todas as coisas boas que me aconteceram, fiz grandes amigos e é sempre ótimo revê-los.

Relatei algumas das incríveis coisas que aconteceram em minha vida, que hoje eu compreendo e sou capaz de ligar os pontos. Desejo sucesso e coisas ainda mais incríveis em sua vida. Por fim, meu conselho: participe de eventos / comunidades. Talvez seu futuro parceiro(a) de negócios, seu futuro melhor cliente, seu futuro patrão, sua próxima oferta de emprego, seu futuro professor esteja sentado bem ao seu lado no seu próximo evento. Diversas são as possibilidades e quais serão os impactos em sua vida pessoal / profissional.

Thiago Custódio *é pai, marido, empreendedor, arquiteto de soluções em nuvem, autor, palestrante e Microsoft MVP na categoria de Microsoft Azure*

No próximo, você encontrará mais informações sobre empatia, diversidade, inclusão e acessibilidade no contexto das comunidades e como é possível tornar-se ponte, conectando pessoas e eliminando o *gap* entre você e o resto do mundo.

TRÊS PONTOS PARA NÃO ESQUECER

- Lembre-se do exemplo de Vince Lombardi ao gerir um time de profissionais com comprometimento a uma causa, independentemente de sua cor de pele ou orientações pessoais.

- Os profissionais mais valiosos sabem e acreditam que precisam seguir fazendo pela comunidade, sem pedir nada em troca.

- Quando você se aproxima de uma pessoa com o foco inicial de pedir algo a ela, há uma chance muito maior de que nenhum laço de relacionamento seja gerado entre vocês.

TRÊS PONTOS PARA REFLETIR

- Você está comprometido com as causas que gostaria atualmente?

- Em suas últimas aproximações com pessoas que você ainda não conhecia, você iniciou a relação com interesses de pedir ou de oferecer algo?

- Que tipo de pessoas mais se aproximam de você? Qual a primeira intenção delas em sua visão?

ANNOTE AQUI

EMPATIA E ENCADEAMENTO: **CONECTANDO ILHAS**

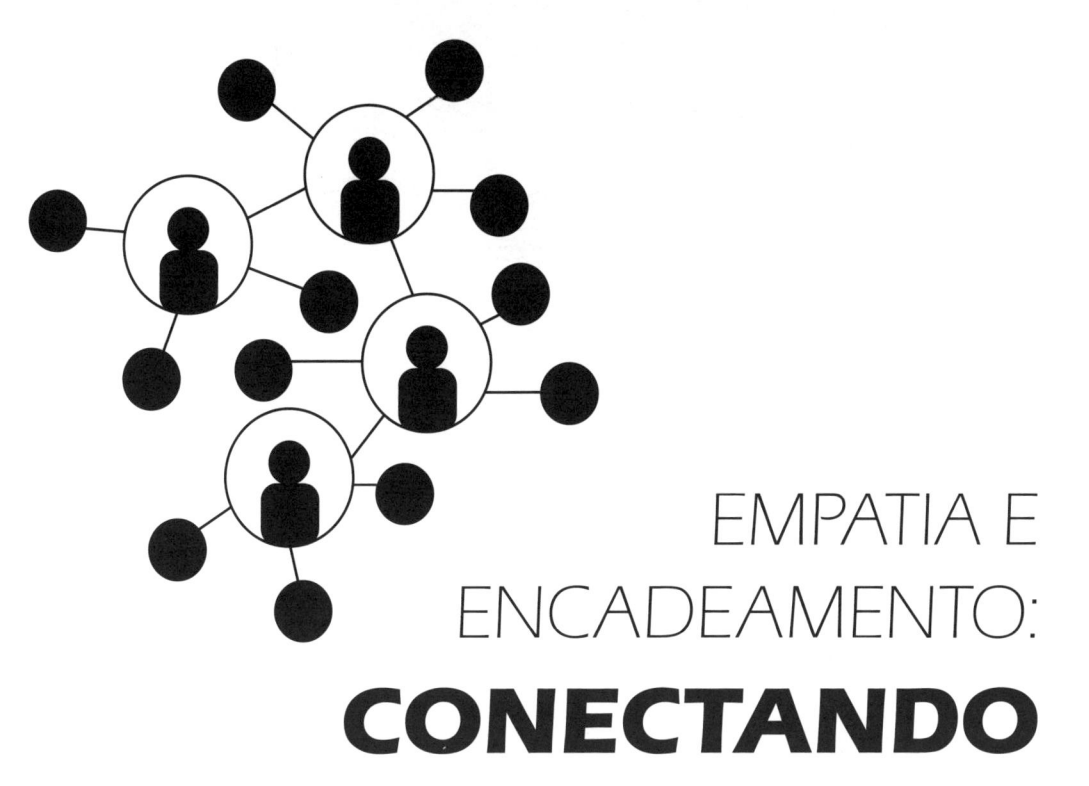

(Conectando Aristóteles a Cora Coralina
e Lázaro Ramos a Ruth Manus)

♪ *"A vida é tão simples
Mas dá medo de tocar
As mãos se procuram sós
Como a gente mesmo quis"*

(J. Quest, *Fácil*)

♫ *"I used to roll the dice,
Feel the fear in my enemy's eyes
Listen as the crowd would sing
Now the old king is dead!
Long live the king!"*

(Cold Play, *Viva la Vida*)

PROPÓSITOS DO CAPÍTULO

Como o exercício da empatia pode lhe tornar um profissional mais valioso?

•••

Como empresas e equipes que, de fato, exercitam e implementam a diversidade e inclusão conseguem atingir resultados melhores que aquelas que não o fazem?

•••

Motivos para você deixar de ser ilha e tornar-se ponte.

Durante algum tempo, eu não compreendia de verdade o que se passava no mundo atual. Por que tantas mulheres estavam tendo tantas oportunidades de gerenciar equipes e eram favoritas em possíveis disputas por alguma vaga ante um candidato homem? Ou ainda, por que empresas precisavam criar movimentos de funcionários negros para que se sentissem empoderados? Por que grandes marcas, cada vez mais apoiavam movimentos LGBTQs ou de outros grupos menos favoráveis?

Mas como tudo na vida é uma questão de tempo e perspectiva, de tanto participar de eventos em comunidades, discutir o tema de diversidade e inclusão (d&i) e vivenciá-los dentro da Microsoft, eu assimilei e aprendi a defender estes valores como meus também. E não se trata em algo imposto, de forma *top-down* e sim uma mudança de *mindset* mesmo. É preciso mudar a forma de pensar para que se possa aprender e entender o mundo atual. Antes de mais nada, vale refletir que mesmo sendo um homem, você pode (e deve) advogar pela causa de uma mulher. As causas pelas quais lutamos não necessariamente são sobre nós, mas outros e outras. A morte de George Floyd nos mostrou isso. Mesmo durante a pandemia e a recomendação de isolamento social, milhares de pessoas saíram às ruas nos Estados Unidos e em outras partes do mundo para protestar sobre a violência e reforçar o movimento "Black Lives Matter" ("Vidas Negras Importam", em tradução livre).

Sou branco, mas isso não me impede de estudar, compreender e defender a causa de negros. Tenho muitos amigos negros, mas não me engajo em um movimento de raça somente por aqueles que conheço, mas sim pela causa. Quanto mais você se educa e se informa sobre causas e movimentos de inclusão, mais você estará disposto e preparado a defendê-los.

> "Há muros que só a paciência derruba e pontes que só o carinho constrói."
>
> Cora Coralina

Cabe reforçar aqui que a Microsoft não faz apenas marketing, mas age internamente de fato neste sentido, a ponto de a empresa ter criado a posição de CDO – *Chief Diversity Officer*. Há muitos anos, vivencio a Microsoft falando sobre o que devia ser feito em relação D&I (Diversity & Inclusion) e fazendo de fato aquilo que prega. Acredite, não são todas as empresas que falam o que fazem e fazem o que falam. Aliás, isso vale também para as pessoas. Como parte da integridade pessoal de um profissional, é preciso que este fale sobre o que faz e faça aquilo que fala. Muito *fake actor* cria uma imagem e fala sobre muitas coisas, mas não age conforme fala ou não faz nada daquilo do que prega.

12.1 ARQUIPÉLAGOS E PENÍNSULAS

Para chegar onde à maioria das pessoas não chega, é preciso fazer algo diferente do que elas fazem. É preciso sair da "corrida dos ratos" como propõe Robert Kiyosaki em *Pai Rico, Pai Pobre*. Mas qual é o verdadeiro significado que a expressão corrida dos ratos quer descrever? Basicamente, você pode imaginar a imagem de um ratinho de laboratório correndo em sua gaiola sem sair do lugar. A corrida dos ratos seria uma espécie de ação que pessoas executam num *loop* infinito sem perspectivas de chegar a lugar nenhum. Vivendo em grandes cidades, saindo de casa para o trabalho (preocupados com o trânsito, a segurança, sua saúde) e voltando do trabalho para casa, recebendo seus salários para pagar contas e gerando mais contas que, por vezes, seus salários não podem pagar.

Qual a lógica em se trabalhar tantas horas em detrimento da sua saúde física e mental? Quantas pessoas você conhece (incluindo você mesmo) que largariam tudo e fariam outra coisa caso não dependessem do salário no final do mês? Quantas dessas pessoas estão fazendo algo para saírem da corrida dos ratos? Quantas estão deixando a vida o levarem? Aqueles que trabalham demais, perdem oportunidades de pararem para respirar ou pararem para se inspirar e, terminam por não pararem de pirar. A síndrome de *Burnout,* como já lhes apresentei em outros capítulos cresce no mundo causando stress e depressão em pessoas que se julgavam saudáveis e normais até o momento em que se veem cheias de compromissos (sem propósitos), cobranças de prazos cada vez mais apertados e tendo que lidar com chefes que estão longe de serem líderes que inspiram outros e estão mais para algozes que piram ou assediam moralmente seus subordinados.

Nesse contexto de mundo, pessoas vão aos poucos se isolando umas das outras e tornando-se ilhas. As ilhas não estão conectadas, ao redor desta formação você só encontra água... Milhões de profissionais de todas as partes do mundo, desempenham suas funções no ambiente profissional, mas não se conectam com outros como poderiam e apenas convivem pela necessidade do salário que recebem. Internamente, vivem em seu mundo interior, saindo do trabalho e indo para casa onde, supostamente viveriam e se realizariam em família. Você não acha um tanto deprimente esse cenário?

Profissionais insulares não se misturam, não estão conectados e não permitem que outras pessoas lhe conheçam melhor. Quando um destes profissionais perde o emprego por qualquer que seja o motivo, geralmente se desespera e sai enviando seus currículos para várias empresas. Acessam sites de empresas ou iniciam uma procura insana pelo LinkedIn para tentar se conectar com as pessoas que poderiam lhe ajudar a conseguir uma recolocação ou mudança de ares. Esta, definitivamente, não é a melhor maneira de se fazer isso.

Procure deixar de ser ilha e se conectar com outras pessoas, antes que você precise delas. Lembre-se do que discutimos no capítulo anterior: antes de pedir, comprometa-se em dar. Participe de comunidades, para oferecer algo a seus membros, antes que necessite pedir algo a eles. Se abra para outras pessoas, conheça pessoas e torne-se um conector poderoso de pessoas, torne-se uma ponte entre pessoas.

> "Nenhum homem é uma ilha, completo em si próprio; cada ser humano é uma parte do continente, uma parte de um todo."
>
> John Donne

Há muitas organizações que são verdadeiros arquipélagos. São empresas cheias de ilhas por todos os lados, áreas que competem entre si e um ambiente corporativo tóxico e cheio de politicagem. Da mesma forma, existem também algumas áreas da empresa ou alguns profissionais específicos que são como penínsulas. Penínsulas são quase como ilhas, por definição, uma península é uma formação geológica composta de extensões de terras cercadas de água por quase todos os lados. Porém, as penínsulas não estão afastadas totalmente do continente e há uma estreita faixa de terra que as conecta com o resto do mundo. Você conhece pessoas assim? Profissionais que parecem que só estão conectados com poucas pessoas da empresa e totalmente afastados das demais? Estes são profissionais peninsulares.

12.2 INTELIGÊNCIA EMOCIONAL

Empatia não é somente a capacidade psicológica para sentir ou se colocar no lugar de uma outra pessoa. A empatia é uma das competências mais importantes da inteligência emocional[1] e se baseia na tentativa de se compreender sentimentos e emoções, procurando experimentar de forma objetiva e racional o que sente outro indivíduo[2].

A palavra empatia é derivada da palavra grega *empatheia* que significa "dentro de" e "emoção, sentimento". No entanto, o significado real desse fenômeno psicológico é ainda mais importante do que a capacidade de se colocar no lugar do outro. Ser empático com outras pessoas não significa que você concorda com o que elas fazem, ou compartilha das mesmas opiniões e valores, mas sim que compreende e as respeita. Sendo capaz de escutá-los, dar-lhes voz e oferecer apoio emocional. Uma pessoa empática consegue perceber o outro e avaliar suas perspectivas, tanto cognitivas quanto afetivas.

A empatia leva as pessoas a se ajudarem. Está intimamente ligada ao altruísmo — que é o amor e interesse pelo próximo — e à capacidade de impactar e ajudar os outros. Quando você consegue se colocar no lugar de outra pessoa, você é capaz de sentir ou imaginar qual seria a sua interpretação de determinada ato ou palavra que alguém emite. Desta maneira, naturalmente você passa a defender visões diferentes e desperta o interesse genuíno em ajudar alguém. As empresas e os profissionais mais valiosos são empáticos.

Para ser empática, uma pessoa deve, pelo menos:

- Escutar outras pessoas e perceber sinais verbais e não verbais.
- Interpretar possíveis sinais não verbais que outros demonstrem.
- Demonstrar compreensão, validar seu entendimento.
- Oferecer ajuda emocional.

Aqueles que praticam a empatia, ganham e se valorizam de diversas maneiras, entre elas:

- Facilidade em se comunicar com outros.
- Desfrutar de relações mais saudáveis nas comunidades que esteja inserida.
- Agilidade e eficiência na resolução de conflitos.
- Desenvolvimento de capacidades colaborativas.

---

1 Definição disponível em: https://psicologiaymente.com/psicologia/empatia

2 Definição disponível em: https://www.significados.com.br/empatia/

- Desenvolvimento de habilidades de negociação.
- Desenvolvimento de capacidades de liderança.

Para empresas mais valiosas, é importante que seus colaboradores desenvolvam o poder da empatia, além dos valores de diversidade e inclusão. Como profissional, você não perde nada sendo empático, pelo contrário, cresce profissionalmente e pessoalmente, tornando-se um ser humano melhor e com propósitos de vida mais impactantes para a sociedade.

A inteligência emocional é supervalorizada nos tempos atuais e não há como separá-la do conceito de empatia. Empatia é, por muitos, definida como a arte de interpretar emoções e demonstra maturidade por parte daqueles que a praticam. Um profissional empático passa uma imagem muito mais madura do que a de um profissional que não demonstra empatia por outras pessoas. É importante que você perceba e acredite de fato que a empatia não é algo para ajudar apenas os outros, mas a nós mesmos. Basicamente, não assuma que outras pessoas compartilhem das mesmas crenças, objetivos e valores que você. Tente entender o que as pessoas buscam, o que é sucesso para elas, o que é importante para elas.

Não é fácil praticar a empatia 24 horas por dia e em diversas perspectivas, é preciso exercitar, talvez essa seja a melhor forma de tratar a empatia. Como um exercício diário, assim como exercícios físicos que você faz para manter a boa forma. A empatia vai lhe ajudar em seu bem-estar assim como os exercícios físicos. É preciso ter corpo são e mente sã. Relacionar-se bem com as pessoas que te rodeiam vai fazer muito bem para sua mente.

Estamos aqui endereçando aqui o último passo do método P-L-A-C-E, que trata da empatia para encadear pessoas, é importante que você esteja seguro do que sem uma liderança e atitudes empáticas, não é possível conseguir o devido compromisso e encadeamento das pessoas em suas causas, projetos ou iniciativas. Empresas que já perceberam isso estão atingindo patamares muito mais altos em valor de mercado e transformação de clientes em fãs e colaboradores em aliados de fato. As que insistem em visões retrógradas estão desaparecendo aos poucos ou sendo disruptadas por *startups* que empoderam pessoas e criam experiências inovadoras para seus clientes.

> "Quem não compreende um olhar, tampouco entenderá uma longa explicação."
>
> Provérbio Árabe

12.3 TECENDO COMUNIDADES

Por falta de empatia, o Estado perde a capacidade de atrair parte da população e, por vezes, perde o domínio total de comunidades inteiras, que passam a ser dominadas por outras organizações mais bem organizadas e que, de alguma maneira, demonstrem empatia pela realidade de seus membros. Famílias perdem a influência sobre alguns de seus membros pela incapacidade de demonstrarem empatia a um filho, uma neta, tios ou irmãos. E esses, vão procurar por alguém que as escute mais e melhor, que as compreenda e, com isso, afastam-se das suas famílias.

Muitas pessoas que vivem em áreas carentes ou desassistidas do mundo se aproximam do crime organizado, não pelo crime em si, mas por sua estrutura organizada de fato. Indivíduos precisam preencher suas necessidades de propósito e pertencimento como vimos no Capítulo 3 – "Você S/A – Sem Atrito". Muitas, por não encontrarem nos ambientes de trabalho ou em família, buscam por isso em outras associações. Algumas organizações de crime organizado oferecem proteção, oportunidades e possibilidades. Dependendo do momento e de como uma pessoa vive, essas oportunidades podem lhe parecer a única saída. Ao associar-se a essas organizações, conhecem uma estrutura onde os membros se protegem, que lhe oferece segurança e onde há respeito às hierarquias, proporcionando uma sensação de algo incorruptível.

Mariana Perriliat, em seu talk intitulado "Tejedores de Comunidad", numa edição do TEDx Cancún[3], trouxe vários pontos que me fizeram refletir sobre o tema. Ela afirma que "[...]todas as organizações que pretendam seguir existindo, transcendendo governos e empoderando seus membros, tem que usar uma engrenagem social muito maior que se chama tecido social. O narcotráfico, a pirataria e outras formas de crime organizado, também tem que estar baseados num tecido social muito bom." Sobre associações que fazem serviços sociais de voluntariado, ela chama atenção, com toda razão, que "[...]doar brinquedos e dar cobertores é um grande detonador do tecido social, pois ficam no meio do caminho, como apenas uma ação louvável" e finaliza: "[...]o frio, a fome e a pobreza não terminam com presentes. Não desaparecem! Somente podem desaparecer com oportunidades, esse é o tecido social". O conceito de tecido social tratado por Mariana relata as relações significativas de como indivíduos podem ser parte de algo, de integrar-se e

> "A cultura é o melhor conforto para a velhice."
> Aristóteles

---

3 "Tejedores de Comunidad – Mariana Perrilliat - TEDxCancún".

projetar-se e pertencer a algo maior. No contexto deste tecido social, estão inclusos valores de respeito, de solidariedade e de confiança.

Fazemos parte de organizações das mais diversas, sejam nas empresas, escolas, associações, grupos religiosos, ONGs ou qualquer outra estrutura que tenha uma causa e um propósito bem definido. Mas, apesar disso, há uma sensação de estarmos sós, de que lutamos por uma causa como o exército de um homem só. Está claro para todos nós que a grande maioria das pessoas é boa, mesmo em comunidades carentes tomadas pelas milícias ou narcotraficantes, sete em cada dez pessoas são indivíduos de bem. Mas então o que falta? Como podemos deixar esse sentimento de estarmos sós para trás? Por que nos sentimos assim? A resposta é simples: porque não nos conhecemos. Estamos cuidando do nosso mundinho e não percebemos o vão entre nós e o resto do mundo. Mesmo que "o resto do mundo" esteja ao lado de nossas casas, no mesmo bairro onde moramos. É preciso que tenhamos uma visão de comunidade de fato, que nos organizemos em comunidade para mudar a dura realidade que nos cerca.

Mariana afirma com toda razão que "[...]se há algo que nos deixa indignados, há algo que deve nos fazer mover". Com a ideia de fazer algo por sua comunidade, ela fundou o projeto "Tejendo México".

12.4 CULTURA E CÓDIGO DE CONDUTA

O seu sucesso é definido a cada interação, em cada momento que você tem com outras pessoas. Em reuniões de trabalho, em grupos de estudo na escola ou faculdade ou em um *meetup*, temos a oportunidade de definir quem somos e de moldar a nossa cultura, diminuindo o vão entre nós e o resto do mundo, que se traduz nas pessoas que nos cercam.

Nossa cultura é definida pelo que falamos e por nossos atos. Como vimos anteriormente, uma cultura é formada por ideias que geram ações e transformam a cultura. Devemos moldar a nossa cultura a cada interação, a cada momento em que estamos em comunidade, pensando não somente no que é melhor para nós mesmos para no bem comum e no senso coletivo. Para que as pessoas possam se encadear uma as outras e estarem engajadas com uma causa, é preciso que exista compromisso um com o outro, com respeito mútuo e oportunidades de pensamentos e exposição de ideias. Só por meio uma cultura participativa, com uma atmosfera segura para exporem suas ideias, indivíduos se sentirão comprometidos e engajados, de fato, com o propósito e as lideranças estabelecidas.

Quando estamos em comunidade, não é mais sobre "eu", mas sobre "nós". Uma comunidade deve proporcionar uma atmosfera segura, livre de discriminação, assédio ou retaliação a qualquer um de seus indivíduos. Só assim, o senso do "nós" irá ser maior que o do "eu". O pensamento no coletivo pode gerar a criação de soluções que nenhum indivíduo sozinho conseguiria desenvolver. É preciso liderança e coragem para prover *feedbacks* diretos com transparência e respeito àqueles que não estiverem demonstrando alguns dos valores de integridade e respeito que devem estar presentes no código de conduta de uma comunidade.

Uma comunidade aberta que realiza encontros por meio de *meetups* e reúne pessoas de todos os tipos de cultura e condição social deve desenvolver um código de conduta que inclua, pelo menos, regras claras relacionadas a:

- Comportamentos desrespeitosos.
- Atividades ilegais ou ofensivas.
- Discriminação e assédio de qualquer tipo.
- Assédio sexual.
- Plágio, *gaslighting, mansplaining, manterrupting* e bropriating[4].

Comunidades que definem e compartilham seu código de conduta para seus membros têm mais chance de desenvolver uma atmosfera segura onde todos podem se expressar, sem o medo de retaliações ou de piadas, com um comentário ou pergunta. Assim, terá maior capacidade de atrair mais membros e crescer de fato.

12.5 DIVERSIDADE E INCLUSÃO (D&I)

Há alguns anos, eu estava liderando uma mesa redonda como facilitador para discussões sobre os temas de diversidade e inclusão. Um dos participantes das reuniões citou a seguinte frase, que nunca mais saiu de minha memória e resume bem estes dois conceitos:

> "Diversidade é convidar para a festa, Inclusão é chamar para dançar."

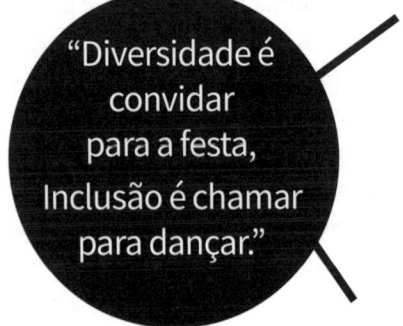

[4] Disponível em: http://movimentomulher360.com.br/2016/11/mm360-explica-os-termos--gaslighting-mansplaining-bropriating-e-manterrupting/

Ninguém soube identificar o autor exato da frase, mas ela, sem dúvida, é genial e serve muito bem para dar uma dimensão de forma bem direta sobre dois temas que podem ser tão simples e tão complexos ao mesmo tempo.

É notório que o mundo mudou, mudou rápido e para melhor. Mas talvez ainda esteja muito longe do que buscamos, de fato, para termos seres humanos sendo tratados como iguais quando devem e com tratamento diferente quando necessário.

Ao ler o livro *Na minha pele*, de Lázaro Ramos, tento buscar pequenos trechos que tragam luz para uma discussão sobre diferenças de raça. Recorro a ele uma vez que, por mais que me sinta um ser humano sem preconceitos, a minha autopercepção pode estar imprecisa e por meio de Lázaro, um ator conhecido, escritor, negro, torna-se mais genuíno falar de diferenças raciais sob seu filtro, sob sua ótica:

> "Pergunto quando que um branco se dá conta de que é branco? Pensou?
> No geral, a autopercepção da etnia branca não existe. O protagonismo é dos brancos, então sua condição de branco não é um assunto. Isso é o "normal".
> Um negro se dá conta de sua etnia a cada olhar que recebe (de desconfiança, de surpresa, de repulsa, de pena) ao entrar em um lugar. A cada vez em que se procura e não se encontra."[5]

Quantas empresas (ou comunidades) se dizem livres de preconceito, ou falam e fazem marketing sobre diversidade, mas não conhecem de fato a questão. Não basta falar de diversidade de forma isolada, do tipo "[...]em nossa empresa damos as mesmas chances para brancos e negros, para homens e mulheres, para jovens e mais velhos." É *fake* e feio se esconder atrás de números ou métricas que mostrem xis por cento de pessoas com deficiência (PCDs), negros, mulheres ou LGBTQ+ no quadro das empresas, mas quando se analisa a estrutura hierárquica (ou de poder), não há uma representação efetiva de grupos vulneráveis. Não basta convidar para a festa, é preciso chamar para dançar.

> "Diversidade é sobre todos nós descobrirmos como percorrer este mundo juntos."
> Jacqueline Woodson

As empresas que deixaram de fazer marketing e passaram a criar grupos para discutir diversidade e inclusão, sempre tratando destes dois temas de forma conjunta e integrada, estão conseguindo conquistar novos talentos que em outras décadas

---

5 RAMOS, Lázaro. *Na Minha Pele*. Editora Saraiva. p.141 (2017)

não tinham acesso. Em um estudo recente chamado *"Delivering through Diversity"* ["Entrega através da diversidade", em tradução livre] publicado em 2018, que incluiu mais de mil empresas em 12 países, a consultoria McKinsey[6] mostra que as empresas com maiores diversidades entre seus grupos de executivos são mais lucrativas. Dentre as empresas pesquisadas, aquelas companhias que apresentavam maior diversidade de gênero da amostra tiveram 21% mais chances de obter resultados acima da média do mercado do que as empresas com menor diversidade do grupo. Sob a perspectiva da diversidade cultural e étnica, a chance de melhores resultados sobe ainda mais, atingindo os 33%. Um terço a mais em termos de lucratividade, pelo simples fato de ser uma empresa diversa e inclusiva.

No sumário executivo do estudo, a McKinsey já evidencia que desde que outro estudo da própria consultoria, intitulado *"Why Diversity Matters"* ["Por que diversidade importa, em tradução livre] havia sido publicado em 2015, houve uma crescente conscientização sobre diversidade e inclusão no mundo corporativo. O estudo reforça ainda que, independentemente de questões legais ou de justiça, as companhias que investiram em D&I, de fato, tiveram vantagens competitivas e maior crescimento que aquelas que não deram o devido respeito aos temas.

O estudo de 2018 da McKinsey confirmou algumas hipóteses e constatações que havia iniciado em 2015, entre elas:

- A relação entre diversidade e performance comercial existe.
- A relevância de D&I nos papéis de liderança para gerar melhores resultados.
- D&I não é apenas sobre gênero, mas inclui idade/geração, LGBTQ+ e experiência internacional.
- Não é apenas as empresas que investem em D&I que ganham, mas aquelas que não participam dos movimentos, perdem, de fato, em lucratividade e crescimento.
- O contexto local é importante. Cultura e geografia podem influenciar D&I.

Dentre as lições mais importantes, ou denominadores comuns, entre as empresas mais bem-conceituadas pelo estudo da McKinsey, foram destacadas:

---

6 Estudo "Delivering through Diversity", 2018, McKinsey and co. https://www.mckinsey.com/~/media/McKinsey/Business%20Functions/Organization/Our%20Insights/Delivering%20through%20diversity/Delivering-through-diversity_full-report.ashx

> "Faz sentido que uma base de funcionários diversificada e inclusiva — com uma série de abordagens e perspectivas — seja mais competitiva em uma economia globalizada."
>
> McKinsey

- Comprometimento desde o topo, com CEOs e líderes engajados e influenciando seus subordinados de forma a cascatear os valores de D&I por toda a empresa.
- Vinculação de D&I à estratégia de crescimento, definindo as prioridades de D&I, explicitamente, com base no que conduzirá a estratégia de crescimento dos negócios. Empresas líderes fazem isso de maneira orientada a dados.
- Elaboração de um portfólio de iniciativas, conectando inovação, objetivos financeiros e cultura de D&I.
- Adapte D&I com foco no impacto. As iniciativas de P&D devem ser adaptadas à área de negócios ou ao contexto da região geográfica para maximizar a adesão e o impacto locais.

Uma das empresas mencionadas como caso de sucesso no estudo é a francesa Sodexo. Segundo a McKinsey, a empresa é liderada por um CEO entusiasta no tema e se comprometeu publicamente a melhorar cinco dimensões da diversidade: gênero, pessoas com deficiência, gerações (idade), culturas e origens, orientação sexual e identidade de gênero. Outro caso de sucesso é o da empresa alemã de seguros Allianz, que inclui em seus objetivos de D&I cinco dimensões da diversidade adquirida e inerente: gênero, idade, deficiência, educação e nacionalidade/cultura. O estudo traz ainda o caso da empresa americana Salesforce e seu compromisso com a D&I, que é mais do que aparente, pelo ritmo acelerado de iniciativas implementadas nos últimos anos. A empresa, fez mudanças importantes em seus processos de contratação para lidar com preconceitos inconscientes (*unconscious bias*), incluindo mais treinamento de conscientização e entrevistas baseadas em competências. Além disso, a entrevista para cargos executivos inclui pelo menos uma candidata mulher ou minoria sub-representada. Além dos esforços de contratação, a Salesforce analisou os salários de cerca de 17 mil funcionários em 2015 e ajustou a remuneração de cerca de 6% de sua força de trabalho, gastando cerca de três milhões de dólares para fazê-lo. Nos EUA, a Salesforce é reconhecida como uma das principais defensoras dos direitos LGBTQ, sendo uma das primeiras empresas a se manifestar contra a legislação anti-LGBTQ no estado de Indiana.

De forma geral, as empresas com as diretorias com maior diversidade étnica e cultural em todo o mundo têm 43% mais chances de obter lucros maiores. Além disso, D&I pode impulsionar a performance dos negócios por cinco motivos principais:

- **Recrutamento e retenção de talentos:** o fortalecimento do capital humano para suas organizações continua sendo um dos principais desafios para os CEOs em todo o mundo e continua sendo visto como uma fonte importante de vantagem competitiva. Um ambiente de trabalho diversificado e inclusivo é fundamental para a capacidade de uma empresa de atrair, desenvolver e reter o talento necessário para competir. Os efeitos das principais tendências — globalização, tecnologia e demografia — criam novas oportunidades de crescimento para as empresas e são disruptivos frente os modelos de negócios tradicionais e as estruturas organizacionais. Organizações mais diversificadas têm grupos de talentos mais amplos, dos quais podem adquirir capacidade para competir neste mundo em mudança.

- **Mais qualidade na tomada de decisões:** grupos diversos e inclusivos tomam decisões de melhor qualidade, geralmente mais rápidas e baseada em fatos, com menos viés cognitivo ou achismos. Estudos mostram que há uma correlação positiva entre melhor tomada de decisão e resultados comerciais.

- **Mais inovação e melhor experiência do cliente.** Equipes diversas e inclusivas tendem a ser mais criativas e inovadoras do que grupos homogêneos. Equipes diversas trazem diferentes experiências, perspectivas e abordagens para resolver problemas complexos e não rotineiros. Equipes diversas também são mais capazes de direcionar e atender distintamente a diversos mercados de clientes, como mulheres, minorias étnicas e comunidades LGBTQ+ que respondem por uma parcela crescente da riqueza dos consumidores, que podem representar mercados inexplorados para algumas empresas.

- **Aumento da satisfação dos funcionários.** A gestão de D&I melhora a satisfação dos funcionários e reduz os conflitos entre os grupos, aumentando a

colaboração e a lealdade. Isso pode criar um ambiente mais atraente para os de alto desempenho.
- **Melhoria da imagem global de uma empresa**. As empresas líderes em relação a D&I se beneficiam de uma reputação aprimorada que se estende além de seus funcionários, até clientes, cadeia de suprimentos, comunidades locais e sociedade em geral. Questões recentes e altamente divulgadas, tal como a discriminação de gênero e raça, destacam que, para muitas empresas, isso também é uma questão de licença para operar.

Se não for pelo aspecto social e interpessoal, agora você tem mais motivos para convencer comunidades e empresas, sejam elas grandes empresas ou *startups*, que ser diverso e inclusivo rende melhores resultados financeiros também. É algo meio óbvio para muitos, mas, ao mesmo tempo, ainda há uma longa jornada a ser trilhada e muitos céticos do século passado a serem convencidos sobre isso.

12.6 GRUPOS VULNERÁVEIS E A CORRIDA DOS $100

Durante os últimos anos, tive a chance de conversar abertamente e aprender muito com cada conversa que eu tinha sobre diversidade, inclusão e acessibilidade. Certa vez, quando visitava meu sócio e amigo Anderson Gobbi em sua casa e conversávamos sobre o tema, sua esposa Tascila me mostrou um vídeo da Ruth Manus, onde ela apresentava a sua visão de mundo em uma palestra no TEDxSão Paulo[7]. Outra lição aprendida que compartilhei desde então. Neste talk, Ruth explica sua analogia da vida como uma escalada. Porém, o que ela chama atenção é que não partimos (ou iniciamos) todos do mesmo patamar.

A vida pode ser vista como uma escalada de uma montanha, não seria uma corrida, não importa quem chega no topo primeiro, o ponto seria, quais caminhos nos levariam até o topo e que tipo de perfis teriam maior facilidade ou dificuldades para atingir o cume. Atingir o topo seria visto não como sucesso, mas como realização pessoal e profissional. Na base da montanha está o ponto de partida e, neste momento, conhecemos um perfil que ela chama de sujeito ideal, aquela pessoa que não nasceu devendo nada para ninguém. Uma pessoa que, para o senso comum, não teria nenhum "porém" que jogasse contra ela e, assim, Ruth traça o perfil desse sujeito: homem, branco, hétero, magro, saudável e norte-americano ou europeu e, sendo europeu, seria francês, alemão ou inglês. A escalada para um sujeito ideal como esse pode apresentar seus desafios sim, não há a garantia de que a vida dele

---

[7] TEDxSão Paulo de 2017, "A escalada dos vulneráveis", por Ruth Manus. Disponível no Youtube em: https://www.youtube.com/watch?v=4RbHzSRfoXo&t=175s

CURIOSIDADES

Você sabia que a Diversity Inc[1] publica anualmente uma lista com as 50 melhores empresas no diz respeito a práticas de diversidade e inclusão?

•••

Você sabia que apenas 4,7% dos cargos executivos das 500 maiores empresas brasileiras são ocupados por negros e só 13,6% dos postos mais altos são ocupados por mulheres?[2]

•••

Segundo estudos da Elancers, 38% das empresas brasileiras não contratariam pessoas LGBT para cargos de chefia. Por outro lado, há empresas que já adotaram ou mantêm políticas e ações de apoio aos direitos LGBTQs em suas atividades. Entre elas, um post do blog Catraca Livre destaca: Hamburgueria Castro, Carrefour, Microsoft, Google, Nike e Absolut[3].

---

[1] Mais informações em: https://www.diversityinc.com/

[2] Os números estão em estudo sobre o perfil social, racial e de gênero nas empresas brasileiras, divulgado em 11 de maio de 2016 pelo Banco Interamericano de Desenvolvimento (BID) e pelo Instituto Ethos. Fonte: https://oglobo.globo.com/economia/negros-mulheres-ocupam-menos-de-20-dos-cargos-altos-das-empresas-19277091

[3] Post do blog Catraca Livre: https://catracalivre.com.br/carreira/elas-fazem-diferenca-6-empresas-que-abracam-causa-lgbt/

seja um mar de rosas, mas o ponto principal de atenção é que esse sujeito não precisa provar nada para ninguém sobre ele ser bom o suficiente.

Mas abaixo da base dessa montanha da vida, há uma outra montanha que várias pessoas têm que escalar previamente para poderem chegar até a base da montanha onde é o ponto de partida do sujeito ideal. Essa escalada prévia é necessária ser trilhada por muitos seres humanos apenas para provar que podem ser tão bons quanto o sujeito ideal. Despertando um pensamento do tipo "apesar de ser mulher, apesar de ser negro, apesar de ser gay, apesar de ser nordestino, apesar de ser latino-americano, ..." podemos ser tão bons quanto o sujeito ideal. Estes grupos que não partem da base da montanha, mas sim da outra montanha abaixo da principal são chamados de grupos vulneráveis. Para eles, a vida é uma escalada dupla. Enfrentam discriminações e provas adicionais para que conquistem seu espaço num mundo onde outras pessoas já partem de algum lugar mais alto. É justo? Não. Mas é a vida como ela é, não se pode tapar o sol com a peneira.

Falando em ponto de partida, em outro vídeo que viralizou nas redes há alguns anos, um grupo de estudantes de um colégio norte-americano se alinha num campo gramado enquanto seu instrutor explica uma regra para uma corrida diferente. Na linha de chegada, do outro lado do campo, há uma nota de cem dólares, que seria o prêmio para o vencedor. Porém, antes de dar o sinal e concluir o *line up*, ele explica que fará algumas afirmações e se essas se aplicarem aos corredores, estes deverão dar dois passos à frente, caso contrário, deverão permanecer no mesmo ponto onde estão. E o instrutor então faz as seguintes considerações:

> "Dê dois passos à frente, se seus pais ainda estão casados." Neste momento, mais de 80% dão os passos à frente, enquanto outros permanecem no ponto inicial de partida. A próxima pergunta é feita.
>
> "Dê dois passos à frente, se você cresceu com a figura paterna dentro de sua casa." Alguns seguem dando os dois passos, outros permanecem onde estavam.
>
> "Dê dois passos à frente, se você teve acesso à educação privada." Segue o instrutor.
>
> "Dê dois passos à frente, se você teve alguém que lhe orientasse como um tutor gratuito enquanto crescia." Alguns seguem avançando de dois em dois passos, outros vão ficando pelo meio do caminho.
>
> "Dê dois passos à frente, se você nunca teve que se preocupar se havia ou não créditos em seu celular."
>
> "Dê dois passos à frente, se você nunca teve que ajudar seu pai ou sua mãe a pagar as contas da casa."

"Dê dois passos à frente, se você nunca precisou pagar colégio, independentemente de suas atividades como atletas."

"Dê dois passos à frente, se você nunca precisou se preocupar de onde viria a sua próxima refeição do dia."

Neste momento, o instrutor para e pede para que aqueles que estão mais a frente que os demais, virem-se e olhem para trás. Para que percebam o quão longe estão em comparação com os outros, considerando aqueles que nem saíram do ponto de partida, uma vez que nenhuma afirmação se aplicava a eles: não cresceram com pai e mãe juntos em casa, ou com a figura paterna presente, não tiveram acesso à educação privada, nunca tiveram um tutor, tinham que se preocupar sobre contas da casa, ou com o que iam comer no almoço e no jantar.

O instrutor segue explicando que nenhuma das oito perguntas que ele fez tem a ver com alguma coisa que os estudantes haviam feito ou com decisões que tivessem tomado. Mas sim, que eles deveriam notar que há certos indivíduos que tiveram certos privilégios e por isso estariam posicionados a frente em algumas corridas da vida. Todos ali, quando ele desse o sinal, teriam chances de vencer a corrida e conquistar os cem dólares. Mas, claro, a realidade era clara, havia aqueles que partiam bem a frente e tinham mais chance de conseguir o feito. Os que partiam do ponto zero, precisam correr muito, mas muito mais para ultrapassar todos os outros se quisessem ganhar aquela corrida em especial.

Mas o que o instrutor chama a atenção de todos é que não há desculpa para ninguém. Todos temos que disputar nossas corridas. Mas aquele que vencesse aquela corrida em especial e ganhasse os cem dólares, seria um grande tolo se não utilizasse a corrida para conhecer um pouco mais sobre a história dos outros. E segue chamando a atenção dos brancos que estavam a frente no *line up*, de que há muitos negros no ponto zero de partida que vão dar seu máximo para ganhar deles, portanto, todos devem se esforçar. Nada que eles fizeram o colocaram onde estão. Não vão largar mais a frente por mérito próprio, mas pelo privilégio que tiveram em comparação a outros. Essa é a corrida da vida. É justo? Definitivamente não, mas é a vida como ela é.

O instrutor dá a largada e a corrida termina em poucos segundos. Apesar de muitos alunos que partiram do ponto zero, terem ultrapassado várias pessoas a sua frente, um daqueles que estava melhor posicionado inicialmente vence a prova. Mas, ao final, todos foram um grande círculo humano ao centro do gramado para orar e refletir sobre todas as lições aprendidas naquela atividade. Só um tolo não tiraria valiosas lições naquele dia e encerraram com uma citação bíblica a 1 João 3:17-20.

"Ora, aquele que possuir recursos desse mundo e vir a seu irmão padecer necessidade e fechar-lhe o coração, como pode permanecer nele o amor de

Deus? Filhinhos, não amemos por palavras, nem de língua, mas de fato e de verdade. E nisto, conheceremos que somos da verdade, bem como, perante ele, tranquilizaremos o nosso coração, pois se o nosso coração nos acusar, certamente, Deus é maior do que o nosso coração e conhece todas as coisas." - 1 João 3:17-20

12.7 CONECTANDO ILHAS

Uma vez que tenhamos coração aberto, que tenhamos visão e percepção sobre os outros, que tenhamos derrubado preconceitos, que possamos unir diferentes perfis sob um mesmo propósito ou dentro de uma comunidade única, conseguimos conectar ilhas. Grupos de pessoas que se unem por diversos motivos: para se ajudarem e protegerem, para defender uma causa maior e lutar por direitos, para compartilhar conhecimento ou, simplesmente, para estarem juntos e celebrarem.

Em 2020 e adiante, não há mais espaço para *apartheids*, antissemitismo, racismos ou preconceitos de qualquer tipo a outras pessoas. É preciso escolher lutas maiores que nos unam ao invés de pequenas diferenças étnicas ou culturais que nos afastem. Para isso, é mandatório que eliminemos a sensação de que estamos sós nessas batalhas. Precisamos nos organizar, tecendo comunidades fortes, diversas, inclusivas e abertas. Com propósito, liderança, atitude, comprometimento e empatia, é possível encadear pessoas ao seu redor em uma comunidade. E aqui fechamos o quinto passo do método P-L-A-C-E. ✋

Deixo um pedido final para você: comece já a pensar no "NÓS", mas que no "EU", afinal não estamos sozinhos. Que você encontre seu lugar neste imenso *PeopleChain* e daqui pra frente seu pensamento deve ser "eu não, nós". #TamoJunto 👍

RELATOS REAIS DE PROFISSIONAIS MAIS VALIOSOS

IGUALDADE DE GÊNERO: AVANÇOS POR AMPLIAR, OBSTÁCULOS POR SUPERAR

Homens e mulheres são seres humanos dotados de diferenças biológicas. Os agrupamentos sociais, os povos, ao longo da história da humanidade, construíram modos de vida (culturas) que determinaram papéis específicos para machos e fêmeas/homens e mulheres. E nesse estabelecimento de papéis foi construída a cultura do patriarcado. Nesse modo de vida, a estruturação e a organização dos coletivos são baseadas no poder masculino (patriarca), concretizado na figura do pai, dos irmãos, dos tios, do marido, dos filhos.

Isto é, determina-se que a base da organização social está no poder do homem como líder, como reprodutor da espécie, como provedor da família. O poder do homem se justifica por representar o ser com mais força física e mais inteligência e capacidade de gerir processos coletivos. A mulher tem, neste modo de vida, seu próprio papel: participar da reprodução da espécie com a gestação, cuidar da sua cria, cuidar da família, em especial da moradia que a abriga. Por ser considerada mais frágil e dotada de menor inteligência e capacidade nas dinâmicas sociais, a mulher é destinada a cuidar e servir.

Foi assim que homens e mulheres passaram a percorrer caminhos diferentes quanto à constituição física e psíquica, à construção de valores, crenças, hábitos, comportamentos, preferências, imagem corporal, realização de trabalhos, entre outros elementos da vida humana. Como consequência, o ato sexual se consolida como uma prática cujo objetivo exclusivo é a procriação, sendo os filhos a continuidade da família e sua herança. A dimensão da sexualidade relacionada à realização plena da pessoa e ao prazer é descartada e classificada como perversão e desvio do objetivo maior.

Resultado disso é o reforço da submissão da mulher ao poder do homem e a repressão/o controle dos corpos das mulheres. Por isso, mulheres aprendem a ser femininas e submissas, do lar, e são controladas nisto, e também os homens são cobrados na manutenção de sua masculinidade. Emergem ainda a exploração sexual, a opressão do trabalho da mulher, a discriminação das mulheres que rompem com o papel de dominação, a discriminação dos homens que se solidarizam com as mulheres e que se identificam com o feminino.

Nesta compreensão, o destino da mulher é a procriação e o cuidado com a família que ajuda a formar, devendo estar em silêncio nos espaços públicos ocupados e liderados pelos homens. Importa lembrar que o poder dessa cultura é tornar as coisas naturais: as ideias e as atitudes a reproduzem, ou seja, são homens e, também, mulheres que disseminam esta compreensão. Pessoas que são chamadas a refletir e agir por um caminho alternativo acabam por dizer: "sempre foi assim", "mulheres foram feitas mesmo para sofrer", "o que será das mulheres sem os homens", entre outras afirmações de conformação. Junto com a ela vem a violência nas suas mais diversas formas: física, psicológica, sexual, patrimonial.

O questionamento desta lógica nas sociedades ocidentais emergiu, marcadamente, na Revolução Francesa, por meio das noções de cidadania, igualdade, liberdade, que deflagraram processos de transformação na compreensão de família, com a inserção da dimensão da afetividade. Passou-se a questionar os casamentos forjados por interesses das famílias, muitas vezes baseados no econômico-financeiro, bem como a venda que os "patriarcas" faziam das filhas, controladas por meio do dote.

Os movimentos de mulheres dos séculos 19 e 20 consolidaram este processo que passou a ser fundamentado por teorias das ciências humanas, sociais e biológicas, como a Psicanálise; pela desnaturalização do poder sobre o corpo, com a Filosofia; pela emergência do conceito de gênero para além de feminino e masculino, como categoria científica analítica (com gênese em reflexões como a da filósofa Simone de Beauvoir – "Não se nasce mulher; torna-se mulher"); pelo desenvolvimento da biociência (separação da sexualidade da reprodução humana e da pílula anticoncepcional). Garantiu-se mais direitos civis das mulheres ao próprio corpo, ao seu destino e à participação sociopolítica.

Do fortalecimento dos movimentos pelos direitos das mulheres ao próprio corpo, ao próprio destino e à participação sociopolítica foi um passo para a emergência dos movimentos homossexuais (LGBTI – de lésbicas, gays, bissexuais, transgêneros e intersexuais), a consolidação da noção de homoafetividade e a busca por direitos sexuais, que têm marcado o século 21 em todos os continentes.

Nestes anos todos, têm ocorrido muitos avanços que têm tirado as mulheres da condição de submissas e subordinadas e criado a consciência na sociedade, e nas próprias mulheres, de que diferenças biológicas não podem se tornar agentes de diferenciação, discriminação, negação de direitos e à própria vida. Mulheres em todo o mundo têm conquistado espaços de trabalho, de formação educacional, de poder político. Com isso, têm se tornado pessoas com pleno direito ao seu corpo, ao seu tempo, aos seus relacionamentos, à sua sobrevivência, sem deixarem de exercer a vocação da maternidade, quando decidem desenvolvê-la, e sem deixarem de exercitar o afeto, a ternura, o cuidado com os que lhe são próximos, aprendendo a dividir com o amor a si próprias.

Quantos nomes de mulheres podem ser lembrados por quem lê este texto, que deram sua contribuição e fizeram diferença em todas as áreas da vida, sejam elas próximas, das próprias famílias e do círculo de amizade, ou mais distantes, destacadas como celebridades ou personagens da História? Vale fazer este exercício.

Se há uma palavra que pode expressar, em síntese, este processo de séculos, é "empoderamento". Em primeiro momento, o termo, que vem do inglês "empowerment" adquiria o sentido de dar poder a alguém colocado em posição vulnerável e inferiorizada, mas foram as reflexões em torno do que os processos educativos podem fazer com as pessoas, especialmente as provocadas pelo educador brasileiro Paulo Freire, que tornaram possível o aportuguesamento da palavra e a atribuição de um novo sentido para ela.

Paulo Freire defendia que os processos educativos empoderam as pessoas, pois, com eles, passam a ter sua potencialidade criativa ativada e podem desenvolver-se criativamente como sujeitos de si próprias, descobrindo seu lugar no mundo e agindo a partir dele. Isto é muito importante porque indica que os processos de empoderamento somente ocorrem, de fato, quando as pessoas se descobrem como pessoas e desenvolvem a própria potência que têm dentro de si. A educação facilita isto!

Portanto, as conquistas que mulheres alcançaram ao longo da história só foram possíveis por um movimento delas próprias, afirmando seu lugar no mundo, sua importante relação com os homens, não de concorrência, mas de parceria. Por isso, o processo de empoderamento vivido pelas mulheres ensina que não é possível alcançar esta potência individualmente, mas é somente quando vivido coletivamente que gera transformação social.

O movimento das mulheres em todo o mundo mostrou e vem mostrando que quando a noção de empoderamento passa apenas pelo indivíduo, pelo sucesso individual, não há transformação social. São realizações isoladas. O empoderamento que gera transformações se dá no coletivo, na consciência de que o valor que cada uma tem, superando as noções patriarcais de que ele só está nos homens, fortalece a potência de todas as mulheres, como um grupo. Foi assim que os movimentos de mulheres, ao longo da história, transformaram a realidade de muitas sociedades, suas leis e formas de vida. Isto vale para todos os grupos sociais.

No entanto, é preciso reconhecer que os passos desta trajetória não são largos. São curtos e lentos. Ainda há muitos obstáculos a serem superados. São altos os números de mulheres assassinadas todos os dias, pelo simples fato de serem mulheres (feminicídio) e centenas delas sofrem estupros diariamente. A violência doméstica é uma realidade terrível na vida de muitas esposas, mães, filhas, e outras vinculadas a uma família. A remuneração do trabalho de mulheres é fortemente inferior à remuneração de homens e às mulheres ainda são mais destinadas as funções relacionadas ao cuidado e ao doméstico contra o que diz respeito ao pensar, ao administrar, ao manusear, consideradas mais próprias para homens. Mulheres ainda são submetidas a jornadas de trabalho duplas ou triplas, por conta das atividades domésticas que culturalmente lhe são atribuídas. O corpo das mulheres ainda é considerado objeto não apenas nos relacionamentos sexuais, mas também no mercado da moda, da publicidade, do entretenimento.

São situações que indicam que os tantos avanços na história precisam ser ampliados para que os obstáculos sejam superados em busca da igualdade de gênero que torne homens e mulheres não competidores, mas parceiros, cada qual com sua potência e contribuição social. Nesse sentido é que os processos de educação devem ser evocados em todas as frentes sociais possíveis, a fim de instigar que homens e mulheres se descubram, se afirmem, se empoderem e superem as expressões do patriarcado tão negadoras da potência humana!

Magali do Nascimento Cunha *é jornalista, doutora em Ciências da Comunicação com pesquisas em mídias, cultura, religiões e integra o Coletivo Evangélicas pela Igualdade de Gênero.*

TRÊS PONTOS PARA NÃO ESQUECER

- É preciso falar sobre o que você faz e fazer aquilo que você fala. Parece simples, mas demonstrar suas intenções e valores nem sempre é algo que empresas e profissionais fazem com transparência.

- Para ser empática, uma pessoa deve escutar as outras, perceber sinais verbais e não verbais, interpretar os sinais não verbais, demonstrar compreensão, validar seu entendimento e oferecer ajuda emocional.

- Diversidade e inclusão geram mais lucros. De forma geral, as empresas com as diretorias com maior diversidade étnica e cultural em todo o mundo têm 43% mais chances de obter lucros maiores.

TRÊS PONTOS PARA REFLETIR

- Você acredita que está pronto para falar e discutir publicamente questões sobre diversidade e inclusão?

- Você acredita que há uma escalada muito maior para alguns grupos de vulneráveis em relação a outros, tanto na escala local quanto global?

- Você já recebeu algum tipo de discriminação étnica ou social?

ANNOTE AQUI

POSFÁCIL:

DE VOLTA PARA
O FUTURO

Se você chegou até aqui, espero que tenha se divertido durante esta jornada. Meu grande propósito com este livro sempre foi transferir conhecimento e compartilhar lições e histórias reais com você. Se mais do que dados, as histórias se fixam em nossas mentes porque envolvem coração e sentimento, não poderia ilustrar melhor cada capítulo deste livro, senão com alguns dos relatos de MVPs e profissionais valiosos. Foram vinte relatos ao longo deste livro, além dos meus próprios, inseridos ao longo do texto. Mas não se trata de uma biografia, pelo contrário, trata-se de uma obra que nasceu com a missão de despertar em profissionais e empresas uma visão mais colaborativa do que competitiva. Uma utopia disruptiva de estarmos cada vez mais conectados, de fato, numa imensa corrente do bem. Para que possamos nos ajudar e para que nenhuma pessoa jamais se sinta sozinha ou desamparada, mesmo nos momentos mais difíceis de nossas carreiras ou vida pessoal. Afinal, desde que milhões de pessoas puderam trabalhar de qualquer lugar do mundo, só necessitando de uma conexão com a internet, é possível também que consigamos impactar e ajudar outras pessoas, estando elas ou não perto de nós.

Que você possa iniciar seu dia amanhã — no futuro — cheio de ideias e *insights* positivos, pensando em como diminuir o vão entre você e o resto de mundo, conectando com mais pessoas, participando de mais *meetups*, palestras, *hackathons* e *ideathons*. Que as histórias pessoais de cada ser humano mencionadas neste livro, famosos ou anônimos, sejam inspiração em sua vida e lhe traga motivos para, a cada dia, escrever sua história de sucesso.

Seja um líder! Lidere ações, mesmo que no início de tudo, seja só você. Defina claramente seus propósitos e, assine na pedra, sobre aqueles valores e metas que não são negociáveis. Aqueles que você não abre mão por ninguém, nem por nenhuma proposta. Aqui deixo uma reflexão: será que existe mesmo alguns propósitos que não são negociáveis? Se você ainda está sozinho, tente criar sua comunidade. Não precisa sair procurando 50 ou 100 pessoas logo de início. Procure mais uma, que compartilhe de alguns propósitos ou objetivos que você também tenha e, a partir daí, será possível exponencializar, pois você deve se lembrar que um sozinho não se exponencializar, mas dois sim.

Retire o atrito das experiências que você gera em sua vida. Seja em seu trabalho atual, em sua *startup*, na escola, na faculdade, na empresa que você criou ou nos diversos grupos que você participa, desde clubes de final de semana a grupos de pais ou do seu condomínio. Retire o atrito quando você estiver participando de um *meetup* (ou mesmo uma reunião) e você verá coisas incríveis acontecerem. Procure decifrar o propósito maior de cada pessoa com quem você lida e, talvez assim, você possa despertar empatia por ela e, mais importante, compreendê-la e descobrir a melhor forma de se relacionar entre vocês.

Não seja uma pessoa medíocre ou morna, tenha atitude! Procure fazer algo, criar coisas, organizar ações ou movimentos que possam impactar positivamente outras pessoas. Identifique um problema e procure pessoas ou comunidades que possam ajudar a resolvê-lo. As pessoas mais bem-sucedidas que conheço, têm muita atitude. Não dá para ficar "à toa na vida" vendo a banda passar, este tempo já ficou para trás há muitas décadas. Os ciclos de mudanças estão cada vez mais curtos e, de 2020 adiante, não se pode esperar que pessoas sigam fazendo o que dava certo nas décadas de 1980 e 1990, esperando que continue dando certo até hoje.

Você está a menos de seis graus de separação de qualquer outro ser humano neste planeta terra. Já parou para pensar nisso? Tem alguém que você queira conhecer ou enviar uma mensagem, mas nunca tentou? O que lhe impede? Facebook, Instagram, Twitter e LinkedIn são seus aliados! Mas não confunda, estas são ferramentas que podem servir para conectar pessoas. São as outras pessoas com as quais você está conectada é que lhe ajudarão a chegar em qualquer indivíduo da Terra.

Comprometa-se com causas e pessoas! Atualmente, existe uma boa parte dos jovens de gerações Y ou Z que, de tanto ouvirem que não se deve apegar a uma única empresa, que os tempos mudaram e hoje ninguém trabalha para uma companhia por dez anos ou mais, que isso é coisa de décadas passadas, terminam por não compreenderem algo mais simples: aproveite as oportunidades que surgem em sua vida! Vejo muitos jovens acima dos 30 anos de idade sem uma carreira definida, sem um patrimônio próprio e ainda vivendo às custas de seus pais. Nenhum problema em viver com seus pais, em absoluto! O problema a que me refiro aqui é seguir sonhando em só fazer aquilo que gosta e, assim, ter dinheiro para se autossustentar. Estou me referindo a jovens de vinte e poucos anos, iniciando suas carreiras em grandes empresas e, ao invés de aproveitar as oportunidades para vestir a camisa da companhia e demonstrar humildade para aprender com os mais experientes, já chegam querendo ser o novo presidente ou a nova CEO da empresa.

O mundo mudou, mudou rápido e para melhor. Não é possível que nenhum indivíduo hoje passe por assédio moral ou situações de extrema humilhação no ambiente de trabalho, por outro lado, é preciso que cada um de nós seja humilde para aprender e começar de baixo. Sempre disse a meus alunos, quando ainda dava aula, que é preciso sonhar grande, mas dar pequenos passos todos os dias para realizar esses sonhos. Se você tem a chance de trabalhar numa empresa, seja ela qual for, uma *startup*, uma pequena, média ou grande companhia, você terá gente mais experiente que você em alguma área e, a menos que você pense que já sabe tudo, você terá a chance de aprender algo novo no convívio diário com essas pessoas. Comprometa-se com a empresa que você estiver trabalhando, seja ela sua ou de outros. Conheci e sigo conhecendo muitos empreendedores que não são donos de negócios, mas que trabalham em empresas de outras pessoas. São intraempreendedores. Para mudar o mundo você não precisa fundar a sua própria empresa. É possível que você atue em uma organização que foi criada por outras pessoas e seja empoderado para transformar o mundo em que vivemos.

Se John Wood escreveu *Saí da Microsoft para mudar o mundo*, eu poderia escrever "Fiquei na Microsoft para mudar o mundo". A Microsoft tem me ajudado em diversas causas nas quais acredito. Eu trabalho sim para a Microsoft, há doze anos, mas pelo menos nos últimos três ou quatro, a Microsoft também tem trabalhado para mim.

Nenhuma história contada neste livro é melhor que a sua. Cada um tem o dom e a oportunidade diária de transformar uma vida ordinária em uma vida extraordinária, só é necessário ter atitude para começar. Essa atitude nem precisa ser infinita, pois quando você começa a fazer algo diferente hoje, no presente, você cria um futuro alternativo e isso é um círculo vicioso contagiante que lhe trará mais atitude para seguir fazendo coisas e, quando menos perceber, você verá que já está demonstrando uma atitude infinita de transformar o mundo a seu redor. A transformação social começa pela transformação pessoal. Vire sua própria mesa e faça algo diferente! Quer alguns filmes para se inspirar?

1. À Procura da Felicidade (The Pursuit of Happyness, 2006)
2. A Sociedade dos Poetas Mortos (Dead Poets Society, 1989)
3. A Vida é Bela (Life Is Beautiful, 1997)
4. Coach Carter (Coach Carter, 2005)
5. Como treinar seu dragão (How to Train Your Dragon, 2010)
6. Curso de Verão (Summer School, 1987)
7. Curtindo a Vida Adoidado (Ferris Bueller's Day Off, 1986)
8. De Volta para o Futuro (Back to the future, 1985)
9. Erin Brockovich – Uma Mulher de Talento (Erin Brockovich, 2000)
10. Extraordinário (Wonder, 2017)
11. Forrest Gump (Forrest Gump, 1994)
12. Invictus (Invictus, 2009)
13. Karatê Kid: a hora da verdade (The Karate Kid, 1984)
14. Moneyball (Moneyball, 2011)
15. O Campo dos Sonhos (Field of Dreams, 1989)
16. O Lado Bom da Vida (Silver Linings Playbook, 2012)
17. Piratas do Silicon Valley (Pirates of Silicon Valley, 1999)
18. Rebeldes e Heróis (Toy Soldiers, 1991)
19. Rocky (Rocky, 1976)
20. Somos Marshall (We Are Marshall, 2006)

Ainda não está satisfeito ou você é daqueles ou daquelas que não curte muito os filmes, mas prefere uma boa música? Então ouça a playlist pública deste livro, presente nas principais plataformas e se permita contagiar com cada uma.

Você pode acessar a playlist deste livro no Spotify por meio do QR Code a seguir:[1]

Esta playlist é pública e colaborativa, portanto, ouça, compartilhe e insira suas próprias sugestões de músicas. Se tiver alguma sugestão de música que se aplique melhor a um capítulo ou outro, por favor, me mande sua sugestão. Ficarei bem feliz em recebê-las e atualizar o livro para futuras edições.

---

1 Acesse: https://open.spotify.com/playlist/0vizPGgsTlXIbJpiUT4kJp?si=07Y4-kVvQ7KHLp3ubjC5yQ

As artes nos despertam emoções, nos motivam e nos inspiram a fazer algo para o bem. Seja parte desta imensa corrente do bem! Compartilhe comigo suas histórias por meio do Instagram (@glauterj) se você gostou de algum filme ou música em particular. Eu terei um imenso prazer em conhecer a sua história e, da mesma forma, me inspirar com ela.

Como a vida é uma viagem que pode passar bem rápido, não a leve tão a sério. Use um pouco da filosofia de Ferris Bueller e "curta a vida adoidado". Transforme alguns dias ordinários em dias extraordinários. Não se preocupe tanto assim com "tudo ao mesmo tempo agora". Se você tiver propósito e empatia, já poderá viver uma vida mais "solta" ao estilo dos surfistas havaianos que adotaram o sinal *shaka* para transmitir o "Espírito Aloha", um conceito de amizade, compreensão, compaixão e solidariedade entre as várias culturas étnicas que residem no Havaí. Lembrando que segundo o nosso método P-L-A-C-E, o polegar indica o propósito e o dedo mínimo, a empatia, chegamos ao sinal *shaka* ou "hang loose".

Figura 13.1 – Sinal *shaka* ou "hang loose" - Propósito e Empatia no *"Aloha Spirit"*!

Você se lembra do registro que você fez no Capítulo 1, sobre um momento que você gostaria de retornar no passado se tivesse uma máquina do tempo? Faça uma visitinha àquela página e, após suas reflexões durante cada capítulo deste livro, registre a seguir a data de hoje, o local onde você está e quais são os seus propósitos e iniciativas para tornar a sua vida em comunidade melhor e, por consequência, tornar o mundo um lugar melhor para todos.

DATA:
_____

LOCAL:
_____

PROPÓSITOS E INICIATIVAS:
_____
_____
_____
_____
_____

Figura 13.2 – Registro final de sua viagem no tempo

Eu utilizei um antigo provérbio africano para nomear as duas primeiras partes deste livro. O provérbio diz que se você quiser ir rápido, deve ir sozinho. Mas se você quer ir longe, deve ir junto. Lembre-se dele nos momentos em que a vida lhe oferecer um atalho. Avalie se é realmente uma oportunidade ou um atalho que pode ser arriscado para você. Assim como nove mulheres não geram um bebê em um mês, é preciso saber que, em certos momentos da vida, não se pode pegar os atalhos, pois assim você não percorrerá um precioso caminho cheio de lições e outras oportunidades.

Nas duas partes finais, eu fiz uso do título de um álbum e a parte de uma música do Gabriel – O Pensador para descrever que você deve ser você mesmo, mas não sempre o mesmo. Ter propósitos, valores e opiniões firmes é demonstração de inteligência, permanecer com todos eles da mesma forma, sem perceber as mudanças do mundo ao seu redor, pode ser uma grande burrice ou, ao menos, privá-lo de situações que poderiam ser boas para você. Portanto, seja você mesmo, mas não seja sempre o mesmo! Tenha humildade para aprender com os outros. Com todos os outros, não apenas com aqueles que estão acima de você no organograma empresarial ou em sua concepção de vida e sucesso. Algumas lições importantes a gente aprende com pessoas mais humildes que nos cercam!

Finalmente, você perceberá que quando a gente muda, o mundo muda com a gente. Quando você vira sua própria mesa e passa a fazer coisas diferentes, criando ao invés de destruir e ajudando outras pessoas, você perceberá que o mundo gira a seu favor, há uma lei de atração (como tratado no livro *O Segredo*) ou algo que faz com que o mundo conspire a nosso favor. Você inicia uma jornada sem querer nada em troca a não ser ajudar um determinado grupo de pessoas e, quando vê, o mundo lhe retornou muito mais benefícios do que o dinheiro poderia comprar. Encerro com um pequeno trecho da letra da música *Até Quando?*, do Gabriel que diz:

> "Muda, que quando a gente muda...
> O mundo muda com a gente.
> A gente muda o mundo na mudança da mente.
> E quando a mente muda, a gente anda pra frente.
> E quando a gente manda, ninguém manda na gente.
> Na mudança de atitude,
> não há mal que não se mude, nem doença sem cura.
> Na mudança de postura, a gente fica mais seguro.
> Na mudança do passado, a gente molda o futuro!"

Como comecei a nossa playlist deste livro no primeiro capítulo com *Tempos Modernos*, do Lulu Santos, eu afirmo que também "vejo a vida melhor no futuro" e você?

APÊNDICE I

O QUE APRENDI COM OS PROFISSIONAIS MAIS VALIOSOS DA MICROSOFT

Após quase dez anos na Microsoft, eu não poderia imaginar que, ao aceitar a oferta de trabalho para mudar de posição pela terceira vez, minha carreira seria totalmente transformada. Era uma terça-feira, dia primeiro de agosto de 2017, quando eu iniciava na posição de Gerente do Programa de Comunidades da Microsoft. Meu objetivo inicial era liderar a comunidades de MVPs do Brasil, que, na época, contava com cerca de 112 MVPs em diversos estados do país.

Mas o que fazer para liderar uma comunidade de profissionais conhecidos e premiados? Uma comunidade que dispensa apresentações e que inclui palestrantes altamente requisitados, *youtubers* que possuem fãs e canais com mais de 100 mil assinantes e líderes de comunidades que mobilizam centenas de pessoas para seus eventos presenciais ou *online*. Minha primeira ação foi realizar algumas rodadas de conversas com os MVPs, que chamei de "cafezinho com o Jannuzzi". Numa das sessões, havia 20 MVPs comigo no auditório da Microsoft em São Paulo. Na mesa redonda, discutimos sobre como se sentiam

> **LIÇÃO 1**
> Empresas que investem na comunidade, conseguem mobilizar diversas pessoas apaixonadas que influenciarão outras pessoas, compartilhando conhecimento e fazendo a diferença em mercados competitivos.

sendo parte daquela comunidade, o que estava funcionando bem e o que poderia ser melhorado segundo seus pontos de vista e experiências.

Além das rodadas de conversas com vários MVPs ao mesmo tempo, também realizei uma série de conversas individuais com vários deles, pessoalmente sempre que possível. Era incrível notar a paixão que todos eles demonstravam pela Microsoft. Como poderiam amar tanto uma empresa da qual não eram funcionários? O primeiro aprendizado que tive foi perceber a gratidão. Estes profissionais, premiados pela Microsoft com o título de MVP como forma de reconhecimento ao trabalho feito por eles liderando comunidades e compartilhado conhecimentos sobre diversas áreas de tecnologia, eram (e ainda são) super gratos a Microsoft por tudo o que a empresa produziu de soluções e tecnologias que fazem parte de suas vidas e com o reconhecimento com a premiação de MVPs. Estes profissionais que trabalham COM a Microsoft ao invés de trabalharem PARA a Microsoft, muitas vezes, vestem a camisa da empresa demonstrando mais paixão e orgulho que alguns funcionários da empresa.

> **LIÇÃO 2**
> A comunicação transparente com a comunidade sobre os objetivos da empresa, faz com que se sintam empoderados, como parte dos desafios e se esforcem para impactar positivamente os resultados.

Ao conhecer um a um os nossos MVPs do Brasil, pude notar que havia um grande respeito mútuo entre eles e o reconhecimento de que se estavam lá, era porque sabiam que tinham méritos e conhecimento técnico para isso. Mesmo que algumas tretas ou divergência de opiniões aconteçam de vez em quando, há um grande senso de propósito por fazer parte da comunidade de MVPs da Microsoft. A comunidade se apresentava para mim como diversa e inclusiva. Apesar de termos apenas cinco MVPs mulheres na época, havia um compromisso de todos de tentar identificar no campo outras profissionais que poderiam ser recomendadas. Além disso, todos sabiam que os novos MVPs, entravam por mérito e conhecimento técnico, não por cotas de grupos vulneráveis. Todas as vezes que eu compartilhava alguns objetivos que eu tinha como líder dos MVP, a comunidade me respondia com agilidade e eficiência. Comecei a notar que era importante para eles se sentirem parte da vida da

> **LIÇÃO 3**
> O maior benefício que pode ser oferecido a um profissional mais valioso é conectá-lo a outros profissionais que podem lhe trazer novos conhecimentos e ouvir seus feedbacks.

empresa, por consequência, parte da minha vida enquanto eu estivesse naquela posição.

Ao perguntar para os MVPs qual era o principal benefício que eles valorizavam por serem MVPs da Microsoft, a resposta da grande maioria mencionava a possibilidade de conectar com as pessoas que criavam e desenvolviam os produtos que eles utilizavam. Além disso, poderiam participar do evento chamado MVP Global Summit, na sede da Microsoft, onde poderiam conectar pessoalmente com os criadores de seus produtos.

Para a surpresa de muitos MVPs, estas pessoas que eles endeusavam, eram apenas pessoas, como eles. Era um tanto cômico notar que alguns MVPs, que já eram idolatrados no Brasil por alguns de seus seguidores, ao se encontrarem frente a frente com um profissional que eles admiravam, eles passavam de ídolos a fãs num segundo. Não há maior benefício para um profissional mais valioso, que conhecer outros profissionais que eles consideram mais valiosos. Especialmente aqueles que acreditavam na comunidade, tanto quanto eles.

> **LIÇÃO 4**
> Os profissionais mais valiosos não realizam eventos visando retornos financeiros, mas para gerar impacto na comunidade onde estão inseridos.

Minha carreira começou a mudar quando passei a participar de eventos de comunidade. Estive em meetups, *summits* e conferências por todo o país, de norte a sul, de Ijuí, no Rio Grande do Sul a Fortaleza, no Ceará, passando por Curitiba, São Paulo, Rio, BH, Brasília, Aracaju e muitos outros locais. O que pude notar era que havia um denominador comum entre os MVPs que lideravam aquelas comunidades e organizavam os eventos, todos, sem exceção, depositavam muita paixão no que faziam, não faziam pelo dinheiro ou retorno financeiro (pois não havia), por vezes colocavam dinheiro do próprio bolso para tornar o evento possível e, por fim, entregavam um evento profissional e com conteúdos incríveis, que, talvez, muito evento pago não consiga prover.

> **LIÇÃO 5**
> A comunidade tem uma evolução orgânica. Se seu líder demonstrar os valores e objetivos buscados, os membros da comunidade se fiscalizam e dão feedback uns aos outros.

Os organizadores dos eventos eram MVPs e não faziam nada sozinhos, mas aproveitavam o poder da comunidade (e do *PeopleChain*) para convidarem alguns de seus colegas, com quem tinham mais afinidade ou aqueles que tinham as *expertises* nas áreas que gostariam de ressaltar no evento. Rapidamente, o evento apresentava um elenco de fazer inveja a muitos outros.

Além disso, a comunidade criava seus próprios valores e alguns MVPs, sem ninguém pedir, fiscalizavam os outros, a ponto de recomendarem que aqueles que não tinham um código de conduta em suas comunidades, que o fizesse. Ou ainda, MVPs homens que mantinham uma posição firme para só palestrarem ou participarem de eventos que incluíssem mulheres também em seu *cast*. Por mais que a Microsoft tenha consolidado seus valores de diversidade e inclusão internamente há algum tempo, eu nunca havia notado como uma empresa poderia causar tanto impacto positivo externamente, na comunidade. A comunidade tem uma evolução orgânica. Alguns vícios são corrigidos, alguns propósitos são amplificados e, mesmo as divergências ou discussões mais acaloradas, têm muito a nos ensinar.

> **LIÇÃO 6**
> Se você agrega duas comunidades ou grupos distintos de pessoas, é importante notar suas diferenças e evitar o conceito de "one-size-fits-all".

Não basta falar sobre, é preciso agir como se fala e falar sobre como se age. Para se tornar um líder de comunidade, respeito por seus membros, você não precisa concordar com todos, mas sim, posicionar-se com transparência sobre todos os assuntos e manter o diálogo aberto com os membros da comunidade. Só com o estabelecimento de uma comunicação de via dupla com os membros da comunidade eu consegui receber *feedbacks* e informações sinceras e relevantes para aprimorar a gestão da comunidade e trazer mais impacto para a Microsoft.

Em outubro de 2018, eu recebi a missão e o desafio de liderar uma comunidade ainda maior. O que antes era uma comunidade de pouco mais de cem profissionais no Brasil, tornava-se uma comunidade global que incluía cerca de 20 países e 250 profissionais. De um dia para o outro, passei a ter MVPs do norte do México até o sul da Argentina. Uma comunidade que abrangia as três Américas: do Norte, Central e do Sul. Para me conectar com os MVPs da América Latina, passei a conhecer um pouco melhor

> **LIÇÃO 7**
> É preciso notar o que une os membros da comunidade e formas de manter cada membro incluído de fato. Não basta convidar para o baile, é preciso tirar para dançar.

cada um por meio de conferências individuais e rodadas de conversas, como fazia no Brasil, pelos países que eu visitava.

Numa das primeiras visitas a países com mais MVPs na América Latina, visitei a cidade de Lima no Peru e, após uma mesa redonda com os MVPs e de organizar um *meetup*, abrindo as portas do escritório da Microsoft para a comunidade externa, pude sair de lá com algumas lições. Primeiro, não necessariamente o que funciona para uma comunidade, deve funcionar para a outra. Os anseios e propósitos da comunidade de MVPs do Peru eram diferentes dos da comunidade de MVPs do Brasil. Havia sim, algumas similaridades, mas não era possível pensar em um conceito de *"one-size-fits-all"* — ou seja, um tamanho que sirva para todos.

> **LIÇÃO 8**
> Mesmo que líderes de comunidades e palestrantes não tenham como foco principal a monetização em seus eventos, as oportunidades surgem a todo instante e, a comunidade é um terreno fértil para geração de parcerias e novos negócios.

Por outro lado, foi possível notar também que há muitos pontos em comum. Não apenas entre MVPs, mas entre indivíduos, culturas e comportamentos. Quando me vi a frente de 250 profissionais mais valiosos espalhados por 20 países em 3 continentes, tive que buscar, de fato, a essência do que nos unia. Na verdade, se eu sou brasileiro e falo português como língua nativa, era preciso, antes de mais nada, que eu pudesse falar a língua deles e, desta forma, passei a realizar conferências em espanhol e em português. Porém, isso ainda não basta. Durante o MVP Global Summit de 2019, eu conheci pessoalmente um MVP que era de Trinidad e Tobago. Ele fazia parte da nossa comunidade, afinal ficava na América Central, mas diferente de todos os demais, ele era o único que não falava nem português, nem espanhol, mas inglês como língua nativa. Daquele momento em diante, me comprometi com ele de enviar comunicações nos três idiomas e de conectá-lo com outros *stakeholders* dos Estados Unidos também. Ele estava desanimado e pensando em deixar a comunidade. A partir de nossa conversa, e das ações que fiz assim como falei, ele se animou e permaneceu ativo na comunidade.

Durante pouco mais de dois anos liderando a comunidade de MVPs na América Latina, pude perceber também o quanto um ajuda o outro quando pode. Algumas vezes, um dos MVPs perdeu seu emprego e, ao compartilhar esse momento com o grupo, a comunidade abraça o desafio e o *networking* do *PeopleChain* joga a favor daqueles que mais precisam. Vi profissionais se realocarem em outras empresas (recomendados por um colega da comunidade), assim como empreendedores que nasceram neste ecossistema que criou novas parceiras e gerou oportunidades de negócios.

Apesar de existir uma certa preocupação de que alguém possa tirar proveito da própria comunidade livre para realizar negócios, seria uma grande perda de tempo se quem está na comunidade, ao lado de outras pessoas brilhantes, não tirasse proveito disso para gerar oportunidades de negócios ou de carreira. Claro que sem deixar de atuar na comunidade de forma livre e sem o foco comercial. Muitos MVPs com quem trabalhei nesse tempo souberam aproveitar o *networking* para gerar parcerias e negócios a partir da comunidade.

> **LIÇÃO 9**
> Quanto uma meta ambiciosa é compartilhada para toda a comunidade, com propósito e liderança, seus membros terão atitude e comprometimento para engajar pessoas!

Durante um evento de um dia inteiro, totalmente gratuito e aberto ao público, tais como os Global Bootcamps realizados pela comunidade – Global AI Bootcamp, Global Azure Bootcamp, Global DevOps Bootcamps — é possível conhecer gente nova, compartilhar conhecimento e, por consequência, gerar potenciais oportunidades comerciais futuras. Afinal, os membros das comunidades que frequentam um evento são as mesmas pessoas que podem estar trabalhando numa empresa que, num futuro, poderão se tornar clientes. Pessoas gostam de comprar produtos ou serviços das pessoas que elas conhecem.

Quando você conhece um profissional, assistindo sua palestra sobre determinado tema ou demonstrando um produto, é certo que, ao voltar para sua empresa, caso você tenha gostado da palestra e do evento, você irá influenciar positivamente uma mudança ou evolução. Se te perguntarem sobre alguma referência para recomendar, em quem você pensaria? Definitivamente, a grande maioria responderá o palestrante que havia ministrado gratuitamente aquele compartilhamento de conhecimento.

Nenhum palestrante está ali somente porque espera que algo aconteça, como no exemplo hipotético acima, o propósito maior é transferir informação, compartilhar com outros o conhecimento que se tem. Qualquer ação adicional a partir daí é decorrente de relacionamentos que são estabelecidos na rede entre as pessoas.

Foi com a comunidade de MVPs da Microsoft que eu também aprendi que, quando temos metas ambiciosas, como foi a da organização do MVPConf em 2018 — um evento para pelo menos mil pessoas — e

> **LIÇÃO 10**
> Igualdade não é tratar todos da mesma forma, é preciso identificar as necessidades individuais, coletivas e dar oportunidades para todos.

o de 2019 — um evento para mais de duas mil pessoas- quando dividimos a meta por toda a comunidade, ou seja, ao invés de uma pessoa correr atrás de mil convidados, se cada um dos 100 MVPs fosse atrás de 10, bateríamos a meta do primeiro ano e assim o fizemos!

Finalmente, aprendi que cada membro da comunidade deve ser tratado de forma diferente. Igualdade não é tratar todos da mesma forma, mas sim prover as mesmas oportunidades, mas, um líder de comunidade, deve reconhecer o momento de envolver os membros que possuem maior maturidade e dedicação para algumas ações, enquanto outros ganham experiência e demonstram atitude e comprometimento.

Uma comunidade de influenciadores respeitados globalmente, premiados pela empresa mais valiosa do mundo num programa criado há 26 anos, pode nos ensinar muitas coisas. Este apêndice foi a forma que encontrei de compartilhar um pouco do que aprendi com os MVPs da Microsoft para que todos possam refletir e, caso você queira se conectar comigo ou me dar algum *feedback*, por favor, sinta-se à vontade para isso:

Instagram: @glauterj

LinkedIn: https://linkedin.com/in/jannuzzi

E-mail: glauterjannuzzi@hotmail.com

Figura 14.1 – MVPConf 2019 – Uma multidão de 2200 pessoas invade o maior evento de tecnologia Microsoft do mundo realizado pela comunidade.

APÊNDICE II

ANNOTA

(Por Juliana Martins)

A história da Annota resume de uma forma muito legal o valor do *PeopleChain* e como as conexões podem mudar vidas e gerar valor. Em 2015, duas meninas que não se conheciam entraram na Faculdade de Engenharia na Universidade Federal Fluminense, no campus de Volta Redonda, no Rio de Janeiro. Elas tinham idades, *backgrounds*, habilidades e personalidades bem diferentes, mas que, por alguma razão, elas se conheceriam, encontrariam interesses e propósitos comuns e acabariam se tornando grandes amigas.

Já como boas amigas, Beatriz e Juliana compartilhavam coisas e se ajudavam. Elas especialmente tinham um carinho especial por tudo aquilo que podia lhes ajudar na hora de estudar e tirar boas notas. Foi assim que elas juntaram todas as práticas que usam para estudar e mentalizar os conhecimentos passados pelos professores e a ideia deu certo. Funcionou tão bem que seus colegas começaram a pedir *workshops* e aulas para aprender a se organizar e estudar da mesma forma que elas. Elas tinham um método único de registrar o aprendizado com mapas mentais e usando cadernos com folhas quadriculadas ao invés dos cadernos pautados normais.

Em 2017, a empresa júnior da faculdade fez um evento e várias pessoas foram convidadas para palestrar. Uma delas foi o Glauter. Depois da palestrar e de algumas horas de conversa, Beatriz e Juliana comentaram sobre o workshop que estavam pensando em fazer para ensinar as pessoas a se organizarem e aprender. No meio de toda essa conversa, surgiu o *insight* que aquilo podia se tornar algo muito maior. Podia se tornar um negócio.

Ainda nesse ano, o Glauter conectou as duas com a Top Voice do LinkedIn Flávia Gamonar. Na época, Flávia havia publicado o livro *DISRUPTalks* junto com ele e Juliana Munaro e também estava no processo de abrir uma empresa de comunicação com outros sócios. As duas apresentaram a ideia para a influencer que gostou muito da ideia e lhes ofereceu ajuda no processo de criação do nome, marca e logo da empresa.

Entre o final de 2017 e 2018, surgiu o nome e a cara da Annota como é hoje. A próxima vez que os caminhos da Annota e do Glauter se encontraram, foi durante a Campus Party de 2018. Nesse evento, ele apresentou às meninas à Carol, que ajudou bastante num primeiro momento sobre toda a parte gráfica da produção da Annota.

Entre 2018 e 2019, a Annota foi explorar o mundo, conhecer pessoas, estudar e aprimorar seus produtos. Nesse meio tempo, a Juliana entrou para o Programa Prolider, que é o maior programa de formação de lideranças jovens no Brasil, e trabalhou bastante na Annota e em entender o problema da educação brasileira. A Beatriz foi para a Finlândia, tentando entender a educação por lá que é considerada uma das melhores do mundo.

Em 2019, quase dois anos depois daquele primeiro *insight* numa salinha da faculdade depois da palestra do Glauter, as meninas o encontraram novamente para um café. Muita coisa havia mudado e evoluído, aquele momento gerou conhecimento, conexões, sonhos, valor que continuam se ampliando e se transformando até hoje.

Quando surgiu o convite para colocar o método Annota no livro e escrever um pouquinho sobre essa história, nós aceitamos de primeira. Afinal, o início da ideia, da construção de um sonho, se deu graças aquele empurrão. Ao longo dos últimos anos, nós descobrimos o poder de rede de pessoas para gerar valor. O Glauter foi a primeira pessoa a nos mostrar isso num ambiente profissional, ao abrir as nossas primeiras portas. Dentro da Annota, a gente aprendeu desde cedo o valor do *PeopleChain* para mudar realidades e moldar sonhos.

A Annota é uma solução em educação em que oferece uma nova metodologia de aprendizado que consiste em um novo método de anotação baseado em ciências como Teoria do Design, Psicologia Cognitiva e das cores, e um novo modelo de caderno que foi patenteado e que combinados geram resultados acadêmicos e socioemocionais.

Nós aprendemos por meio de dois canais: o auditivo e o visual e nosso cérebro tem uma energia mental limitada para processar informação. Parte dela é usada para reconhecer e interpretar as palavras que lemos, outra parte estabelece a relação entre as ideias, e, finalmente, o que sobra é utilizado para compreender a relevância dessas ideias. O tempo que o aluno desperdiça nas duas primeiras atividades pode ser diminuído se as ideias forem apresentadas de uma forma em que possam ser compreendidas com o menor esforço mental possível. Assim, quando melhoramos o processo de anotação tornando — o mais organizado e seguindo um fluxo lógico com um padrão estabelecido, melhoramos o processo de aprendizagem.

APÊNDICE III

DICAS PARA ABSORVER E INTERNALIZAR MELHOR OS APRENDIZADOS DO LIVRO

Leitura do material: sublinhar e riscar as partes que chamaram mais sua atenção.

Sintetizar as ideias: utilizar os conceitos do método Annota para realizar um resumo e anotação das partes mais importantes do livro, no espaço ao final ou em um outro material.

Prática (visão global): aplicar o conteúdo de alguma forma, seja ensinando para alguém, repetindo ou montando algum treinamento.

Montagem de mapas mentais relacionando os conceitos: montar esquemas interligando as informações aprendidas ajudam a criar links na memória.

Para mais informações sobre o método Annota e conhecer um pouco mais de tudo o que está sendo feito na área de educação acesse:

www.Annota.com.br / Instagram: @sejaAnnota

REFERÊNCIAS

ABREU, R.: JANNUZZI, G. *Espírito de startup* – Tudo ao mesmo tempo agora. São Paulo: Reflexão, 2017.

ANDERSON, C. *A cauda longa* – *Do mercado de massa para o mercado de nicho.* Rio de Janeiro: Campus, 2006.

BARKI, E.; IZZO, D.; TORRES, H. da G.; AGUIAR, L. *Negócios com impacto social no Brasil.* São Paulo: Peirópolis, 2013.

BERGER, J. Invisible influence – *The hidden forces that shape behavior.* Reino Unido: Simon & Schuster Paperbacks, 2016.

BLANK, S.; DORF, B. *The startup owner's manual: the step-by-step guide for building a great company.* California, USA: K & S Ranch, 2012.

BOTSMAN, R.; ROGERS, R. *What´s mine is yours: the rise of collaborative consumption.* Nova York, USA: HarperCollins, 2010.

BOTSMAN, R. *Who can you trust? How technology brought us together and why it might drive us apart.* Nova York: Public Affairs, 2017.

BUCHANAN, R. *Wicked problems in design thinking.* Design Issues 8, v.2, p.5-21, Spring 1992.

CERBASI, G. *Adeus, aposentadoria.* Rio de Janeiro: Sextante, 2014.

CHRISTENSEN, C. M. *O dilema da inovação. quando as novas tecnologias levam as empresas ao fracasso.* São Paulo: M. Books, 2011.

DAVIDOWITZ, S. S. *Todo mundo mente – o que a internet e os dados dizem sobre quem realmente somos.* Alta Books, 2018.

DIAMANDIS, P. H.; KOTLER, S. *Abundância: o futuro é melhor do que você imagina.* São Paulo: HSM, 2012.

DIAMANDIS, P.; KOTLER, S. *Bold: how to go big, create wealth and impact the world.* Reino Unido: Simon & Schuster, 2016.

DOMINGOS, C. *Oportunidades disfarçadas: histórias de empresas que transformaram problemas em grandes oportunidades.* Rio de Janeiro: Sextante, 2009.

DORIA, P. Riscos do mundo pós-Uber. O Estado de S. Paulo, São Paulo, 14 julho, 2017.

DWECK, C. S. *Mindset – the new psychology of success.* Ballantine Books Paperback Trade Edition, 2008.

FERRY, L. *A inovação destruidora: ensaio sobre a lógica das sociedades modernas.* São Paulo: Objetiva, 2014.

FLYNN, PAT. *"Will It Fly?: How to test your next business idea so you don't waste your time and money".* SPI Publications, 2016.

FOER, F. *O mundo que não pensa – a humanidade diante do perigo real da extinção do Homo Sapiens.* Casa da Palavra, Rio de Janeiro, 2017.

FRIEDMAN, T. L. *O mundo é plano: uma história breve do século XXI.* Portugal: Actual, 2005.

GILLMOR, D. *Nós, os media.* Portugal: Editorial Presença, 2005.

GRANOVETTER, M. *The strength of weak ties: a network theory revisited.* Sociological Theory, v.1. p.201-233, 1983.

GODIN, S. *Tribes – We need you to lead us.* Penguin Books, 2008.

HARARI, Y. Noah. *Uma breve história da humanidade Sapiens.* L&PM Editores, 2015.

HINSSEN, P. The New Normal – Explore the limits of the digital world. Bélgica: MachMedia, 2010.

JANNUZZI, G.; MUNARO, J.; GAMONAR, F.; DISRUPTALKS – *Carreira, empreendedorismo e inovação em uma época de mudanças rápidas.* São Paulo. Reflexão, 2017.

JOHNSON, S. *De onde vêm as boas ideias.* Rio de Janeiro: Zahar, 2011.

KIYOSAKI, R. T. e LECHTER, S.L. – *Pai rico, pai pobre.* Rio de Janeiro. Editora Campus, 1999. Do original: *Rich Dad, Poor Dad,* 1997 – TechPress Inc.

KNAPP, J.; ZERATSKY, J.; KOWITZ, B. *Sprint: o método usado no Google para testar e aplicar novas ideias em apenas cinco dias.* Rio de Janeiro: Intrínseca, 2017.

KOCH, R. *O princípio 80/20: o segredo para conseguir mais com menos nos negócios e na vida.* São Paulo: Gutenberg, 2015.

KOTLER, P.; KARTAJAYA, H.; SETIAWAN, I. *Marketing 3.0: as forças que estão definindo o novo marketing.* Rio de Janeiro: Campus, 2010.

KOTLER, P.; KELLER, K. L. *Administração de Marketing.* São Paulo: Pearson, 2012.

LEVITIN, D. *Weaponized lies: how to think critically in the pos-truth era.* São Paulo: Dutton, 2017.

LEVITT, S. D.; DUBNER, S. J. *Freakonomics – O lado oculto e inesperado de tudo que nos afeta.* Rio de Janeiro: Campus, 2005.

MASTERS, B.; THIEL, P. - *De zero a um – O que aprender sobre empreendedorismo com o Vale do Silício.* Editora Objetiva, 2014.

MCKEOWN, G. *Essentialism – the discipline pursuit of less.* Crown Business, New York, 2014.

MCKINSEY GLOBAL INSTITUTE. Performance e produtividade: o que esperar dos avanços em IA, analytics e automação. Maio 2017. Disponível em: http://www.mckinsey.com/brazil/our-insights/whats-now-and-next-in-analytics-ai-andautomation/pt-br . Acesso em junho 2017.

OLIVEIRA, M.G.; FREITAS, J.S.; FLEURY, A.L.; ROZENFELD, H.; CHENG, L.C.; PHAAL, R.; PROBERT, D. *Roadmapping: uma abordagem estratégica para o gerenciamento da inovação em produtos, serviços e tecnologias.* Rio de Janeiro: Campus, 2012.

OSTERWALDER, A.; PIGNEUR, Y. *Business model generation: Inovação em modelos de negócios.* Rio de Janeiro: Zahar, 2011.

RABELLO, L.; AURIANI, M. *INFOBranding – Marcas, ideias e afins.* São Paulo: Reflexão, 2013.

RICHARDSON, B.; HUYNH, K.; SOTTO, K. E. Get together. Stripe Press, San Francisco, 2019.

RIES, E. *A startup enxuta.* Crown Publishing Group, 2011.

ROBINETT, J. *How to be a power connector: The 5+50+100 Rule for turning your business network into profits.* São Paulo: McGraw Hill Professional, 2014.

ROSENBLUM, J.; BERG, J. *Friction – Passion brands in the age of disruption.* Nova York: PowerHouse Books, 2017.

SALIM, I.; MALONE, M. S.; GEEST, Y. V. *Organizações exponenciais: por que elas são 10 vezes melhores, mais rápidas e mais baratas que a sua (e o que fazer a respeito).* São Paulo: HSM, 2014.

SCHUMPETER, A J. *Teoria do desenvolvimento econômico.* São Paulo: Abril Cultural, 1982.

SHAPIRO, S. M. *Não elogie o funcionário por fazer seu trabalho.* São Paulo: Leya, 2012.

SINEK, S. *Start with why – how great leaders inspire everyone to take action.* Portfolio Penguin, 2009.

SUTHERLAND, J. *Scrum, a arte de fazer o dobro do trabalho na metade do tempo*. São Paulo: Leya, 2016.

SWINSCOE, A. *How to wow: 68 effortless ways to make every customer experience amazing*. Nova York: Pearson, 2016.

TELLES, A.; MATOS, C. *O empreendedor viável*. São Paulo: Leya, 2013.

VALOR INOVAÇÃO NO BRASIL. Valor Econômico, Infoglobo. Edição 3, ano 3, julho 2017.

WOOD, J. *Saí da Microsoft para mudar o mundo*. Rio de Janeiro: Sextante, 2006.

YUNUS, M. *Banker to the poor – Micro-lending and the battle against world poverty*. PublicAffair, New York, 1999.

ZOOK, C.; ALLEN, J. *O poder dos modelos replicáveis: a construção de negócios duradouros em um mundo em constante transformação*. Rio de Janeiro: Campus, 2012.

ÍNDICE

A

Abraham Lincoln 358
Abraham Maslow 87
Accenture 23
Adrian Swinscoe 98
AI - Artificial Intelligence 25
Airbnb 28, 131
Amazon 42, 97
América Latina 17
Annota 417, 418
Apple 42
Ativos
 profissionais 265
Atrito 95
AWS: Amazon Web Services 298

B

B.A.M. - Black At Microsoft 104
Bill Gates 42
 41, 42, 43, 46, 48, 62, 157,
 172, 190, 295, 296, 306
Blockchain 28, 120, 133–156, 135
BNCC - Base Nacional
Comum Curricular 338
Brand Finance 129
BREXIT 93
Business Model Canvas 295

C

Caminhos plurais 29
Capital social 109
CDO = Chief Diversity Officer 382
Ciclo
 da mudança cultural 310
 de poder 110
Círculo virtuoso 56
Colaboração 21
Community life balance 54
Comunidades 17
 colaborativas 70
 criativas 70
 retroalimentadas 282
Conceito
 de one-size-fits-all
Conector 107
Coworking 128
Criptomoedas 127
Crowdsourcing 144
Customer Development 87

D

Democracia 222
Design Thinking 295
D&I - Diversity & Inclusion 25, 388
DISRUPTalks 24

Diversity Inc 394

E

Ecossistema 111
Educação
    empreendedora 257
    financeira 257
ElesPorElas (HeForShe) 365
Elon Musk 41
Empatia 385
Empreendedorismo 26
Exponencialidade do tempo 68

F

Facebook 144
Fake actors 271
Forbes 74
Força
    Competitiva de Porter 62
    mental 22
Fordismo 64
Friedrich Nietzsche 257
Frigyes Karinthy 192

G

Geração flux 256
GitHub 145
Give First 55
Google 22, 53
Growth mindset 46

H

H2H - Human-to-Human 88
Hackathons 29, 73, 226–252
Henry Ford 61. *Consulte também* Fordismo

I

IBM 354
Ideathons 403
Ilhas isoladas 17
Indústria 4.0 141
Instagram 144
Inteligência emocional 384

J

Jeff Bezos 298
Jim Rohn 105
João Ubaldo Ribeiro 108
Jogos de RPG 153
Judy Robinett 106, 327

K

Karl Marx 66
Key 50. *Consulte* Judy Robinett

L

Lehman Brothers 131
Leonhard Euler 198
Líder
    de comunidade 26, 275
LinkedIn 23, 145

M

Makers 271
Malcom X 241
Mapas mentais 27
Marketing
    comunitário 41
    de conteúdo 171
    de relacionamento 63

Mark Zuckerberg. *Consulte também* Facebook
Martin Luther King 33
Marty Mcfly 33
Meetups 29, 176, 220, 224
Método
   ágil 55
   Annota 27
   P-L-A-C-E 27, 47, 397
Metodologia
   do Seis Sigma 295
Microsoft 19, 112, 143, 307, 382
     5, 14, 23, 24, 25, 26, 42, 43, 44, 53, 54, 102, 172, 195, 196, 229, 237, 293, 295, 296, 298, 299, 301, 302, 303, 304, 305, 306, 307, 308, 309, 311, 315, 317, 329, 330, 331, 332, 336, 361, 362, 363, 365, 366, 367, 381, 394, 405, 415
Modelo
   do PeopleChain 126
   ganha-ganha 133
Modern workplace 305
Morris Pentel 99

N

Negócios e Soluções 25
Netflix 128, 145
Networking 106, 137, 224
Nike 36

O

ONU - Organização das Nações Unidas 159
Outsourcing 144

P

Palmares 45

Passivos
   profissionais 265
PeopleChain 28, 50, 120, 127, 359, 367
Pessoas
   ilhas 137
   pontes 137
Pluralismo 81
Profissionais
   insulares 383
   mais valiosos 255
   pobres 255
   ricos 255
Programas de comunidade 24
Propósito 45

R

Ray Kroc 262
Redes Sociais 63
Relacionamentos estratégicos 107
Retorno sobre Investimentos 68
Robert T. Kiyosaki 143
Ruth Manus 393

S

Satya Nadella 72
Senso
   de pertencimento 40
   de propósito 26, 410
Simon Sinek 40
Síndrome de Burnout 108
Soft skills
Spotify 128
Stanley Milgram 192
Startups 23
Stella Artois 74
Steve Balmer 43
Steve Jobs 41
Steve Wozniak 333

Story telling 26
SuperBowl 72
Sympla 237

T

TechEd 112
Tecido social 386
TED talks 67
Teoria
    da Motivação Humana. *Consulte também* Abraham Maslow
    dos grafos 198
    dos seis graus de separação 184, 198
Thomas Jefferson 256

U

Uber 28, 131
Upcycling 364

V

Vale do Silício 33, 245
Vince Lombardi 355
Visão
    colaborativa 403
    competitiva 403
    de futuro 27
Vital 100. *Consulte* Judy Robinett
VPM - Microsoft Most Valuable Professional 24

W

WhatsApp 144
WLB - Work Life Balance 54, 102

Y

YouTube 67, 146

CONHEÇA OUTROS LIVROS DA ALTA BOOKS

Todas as imagens são meramente ilustrativas.

+ CATEGORIAS

Negócios - Nacionais - Comunicação - Guias de Viagem - Interesse Geral - Informática - Idiomas

---

SEJA AUTOR DA ALTA BOOKS!

Envie a sua proposta para: autoria@altabooks.com.br

Visite também nosso site e nossas redes sociais para conhecer lançamentos e futuras publicações!

www.altabooks.com.br

ALTA BOOKS EDITORA

/altabooks • /altabooks • /alta_books